대표기출문제

차례

대표기출문제

제1과목 **물류관리론**

대표기출문제

01〕 물류에 대한 설명으로 옳지 않은 것은?

① Physical Distribution은 판매영역 중심의 물자
흐름을 의미한다.
② Logistics는 재화가 공급자로부터 조달되고 생산되
어 소비자에게 전달되고 폐기되는 과정을 포함한다.
③ 공급사슬관리가 등장하면서 기업 내·외부에 걸
쳐 수요와 공급을 통합하여 물류를 최적화하는 개
념으로 확장되었다.
④ 한국 물류정책기본법상 물류는 운송, 보관, 하역
등이 포함되며 가공, 조립, 포장 등은 포함되지
않는다.
⑤ 쇼(A. W. Shaw)는 경영활동 내 유통의 한 영역으
로 Physical Distribution 개념을 정의하였다.

02〕 물적유통(Physical Distribution)과 로지스틱스(Logistics)
에 관한 설명으로 옳은 것을 모두 고른 것은?

ㄱ. 물적유통은 물류부문별 효율화를 추구한다.
ㄴ. 물적유통은 로지스틱스보다 관리범위가 넓다.
ㄷ. 로지스틱스는 기업 내 물류 효율화를 추구한다.
ㄹ. 로지스틱스는 기업 간 정보시스템 통합을 추
구한다.

① ㄱ, ㄴ   ② ㄱ, ㄷ
③ ㄴ, ㄷ   ④ ㄷ, ㄹ
⑤ ㄱ, ㄴ, ㄹ

03〕 물류의 기본적 기능으로 볼 수 없는 것은?

① 생산과 소비 간의 장소 격차 조정
② 생산자와 소비자 간의 소득 격차 조정
③ 생산 단위와 소비 단위의 수량 불일치 조정
④ 생산과 소비 시기의 시간 격차 조정
⑤ 생산자와 소비자 간의 품질 격차 조정

04〕 물류활동에 관한 설명으로 옳지 않은 것은?

① 하역은 보관과 수송의 양단에 있는 물품의 취급을
말한다.
② 보관은 생산과 소비의 시간적 효용을 창출한다.
③ 유통가공은 물품 자체의 기능을 변화시키고 부가
가치를 부여한다.
④ 물류관리는 물류활동에 대한 계획, 조정, 통제활
동이다.
⑤ 수송은 국가물류비용 중에서 가장 큰 비중을 차지
하는 영역이다.

05〕 물류활동의 기능에 관한 설명으로 옳지 않은 것은?

① 수·배송 : 물자를 효용가치가 낮은 장소에서 높
은 장소로 이동시켜 물자의 효용가치를 증대시키
기 위한 물류활동
② 하역 : 각종 운반수단에 화물을 싣고 내리는 것과
보관장소나 시설에서 화물을 운반, 입고, 분류,
출고하는 등의 작업과 이에 부수적인 작업을 총칭
하는 물류활동
③ 보관 : 물류활동에 관련된 정보를 제공하여 물류
관리의 모든 기능을 연결시켜 줌으로써 종합적인
물류관리의 효율을 향상시키는 물류활동
④ 포장 : 물자의 수·배송, 보관, 거래, 사용 등에
있어서 그 가치 및 상태를 유지하기 위해 적절한
재료, 용기 등을 사용하여 보호하는 물류활동
⑤ 유통가공 : 물자의 유통과정에서 이루어지는 제
품의 단순한 가공, 재포장, 조립, 절단 등의 물류
활동

 정답 **01** ④ **02** ② **03** ② **04** ③ **05** ③

06) 물류의 영역적 분류에 관한 설명으로 옳은 것은?

① 조달물류 : 생산된 완제품 또는 매입한 상품을 판매창고에 보관하고 소비자에게 전달하는 물류활동

② 반품물류 : 원자재와 제품의 포장재 및 수·배송용기 등의 폐기물을 처분하기 위한 물류활동

③ 사내물류 : 물자가 조달처로부터 운송되어 보관창고에 입고되어 생산공정에 투입되기 직전까지의 물류활동

④ 회수물류 : 제품이나 상품의 판매물류 이후에 발생하는 물류용기의 재사용, 재활용 등을 위한 물류활동

⑤ 판매물류 : 매입물자의 보관창고에서 완제품 등의 생산을 위한 장소까지의 물류활동

07) 다음 설명에 해당하는 물류의 영역은?

- 물자가 생산공정에 투입될 때부터 제품의 생산과정까지의 물류활동이다.
- 생산 리드타임의 단축 및 재고량 감축이 핵심과제이다.

① 조달물류   ② 생산물류
③ 판매물류   ④ 회수물류
⑤ 폐기물류

08) 순물류(Forward Logistics)와 역물류(Reverse Logistics)의 차이점을 비교한 것으로 옳지 않은 것은?

구분	순물류	역물류
ㄱ. 품질 측면	제품 품질이 일정함	제품 품질이 상이함
ㄴ. 가격 측면	제품 가격이 일정함	제품 가격이 상이함
ㄷ. 제품수명주기	제품수명주기의 관리가 용이함	제품수명주기의 관리가 어려움

구분		
ㄹ. 회계 측면	물류비용 파악이 용이함	물류비용 파악이 어려움
ㅁ. 구성원 측면	공급망 구성원 간의 거래조건이 복잡함	공급망 구성원 간의 거래조건이 단순함

① ㄱ   ② ㄴ
③ ㄷ   ④ ㄹ
⑤ ㅁ

09) 고객이 요구하는 수준의 서비스 제공이라는 물류의 목적 달성을 위한 7R의 원칙에 해당되지 않는 것은?

① Right Time   ② Right Place
③ Right Impression   ④ Right Promotion
⑤ Right Quantity

10) 물류관리 원칙에 관한 설명으로 옳은 것은?

① 신뢰성의 원칙 : 필요한 물량을 원하는 시기와 장소에 공급하여 사용할 수 있도록 보장하는 원칙

② 균형성의 원칙 : 불필요한 유통과정을 제거하여 물자지원체계를 단순화하고 간소화하는 원칙

③ 단순성의 원칙 : 생산, 유통, 소비에 필요한 물자의 수요와 공급 및 조달과 분배의 균형성을 유지하는 원칙

④ 적시성의 원칙 : 최소한의 자원으로 최대한의 물자공급 효과를 추구하여 물류관리 비용을 최소화하는 원칙

⑤ 경제성의 원칙 : 저장시설 보호 및 도난, 망실, 화재, 파손 등으로부터 화물을 보호하는 원칙

 정답   **06** ④ **07** ② **08** ⑤ **09** ④ **10** ①

11) 기업의 통합 물류 운영관점에서 재고거점 수가 증가할 경우 옳지 않은 것은?

① 배송비 감소
② 재고유지비용 증가
③ 총 물류비용 감소
④ 시설투자비 증가
⑤ 고객서비스 수준 향상

12) 물류의 중요성에 관한 설명으로 옳은 것은?

① 물류는 소비자에게 물자를 인도하기 위해 영업하고만 긴밀하게 협력해야 한다.
② 시장이 판매자 중심에서 소비자 중심으로 전환되면서 물류서비스 또한 판매자 중심에서 소비자 중심으로 전환되어야 한다는 사실 자체가 물류의 중요성을 대변한다.
③ 고객만족도를 높이고 경쟁우위를 확보하기 위해 기업은 물류를 아웃소싱에서 자가물류로 전환하고 있다.
④ 기업 간 경쟁이 치열해지면서 개별 기능으로서의 물류가 더 중요해지고 있다.
⑤ 공급망관리의 중요성이 높아지면서, 물류의 중요성이 조달물류에서 판매물류로 옮겨가고 있다.

13) 다음 표는 물류계획을 전략, 전술, 운영의 순으로 나타낸 것이다. ( ) 안에 들어갈 내용으로 옳은 것은?

Decision Area	Strategy	Tactics	Operations
Transportation	(ㄱ)	Seasonal Leasing	Dispatching
Inventory	Location	(ㄴ)	Order Filling
Warehousing	Layout Design	Space Utilization	(ㄷ)

① ㄱ : Mode Selection, ㄴ : Safety Stock Level, ㄷ : Order Picking
② ㄱ : Routing, ㄴ : Vendor Selection, ㄷ : Stock Location
③ ㄱ : Mode Selection, ㄴ : Vendor Selection, ㄷ : Back Order
④ ㄱ : Stock Location, ㄴ : Space Allocation, ㄷ : Back Order
⑤ ㄱ : Stock Location, ㄴ : Space Allocation, ㄷ : Order Picking

14) 물류의 중요성이 부각되는 이유로 옳지 않은 것은?

① 주문 횟수 감소 경향
② 고객욕구의 다양화와 고도화
③ 운송시간과 비용의 상승
④ 제조부문 원가절감의 한계
⑤ 경쟁력 강화를 위하여 물류부문의 우위 확보 필요

15) 물류관리의 의사결정에 관한 설명으로 옳은 것은?

① 전략, 전술, 운영의 세 가지 의사결정은 상호 간에 독립적으로 이루어져야 한다.
② 수요예측, 주문처리 등은 전략적 의사결정에 해당한다.
③ 운영절차, 일정계획 등은 전술적 의사결정에 해당한다.
④ 마케팅 전략, 고객서비스 요구사항 등은 운영적 의사결정에 해당한다.
⑤ 물류 의사결정은 일반적으로 전략·전술·운영의 3단계 계층으로 구성된다.

 정답 **11** ③ **12** ② **13** ① **14** ① **15** ⑤

16] 물류에 관한 설명으로 옳지 않은 것은?

① 생산에서 소비에 이르는 물적인 흐름이다.
② 7R 원칙이란 적절한 상품(Commodity), 품질(Quality), 수량(Quantity), 경향(Trend), 장소(Place), 인상(Impression), 가격(Price)이 고려된 원칙이다.
③ 3S 1L 원칙이란 신속성(Speedy), 안전성(Safely), 확실성(Surely), 경제성(Low)이 고려된 원칙이다.
④ 기업이 상품을 생산하여 고객에게 배달하기까지, 전 과정에서 장소와 시간의 효용을 창출하는 제반 활동이다.
⑤ 원료, 반제품, 완제품을 출발지에서 소비지까지 효율적으로 이동시키는 것을 계획·실현·통제하기 위한 두 가지 이상의 활동이다.

17] 물류관리의 대상이 아닌 것은?

① 고객서비스관리　　② 재고관리
③ 인사관리　　　　　④ 주문정보관리
⑤ 운송관리

18] 물류관리에 관한 설명으로 옳지 않은 것은?

① 최근 전자상거래 활성화에 따라 물동량은 증가하는 반면 물류관리의 역할은 줄어들고 있다.
② 물류관리의 목표는 비용절감을 통한 제품의 판매촉진과 수익 증대라고 할 수 있다.
③ 기업의 물류관리는 구매, 생산, 마케팅 등의 활동과 상호 밀접한 관련이 있다.
④ 물류비용 절감을 통한 이익창출은 제3의 이익원으로 인식되고 있다.
⑤ 원자재 및 부품의 조달, 구매상품의 보관, 완제품 유통도 물류관리의 대상이다.

19] 물류관리전략 수립에 관한 설명으로 옳지 않은 것은?

① 고객서비스 달성 목표를 높이기 위해서는 물류비용이 증가할 수 있다.
② 물류관리전략의 목표는 비용절감, 서비스 개선 등이 있다.
③ 물류관리의 중요성이 높아짐에 따라 물류전략은 기업전략과 독립적으로 수립되어야 한다.
④ 물류관리 계획은 전략계획, 전술계획, 운영계획으로 나누어 단계적으로 수립한다.
⑤ 제품수명주기에 따라 물류관리전략을 차별화할 수 있다.

20] 물류시스템 설계 시 일반적으로 고려해야 할 사항으로 옳지 않은 것은?

① 배송차량의 대형화와 화물의 혼적을 통해 서비스 수준은 개선되지만 물류비용은 증가한다.
② 대고객서비스 수준을 중요하게 고려한다.
③ 고객의 수요에 따라 재고수준이 결정되고, 이는 운송수단과 경로 결정에 영향을 미친다.
④ 물류정보시스템 구축을 통해 물류비용의 감소와 서비스 수준 개선을 달성할 수 있다.
⑤ 고객서비스 관점에서 미배송 잔량을 체크하여 주문충족의 완전성을 확보해야 한다.

21] 물류시스템에 관한 설명으로 옳지 않은 것은?

① 생산지에서 소비지까지 연계되도록 물류시스템을 구축한다.
② 물류시스템의 목적은 보다 적은 물류비로 효용 창출을 극대화하는 최적 물류시스템을 구성하는 것이다.
③ 물류시스템의 하부시스템으로는 운송시스템, 보관시스템, 하역시스템, 포장시스템, 정보시스템 등이 있다.
④ 물류시스템과 관련된 개별비용은 상충되지 않는다.
⑤ 물류시스템에서의 자원은 인적자원, 물적자원, 재무적 자원, 정보적 자원 등이다.

 정답　**16** ②　**17** ③　**18** ①　**19** ③　**20** ①　**21** ④

22〕 James & William이 제시한 물류시스템 설계단계는 전략수준, 구조수준, 기능수준, 이행수준으로 구분한다. 기능수준에 해당하는 것을 모두 고른 것은?

ㄱ. 경로설계
ㄴ. 고객서비스
ㄷ. 물류 네트워크 전략
ㄹ. 창고설계 및 운영
ㅁ. 자재관리
ㅂ. 수송관리

① ㄱ, ㄴ
② ㄴ, ㄹ
③ ㄷ, ㄹ, ㅁ
④ ㄷ, ㅁ, ㅂ
⑤ ㄹ, ㅁ, ㅂ

23〕 물류시스템에 관한 설명으로 옳지 않은 것은?

① 생산과 소비를 연결하며 공간과 시간의 효용을 창출하는 시스템이다.
② 물류 하부시스템은 수송, 보관, 포장, 하역, 물류정보, 유통가공 등으로 구성된다.
③ 물류서비스의 증대와 물류비용의 최소화가 목적이다.
④ 물류합리화를 위해서 물류 하부시스템의 개별적 비용절감이 전체 시스템의 통합적 비용절감보다 중요하다.
⑤ 물류시스템의 자원은 인적, 물적, 재무적, 정보적 자원 등이 있다.

24〕 물류서비스업의 세분류와 세세분류의 연결이 옳지 않은 것은?

세분류	세세분류
ㄱ. 화물주선업	화물의 하역, 포장, 가공, 조립, 상표 부착, 프로그램 설치, 품질검사업
ㄴ. 해운부대사업	해운대리점업, 해운중개업, 선박관리업
ㄷ. 항만운송관련업	항만용역업, 선용품공급업, 선박수리업, 예선업, 컨테이너 수리업, 선박연료공급업
ㄹ. 항만운송사업	항만하역사업, 검수사업, 감정사업, 검량사업
ㅁ. 물류정보처리업	물류정보 데이터베이스 구축, 물류지원 소프트웨어 개발·운영, 물류 관련 전자문서 처리업

① ㄱ 　　　　② ㄴ
③ ㄷ 　　　　④ ㄹ
⑤ ㅁ

25〕 물류 환경변화에 관한 설명으로 옳지 않은 것은?

① 경제 규모 확대에 따른 화물량 증가로 사회간접자본 수요는 급증하는 반면 물류 기반 시설은 부족하여 기업의 원가 부담이 가중되고 있다.
② 정보기술 및 자동화기술의 확산으로 물류작업의 고속화 및 효율화, 적정 재고관리 등이 추진되고 있다.
③ 소비자 니즈(Needs)의 다양화에 따라 상품의 수요패턴이 소품종, 대량화되고 있다.
④ 기후변화 및 친환경 물류정책에 따라 운송활동 등 물류부문에서 탄소배출을 줄이는 방향으로 변화되고 있다.
⑤ 소비자 니즈(Needs)의 다양화와 제품수명주기의 단축에 따라 과잉재고를 지양하려는 경향이 심화되고 있다.

 정답 **22** ⑤ **23** ④ **24** ① **25** ③

26) 물류합리화에 관한 설명으로 옳지 않은 것은?

① 물류합리화를 위해서는 시스템적 접근에 의한 물류활동 전체의 합리화를 추진하여야 한다.

② 물류 수·발주 처리의 전산화 등 물류정보의 전달체계 개선은 물류합리화 대상이 되지 않는다.

③ 경제 규모의 증대, 물류비의 증대 및 노동력 수급상의 문제점 등은 물류합리화의 필요성을 증대시킨다.

④ 차량이나 창고공간의 활용을 극대화해서 유휴부문을 최소화하는 것도 물류합리화 대책이 될 수 있다.

⑤ 물류합리화는 운송, 보관, 포장, 하역뿐만 아니라 물류조직도 그 대상이 된다.

27) 물류표준화의 목적에 해당하지 않는 것은?

① 물류활동의 효율화

② 화물 유통의 원활화

③ 물류의 다품종·소량화

④ 물류의 호환성과 연계성 확보

⑤ 물류비의 절감

28) 물류표준화에 관한 설명으로 옳지 않은 것은?

① 단위화물 체계의 보급, 물류기기 체계 인터페이스, 자동화를 위한 규격 등을 고려한다.

② 운송, 보관, 하역, 포장 정보의 일관처리로 효율성을 제고하는 것이다.

③ 물류모듈은 물류시설 및 장비들의 규격이나 치수가 일정한 배수나 분할 관계로 조합되어 있는 집합체로 물류표준화를 위한 기준치수를 의미한다.

④ 대표적인 Unit Load 치수에는 NULS(Net Unit Load Size)와 PVS(Plan View Size)가 있다.

⑤ 배수치수 모듈은 1,140mm×1,140mm Unit Load Size를 기준으로 하고, 최대허용공차 −80mm를 인정하고 있는 Plan View Unit Load Size를 기본단위로 하고 있다.

29) 물류거점 집약화의 효과에 관한 설명으로 옳지 않은 것은?

① 공장과 물류거점 간의 운송경로가 통합되어 대형차량의 이용이 가능하다.

② 물류거점과 고객의 배송단계에서 지점과 영업소의 수주를 통합하여 안전재고가 줄어든다.

③ 운송차량의 적재율 향상이 가능하다.

④ 물류거점의 기계화와 창고의 자동화 추진이 가능하다.

⑤ 물류거점에서 재고 집약과 재고관리를 함으로써 재고의 편재는 해소되나 과부족 발생 가능성이 커진다.

30) 물류모듈화에 관한 설명으로 맞는 것은?

① 단위화물로 전환함으로써 운송, 보관, 하역, 포장을 재작업이나 재취급 없이 한 번에 처리하여 효율성을 제고하는 기법을 단위화물 체계, 즉 유닛로드 시스템이라고 한다.

② 수송, 하역, 보관 등 물류활동을 합리적으로 수행하기 위해, 여러 개의 물품을 지게차나 핸드 파렛트 트럭 등 물류장비로 취급할 수 있도록 하나로 합친 화물을 '묶음 화물'이라고 부른다.

③ 한국산업표준 KS T 0005 : 2020은 트럭 적재함 최대폭 2,500mm를 기준으로 1,100mm×1,100mm (T11 파렛트)만 물류모듈로 지정하고 있다.

④ 물류모듈화가 추진되어야 물류표준화가 가능해지고, 물류표준화가 되어야 단위화물 체계가 가능해지고, 단위화물 체계가 수립되어야 물류합리화가 가능해진다.

⑤ 화물 적재 시 화물의 돌출을 고려하지 않은 물류모듈 치수를 평면 치수라고 부른다.

 26 ② **27** ③ **28** ⑤ **29** ⑤ **30** ①

31] 파렛트 사용의 장점에 해당되지 않는 것은?

① 하역 및 작업 능률 향상
② 물품보호 효과
③ 재고조사 편의성 제공
④ 좁은 통로에서도 사용 용이
⑤ 상하차 작업시간 단축으로 트럭의 운행효율 향상

32] 화물을 일정한 중량이나 체적으로 단위화시켜 하역과 수송의 합리화를 도모하는 것은?

① 유닛로드 시스템(Unit Load System)
② 파렛트 풀 시스템(Pallet Pool System)
③ 파렛트 표준화(Pallet Standardization)
④ 포장의 모듈화(Packaging Modularization)
⑤ 일관 파렛트화(Palletization)

33] 유닛로드 시스템에 관한 설명으로 옳지 않은 것은?

① 대량의 단위화된 크기로 작업하므로 포장자재 비용이 증가한다.
② 시스템의 구축을 위해서 물류활동 간 접점에서의 표준화가 중요하다.
③ 유닛로드 시스템이 도입을 위해서는 추가적인 전용설비 및 하역기계가 필요하다.
④ 하역과 운송에 따른 화물 손상이 감소한다.
⑤ 운송 및 보관 업무의 효율적 운용이 가능하다.

34] 표준파렛트 T11(1,100mm×1,100mm)의 ISO 표준컨테이너 적재 수량으로 옳지 않은 것은?

① 20피트 컨테이너에 1단적 적입하는 경우 8개를 적재할 수 있다.
② 20피트 컨테이너에 2단적 적입하는 경우 20개까지 적재할 수 있다.
③ 40피트 컨테이너에 1단적 적입하는 경우 16개를 적재할 수 있다.
④ 40피트 컨테이너에 2단적 적입하는 경우 40개를 적재할 수 있다.
⑤ 45피트 컨테이너에 2단적 적입하는 경우 45개까지 적재할 수 있다.

35] 다음 설명에 해당하는 포장화물의 파렛트 적재 형태는?

> 홀수단에서는 물품을 모두 같은 방향으로 나란히 정돈하여 쌓고, 짝수단에서는 방향을 90도 바꾸어 교대로 겹쳐 쌓은 방식이다.

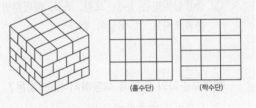

(홀수단)　(짝수단)

① 스플릿(Split) 적재
② 풍차형(Pinwheel) 적재
③ 벽돌(Brick) 적재
④ 교대배열(Row) 적재
⑤ 블록(Block) 적재

36] 물류공동화를 위한 전제조건에 해당되지 않는 것은?

① 자사의 물류시스템과 외부의 물류시스템과의 연계가 필요하다.
② 표준 물류 심벌 및 업체 통일전표, 외부와의 교환이 가능한 파렛트 등 물류용기를 사용하여야 한다.
③ 서비스 내용을 명확하게 하고, 표준화시켜야 한다.
④ 통일된 기준에 근거하여 물류비를 명확하게 산정하고 체계화해야 한다.
⑤ 단일 화주와 복수의 물류업체가 참여하여야 한다.

정답　31 ④　32 ①　33 ①　34 ⑤　35 ④　36 ⑤

37) 물류공동화 추진상의 문제점이 아닌 것은?

① 물류비 절감에 따른 소비자가의 하락
② 배송 순서 조절의 어려움 발생
③ 물류서비스 차별화의 한계
④ 매출, 고객명단 등 기업 비밀 노출 우려
⑤ 비용 배분에 대한 분쟁 발생

38) 물류공동화에 관한 설명으로 옳지 않은 것은?

① 공동수·배송이란 자사 및 타사의 원자재나 완제품을 공동으로 수·배송하는 것을 말한다.
② 화주기업은 공동수·배송을 통하여 물류비를 절감할 수 있다.
③ 물류공동화 실행 시 기업 비밀에 대한 유출 우려는 공동화 확산의 저해요인이 되고 있다.
④ 소량, 다빈도 배송의 증가는 수·배송 공동화의 필요성을 증대시킨다.
⑤ 수·배송 공동화를 통하여 고객 맞춤형 물류관리가 더욱 용이해지고 수·배송의 유연성이 증가한다.

39) 공동수·배송의 필요성에 관한 설명으로 옳지 않은 것은?

① 소비자 욕구의 다양화로 다빈도 소량주문 증가
② 화물량 증가에 따른 도로혼잡 및 환경오염 문제 발생
③ 능률적이고 효율적으로 물류활동 개선 필요
④ 새로운 시설과 설비 투자에 따른 위험부담 감소 필요
⑤ 소비자의 물류서비스 차별화 요구 증가

40) 운송사업자 관점의 수·배송 공동화의 장점에 해당하는 것을 모두 고른 것은?

> ㄱ. 운송차량의 적재·운행 효율 향상
> ㄴ. 소량화물의 수·배송 용이
> ㄷ. 운송화물의 대단위화로 인한 규모의 경제성
> ㄹ. 물류시설의 효율적 이용과 작업의 기계화 및 자동화 가능

① ㄱ, ㄷ   ② ㄴ, ㄷ
③ ㄴ, ㄹ   ④ ㄱ, ㄷ, ㄹ
⑤ ㄱ, ㄴ, ㄷ, ㄹ

41) 다음 설명에 해당하는 공동수·배송 운영방식은?

> 물류센터에서의 배송뿐만 아니라 화물의 보관 및 집하 업무까지 공동화하는 것으로 주문처리를 제외한 물류업무에 관해 협력하는 방식이다.

① 노선집하공동형
② 납품대행형
③ 공동수주·공동배송형
④ 배송공동형
⑤ 집배송공동형

42) 공동수·배송의 기대 효과를 모두 고른 것은?

> ㄱ. 물류비용 감소   ㄴ. 교통혼잡 완화
> ㄷ. 환경오염 방지   ㄹ. 물류 인력 고용 증대

① ㄱ, ㄴ, ㄷ   ② ㄱ, ㄴ, ㄹ
③ ㄱ, ㄷ, ㄹ   ④ ㄴ, ㄷ, ㄹ
⑤ ㄱ, ㄴ, ㄷ, ㄹ

대표기출

1 물류관리론

2
3
4
5

 정답   **37** ①   **38** ⑤   **39** ⑤   **40** ④   **41** ⑤   **42** ①

43 일반기준에 의한 물류비 계산 방식에 관한 설명으로 옳지 않은 것은?

① 물류비의 인식기준은 원가계산준칙에서 일반적으로 채택하고 있는 발생기준을 준거로 한다.
② 시설부담이자와 재고부담이자에 대해서는 기회원가의 개념을 적용한다.
③ 물류비의 계산은 먼저 관리항목별 계산을 수행한 후 비목별 계산을 수행한다.
④ 자가물류비는 자사 설비나 인력을 사용하여 물류활동을 수행함으로써 소비되는 비용으로 재료비, 노무비, 경비 등이 포함된다.
⑤ 관리항목별 계산은 조직별, 지역별, 고객별, 활동별로 물류비를 집계하는 것이다.

44 물류비 산정의 일반기준에 해당하지 않는 것은?

① 인력, 자금, 시설 등의 회계정보 작성
② 영역별, 기능별, 관리목적별 구분 집계
③ 손익계산서와 대차대조표 활용
④ 운영을 위한 정보시스템 구축 필요
⑤ 물류활동의 개선방안 도출 용이

45 물류비를 계산하고 관리하는 목적으로 옳지 않은 것은?

① 물류예산을 편성하고 통제한다.
② 물류활동의 문제점을 파악한다.
③ 물류활동의 규모를 파악하고 중요성을 인식시킨다.
④ 주주들에게 공정한 회계자료 제공을 위한 재무제표를 작성한다.
⑤ 관리자 또는 의사결정자에게 유용한 물류비 정보를 제공한다.

46 물류 분야의 활동기준원가계산(ABC : Activity Based Costing)에 관한 설명으로 옳지 않은 것은?

① 재료비, 노무비 및 경비로 구분하여 계산한다.
② 업무를 활동 단위로 세분하여 원가를 산출하는 방식이다.
③ 활동별로 원가를 분석하므로 낭비요인이 있는 물류업무 영역을 파악할 수 있다.
④ 산정원가를 바탕으로 원가 유발요인 분석과 성과측정을 할 수 있다.
⑤ 물류서비스별, 활동별, 고객별, 유통경로별, 프로세스별 수익성 분석이 가능하다.

47 다음은 2013년도 K기업이 지출한 물류비 내역이다. 이중에서 자가물류비와 위탁물류비는 각각 얼마인가?

- 노무비 : 13,000만 원
- 전기료 : 300만 원
- 지급운임 : 400만 원
- 이자 : 250만 원
- 재료비 : 3,700만 원
- 지불포장비 : 80만 원
- 수수료 : 90만 원
- 가스수도료 : 300만 원
- 세금 : 90만 원
- 상·하차 용역비 : 550만 원

① 자가물류비 : 17,000만 원
   위탁물류비 : 1,760만 원
② 자가물류비 : 17,300만 원
   위탁물류비 : 1,460만 원
③ 자가물류비 : 17,640만 원
   위탁물류비 : 1,120만 원
④ 자가물류비 : 17,730만 원
   위탁물류비 : 1,030만 원
⑤ 자가물류비 : 17,550만 원
   위탁물류비 : 1,210만 원

 정답 **43** ③ **44** ③ **45** ④ **46** ① **47** ③

48] 「기업물류비 산정지침」에 따라 물류비를 구분할 때 다음 자료를 활용하여 기업물류비와 하역비를 구하시오. (단, 제시된 항목 외에 다른 물류비는 발생하지 않으며, 이자 비용은 고려하지 않는다.)

(단위 : 천 원)

- 자가운송비 : 10,000
- 보관비 : 1,000
- 물류정보·관리비 : 200
- 포장비 : 500
- 재고자산 : 25,000
- 유통가공비 : 800

① 기업물류비 : 12,500천 원, 하역비 : 800천 원
② 기업물류비 : 12,500천 원, 하역비 : 1,300천 원
③ 기업물류비 : 37,500천 원, 하역비 : 0원
④ 기업물류비 : 37,500천 원, 하역비 : 800천 원
⑤ 기업물류비 : 37,500천 원, 하역비 : 1,300천 원

49] A기업의 실적은 다음과 같다. A기업이 물류비 10% 절감으로 얻을 수 있는 순이익과 동일한 효과를 얻기 위해 필요한 추가 매출액은 얼마인가?

- 매출액 : 1,000억 원
- 물류비 : 140억 원
- 순이익 : 20억 원

① 100억 원
② 300억 원
③ 500억 원
④ 700억 원
⑤ 1,000억 원

50] 세목별 물류비 분류 항목으로 옳지 않은 것은?

① 재료비
② 노무비
③ 경비
④ 이자
⑤ 유통가공비

51] 물류의 영역별 분류에 해당하지 않는 것은?

① 조달물류
② 정보물류
③ 사내물류
④ 판매물류
⑤ 회수물류

52] 일반기준에 의한 물류비 분류에서 기능별 물류비에 해당하지 않는 것은?

① 위탁비
② 운송비
③ 보관비
④ 포장비
⑤ 하역비

53] 기업물류비 산정지침상의 물류비 과목분류 중 지급형태별 구분에 해당하는 비용항목으로 옳은 것은?

① 위탁물류비 : 물류활동의 일부 또는 전부를 타사에 위탁하여 수행함으로써 소비된 비용
② 조달물류비 : 물자의 조달처로부터 운송되어 매입자의 보관창고에 입고, 관리되어 생산공정에 투입되기 직전까지의 물류활동에 따른 비용
③ 사내물류비 : 매입물자의 보관창고에서 완제품 등의 판매를 위한 장소까지의 물류활동에 따른 비용
④ 판매물류비 : 생산된 완제품 또는 매입한 상품을 판매창고에서 보관하는 활동부터 고객에게 인도될 때까지의 비용
⑤ 역(Reverse)물류비 : 회수물류비, 폐기물류비, 반품물류비로 세분화하며, 판매된 상품의 반품 과정에서 발생하는 운송, 검수, 분류, 보관, 하역 등의 비용

 정답 48 ① 49 ④ 50 ⑤ 51 ② 52 ① 53 ①

54] 물류비의 비목별 계산 과정으로 옳은 것은?

> ㄱ. 물류비 자료의 식별과 입수
> ㄴ. 물류비 배부기준의 선정
> ㄷ. 물류비 계산의 보고
> ㄹ. 물류비 배부와 집계
> ㅁ. 물류비 계산 욕구의 명확화

① ㄱ - ㄴ - ㄷ - ㄹ - ㅁ
② ㄱ - ㅁ - ㄴ - ㄹ - ㄷ
③ ㄱ - ㅁ - ㄷ - ㄹ - ㄴ
④ ㅁ - ㄱ - ㄴ - ㄷ - ㄹ
⑤ ㅁ - ㄱ - ㄴ - ㄹ - ㄷ

55] 물류비에 관한 설명으로 옳지 않은 것은?

① 물류활동을 실행하기 위해 발생하는 직접 및 간접 비용을 모두 포함한다.
② 영역별로 조달, 생산, 포장, 판매, 회수, 폐기 활동으로 구분된 비용이 포함된다.
③ 현금의 유출입보다 기업회계기준 및 원가계산준칙을 적용해야 한다.
④ 물류활동이 발생한 기간에 물류비를 배정하도록 한다.
⑤ 물류비의 정확한 파악을 위해서는 재무회계방식보다 관리회계방식을 사용하는 것이 좋다.

56] 물류기업 K는 제품의 포장 및 검사를 대행하는 유통 가공 서비스의 경제적 타당성을 검토하고 있으며, 관련 자료는 다음과 같다. K사 유통가공 서비스의 연간 손익분기 매출액(단위 : 만 원)은?

> • 서비스 가격 : 10만 원/개
> • 고정비 : 10,000만 원/년
> • 변동비 : 7.5만 원/개

① 1,000   ② 4,000
③ 10,000   ④ 20,000
⑤ 40,000

57] 활동기준원가계산(ABC)에 관한 설명으로 옳지 않은 것은?

① 기업이 수행하고 있는 활동을 기준으로 자원, 활동, 원가 대상의 원가와 성과를 측정하는 원가계산 방법을 말한다.
② 전통적 원가계산 방법보다 제품이나 서비스의 실제 비용을 현실적으로 계산할 수 있다.
③ 활동별로 원가를 분석하므로 낭비요인이 있는 업무 영역을 파악할 수 있다.
④ 임의적인 직접원가 배부기준에 의해 발생하는 전통적 원가계산 방법의 문제점을 극복하기 위해 활용된다.
⑤ 소품종 대량생산보다 다품종 소량생산 방식에서 유용성이 더욱 높다.

58] 물류 네트워크의 창고 수와 물류비용 혹은 성과지표 간의 관계로 옳지 않은 것은?

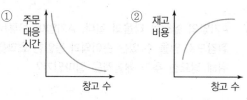
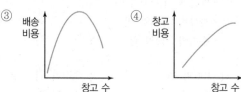
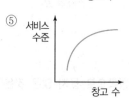

59 물류원가 계산과 물류채산 분석을 비교한 것으로 옳지 않은 것은?

구분		물류원가 계산	물류채산 분석
①	목적	물류활동의 업적평가	물류활동에 관한 의사결정
②	대상	특정의 개선안, 대체안	물류업무의 전반
③	산정방식	항상 일정	상황에 따라 상이
④	계속성	반복적	임시적
⑤	사용원가	실제원가만 대상	특수원가도 대상

60 물류서비스 수준에 관련된 설명으로 옳지 않은 것은?

① 물류서비스의 목표는 물류비용은 절감하면서도 서비스 수준은 높이는 데 있다.
② 서비스 수준을 높이면 물류비용이 증가하고, 물류비용을 낮추면 서비스 수준이 떨어진다.
③ 물류서비스 표준을 정해야 물류서비스 수준을 정할 수 있다.
④ 물류활동에 의한 공헌이익이 최대화될 수 있는 서비스 수준이 최적의 서비스 수준이다.
⑤ 물류비용을 절감하면서도 물류서비스 수준을 높이려면 그에 맞는 물류시스템을 구축해야 한다.

61 물류서비스의 품질 측정(SERVQUAL) 구성요소로 옳지 않은 것은?

① 화주기업에게 차량, 장비 등 물류서비스를 원활히 제공해 줄 수 있는 능력
② 화주기업에게 전반적인 업무 수행에 대해 확신을 주는 능력
③ 화주기업에게 정확하고 신속하게 물류서비스를 제공할 수 있는 능력
④ 화주기업과의 원활한 의사소통 능력
⑤ 화주기업의 영업이익률을 높여줄 수 있는 능력

62 고객서비스의 구성요소는 거래 전 요소, 거래 발생 시 요소, 거래 후 요소로 구분할 수 있다. 이 가운데 거래 전 요소에 해당하는 것은?

① 재고품절 수준
② 제품 주문정보 입수 가능성
③ 제품 대체성
④ 주문의 간편성
⑤ 명문화된 고객서비스 정책

63 물류 고객서비스 요소에 관한 내용이 옳게 짝지어진 것은?

ㄱ. 고객에게 인도하는 데 직접 관련된 서비스 요소로 제품 및 배달의 신뢰도 등을 말한다.
ㄴ. 고객서비스에 관한 기업의 정책과 연관되어 있으며, 기업에 대한 고객인식과 고객의 총체적인 만족에 상당한 영향을 미칠 수 있다.
ㄷ. 일반적으로 제품보증, 부품 및 수리 서비스, 고객의 불만에 대한 처리절차 및 제품의 교환 등을 말한다.

① ㄱ : 거래 전 요소, ㄴ : 거래 시 요소,
   ㄷ : 거래 후 요소
② ㄱ : 거래 전 요소, ㄴ : 거래 후 요소,
   ㄷ : 거래 시 요소
③ ㄱ : 거래 시 요소, ㄴ : 거래 후 요소,
   ㄷ : 거래 전 요소
④ ㄱ : 거래 시 요소, ㄴ : 거래 전 요소,
   ㄷ : 거래 후 요소
⑤ ㄱ : 거래 후 요소, ㄴ : 거래 전 요소,
   ㄷ : 거래 시 요소

64) 물류 측면의 고객서비스에 관한 설명으로 옳지 않은 것은?

① 물류서비스에 대한 고객의 만족도는 기대(Expectation)수준과 성과(Performance)수준의 차이로 설명된다.
② 제품 가용성(Availability) 정보제공은 물류서비스 신뢰성에 영향을 주지 않는다.
③ 물류서비스와 물류비용 사이에는 상충(Trade-off)관계가 존재한다.
④ 서비스 품질은 고객과 서비스 제공자 간의 상호작용에 의해서 결정된다.
⑤ 고객서비스의 수준이 결정되지 않았다면 수익과 비용을 동시에 고려하여 최적의 서비스 수준을 결정해야 한다.

65) 물류서비스의 신뢰성(Reliability)을 높이기 위한 방안에 해당하지 않는 것은?

① 신속 정확한 수주정보 처리
② 생산 및 운송 로트(Lot) 대량화
③ 조달 리드타임(Lead time) 단축
④ 제품 가용성(Availability) 정보 제공
⑤ 재고관리의 정확도 향상

66) 고객서비스와 물류서비스에 관한 설명으로 옳지 않은 것은?

① 고객서비스의 목표는 고객만족을 통한 고객 감동을 실현하는 것이다.
② 물류서비스의 목표는 서비스 향상과 물류비 절감을 통한 경영혁신이다.
③ 경제적 관점에서의 최적 물류서비스 수준은 물류활동에 의한 이익을 최대화하는 것이다.
④ 고객서비스 수준은 기업의 시장점유율과 수익성에 영향을 미친다.
⑤ 일반적으로 고객서비스 수준이 높아지면 물류비가 절감되고 매출액은 증가한다.

67) 6시그마(6σ)에 관한 설명으로 옳지 않은 것은?

① 시그마는 통계학에서 표준편차를 의미한다.
② 6시그마 수준은 같은 실험을 100만 회 시행했을 때 6회 정도 오류가 나는 수준이다.
③ 6시그마는 모토로라의 해리(M. Harry)가 창안하였다.
④ DMAIC란 정의(Define), 측정(Measure), 분석(Analyze), 개선(Improve), 관리(Control)를 의미한다.
⑤ 6시그마는 제조부문뿐만 아니라 서비스부문에도 적용할 수 있다.

68) TQM(Total Quality Management)에 관한 설명으로 옳지 않은 것은?

① 품질관리 활동이 전사적으로 이루어져야 한다.
② 고객 중심의 품질 개념을 도입한 것이다.
③ 품질에 대해 지속적인 개선이 이루어진다.
④ 관리 대상은 최종제품뿐만 아니라 조직 내의 모든 활동과 서비스가 포함된다.
⑤ 고객의 범위는 외부고객으로 한정한다.

69) 다음 ( )에 들어갈 용어를 바르게 나열한 것은?

- (ㄱ)는 생산, 판매, 구매, 인사, 재무, 물류 등 기업업무 전반을 통합 관리하는 경영관리시스템의 일종이다. 이는 기업이 보유하고 있는 모든 자원에 대해서 효과적인 사용계획과 관리를 위한 시스템이다.
- (ㄴ)은/는 고객과 가장 가까운 곳에서 수요데이터를 얻고, 수요를 예측하여 이를 생산계획 수립에 빠르게 반영하며, 완제품 출고 이후 소매점 또는 도매를 줄이는 데 근본적인 목적이 있다.

① ㄱ : MRP, ㄴ : DRP   ② ㄱ : ERP, ㄴ : DRP
③ ㄱ : ERP, ㄴ : MRP   ④ ㄱ : ERP, ㄴ : MRPⅡ
⑤ ㄱ : MRP, ㄴ : BPR

 정답   **64** ② **65** ② **66** ⑤ **67** ② **68** ⑤ **69** ②

70) MRP에 관한 설명으로 옳지 않은 것은?

① 배치(batch) 제품, 조립품 생산 등에 적합한 자재 관리 기법이다.

② 주 구성요소는 MPS(Master Production Schedule), BOM(Bill of Materials), 재고기록철 등이다.

③ MRPⅡ로 확장되었다.

④ MPS의 변경을 수용할 수 없다.

⑤ 완제품의 수요예측으로부터 시작된다.

71) 다음 설명에 해당하는 물류관리 기법은?

- Bose사가 개발한 물류관리 기법
- 공급회사의 영업과 발주회사의 구매를 묶어 하나의 가상기업으로 간주
- 공급회사의 전문요원이 공급회사와 발주회사 간의 구매 및 납품업무 대행

① JIT   ② JIT-Ⅱ

③ MRP   ④ ERP

⑤ ECR

72) 주문주기시간(order cycle time)의 구성요소들을 시간 순서대로 옳게 나열한 것은?

① order transmittal time → order processing time → order assembly time → stock availability → delivery time

② order assembly time → order processing time → order transmittal time → order picking time → delivery time

③ order assembly time → order transmittal time → order picking time → order processing time → delivery time

④ order processing time → order picking time → order transmittal time → delivery time → order assembly time

⑤ order transmittal time → order assembly time → order processing time → delivery time → stock availability time

73) 주문주기시간(Order Cycle Time)에 관한 설명으로 옳지 않은 것은?

① 주문주기시간은 재고정책의 개선활동을 통하여 단축될 수 있다.

② 주문전달(Order Transmittal)은 적재서류 준비, 재고기록 갱신, 신용장 처리작업, 주문 확인 등의 활동이다.

③ 재고 가용성(Stock Availability) 확보시간은 창고에 보유하고 있는 재고가 없을 때 생산지의 재고로부터 보충하는 데 소요되는 시간이다.

④ 주문인도(Order Delivery)는 주문품을 재고지점에서 고객에게 전달하는 활동이다.

⑤ 오더피킹(Order Picking)은 재고로부터 주문품 인출·포장·혼재 작업과 관련된 활동이다.

74) 다음 설명에 해당하는 주문주기시간 구성요소는?

- 주문품을 재고지점에서 고객에게 전달하는 데 걸리는 시간을 말한다.
- 창고에 재고가 있는 경우에는 공장을 거치지 않고 곧바로 고객에게 전달하는 데 걸리는 시간을 말한다.

① 주문전달시간(Order Transmittal Time)

② 주문처리시간(Order Processing Time)

③ 오더어셈블리시간(Order Assembly Time)

④ 재고 가용성(Stock Availability)

⑤ 인도시간(Delivery Time)

 정답   **70** ④   **71** ②   **72** ①   **73** ②   **74** ⑤

75] CALS에 관한 설명으로 옳지 않은 것은?

① 기업의 프로세스를 혁신하고 표준화하기 위해 제품개발, 생산, 영업, 물류에 이르는 영역을 디지털 정보기술로 효율화하는 전략이다.

② 1985년 Computer-Aided Acquisition and Logistics Support, 즉 구매와 로지스틱스를 포함하는 개념으로 처음 출발하였다.

③ 1988년 CALS를 국방부 내부뿐만 아니라 방산업체 영역까지 확장하여 군수 전체를 지원하는 체계로 전환하였다.

④ 1993년 CALS는 민간 분야로 확장되어 Continuous Acquisition and Life Cycle Support의 개념으로 발전하였다.

⑤ 1994년 기업 간 정보공유, 재고 공급 및 교환, 조달, 설계 및 제조, 상거래, 물류, 대금결제 등을 광범위하게 다룬 Commerce At Light Speed의 개념으로 확장되었다.

76] 제약이론(Theory of Constraints : TOC)에 관한 설명으로 옳지 않은 것은?

① 산출 회계(Throughput accounting)는 재고를 자산으로 평가한다.

② 골드랫(E. M. Goldratt)이 TOC이론을 제안하였다.

③ TOC는 SCM에 응용할 수 있다.

④ TOC는 제약을 찾아 집중적으로 개선하는 경영이론이다.

⑤ DBR은 Drum, Buffer, Rope를 의미한다.

77] TOC(Theory of Constraints)에 관한 설명으로 옳은 것은?

① Drum, Buffer, Rope는 공정 간 자재의 흐름 관리를 통해 재고를 최소화하고 제조기간을 단축하는 기법으로서 비제약공정을 중점적으로 관리한다.

② Thinking Process는 제약요인을 개선하여 목표를 달성하는 구체적 해결방안을 도출하는 기법으로서 부분 최적화를 추구한다.

③ Critical Chain Project Management는 프로젝트의 단계별 작업을 효과적으로 관리하여 기간을 단축하고 돌발 상황에서도 납기수준을 높일 수 있는 기법이다.

④ Throughput Account는 통계적 기법을 활용한 품질 개선 도구이다.

⑤ Optimized Production Technology는 정의, 측정, 분석, 개선, 관리의 DMAIC 프로세스를 활용한다.

78] JIT(Just-In-Time) 시스템의 운영 특성에 관한 설명으로 옳지 않은 것은?

① 생산소요시간 감소 및 각 공정 간 작업부하의 균일화를 위해 소로트(Lot)가 요구된다.

② 재고를 최소로 유지하기 위해서는 불량 없는 품질관리가 중요하다.

③ 공급되는 부품의 품질, 수량, 납품 시기 측면에서 공급업체와의 신뢰성 구축과 긴밀한 협조 체제가 요구된다.

④ 원활한 활동을 위해 노동력의 유연성과 팀워크가 요구된다.

⑤ 재고수준이 일정할 필요가 없으며 상황에 따라 변하는 예측수요 등에 바탕을 둔 재고관리가 요구된다.

 75 ② **76** ① **77** ③ **78** ⑤

79 JIT와 MRP의 비교 설명으로 옳은 것은? (순서대로 구분 : JIT – MRP)

① 관리 : 계획에 의한 소요 개념 – 주문이나 요구에 의한 소요 개념

② 거래 : 경제적 구매 위주의 거래 – 구성원 입장에서 장기거래

③ 목표 : 낭비 제거 – 계획 수행 시 필요량 확보

④ 통제순위 : 작업배정 순서 – 간판의 도착 순서

⑤ 시스템 : Push 시스템 – Pull 시스템

80 자재관리에 관한 설명으로 옳지 않은 것은?

① MRP는 MRP-Ⅱ로 확장되었다.

② JIT는 최소의 재고유지를 통한 낭비 제거를 목표로 하는 적시생산시스템이다.

③ JIT는 칸반(Kanban) 시스템이라고도 불린다.

④ 자재소요계획 시스템은 MRP로부터 ERP로 발전되었다.

⑤ JIT-Ⅱ는 일본 도요타 자동차가 개발한 시스템이다.

81 물류혁신을 위한 6시그마 기법의 DMAIC 추진 단계들 중 다음 설명에 해당하는 것은?

> 통계적 기법을 활용해서 현재 프로세스의 능력을 계량적으로 파악하고, 품질에 결정적인 영향을 미치는 핵심품질특성(CTQ : Critical to Quality)의 충족 정도를 평가한다.

① Define   ② Measure

③ Analyze   ④ Improve

⑤ Control

82 슈메네(Schmenner)는 고객과의 상호작용(개별화 정도)과 노동 집중도(노동 집약 형태)에 따라 서비스 프로세스를 분류하였다. 다음 중 상대적으로 노동 집중도가 높은 조직에서 인적자원 관리를 위한 의사결정 시 고려사항으로 옳지 않은 것은?

① 직무수행의 방법과 통제

② 고용 및 훈련 계획

③ 인력자원 운용에 대한 스케줄링

④ 토지, 시설 및 설비에 대한 투자 결정

⑤ 복리후생

83 물류와 생산 및 마케팅의 관계를 설명한 것으로 옳지 않은 것은?

① 물류는 마케팅의 4P 중 제품(Product)과 가장 밀접한 관련이 있다.

② 기술혁신으로 품질과 가격 면에서 평준화가 이루어진 상태에서는 고객서비스가 마케팅과 물류에서 중요한 비중을 차지한다.

③ 물류는 포괄적인 마케팅에 포함되면서 물류 자체의 마케팅 활동을 실천해야 한다.

④ 최근의 물류는 마케팅뿐만 아니라 산업공학적인 측면, 무역학적인 측면 등 보다 광범위한 개념으로 확대되고 있다.

⑤ 생산과 물류의 상호작용에 포함되는 요소로는 공장입지, 구매계획, 제품생산계획 등이 있다.

84 물류와 마케팅의 관계에 관한 설명으로 옳지 않은 것은?

① 물류역량이 강한 기업일수록 본래 마케팅의 기능이었던 수요의 창출 및 조절에 유리하다.
② 물류와 마케팅 기능이 상호작용하는 분야는 하역관리와 설비관리 등이 있다.
③ 물류는 마케팅뿐만 아니라 생산관리 측면 등까지 광범위하게 확대되고 있다.
④ 물류는 마케팅의 4P 중 Place, 즉 유통채널과 관련이 깊다.
⑤ 물류는 포괄적인 마케팅에 포함되며 물류 자체의 마케팅 활동을 할 수도 있다.

85 물류와 마케팅에 관한 설명으로 옳지 않은 것은?

① 마케팅믹스(4'P)는 제품, 가격, 유통, 촉진으로 구성된다.
② 마케팅믹스(4'P) 중 유통은 물류와 관련성이 높은 요인이다.
③ 탁월한 고객서비스를 제공하는 마케팅은 고객만족을 증대시킨다.
④ 고객만족을 위해 물류서비스 수준을 높이면 물류비는 절감된다.
⑤ 효과적인 물류관리를 위해서는 기능별 개별 물류비 절감보다 총물류비를 줄이는 것이 중요하다.

86 수직적 유통경로 시스템(VMS : Vertical Marketing System)에 관한 설명으로 옳지 않은 것은?

① 동맹형 VMS는 둘 이상의 유통경로 구성원들이 대등한 관계에서 상호 의존성을 인식하고 자발적으로 형성한 통합 시스템 또는 제휴 시스템이다.
② 기업형 VMS는 한 경로 구성원이 다른 경로 구성원을 법적으로 소유 및 관리하는 결속력이 가장 강력한 유형이다.
③ 관리형 VMS의 대표적인 형태로는 프랜차이즈 시스템을 들 수 있다.

④ 수직적 유통경로 시스템은 전통적 유통경로 시스템의 단점인 경로 구성원 간의 업무조정 및 이해상충의 조정을 전문적으로 관리 혹은 통제하는 경로 조직이다.
⑤ 도·소매상이 제조업체를 직접 통제하기 위하여 계열화하는 것을 후방통합이라고 한다.

87 도매기관에 관한 설명으로 옳지 않은 것은?

① 제조업자 도매기관은 제조업자가 직접 도매기능을 수행한다.
② 제조업자 도매기관은 제조업자가 입지 선정부터 점포 내의 판매원 관리까지 모든 업무를 직접 관리한다.
③ 상인 도매기관은 상품을 직접 구매하여 판매한다.
④ 대리 도매기관은 제조업자의 상품을 대신 판매·유통시켜 준다.
⑤ 대리 도매기관은 상품의 소유권을 가진다.

88 다음 설명에 해당하는 유통경로는?

> 유통경로상의 한 업체가 다른 업체를 법적으로 소유 및 관리하는 유형으로, 세부적으로는 제조업체가 도·소매업체를 소유하거나 도매업체가 소매업체를 소유하는 '전방통합'과 도·소매업체가 제조업체를 소유하거나 제조업체가 부품 공급업체를 소유하는 '후방통합'이 있다.

① 수직적 유통경로
② 매트릭스형 유통경로
③ 네트워크형 유통경로
④ 수평적 유통경로
⑤ 전통적 유통경로

 정답 **84** ② **85** ④ **86** ③ **87** ⑤ **88** ①

89] 유통경로의 구조에 관한 설명으로 옳지 않은 것은?

① 전통적 유통경로 시스템은 자체적으로 마케팅 기능을 수행하는 독립적인 단위들로 구성된다.
② 전통적 유통경로 시스템은 수직적 시스템에 비해 구성원 간 결속력은 약하지만 유연성이 높다.
③ 수직적 유통경로 시스템은 신규 구성원의 진입이 상대적으로 용이한 개방형 네트워크이다.
④ 도소매기관 지원형 연쇄점, 소매기관 협동조합, 프랜차이즈 등은 계약형 유통경로 구조에 해당한다.
⑤ 기업형 유통경로 구조는 특정 유통경로가 다른 유통경로를 소유하고 통제하는 형태이다.

90] 다음 설명에 해당하는 소매업태는?

- 할인형 대규모 전문점을 의미한다.
- 토이저러스(Toys 'R' Us), 오피스디포(Office Depot) 등이 대표적이다.
- 기존 전문점과 상품구색은 유사하나 대량구매, 대량판매 및 낮은 운영비용을 통해 저렴한 가격의 상품을 제공한다.

① 팩토리 아웃렛(Factory Outlet)
② 백화점(Department Store)
③ 카테고리 킬러(Category Killer)
④ 하이퍼마켓(Hypermarket)
⑤ 대중양판점(General Merchandising Store)

91] 도매물류사업의 기대 효과 중 제조업자(생산자)를 위한 기능이 아닌 것은?

① 구색편의 기능
② 주문처리 기능
③ 물류의 대형집약화 센터설립 기능
④ 판매의 집약광역화 대응 기능
⑤ 시장동향정보의 파악(생산조절) 기능

92] 도매상의 유형 중에서 한정서비스 도매상(Limited Service Wholesaler)에 해당하지 않는 것은?

① 진열 도매상(Rack Jobber)
② 전문품 도매상(Specialty Wholesaler)
③ 트럭 도매상(Truck Jobber)
④ 직송 도매상(Drop Shipper)
⑤ 현금거래 도매상(Cash and Carry Wholesaler)

93] 유통경로상에서는 경로파워가 발생할 수 있다. 다음 설명에 해당하는 경로파워는?

- 중간상이 제조업자를 존경하거나 동일시하려는 경우에 발생하는 힘이다.
- 상대방에 대하여 일체감을 갖기를 바라는 정도가 클수록 커진다.
- 유명상표의 제품일 경우 경로파워가 커진다.

① 보상적 파워
② 준거적 파워
③ 전문적 파워
④ 합법적 파워
⑤ 강압적 파워

94] 수요의 정성적 예측기법으로 전문가들을 한자리에 모으지 않고 일련의 질의서를 통해 각자의 의견을 취합하여 중·장기 수요의 종합적인 예측 결과를 도출해 내는 기법은?

① 시장조사법
② 전문가 의견법
③ 판매원 의견 통합법
④ 자료유추법
⑤ 델파이법

 89 ③ **90** ③ **91** ① **92** ② **93** ② **94** ⑤

95 다음 설명에 해당하는 수요예측 기법은?

> • 단기 수요예측에 유용한 기법으로 최근 수요에 많은 가중치를 부여한다.
> • 오랜 기간의 실적을 필요로 하지 않으며 데이터 처리에 소요되는 시간이 적게 드는 장점이 있다.

① 시장조사법
② 회귀분석법
③ 역사적 유추법
④ 델파이법
⑤ 지수평활법

96 인과형 예측기법의 하나로 종속변수인 수요에 영향을 미치는 독립변수를 파악하고, 독립변수와 종속변수 간의 함수관계를 통계적으로 추정해 미래의 수요를 예측하는 방법은?

① 회귀분석법
② 델파이법
③ 지수평활법
④ 수명주기예측법
⑤ 가중이동평균법

97 상적유통(Commercial Distribution)과 물적유통(Physical Distribution)에 관한 설명으로 옳은 것은?

① 상품의 거래활동은 물적유통에 해당한다.
② 화물정보의 전달 및 활용은 물적유통에 해당한다.
③ 금융, 보험 등의 보조 활동은 물적유통에 해당한다.
④ 판매를 위한 상품의 포장은 상적유통에 해당한다.
⑤ 효율 향상을 위해 상적유통과 물적유통을 통합한다.

98 유통활동을 상적유통과 물적유통으로 구분할 때 물적유통에 해당하는 것을 모두 고른 것은?

> ㄱ. 거래활동   ㄴ. 보관활동
> ㄷ. 표준화 활동   ㄹ. 정보관리 활동

① ㄱ, ㄴ
② ㄱ, ㄹ
③ ㄴ, ㄷ
④ ㄴ, ㄹ
⑤ ㄷ, ㄹ

99 전자상거래를 이용한 기업소모성자재(MRO)에 관한 설명으로 옳은 것은?

① MRO의 주된 구매품목은 생산활동과 직접 관련되는 원자재이다.
② MRO 사업자는 구매 대상 품목을 표준화할 필요가 없다.
③ MRO는 Maintenance, Resource & Operation의 약어이다.
④ MRO 사업자는 구매자에게 신뢰성 있는 제품정보를 제공하기 위하여 공급업체를 철저히 관리해야 한다.
⑤ MRO 사업자는 공급업체별로 각각 데이터베이스를 구축한다.

100 제품수명주기 중 '도입기'의 물류전략에 관한 설명으로 옳은 것은?

① 광범위한 유통지역을 관리하기 위해 다수의 물류센터를 구축한다.
② 경쟁이 심화하는 단계이므로 고객별로 차별화된 물류서비스를 제공한다.
③ 소수의 지점에 집중된 물류 네트워크를 구축한다.
④ 장기적인 시장점유율 확대를 위해 대규모 물류 네트워크를 구축한다.
⑤ 물류센터를 통폐합하여 소수의 재고 보유 거점을 확보한다.

 정답

95 ⑤ **96** ① **97** ② **98** ④ **99** ④ **100** ③

101 그림의 (ㄱ)~(ㅁ)은 제품수명주기(product life cycle)를 단계별로 구분한 것이다. 각 단계의 명칭과 특징을 설명한 것으로 옳지 않은 것은?

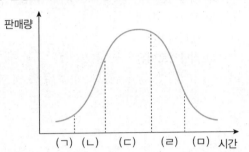

① (ㄱ) 도입기 : 일반적으로 수요는 매우 불확실하고 공급도 불확실하며, 이익은 낮거나 손실이 발생하는 단계이다.

② (ㄴ) 성장기 : 매출이 증가되고 일부 업체의 쇠퇴 및 시장 재편의 징후가 나타나며, 가장 높은 수익을 얻을 수 있는 단계이다.

③ (ㄷ) 성숙기 : 제품이 일반화되고 수요 증대에 맞추어 가격은 하향 조정되기 시작하며, 수익은 평준화되다가 감소하기 시작하는 단계이다.

④ (ㄹ) 쇠퇴기 : 가격이 평준화되고 판매량은 감소하며, 이에 따라 이익도 감소하기 시작하는 단계이다.

⑤ (ㅁ) 소멸기 : 재고 부족으로 인하여 가격상승 현상이 일부 나타날 수도 있으나, 이익은 감소하고 손실이 발생하는 단계이다.

102 택배 수요에 영향을 미치는 유통산업의 환경 및 유통채널 변화에 관한 설명으로 옳지 않은 것은?

① 온라인과 오프라인이 연결되어 거래가 이루어지는 O2O(Online to Offline) 상거래가 증가하고 있다.

② 오프라인 매장에서 제품을 살핀 후 실제 구매는 온라인에서 하는 쇼루밍(showrooming)이 증가하고 있다.

③ 온라인에서 제품을 먼저 살펴보고 실제 구매는 오프라인 매장에서 하는 역쇼루밍(reverse-showrooming)도 발생하고 있다.

④ O2O 상거래는 ICBM(IoT, Cloud, Big data, Mobile) 기반의 정보통신기술이 융합되어 발전하고 있다.

⑤ 유통기업들은 환경변화에 대응하기 위하여 유통채널을 옴니채널(omni channel)에서 다채널로 전환하고 있다.

103 상물분리의 효과에 관한 내용으로 옳지 않은 것은?

① 물류와 영업업무를 각각 전담 부서가 수행하므로 전문화에 의한 핵심역량 강화가 가능하다.

② 공동화, 통합화, 대량화에 의한 규모의 경제 효과로 물류비 절감이 가능하다.

③ 영업소와 고객 간 직배송이 확대되므로 고객서비스가 향상된다.

④ 운송차량의 적재효율이 향상되어 수송비용 절감이 가능하다.

⑤ 대규모 물류시설의 기계화 및 자동화에 의해 효율 향상이 가능하다.

104〕다음은 어떤 회사의 월별 텔레비전 판매량을 나타낸 것이다. 4월의 텔레비전 판매량은 44만대였다. 이동평균법, 가중이동평균법, 지수평활법을 이용하여 4월의 수요를 예측한 (ㄱ), (ㄴ), (ㄷ)의 적절한 값은? (단, 계산한 값은 반올림하여 천단위까지 구하시오.)

기간	실제 판매량	예측 판매량		
		이동 평균법	가중 이동평균법	지수 평활법
1월	40만대			
2월	43만대			
3월	42만대			45만대
4월	44만대	(ㄱ)	(ㄴ)	(ㄷ)

• 이동평균법의 경우, 이동기간 n=3을 적용
• 가중이동평균의 경우, 가중치는 최근월로부터 각각 0.5, 0.3, 0.2를 적용
• 지수평활법의 경우, 지수평활상수 α =0.8을 적용

① (ㄱ) 41.7만대, (ㄴ) 41.9만대, (ㄷ) 42.6만대
② (ㄱ) 41.7만대, (ㄴ) 41.9만대, (ㄷ) 44.4만대
③ (ㄱ) 43.0만대, (ㄴ) 41.9만대, (ㄷ) 44.2만대
④ (ㄱ) 43.0만대, (ㄴ) 43.2만대, (ㄷ) 42.6만대
⑤ (ㄱ) 43.0만대, (ㄴ) 43.2만대, (ㄷ) 44.2만대

105〕유통경로의 구조를 결정하는 이론이 아닌 것은?

① 연기-투기이론
② 게임이론
③ 체크리스트법
④ 대리인이론
⑤ 최단경로이론

정답 **104** ① **105** ⑤

물류시스템 구축 >> 대표기출문제

정답 및 해설 p. 49

01] 물류정보의 개념과 특징에 관한 설명으로 옳지 않은 것은?

① 생산에서 소비에 이르기까지의 물류 기능을 유기적으로 결합하여 물류관리 효율성을 향상시키는 데 활용된다.

② 운송, 보관, 하역, 포장 등의 물류활동에 관한 정보를 포함한다.

③ 원료의 조달에서 완성품의 최종 인도까지 각 물류 기능을 연결하여 신속하고 정확한 흐름을 창출한다.

④ 기술 및 시스템의 발전으로 인해 물류정보의 과학적 관리가 가능하다.

⑤ 정보의 종류가 다양하고 규모가 크지만, 성수기와 평상시의 정보량 차이는 작다.

02] 물류정보시스템의 목표에 해당하지 않는 것은?

① 기업 간 정보공유로 유통재고 최소화

② 효율적인 물류 의사결정을 위한 지원

③ POS를 통해 획득한 실시간 정보에 기초하여 PUSH 방식의 유통망 지원

④ 조달, 생산, 판매 등을 포괄적으로 연결하여 전체 물류 흐름을 효율적으로 관리

⑤ 환경변화에 신속히 대응하여 기업 경쟁력 향상

03] 물류정보시스템의 도입 효과로 옳지 않은 것은?

① 재고관리의 정확도 향상

② 영업부서 요청에 따른 초과 재고 보유로 판매량 증가

③ 신속하고 정확한 재고정보 파악으로 생산·판매 활동 조율

④ 효율적 수·배송 관리를 통한 운송비 절감

⑤ 수작업 최소화로 사무처리 합리화 가능

04] 물류정보시스템의 종류로 옳지 않은 것은?

① WMS(Warehouse Management System)

② TMS(Transportation Management System)

③ CVO(Commercial Vehicle Operation)

④ ASP(Application Service Provider)

⑤ OMS(Order Management System)

05] 물류정보시스템에서 활용하는 기술에 관한 설명으로 옳지 않은 것은?

① EDI(Electronic Data Interchange)는 전자문서 교환 방식이다.

② GPS(Global Positioning System)는 화물 또는 차량의 자동식별과 위치추적을 위해 사용하는 방식이다.

③ 우리나라의 바코드(Bar Code) 표준은 KAN-14이다.

④ 단축형 KAN-8은 국가코드 3자리, 업체코드 3자리, 상품코드 1자리이다.

⑤ POS(Point of Sale)는 단품별 판매정보를 자동으로 수집한다.

06] 다음 설명에 해당하는 물류정보관리 시스템은?

> • 대표적인 소매점 관리시스템 중 하나로서, 상품의 판매시점에 발생하는 정보를 저장 가능하다.
> • 실시간으로 매출을 등록하고, 매출 자료의 자동 정산 및 집계가 가능하다.
> • 상품의 발주, 구매, 배송, 재고관리와 연계가 가능한 종합정보관리 시스템이다.

① POS(Point of Sale)

② KAN(Korean Article Number)

③ ERP(Enterprise Resource Planning)

④ GPS(Global Positioning System)

⑤ DPS(Digital Picking System)

 정답 **01** ⑤ **02** ③ **03** ② **04** ④ **05** ③ **06** ①

07 첨단화물운송시스템(CVO : Commercial Vehicle Operation)의 하부시스템에 해당하는 것을 모두 고른 것은?

> ㄱ. 첨단차량 및 도로시스템(AVHS : Advanced Vehicle & Highway System)
> ㄴ. 화물 및 화물차량관리(FFMS : Freight and Fleet Management System)
> ㄷ. 첨단교통정보시스템(ATIS : Advanced Traveler Information System)
> ㄹ. 위험물차량관리(HMMS : Hazardous Material Monitoring System)
> ㅁ. 첨단교통관리시스템(ATMS : Advanced Traffic Management System)

① ㄱ, ㄴ   ② ㄱ, ㄹ
③ ㄴ, ㄷ   ④ ㄴ, ㄹ
⑤ ㄹ, ㅁ

08 빅데이터(Big data), 인공지능(AI : Artificial Intelligence), 사물인터넷(IoT : Internet of Things), 클라우드컴퓨팅(Cloud Computing) 등 다양한 핵심 기술의 융합을 기반으로 모든 것이 상호 연결되고, 더욱 지능화된 사회로 변화할 것이라는 개념인 4차 산업혁명은 최근 물류 분야에서도 큰 쟁점이 되고 있다. 이러한 4차 산업혁명 시대의 주요 특징으로 옳지 않은 것은?

① 초연결성(Hyper-connected)의 사회
② 초지능화(Hyper-intelligent)된 시스템
③ 자율화(Autonomous)된 장비
④ 예측 가능성 증가
⑤ 공급자 중심 경제

09 물류정보시스템의 구성요소가 아닌 것은?

① 수·배송 관리 모듈   ② 창고관리 모듈
③ 생산관리 모듈   ④ 물류정보관리 모듈
⑤ 주문처리 모듈

10 물류정보시스템에 관한 설명으로 옳지 않은 것은?

① 물류정보시스템은 운송, 보관, 하역, 포장 등의 전체 물류 기능을 효율적으로 관리할 수 있도록 해주는 정보시스템이다.
② 물류정보시스템의 정보는 발생원, 처리 장소, 전달 대상 등이 넓게 분산되어 있다.
③ 물류정보시스템의 수·배송 관리 기능은 고객의 주문에 대하여 적기 배송 체계의 확립과 최적 운송계획을 수립한다.
④ 물류정보시스템의 재고관리 기능은 최소의 비용으로 창고의 면적, 작업자, 하역설비 등의 경영자원을 배치한다.
⑤ 물류정보시스템의 주문처리 기능은 주문의 진행 상황을 통합·관리한다.

11 물류정보기술에 관한 설명으로 옳은 것은?

① RFID(Radio Frequency Identification)는 태그 데이터의 변경 및 추가는 불가능하나, 능동형 및 수동형 여부에 따라 메모리의 양을 다르게 정의할 수 있다.
② USN(Ubiquitous Sensor Network)은 센서 네트워크를 이용하여 유비쿼터스 환경을 구현하는 기술이며, 사물에 QR코드를 부착하여 정보를 인식하고 관리하는 정보기술을 말한다.
③ CALS의 개념은 Commerce At Light Speed로부터 Computer Aided Logistics Support로 발전되었다.
④ ASP(Application Service Provider)란 응용소프트웨어 공급서비스를 뜻하며 사용자 입장에서는 시스템의 자체 개발에 비하여 초기 투자비용이 더 많이 발생하는 단점이 있다.
⑤ IoT(Internet of Things)란 사람, 사물, 공간, 데이터 등이 인터넷으로 서로 연결되어 정보가 생성·수집·활용되게 하는 사물인터넷 기술이다.

 정답

07 ④   **08** ⑤   **09** ③   **10** ④   **11** ⑤

12〕 블록체인(Block Chain)에 관한 설명으로 옳지 않은 것은?

① 분산원장 또는 공공거래장부라고 불리며, 암호화폐로 거래할 때 발생할 수 있는 해킹을 막는 기술에서 출발했다.

② 다수의 상대방과 거래를 할 때 데이터를 개인 사용자들의 디지털 장비에 저장하여 공동으로 관리하는 분산형 정보기술이다.

③ 비트코인은 블록체인 기술을 이용한 전자화폐이다.

④ 퍼블릭 블록체인(Public Block Chain)과 프라이빗 블록체인(Private Block Chain)은 누구나 접근이 가능하다.

⑤ 컨소시엄 블록체인(Consortium Block Chain)은 허가받은 사용자만 접근이 가능하다.

13〕 VAN(Value Added Network)에 관한 설명으로 옳은 것은?

① 한정된 지역의 분산된 장치들을 연결하여 정보를 공유하거나 교환하는 것이다.

② 컴퓨터 성능의 발달로 정보수집 능력이 우수한 대기업에 정보가 집중되므로 중소기업의 활용 가능성은 낮아지고 있다.

③ 1990년대 미국의 AT&T가 전화회선을 임대하여 특정인에게 통신 서비스를 제공한 것이 효시이다.

④ 부가가치를 부여한 음성 또는 데이터를 정보로 제공하는 광범위하고 복합적인 서비스의 집합이다.

⑤ VAN 서비스는 컴퓨터 성능 향상으로 인해 이용이 감소되고 있다.

14〕 물류 EDI(Electronic Data Interchange) 시스템에 관한 설명으로 옳지 않은 것은?

① 거래업체 간에 상호 합의된 전자문서표준을 이용한 컴퓨터 간의 구조화된 데이터 전송을 의미한다.

② 상호 간의 정확한, 실시간 업무 처리를 가능하게 하여 물류업무의 효율성을 향상시킬 수 있다.

③ 종이문서 수작업 및 문서처리 오류를 감소시킬 수 있다.

④ 국제적으로는 다양한 EDI 시스템이 존재하지만, 국내 EDI 시스템 개발 사례는 존재하지 않는다.

⑤ 전자적 자료 교환을 통해 기업의 국제 경쟁력을 강화시킬 수 있다.

15〕 능동형 RFID(Radio Frequency IDentification) 시스템에 관한 설명으로 옳지 않은 것은?

① 내장 배터리를 전원으로 사용한다.

② 지속적인 식별정보 송신이 가능하다.

③ 수동형에 비해 가격이 비교적 비싸다.

④ 수동형에 비해 비교적 원거리 통신이 가능하다.

⑤ 반영구적으로 사용 가능하다.

16〕 다음 ( )에 들어갈 물류정보시스템 용어를 바르게 나열한 것은?

- 주파수공용통신 : (ㄱ)
- 지능형교통정보시스템 : (ㄴ)
- 첨단화물운송시스템 : (ㄷ)
- 철도화물정보망 : (ㄹ)
- 판매시점관리 : (ㅁ)

① ㄱ : CVO, ㄴ : ITS, ㄷ : POS, ㄹ : KROIS, ㅁ : TRS

② ㄱ : CVO, ㄴ : KROIS, ㄷ : TRS, ㄹ : ITS, ㅁ : POS

③ ㄱ : ITS, ㄴ : POS, ㄷ : CVO, ㄹ : TRS, ㅁ : KROIS

④ ㄱ : ITS, ㄴ : TRS, ㄷ : KROIS, ㄹ : CVO, ㅁ : POS

⑤ ㄱ : TRS, ㄴ : ITS, ㄷ : CVO, ㄹ : KROIS, ㅁ : POS

정답 **12** ④ **13** ④ **14** ④ **15** ⑤ **16** ⑤

대표
기출

1
물
류
관
리
론

2
3
4
5

17) RFID의 주파수대역별 특징에 관한 설명으로 옳지 않은 것은?

① 고주파수일수록 중장거리용으로 사용된다.
② 고주파수일수록 RFID 태그를 소형으로 만들 수 있다.
③ 저주파수일수록 시스템 구축 비용이 저렴하다.
④ 저주파수일수록 장애물의 영향을 덜 받는다.
⑤ 저주파수일수록 인식 속도가 빠르다.

18) 바코드에 관한 설명으로 옳은 것은?

① POS 시스템의 효과적인 이용을 위한 중요한 구성 요소이다.
② 13자리 바코드의 처음 세 자리는 물류식별코드를 의미한다.
③ 정보의 변경과 추가가 가능하다.
④ 응용범위가 다양하고 신속한 데이터 수집이 가능하나, 도입비용이 많이 든다.
⑤ 읽기와 쓰기가 가능하다.

19) 표준 바코드의 한 종류인 EAN(European Article Number)-13 코드에 관한 설명으로 옳지 않은 것은?

① EAN-13(A)와 EAN-13(B)의 국가식별코드는 2~3자리 숫자로 구성된다.
② 제조업체코드는 EAN-13(A)의 경우 4자리, EAN-13(B)의 경우 6자리로 구성된다.
③ 상품품목코드는 EAN-13(A)의 경우 5자리, EAN-13(B)의 경우 3자리로 구성된다.
④ EAN-13(A)와 EAN-13(B) 모두 물류용기에 부착하기 위한 물류식별코드를 가지고 있다.
⑤ EAN-13(A)와 EAN-13(B) 모두 체크 디지트를 통해 스캐너에 의한 판독 오류를 방지한다.

20) X, Y축의 양방향으로 데이터를 배열시켜 평면화한 점자식 또는 모자이크식 코드를 의미하는 2차원 바코드에 관한 설명으로 옳지 않은 것은?

① 한국어뿐만 아니라 외국어도 코드화가 가능하다.
② 데이터 구성 방법에 따라 단층형과 다층형으로 나뉜다.
③ 1차원 바코드에 비해 좁은 영역에 많은 데이터를 표현할 수 있다.
④ 2차원 코드로 Maxi Code, QR Code, Data Code, Code 16K 등이 있다.
⑤ 문자, 숫자 등의 텍스트는 물론 그래픽, 사진 등 다양한 데이터를 담을 수 있다.

21) QR코드에 관한 설명으로 옳지 않은 것은?

① 코드 모양이 정사각형이다.
② 1차원 바코드에 비하여 오류복원 기능이 낮아 데이터 복원이 어렵다.
③ 1차원 바코드에 비하여 많은 양의 정보를 수용할 수 있다.
④ 흑백 격자무늬 패턴으로 정보를 나타내는 2차원 형태의 바코드이다.
⑤ 1994년 일본의 덴소웨이브사(社)가 개발하였다.

정답 **17** ⑤ **18** ① **19** ④ **20** ② **21** ②

22 물류보안 관련 제도에 관한 설명으로 옳지 않은 것은?

① CSI(Container Security Initiative) : 외국 항만에 미국 세관원을 파견하여 미국으로 수출할 컨테이너 화물에 대한 위험도를 사전에 평가하는 컨테이너보안협정

② C-TPAT : 미국 세관(국경안전청)이 도입한 반테러민관 파트너십 제도

③ ISO 14001 : 여러 국가의 물류보안제도를 수용·준수하는 보안경영시스템이 갖추어 있음을 인증하는 제도

④ ISPS Code : 각국 정부와 항만관리당국, 선사들이 갖춰야 할 보안 관련 조건들을 명시하고, 보안 사고 예방에 대한 가이드라인 제시

⑤ ISF(Importer Security Filing) : 선적지에서 출항 24시간 전, 미국 세관에 온라인으로 신고를 하도록 한 제도

23 다음 설명에 해당하는 물류보안제도는?

• 2002년 미국 세관이 도입한 민관협력 프로그램이다.
• 수입업자와 선사, 운송회사, 관세사 등 공급사슬의 당사자들이 적용 대상이다.
• 미국 세관이 제시하는 보안기준 충족 시 통관절차 간소화 등의 혜택이 주어진다.

① C-TPAT(Customs-Trade Partnership Against Terrorism)
② ISO 28000(International Standard Organization 28000)
③ ISPS Code(International Ship and Port Facility Security Code)
④ CSI(Container Security Initiative)
⑤ SPA(Safe Port Act)

24 다음 설명에 해당하는 물류보안제도는?

• 기존 24시간 규칙을 강화하기 위한 조치로 항만보안법에 의해 법제화되었다.
• 보안 및 수입자의 책임을 강화하기 위해 적재 24시간 전, 미국 세관에 온라인으로 신고하도록 의무화한 제도이다.
• 수입자가 신고해야 할 사항이 10가지, 운송사가 신고할 사항이 2가지로 되어 있어 10+2 rule이라고도 불린다.

① C-TPAT(Customs-Trade Partnership Against Terrorism)
② ISF(Importer Security Filing)
③ Safe Port Act 2006
④ CSI(Container Security Initiative)
⑤ ISPS(International Ship and Port Facility Security) Code

25 블록체인(Block Chain)에 관한 설명으로 옳은 것을 모두 고른 것은?

ㄱ. 신용거래가 필요한 온라인 시장에서 해킹을 막기 위해 개발되었다.
ㄴ. 퍼블릭(Public) 블록체인, 프라이빗(Private) 블록체인, 컨소시엄(Consortium) 블록체인으로 나눌 수 있다.
ㄷ. 화물의 추적·관리 상황을 점검하여 운송 중 발생할 수 있는 문제에 실시간으로 대처할 수 있다.
ㄹ. 네트워크상의 참여자가 거래기록을 분산 보관하여 거래의 투명성과 신뢰성을 확보하는 기술이다.

① ㄱ, ㄴ   ② ㄷ, ㄹ
③ ㄱ, ㄴ, ㄷ   ④ ㄱ, ㄷ, ㄹ
⑤ ㄱ, ㄴ, ㄷ, ㄹ

 정답 **22** ③ **23** ① **24** ② **25** ⑤

26〕 바코드와 비교한 RFID(Radio Frequency Identification)의 특징으로 옳지 않은 것은?

① 원거리 및 고속 이동 시에도 인식이 가능하다.
② 반영구적인 사용이 가능하다.
③ 국가별로 사용하는 주파수가 동일하다.
④ 데이터의 신뢰도가 높다.
⑤ 태그의 데이터 변경 및 추가가 가능하다.

27〕 물류정보망에 관한 설명으로 옳은 것은?

① KT-NET은 물류거점 간의 원활한 정보 및 물류 EDI 서비스를 제공한다.
② KROIS는 철도운영정보시스템이다.
③ PORT-MIS는 항만 및 공항에 관한 정보를 제공하며 국토교통부에서 관리하는 정보망이다.
④ CVO는 Common Vehicle Operations의 약어이다.
⑤ KL-NET은 우리나라 최초의 무역정보망으로서 무역자동화 서비스를 제공한다.

28〕 스마트물류에 관한 설명으로 옳지 않은 것은?

① 스마트물류의 특징은 초연결성, 초지능화, 공유경제로 설명할 수 있다.
② 블록체인은 공급사슬 전체와 반품 등의 물류과정을 효과적으로 처리할 수 있도록 추적 및 관리할 수 있는 기술이다.
③ 사물인터넷(IoT)은 논리적인 문제해결뿐만 아니라 자연어처리, 시각적 및 인지적 인식 등의 물류정보처리를 위한 의사결정 기술이다.
④ 빅데이터는 공급사슬시스템이 생성하는 데이터를 효과적으로 수집, 저장, 처리, 분석, 시각화하는 기술이다.
⑤ 클라우드 서비스는 물류 IT 인프라를 임대하는 IaaS, PaaS, SaaS 등으로 구분할 수 있다.

29〕 다음 중 물류조직 관련 설명으로 잘못된 것은?

① 물류조직 구조는 물류관리의 목표인 물류비 절감과 고객서비스 향상을 위한 규칙과 관계, 권한과 책임을 규정한다.
② 물류조직은 기업의 성장에 따라 기능조직 → 라인·스태프조직 → 매트릭스 조직 → 사업부 조직으로 발전해 왔다.
③ 생산과 판매의 하위기능이었던 물류조직은 공급망 관리의 시대를 맞아 더 유연한 관리를 위해 수평적 조직으로 변해 왔다.
④ 기능을 기준으로 프로젝트 조직, 매트릭스 조직, 팀제 조직, 네트워크형 조직이 있다.
⑤ 관리 기준으로는 분산형, 집중형, 집중 분산형으로 분류할 수 있다.

30〕 다음 설명에 해당하는 물류조직은?

다국적 기업에서 많이 볼 수 있는 조직의 형태로 모회사의 권한을 자회사에 이양하는 형태를 지니며 모회사의 스태프부문이 자회사의 해당 물류부분을 관리하고 지원한다.

① 사업부제형 물류조직
② 프로젝트형 물류조직
③ 그리드형 물류조직
④ 직능형 물류조직
⑤ 라인·스태프형 물류조직

정답 **26** ③ **27** ② **28** ③ **29** ② **30** ③

31) 사업부제 물류조직에 관한 설명으로 옳지 않은 것은?

① 기업규모가 커지면서 각 사업 단위의 성과를 극대화하기 위해 생긴 조직이다.
② 상품별 사업부형과 지역별 사업부형 등이 있다.
③ 각 사업부 내에 라인과 스태프조직이 있다.
④ 각 사업부 간 수평적 교류가 용이하여 인력의 교차 활용이 가능하다.
⑤ 사업부별로 모든 물류활동을 책임지고 직접 관할하므로 물류관리의 효율화 및 물류 전문인력 육성이 가능하다.

32) 다음 설명에 해당하는 물류조직은?

- 다국적 기업에서 많이 찾아볼 수 있는 물류조직의 형태이다.
- 모회사 물류본부의 스태프부문이 여러 자회사의 해당부문을 횡적으로 관리하고 지원하는 조직형태이다.

① 라인과 스태프형 물류조직
② 직능형 물류조직
③ 사업부형 물류조직
④ 기능 특성형 물류조직
⑤ 그리드형 물류조직

33) 다음 설명에 해당하는 물류조직의 유형은?

- 물류 담당자들이 평상시에는 자기 부서에서 근무하다가 특정 물류문제를 해결하기 위하여 여러 다른 부서의 인원이 모여 구성된다.
- 기능별 권한과 프로젝트별 권한을 가지므로 권한과 책임의 한계가 불분명하여 갈등이 발생할 수 있다.
- 항공우주산업, 물류정보시스템 개발과 같은 첨단기술 분야에서 효과적이다.

① 직능형 물류조직
② 라인·스태프형 물류조직
③ 사업부형 물류조직
④ 그리드형 물류조직
⑤ 매트릭스형 물류조직

34) 물류조직의 형태에 관한 설명으로 옳지 않은 것은?

① 물류조직은 발전 형태에 따라 직능형 조직, 라인과 스태프형 조직, 사업부형 조직, 그리드(Grid)형 조직 등으로 구분할 수 있다.
② 직능형 조직은 기업규모가 커지고 최고경영자가 기업의 모든 업무를 관리하기 어려울 때 적합하다.
③ 라인과 스태프형 조직은 작업부문과 지원부문을 분리한 조직이다.
④ 사업부형 조직은 제품별 사업부와 지역별 사업부, 그리고 이 두 가지를 절충한 형태 등이 있다.
⑤ 그리드(Grid)형 조직은 다국적 기업에서 많이 볼 수 있으며 모회사의 스태프가 자회사의 물류부문을 관리하는 형태이다.

35) 3자물류(3PL) 활용을 위한 물류 아웃소싱에 관한 설명으로 옳지 않은 것은?

① 아웃소싱업체에 대하여 적극적이고 직접적인 지휘 통제체계 구축이 필요하다.
② 화주기업은 물류 아웃소싱을 통하여 핵심역량에 집중할 수 있어서 기업경쟁력 제고에 유리하다.
③ 화주기업은 고객불만에 대한 신속한 대처가 곤란하고 사내에 물류 전문지식 축적의 어려움을 겪을 수 있다.
④ 화주기업은 물류 아웃소싱 이전에 자사의 물류비 현황을 정확히 파악하는 것이 중요하다.
⑤ 물류 아웃소싱의 주된 목적과 전략은 조직 전체의 전략과 일관성을 유지해야 한다.

 31 ④ **32** ⑤ **33** ⑤ **34** ② **35** ①

36] 제3자물류 도입으로 인해 화주기업이 얻는 직접적인 기대 효과로 옳은 것은?

① 물가 상승 억제
② 배송구역의 밀도 증가
③ 핵심역량에 집중 가능
④ 교통체증 감소
⑤ 배송구역 축소

37] 4PL(Fourth Party Logistics)에 관한 설명으로 옳지 않은 것은?

① 3PL(Third Party Logistics), 물류컨설팅업체, IT업체 등이 결합한 형태이다.
② 솔루션 제공자, 공급체인의 통합자로 다양한 모델을 운용하여 수입을 창출하고 비용을 절감한다.
③ 합작투자 또는 장기간의 제휴 형태이다.
④ 공급체인의 효율화를 위한 발전적인 방안이다.
⑤ 대표적인 형태는 그리드형 물류조직이다.

38] 3자물류와 4자물류에 관한 설명으로 옳지 않은 것은?

① 3자물류는 장기간의 전략적 제휴 형태 또는 합작기업으로 설립한 별도의 조직을 통해 종합적 서비스를 제공한다.
② 세계적인 3자물류업체 및 컨설팅 회사들은 다른 물류기업들과의 인수합병을 통해 글로벌 차원으로 확대하면서 4자물류 서비스를 제공하고 있다.
③ 기업들은 3자물류를 통해 핵심 부분에 집중하고 물류를 전문업체에게 아웃소싱하여 규모의 경제, 전문화 및 분업화 등의 효과를 거둘 수 있다.
④ 4자물류는 3자물류에서 확장된 개념으로 자체의 기술 및 컨설팅 능력을 갖추고 공급체인 전반을 통합·관리한다.
⑤ 4자물류는 전자상거래의 확대 및 SCM 체제의 보편화로 그 필요성이 강조되고 있다.

39] 물류 아웃소싱의 장·단점을 설명한 것으로 옳지 않은 것은?

① 제조업체는 물류거점에 대한 자본투입을 최소화하고 전문 물류업체의 인프라를 전략적으로 활용할 수 있다.
② 제조업체는 고객불만에 대한 신속한 대처가 어렵다.
③ 제조업체는 물류 전문지식의 사내 축적이 비교적 용이하다.
④ 제조업체는 기존 사내 물류 인력의 실업과 정보의 유출이 발생할 수 있다.
⑤ 물류업체는 규모의 경제를 통한 효율의 증대를 꾀할 수 있다.

40] 4자물류에 관한 설명으로 옳지 않은 것은?

① 기존의 3자물류 서비스에 IT, 기술, 전략적 컨설팅 등을 추가한 서비스이다.
② 포괄적인 공급사슬관리(SCM) 서비스를 제공하기 위한 통합서비스로, 공급사슬 전반의 최적화를 도모한다.
③ 합작투자 또는 장기간 제휴 형태로 운영되며, 이익의 분배를 통하여 공통의 목표를 설정한다.
④ 기업과 고객 간의 거래(B2C)보다는 기업과 기업 간의 거래(B2B)에 집중한다.
⑤ 다양한 기업이 파트너로서 참여하는 혼합조직이다.

정답 36 ③ 37 ⑤ 38 ① 39 ③ 40 ④

41 외주물류(아웃소싱)와 3자물류에 관한 설명 중 옳지 않은 것을 모두 고른 것은?

ㄱ. 외주물류는 주로 운영 측면에서 원가절감을 목표로 하는 반면, 3자물류는 원가절감과 경쟁우위 확보 등을 목표로 한다.

ㄴ. 외주물류는 중장기적 협력 관계를 기반으로 이루어지는 반면, 3자물류는 단기적 관계를 기반으로 운영된다.

ㄷ. 외주물류는 주로 최고경영층의 의사결정에 따라 경쟁계약의 형태로 진행되는 반면, 3자물류는 중간관리층의 의사결정에 따라 수의계약 형태로 주로 진행된다.

ㄹ. 서비스 범위 측면에서 외주물류는 기능별 서비스(수송, 보관) 수행을 지향하는 반면, 3자물류는 종합물류를 지향한다.

① ㄱ, ㄴ   ② ㄴ, ㄷ
③ ㄷ, ㄹ   ④ ㄱ, ㄴ, ㄹ
⑤ ㄱ, ㄷ, ㄹ

정답 **41** ②

01 SCM 등장 배경에 관한 설명으로 옳지 않은 것은?

① 부가가치의 60~70%가 제조공정 외부 공급망에서 발생한다.
② 부품 및 기자재의 납기 및 품질, 주문의 납기 및 수요 등 외부의 불확실성이 점점 더 심화되고 있다.
③ 공급망 하류로 갈수록 정보가 왜곡되는 현상이 심화되고 있다.
④ 기업활동이 글로벌화되면서 공급망상의 리드타임이 길어지고 불확실해졌다.
⑤ 글로벌화 및 고객요구 다양성 증대에 따라 대량고객화가 보편화되고 있다.

02 공급사슬관리(SCM : Supply Chain Management) 도입의 필요성에 관한 설명으로 옳지 않은 것은?

① 기업활동이 글로벌화되면서 공급사슬의 지리적 거리와 리드타임이 길어지고 있기 때문이다.
② 기업 간 정보의 공유와 협업으로 채찍효과(Bullwhip Effect)를 감소시킬 수 있기 때문이다.
③ 정보의 왜곡, 제품수명주기의 단축 등 다양한 요인으로 수요의 불확실성이 증대되기 때문이다.
④ 제조기업들은 노동생산성 향상을 위하여 단순 기능 제품의 대량생산 방식을 추구하고 있기 때문이다.
⑤ 기업 내부의 조직·기능별 관리만으로는 경쟁력 확보가 어렵기 때문이다.

03 공급사슬 통합의 효과가 아닌 것은?

① 생산자와 공급자 간의 정보 교환이 원활해진다.
② 생산계획에 대한 조정과 협력이 용이해진다.
③ 공급사슬 전·후방에 걸쳐 수요변동성이 줄어든다.
④ 물류센터 통합으로 인해 리스크 풀링(Risk Pooling)이 사라진다.
⑤ 공급사슬 전반에 걸쳐 재고품절 가능성이 작아진다.

04 다음 (   )에 들어갈 내용으로 옳게 짝지어진 것은?

SCM은 산업별로 다양한 특성과 니즈에 적합한 형태로 발전되어 왔다. 의류부문에서 시작된 (ㄱ), 식품부문에서 시작된 (ㄴ), 의약품부문에서 시작된 (ㄷ) 등은 특정 산업에 적용된 후 관련 산업으로 확산되어 활용되고 있다.

① ㄱ : ECR,   ㄴ : QR,   ㄷ : EHCR
② ㄱ : QR,   ㄴ : ECR,   ㄷ : EHCR
③ ㄱ : ECR,   ㄴ : EHCR,   ㄷ : QR
④ ㄱ : EHCR,   ㄴ : QR,   ㄷ : ECR
⑤ ㄱ : QR,   ㄴ : EHCR,   ㄷ : ECR

05 다음 설명에 해당하는 공급사슬관리(SCM) 기법의 명칭을 바르게 연결한 것은?

ㄱ. 물류센터 도착 즉시 점포별로 구분하여 출하하는 시스템으로 적재시간과 비용을 절감할 수 있다.
ㄴ. 공급업자와 소매업자 간에 POS 정보를 공유하여 별도의 주문 없이 공급업자가 제품을 보충할 수 있다.
ㄷ. 수요예측이나 판매계획 정보를 유통업체와 제조업체가 공유하여, 생산-유통 전 과정의 자원 및 시간의 활용을 극대화하는 비즈니스 모델이다.

① ㄱ : QR, ㄴ : CRP, ㄷ : CPFR
② ㄱ : Cross Docking, ㄴ : BPR, ㄷ : CPFR
③ ㄱ : Cross Docking, ㄴ : CRP, ㄷ : CPFR
④ ㄱ : QR, ㄴ : ECR, ㄷ : VMI
⑤ ㄱ : QR, ㄴ : Cross Docking, ㄷ : VMI

정답 **01** ③ **02** ④ **03** ④ **04** ② **05** ③

06) SCM의 응용기법에 관한 설명으로 옳은 것은?

① CRP(Continuous Replenishment Program)는 물류센터에 재고를 보관하지 않고 바로 거래처로 배송하는 것이다.
② CAO(Computer Assisted Ordering)는 소비자의 구매 형태를 근거로 상품을 그룹화하여 관리하는 것이다.
③ ERP(Enterprise Resource Planning)는 제조-유통업체가 공동으로 생산계획, 수요예측, 재고 보충을 구현하는 것이다.
④ 크로스도킹(Cross Docking)은 기업 내의 자원을 효율적으로 관리하기 위한 통합정보시스템이다.
⑤ VMI(Vendor Managed Inventory)는 공급자가 유통매장의 재고를 주도적으로 관리하는 것이다.

07) 공급자 재고관리(VMI : Vendor Managed Inventory)에 관한 설명으로 옳지 않은 것은?

① 유통업자가 생산자에게 판매정보를 제공한다.
② 구매자가 공급자에게 재고 주문권을 부여한다.
③ 공급자가 자율적으로 공급 스케줄을 관리한다.
④ 생산자와 부품공급자는 신제품을 공동 개발한다.
⑤ 생산자는 부품공급자와 생산계획을 공유한다.

08) 다음 설명에 해당하는 개념은?

> • 거래파트너들이 특정 시장을 목표로 사업계획을 공동으로 수립하여 공유한다.
> • 제조업체와 유통업체가 판매 및 재고 데이터를 이용, 협업을 통해서 수요를 예측하고 제조업체의 생산계획에 반영하며 유통업체의 상품을 자동 보충하는 프로세스이다.

① Postponement   ② Cross Docking
③ CPFR   ④ ECR
⑤ CRP

09) 공급사슬관리(SCM)에 관한 설명으로 옳은 것은?

① 크로스도킹(Cross Docking)은 미국의 Amazon.com에서 최초로 개발하고 실행하여 성공을 거둔 공급사슬관리 기법이다.
② 채찍효과(Bullwhip Effect)는 공급사슬 내 각 주체 간의 전략적 파트너십보다는 단순 계약 관계의 구축이 채찍효과 감소에 도움이 된다.
③ CRM(Customer Relationship Management)은 솔루션의 운영을 통하여 공급자와 구매기업의 비즈니스 프로세스가 통합되어 모든 공급자들과 장기적인 협업 관계 형성을 목표로 한다.
④ CPFR(Collaborative Planning, Forecasting and Replenishment)은 공장에서 제품을 완성하는 대신 시장 가까이로 제품의 완성을 지연시켜 소비자가 원하는 다양한 수요를 만족시키는 것이다.
⑤ 대량고객화(Mass Customization)는 비용, 효율성 및 효과성을 희생시키지 않고 개별고객들의 욕구를 파악하고 충족시키는 전략이다.

10) QR(Quick Response)의 구현원칙에 관한 설명으로 옳지 않은 것은?

① 생산 및 포장에서부터 소비자에게 이르기까지 효율적인 제품의 흐름을 추구한다.
② 제조업체와 유통업체 간에 표준상품코드로 데이터베이스를 구축하고, 고객의 구매성향을 파악 공유하여 적절히 대응하는 전략이다.
③ 조달, 생산, 판매 등 모든 단계에 걸쳐 시장정보를 공유하여 비용을 줄이고, 시장변화에 신속하게 대처하기 위한 시스템이다.
④ 저가격을 고수하는 할인점, 브랜드 상품을 판매하는 전문점, 통신판매 등을 연계하여 철저한 중앙관리체제를 통해 소매점업계의 경영합리화를 추구하는 전략이다.
⑤ 고객정보의 신속한 파악을 통하여, 필요할 때에 소량을 즉시 보충할 수 있도록 개발된 식품유통 분야의 대응 시스템이다.

 정답 06 ⑤ 07 ④ 08 ③ 09 ⑤ 10 ⑤

11 기업 간 협력의 유형에 관한 설명으로 옳지 않은 것은?

① VMI(Vendor-Managed Inventory) : 유통업체와 제조업체가 실시간 정보공유를 통해 공동으로 유통업체의 재고를 관리하는 방식

② CRP(Continuous Replenishment Programs) : 유통업체의 실제 판매 데이터를 토대로 제조업체에서 상품을 지속적으로 공급하는 방식

③ QR(Quick Response) : 제조업체와 유통업체가 협력하여 소비자에게 적절한 시기에 적절한 양을 적절한 가격으로 제공하는 것을 목표로 함

④ ECR(Efficient Consumer Response) : 제품에 대한 고객들의 반응을 측정하여 재고관리 및 생산 효율을 달성하는 방식

⑤ CPFR(Collaborative Planning, Forecasting & Replenishment) : 제조업체와 유통업체가 협업 전략을 통해 공동으로 계획, 생산량 예측, 상품 보충을 구현하는 방식

12 채찍효과(Bullwhip Effect)에 관한 설명으로 옳지 않은 것은?

① 시장에서의 수요정보가 왜곡되는 현상을 말한다.

② 채찍효과가 발생하는 이유 중의 하나는 수요예측이 소비자의 실제 수요에 기반하지 않고 거래선의 주문량에 근거하여 이루어지기 때문이다.

③ 일괄 주문(batch order)은 수요의 왜곡 현상을 발생시키고 채찍효과를 유발할 수 있다.

④ 공급망 전반에 걸쳐 수요정보를 중앙집중화하고 상호 공유한다면 채찍효과를 줄일 수 있다.

⑤ 공급망 내 각 주체 간의 전략적 파트너십보다는 단순 계약 관계의 구축이 채찍효과 감소에 도움이 된다.

13 채찍효과(Bullwhip Effect)의 원인이 아닌 것은?

① 중복 또는 부정확한 수요예측

② 납품주기 단축과 납품 횟수 증대

③ 결품을 우려한 과다 주문

④ 로트(lot)단위 또는 대단위 일괄(batch) 주문

⑤ 가격변동에 의한 선행구입

14 채찍효과(Bullwhip Effect)의 개선방안으로 옳은 것은?

① 기업 간의 협업을 강화시켜 부족분 게임(shortage game)을 야기시킨다.

② 정보의 비대칭성 확대를 통해 불확실성을 감소시킨다.

③ 공급사슬 참여자 간의 정보공유를 통해 사일로(silo) 효과를 증가시킨다.

④ 일괄 주문방식을 강화하여 비용 증가를 억제시킨다.

⑤ 전략적 파트너십을 통해 공급망 관점의 재고관리를 강화시킨다.

15 공급사슬의 활동을 계획, 구매, 제조, 배송, 반품의 범주로 구분하여 활동 주체들의 업무 프로세스 연계 정도를 분석하는 것은?

① BSC(Balanced Score Card)

② SCOR(Supply Chain Operations Reference)

③ TQM(Total Quality Management)

④ EVA(Economic Value Added)

⑤ CMI(Co-Managed Inventory)

 정답

11 ① **12** ⑤ **13** ② **14** ⑤ **15** ②

16 효율적 공급사슬(efficient supply chain)과 대응적 공급사슬(responsive supply chain)을 비교한 것으로 옳지 않은 것은?

구분		효율적 공급사슬	대응적 공급사슬
①	목표	예측 불가능한 수요에 신속하게 대응	최저가격으로 예측 가능한 수요에 효율적으로 공급
②	제품 디자인	비용 최소화를 달성할 수 있는 제품디자인 성과 극대화	제품 차별화를 달성하기 위해 모듈 디자인 활용
③	재고 전략	높은 재고회전율과 공급사슬 재고 최소화	부품 및 완제품 안전재고 유지
④	리드 타임 초점	비용 증가 없이 리드타임 단축	비용이 증가되더라도 리드타임 단축
⑤	공급자 전략	비용과 품질에 근거한 공급자 선택	속도, 유연성, 신뢰성, 품질에 근거한 공급자 선택

17 경제적 주문량(Economic Order Quantity) 모형과 관련하여 빈칸에 적당한 항목은?

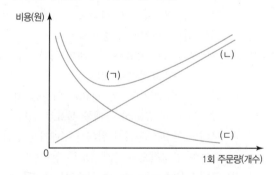

① ㄱ : 재고유지비용, ㄴ : 총비용, ㄷ : 주문비용
② ㄱ : 재고유지비용, ㄴ : 주문비용, ㄷ : 총비용
③ ㄱ : 총비용, ㄴ : 재고유지비용, ㄷ : 주문비용
④ ㄱ : 총비용, ㄴ : 주문비용, ㄷ : 재고유지비용
⑤ ㄱ : 주문비용, ㄴ : 총비용, ㄷ : 재고유지비용

18 단위 주문원가는 100원, 연간 수요는 10,000단위, 연간 재고유지비용은 20%, 재고 한 단위의 가치는 200원이라고 할 때, 경제적 주문량 모형(EOQ : Economic Order Quantity model)을 이용한 경제적 주문량에 가장 가까운 것은?

① 210   ② 224
③ 264   ④ 320
⑤ 360

19 물류기업들이 성공을 위해 비전, 전략, 실행, 평가가 정렬되도록 균형성과표(BSC : Balanced Score Card)를 도입한다. 이에 관한 설명으로 옳지 않은 것은?

① 균형성과표는 조직의 전략을 성과 측정이라는 틀로 바꾸어서 전략을 실행할 수 있도록 도와준다.
② 균형성과표의 측정지표는 구성원들에게 목표 달성을 위한 올바른 방향을 제시해 준다.
③ 균형성과표는 재무 관점, 고객 관점, 내부 프로세스 관점, 학습과 성장 관점에서 성과지표를 설정한다.
④ 균형성과표는 성과 측정, 전략적 경영관리, 의사소통의 도구로 사용된다.
⑤ 균형성과표의 성공은 실무자의 노력보다 전적으로 경영자 및 관리자의 노력에 달려 있다.

20 다음 공급사슬 성과지표 중 고객에게 정시에, 완전한 수량으로, 손상 없이, 정확한 문서와 함께 인도되었는지의 여부를 평가하는 성과지표는?

① 현금화 사이클타임(cash-to-cash cycle time)
② 주문충족 리드타임(order fulfillment lead time)
③ 총공급사슬관리비용(total supply chain management cost)
④ 완전주문충족(률)(perfect order fulfillment)
⑤ 공급사슬 대응시간(supply chain response time)

 정답   **16** ① **17** ③ **18** ② **19** ⑤ **20** ④

대표
기출
1
물류관리론
2
3
4
5

21⟩ 공급사슬 성과지표 중 원자재 구매비용을 지불한 날부터 제품 판매대금을 수금한 날까지 소요되는 시간을 측정하는 것은?

① 주문주기시간(Order Cycle Time)
② 현금화 사이클타임(Cash-to-Cash Cycle Time)
③ 공급사슬 배송성과(Delivery Performance to Request)
④ 주문충족 리드타임(Order Fulfillment Lead Time)
⑤ 공급사슬 생산유연성(Upside Production Flexibility)

22⟩ (주)한국물류의 배송부문 핵심성과지표(KPI)는 정시배송률이고, 배송완료 실적 중에서 지연이 발생하지 않은 비율로 측정한다. 배송자료가 아래와 같을 때 7월 17일의 정시배송률은?

번호	01	02	03	04	05
배송 예정 일시	7월 17일 14 : 00	7월 17일 15 : 00	7월 17일 17 : 00	7월 17일 16 : 00	7월 17일 17 : 30
배송 완료 일시	7월 17일 13 : 30	7월 17일 14 : 00	7월 17일 16 : 45	7월 17일 17 : 00	7월 17일 17 : 45

① 25%   ② 40%
③ 50%   ④ 60%
⑤ 75%

23⟩ 구매계약의 유형에 관한 설명으로 옳지 않은 것은?

① 일반경쟁방식은 불성실한 업체의 경쟁 참가를 배제한다.
② 지명제한경쟁방식은 절차의 간소화로 경비 절감이 가능하다.
③ 수의계약방식은 신용이 확실한 거래처의 선정이 가능하다.
④ 일반경쟁방식은 긴급한 경우, 소요 시기에 맞추어 구매하기 어렵다.
⑤ 수의계약방식은 공정성이 결여될 수 있다.

24⟩ 기업의 구매관리에 관한 설명으로 옳지 않은 것은?

① 구매의 아웃소싱이 증가하면서 내부고객 만족에 대한 중요성이 증가하고 있다.
② 구매는 기업의 다른 기능인 마케팅, 생산, 엔지니어링, 재무와는 독립된 기능을 수행해야 한다.
③ 최적의 공급자를 선정, 개발 및 유지해야 한다.
④ 구매과정을 효율적이고 효과적으로 관리해야 한다.
⑤ 기업의 전략과 일치하는 구매전략을 개발해야 한다.

25⟩ 집중구매와 분산구매를 비교한 것으로 옳지 않은 것은?

① 집중구매는 수요량이 큰 품목에 적합하다.
② 집중구매는 자재의 긴급조달이 어렵다.
③ 분산구매는 구입경비가 많이 든다.
④ 분산구매는 구매량에 따라 가격할인이 가능한 품목에 적합하다.
⑤ 분산구매는 구매절차가 간편하다.

26⟩ 현대의 구매 혹은 조달 전략에 관한 설명으로 옳지 않은 것은?

① 최근에는 총소유비용 절감보다 구매단가 인하를 위한 협상 전략이 더 중요해졌다.
② 구매자의 경영 목표를 달성하기 위한 공급자와의 정보공유 필요성이 커졌다.
③ 적기에 필요한 품목을 필요한 양만큼 확보하는 JIT(Just-In-Time) 구매를 목표로 한다.
④ 구매의 품질을 높이기 위해서 구매자는 공급자의 활동이 안정적으로 수행되도록 협력한다.
⑤ 구매전략에는 공급자 수를 줄이는 물량통합과 공급자와의 운영통합 등이 있다.

정답

21 ② **22** ④ **23** ① **24** ② **25** ④ **26** ①

27) e-조달의 장점으로 옳지 않은 것은?

① 운영비용이 절감된다.

② 조달효율성이 개선된다.

③ 조달가격이 절감된다.

④ 문서처리 비용이 감소된다.

⑤ 구매자와 판매자 간에 밀접한 관계가 구축된다.

28) 다음에서 설명하는 물류활동에 해당하는 것은?

• 녹색물류의 일환으로 출하된 상품 또는 원부자재를 반품, 폐기, 회수하는 물류를 의미한다.

• 강화되는 환경규제로 인해 이에 관한 관심이 높아지고 있다.

• 폐기비용 감소, 부품의 재활용, 고객들의 환경 친화적 제품 요구 등으로 인해 제조기업들의 기술 도입 및 관련 네트워크 구축이 활발해지고 있다.

① Forward Logistics

② Cross Docking

③ Reverse Logistics

④ Gate keeping

⑤ Life Cycle Assessment

29) 녹색물류와 관련된 설명으로 옳지 않은 것은?

① 온실가스 배출량을 감소시키는 방안이다.

② QR, ECR과 같은 혁신기법은 환경문제의 주요 해결방안이 된다.

③ 지구온난화 등 환경문제가 세계적으로 대두되면서 물류 분야도 대처방안 수립의 중요성이 높아지고 있다.

④ 포장상자, 배출가스 등 환경에 미치는 영향을 최소화시키는 방안이다.

⑤ 환경보전을 위한 포장에는 감량화(Reduce), 재사용(Reuse), 재활용(Recycle)이 중요시되고 있다.

30) 친환경 녹색물류에 관한 설명으로 옳지 않은 것은?

① 녹색물류 활동을 통한 비용절감이 가능하며, 기업의 사회적 이미지가 제고된다.

② 조달·생산 → 판매 → 반품·회수·폐기(reverse)상의 과정에서 발생하는 환경오염을 감소시키기 위한 제반 물류활동을 의미한다.

③ 우리나라에서는 폐기물을 다량 발생시키고 있는 생산자에게 폐기물을 감량 및 회수하고, 재활용할 의무를 부여하는 생산자책임재활용제도를 운영하고 있다.

④ 기업에서는 비용과 서비스에 상관없이 환경을 고려한 물류시스템을 도입해야 한다.

⑤ 물류활동을 통하여 발생되는 제품 및 포장재의 감량과 폐기물의 발생을 최소화하는 방법 등을 말한다.

31) 각종 국제환경협약에 관한 내용으로 옳지 않은 것은?

① 몬트리올의정서에서는 CFC(염화불화탄소) 등 오존층 파괴 물질의 생산 및 사용을 규제하고 있다.

② EuP(Energy-using Product)에서는 납, 크롬, 카드뮴, 수은 등 6개 물질에 대한 사용규제 조항을 담고 있다.

③ WEEE에서는 생산자의 전기·전자제품 폐기에 관한 처리지침을 담고 있다.

④ 교토의정서는 에너지 사용과 관련된 협약으로 지구온난화 물질에 대한 규제를 담고 있다.

⑤ 바젤협약에서는 유해 폐기물의 국가 간 이동을 금지하고 있다.

 정답

27 ⑤ **28** ③ **29** ② **30** ④ **31** ②

32] 녹색물류 실행과 관련된 내용으로 옳은 것을 모두 고른 것은?

> ㄱ. 포장의 개선 ㄴ. 수·배송의 개선
> ㄷ. 하역의 개선 ㄹ. 보관의 개선
> ㅁ. 물류공동화 운영 ㅂ. 물류표준화 추진

① ㅁ
② ㅁ, ㅂ
③ ㄱ, ㄴ, ㄷ, ㄹ
④ ㄱ, ㄴ, ㄷ, ㄹ, ㅁ
⑤ ㄱ, ㄴ, ㄷ, ㄹ, ㅁ, ㅂ

33] 녹색물류 추진 방향으로 옳지 않은 것은?

① 공동수·배송 추진
② 소량 다빈도 수송 추진
③ 모달 시프트(modal shift) 추진
④ 회수물류 활성화
⑤ 저공해 운송수단 도입

34] 녹색물류(Green Logistics)를 실현하기 위한 다음 활동 중 추구하는 목표가 다른 것은?

① 배출 저감 연료첨가물의 사용
② 염화불화탄소(CFCs) 대체물질의 사용
③ 냉각 및 냉방시스템의 탈루검사 시행
④ 차량의 브레이크 방음장치 설치
⑤ 디젤연료를 사용하는 경우, 저유황분 연료의 사용

35] 다음 화주기업의 수송부문 이산화탄소 추정 배출량(kg)은? [단, 이산화탄소 배출량(kg)=연료사용량(L)×이산화탄소 배출계수(kg-CO₂/L)]

> • 총 주행거리=30,000(km)
> • 평균연비=5(km/L)
> • 이산화탄소 배출계수=0.002(kg-CO₂/L)

① 0.01
② 12
③ 60
④ 300
⑤ 6,000

36] A기업은 수송부문 연비개선을 통해 이산화탄소 배출량을 10kg 줄이고자 한다. 연비법에 의한 이산화탄소 배출량 산출식 및 관련 자료는 다음과 같을 때, 이산화탄소 배출량 10kg 감축을 위한 A기업의 목표 평균연비는?

> • 이산화탄소 배출량(kg)=주행거리(km)÷연비(km/L)
>   ×이산화탄소 배출계수(kg/L)
> • 주행거리 : 150,000km
> • 연비개선 전 평균연비 : 5km/L
> • 이산화탄소 배출계수 : 0.002kg/L

① 6.0km/L
② 7.5km/L
③ 9.0km/L
④ 10.5km/L
⑤ 12.0km/L

37] 다음 중 포장의 분류 관련 설명으로 옳은 것은?

① 낱포장은 물품을 수분, 습기, 광열, 충격으로부터 보호하기 위한 포장 화물의 내부 포장을 말한다.
② 공업포장은 물품의 수송과 보관을 주요 목적으로 하는 모든 포장을 말한다.
③ 수송포장은 상품을 정리하고 진열하고 취급하는 데 편의를 주기 위한 포장을 말한다.
④ 상업포장은 물류의 시작이다.
⑤ 공업포장은 소매점에서 팔리는 유통의 마지막 단계를 담당한다.

정답 **32** ⑤ **33** ② **34** ④ **35** ② **36** ① **37** ②

38) 포장의 기능 관련 설명으로 옳지 않은 것은?

① 포장을 통해 소비자의 구매 충동을 높일 수 있다.

② 운송, 보관, 하역 등 어떤 상황에서도 물품을 보호할 수 있을 정도의 내구성을 확보해야 한다.

③ 생산자에서 소비자에 이르기까지 운송, 보관, 하역 등 모든 물류 단계에서 편리하게 취급될 수 있고, 편리하게 개봉할 수 있는지를 고려해야 한다.

④ 최근 다빈도 소량 배송이 많아지면서 운송, 보관, 하역 과정에서 화물을 한꺼번에 취급하는 일괄 취급 기능의 중요성은 떨어졌다.

⑤ 과대포장과 과잉포장을 지양해야 하며, 포장 생산에 드는 에너지 사용도 최소화해야 한다.

39) 포장표준화에 관한 설명으로 옳지 않은 것은?

① 포장이 표준화되어야 기계화, 자동화, 파렛트화, 컨테이너화 등이 용이해진다.

② 포장치수는 파렛트 및 컨테이너 치수에 정합하고, 수송, 보관, 하역의 기계화 및 자동화에 최적의 조건을 제공해야 한다.

③ 포장표준화는 치수, 강도, 재료, 기법의 표준화 등 4요소로 나누지만, 관리의 표준화를 추가하기도 한다.

④ 포장표준화를 통해 포장비, 포장재료비, 포장작업비 등을 절감할 수 있다.

⑤ 치수표준화는 비용절감 효과가 빠르게 나타나지만, 강도표준화는 그 효과가 나타나기까지 오랜 시간이 걸린다.

40) 물류포장에 관한 설명으로 옳은 것은?

① 포장은 수송, 보관, 하역, 정보 등의 각 물류활동 요소와 상호 유기적으로 연계시키는 활동이다.

② 공업포장은 상품의 품질과 가치 보호가 최우선이며, 소비자와 직접 접촉한다.

③ 포장의 기능 중 정량성의 기초는 규격화 또는 단위화를 말하며, 소비자의 구입량과 상관없이 단위화하는 것이다.

④ 물류 분야에 있어 포장은 상업포장이 중심이 되어야 하며, 보관·하역·이동이 용이한 상태의 포장이 요구된다.

⑤ 공업포장은 최대의 비용으로 좋은 상태의 품질을 유지하며 상품을 운반하기 위한 수단이다.

41) 다음 설명에 해당하는 물류 용어는?

하역, 보관, 운송 등의 합리화를 위해 제품에 최적화된 포장치수를 선택함으로써 포장의 단위화를 가능하게 하고, 하역작업의 기계화 및 자동화, 화물파손 방지 등의 물류합리화에 기여할 수 있다.

① 이송장비의 표준화
② 파렛트 표준화
③ 파렛트 풀 시스템
④ 컨테이너 표준화
⑤ 포장의 모듈화

정답 **38** ④ **39** ⑤ **40** ① **41** ⑤

42) 2023년 3월 21일 발표된 우리나라 온실가스 저감 목표 관련 설명으로 옳은 것은?

① 온실가스 배출량을 2018년 수준 대비 37% 감축하기 위해 연도별 목표를 설정하였다.

② 전체 배출량 감축목표는 2021년 당시 세운 2018년 수준 대비 37% 감축을 유지한다.

③ 수송 분야 감축목표는 2021년 세운 2018년 수준 대비 40% 감축목표를 유지한다.

④ 수송 분야 온실가스 감축을 위해 무공해 차량을 보급한다.

⑤ 수송 분야 온실가스 감축을 위해 Modal Shift를 적극 추진한다.

43) 친환경 물류에 관한 설명으로 옳지 않은 것은?

① ISO 9000 시리즈는 환경경영을 기본방침으로 한다.

② 생산자책임재활용(EPR)은 효율적인 자원이용과 폐기물발생을 줄이고 재활용을 촉진하는 환경보전에 기여하는 방안이다.

③ 1997년 교토의정서에서 6대 온실가스를 이산화탄소(CO_2), 메테인(메탄 : CH_4), 아산화질소(N_2O), 수소불화탄소(HFCs), 과불화탄소(PFCs), 육불화황(SF_6)으로 정의하였다.

④ 우리나라는 2050년 탄소중립을 선언하였고 2030년까지 국가온실가스 감축목표를 2018년 대비 40%로 감축하도록 노력하고 있다.

⑤ 국내 육상운송부문에서 이산화탄소의 절감 대책으로 친환경 운송수단으로 전환되고 있다.

44) 다음 화물 A의 취급 주의 표시를 올바르게 해석하지 않은 것은?

① 깨지기 쉬운 물건이다.

② 화물의 측면에 조임쇠를 쓰지 말아야 한다.

③ 화물 위에 다른 화물을 올려놓아서는 안 된다.

④ 화물을 굴리지 말아야 한다.

⑤ 지게차로 화물을 취급하지 말아야 한다.

 42 ④ **43** ① **44** ②

제 1 과목 **물류관리론** 대표기출문제 **정답&해설**

CHAPTER 01 **물류관리 일반**

01 **정답** ④

④ 「물류정책기본법」상 물류의 정의를 이해했는지 묻는 문제이다. 물류에는 운송, 보관, 하역뿐만 아니라, 유통가공, 조립, 포장 등의 활동을 포함한다.

02 **정답** ②

ㄱ. 물적유통은 개별 기능의 부분 최적화를 추구한다.
ㄴ. 물적유통은 활동 중심, 로지스틱스는 통합 중심의 개념이다. 로지스틱스가 나중에 나온 개념으로 '병참에서 나온 말이며, 병참이 군에서 전투를 제외한 모든 활동임을 고려하면 로지스틱스가 물적유통보다 관리범위가 넓다.
ㄷ. 로지스틱스는 기업 내 물류 효율화를 추구한다.
ㄹ. 기업 간 정보시스템 통합은 공급사슬관리에 관한 설명이다.

03 **정답** ②

② 물류가 보관과 방출을 통해 가격을 조정하는 역할을 할 수 있지만, 소득 격차를 조정할 수는 없다.

04 **정답** ③

유통가공은 물품 자체의 기능은 변화시키지 않고 부가가치를 부여한다. 유통가공은 유통단계에서 간단한 가공이나 조립, 재포장, 주문에 따른 소분작업 등 동일기능의 형태이전을 위한 작업을 의미하며, 고객의 요구에 보다 부합되기 위한 물류활동으로 부가가치 증가와 직결되는 활동이다.

05 **정답** ③

③ 물류정보에 관련된 설명이다.

06 **정답** ④

원재료부터 소비자를 연결하는 물류의 영역은 조달물류, 사내물류, 판매물류, 반품물류, 회수물류로 이어진다.
①은 판매물류, ②는 폐기물류, ③은 조달물류, ⑤는 사내물류에 대한 설명이다.

07 **정답** ②

생산공정 투입부터 생산과정까지면 생산공정에서 발생하는 물류, 즉 생산물류에 해당한다.

08 **정답** ⑤

ㅁ. 순물류에 비해 역물류는 물건의 상태에 따라 거래조건이 달라질 수 있어 복잡하다.

09 **정답** ④

물류의 7R은 적정한 제품(Right Commodity), 적당한 가격(Right Price), 적절한 품질(Right Quality), 적절한 양(Right Quantity), 적절한 인상(Right Impression), 적시에(Right Time), 적정한 장소(Right Place)를 의미한다.

10 **정답** ①

② 균형성의 원칙 : 생산, 유통, 소비에 필요한 물자를 수요와 공급의 균형, 조달과 분배의 균형을 유지하며 공급
③ 단순성의 원칙 : 불필요한 유통과정을 제거하여 물자지원체계를 단순화하고 간소화하는 원칙
④ 적시성의 원칙 : 필요한 수량을 필요한 시기에 공급함으로써, 고객만족도를 높이고 재고비용을 최소화함.
⑤ 경제성의 원칙 : 최소한의 자원으로 최대한의 물자공급 효과를 추구하여 물류관리 비용을 최소화하는 원칙

11 **정답** ③

③ 재고거점 수가 늘어나면 거점과 소비지 사이의 거리가 줄어서 배송비는 감소하지만, 거점 간 수송비와 보관비가 증가하여 총 물류비용은 증가한다. 실제로 공장 직배송과 판매거점을 경유한 배송의 물류비를 비교해 보면 일반적으로 공장 직배송이 원거리 배송에 따라 배송비는 더 나오지만, 보관비용이 들지 않아 전체 물류비용은 판매거점 경유보다 적게 든다.

12 **정답** ②

① 영업, 생산뿐만 아니라, 회계와 재무 등 기업의 모든 분야와 협력해야 한다.
③ 물류는 자가물류에서 아웃소싱으로 전환되고 있다.
④ 기업 간 경쟁이 치열해지면서 기업 내 또는 기업 간 최적화된 통합 물류의 중요성이 커지고 있다.
⑤ 공급망관리의 중요성이 높아지면서 판매물류뿐만 아니라 조달물류의 중요성이 높아졌다.

13 **정답** ①

ㄱ. 전략은 큰 목표이고, 전술은 구체적인 계획이며, 운영은 구체적인 행동이다. 운송수단 선정과 재고 위치 선정, 경

로 선정 중 가장 큰 목표는 운송수단 설정이다.
ㄴ. 안전재고 수준, 납품업자 선정, 공간 배치 중 안전재고 수준이 전술에 해당한다.
ㄷ. 재고 위치 선정, 재고 없는 주문관리, 주문 피킹 중 운영에 해당하는 부분은 피킹이다.

14 정답 ①
① 다빈도 소량 배송의 시대이다. 주문 횟수는 증가하고 있고 주문 횟수가 증가하면 개별 배송이 증가하기 때문에 운송 경로와 배송 일정을 관리하는 물류의 역할이 중요해진다.

15 정답 ⑤
① 전술은 전략의 테두리 안에서, 운영은 전술의 테두리 안에서 결정되어야 한다.
② 주문처리는 운영적 의사결정이다.
③ 운영절차는 운영적 의사결정이다.
④ 마케팅 전략이나 고객서비스 요구사항은 전략적 의사결정이다.

16 정답 ②
② 7R 원칙에서 적절한 시간, Right Time이 빠져 있다. Right Trend를 정의한 적은 없다.

17 정답 ③
물류관리의 기능은 운송, 보관, 하역, 포장, 유통가공, 물류정보이다. 이 중 보관과 하역이 재고관리와 연결되어 있다. 주문 정보관리는 물류정보와 연결되어 있다.
③ 인사관리가 필요는 하지만 물류관리의 대상으로 보기는 어렵다.

18 정답 ①
① 전자상거래의 활성화는 개별 배송에 의한 물류비 증가와 역물류 증가로 이어진다. 물류관리의 역할이 줄어들 수 없다.

19 정답 ③
③ 기업전략에 따라 사업부 전략이 나오고, 기능별 전략이 나온다. 독립적으로 수립되어서는 안 된다.

20 정답 ①
물류시스템을 설계할 때는 고객에 대한 서비스 수준을 중요하게 고려해야 한다. 효율적인 물류시스템을 기반으로 물류정보시스템을 구축하면 서비스 수준은 개선되면서 물류비용 감소를 달성할 수 있다. 그러나 배송차량을 대형화하고 화물의 혼적을 늘려버리면, 물류비용은 감소할 수 있어도 서비스 수준은 개선되기 어렵다. 화물의 혼적 때문에 기다리는 고객이 발생하기 때문이다.

21 정답 ④
④ 물류시스템과 관련된 개별비용은 당연히 상충한다. 운송 비용을 낮추려면 다빈도 배송을 지양해야 하므로 보관비용과 재고 부담이 증가한다.

22 정답 ⑤
고객서비스는 전략에 속한다. 물류경로와 물류 네트워크 전략은 고객서비스를 충족하기 위한 구조에 해당한다. 물류의 기능인 운송, 보관, 하역, 유통가공 등을 생각해 보자. 특정 기능 수준의 설계라면 창고설계, 자재관리, 수송관리를 들 수 있다.

23 정답 ④
④ 물류 하부시스템의 개별적 비용절감이 전체 시스템의 통합적 비용절감으로 이어지지 않을 수도 있다. 개별적 비용 절감은 과거 물적유통 시대에 해당한다.

24 정답 ①
화물주선업은 화물 중개가 주업이다. 화물의 하역, 포장, 가공, 조립, 상표부착 등은 화물취급업(하역업 포함)에 해당한다(「물류정책기본법」 시행령 제3조, 별표 1).

25 정답 ③
③ 자본주의의 발전으로 우리는 다품종 소량생산의 시대를 살고 있다고 강조한 바 있다.

26 정답 ②
② 정보기술이 발전하고 기업 간 정보공유가 물류합리화를 위해 필요한 상황에서는 물류정보시스템 개선이 꼭 필요하다.

27 정답 ③
③ 다품종・소량화는 물류표준화의 목적이 아니라 배경이다.

28 정답 ⑤
⑤ 배수치수 모듈은 1,140mm×1,140mm Plan View Size를 기준으로 하며, 최대허용공차는 −40mm이다.

29 정답 ⑤
⑤ 재고가 집약되면 수요가 많은 곳과 적은 곳에 대한 배송을 모두 한 거점에서 담당하므로 Risk Pooling 현상이 발생한다. 따라서 재고의 과부족 발생 가능성이 작아진다.

대표기출 1 물류관리론 2 3 4 5

30〉 정답 ①

② 단위화물에 관한 설명이다.
③ 1,100mm×1,100mm T11 파렛트뿐만 아니라, 2013년 이후 1,200mm×1,000mm T12 파렛트도 물류모듈로 지정되어 있다.
④ 물류모듈화 – 단위화물 체계 – 물류표준화 – 물류합리화의 순서로 진행된다.
⑤ 화물의 돌출을 고려하지 않은 물류모듈 치수를 순 단위화물 치수라고 부른다.

31〉 정답 ④

④ 표준파렛트 크기는 1,100mm×1,100mm로 지게차가 떠서 물류센터 복도에서 회전하려면 지게차 포크 길이+지게차 본체 길이만큼의 통로 너비가 필요하다.

32〉 정답 ①

유닛로드 시스템의 다른 말은 단위화물 적재시스템이다.

33〉 정답 ①

① 대량의 단위화된 크기로 작업을 해도 포장자재를 과하게 들이지 않고 내용물을 보호하고 품질을 유지할 수 있을 정도로 합리적인 포장을 적용하기 위해 유닛로드 시스템을 도입하는 것이다.

34〉 정답 ⑤

* 표준파렛트 T-11형의 ISO 표준컨테이너 적재 수량

1) 20피트 컨테이너에 1단 적재하면 10개를 적재 가능

2) 40피트 컨테이너에 1단 적재하면 20개를 적재 가능

3) 45피트 컨테이너에 1단 적재하면 22개를 적재 가능

35〉 정답 ④

교대배열(Row) 적재에 대한 내용이다.

36〉 정답 ⑤

⑤ 물류공동화를 위한 전제조건으로 인근에 대상 화물 및 운송의 유사성이 있는 다수의 화주기업이 존재하여야 한다.

37〉 정답 ①

① 물류비 절감에 따른 원가절감은 물류가 국민경제에 공헌하는 영역이지 문제점이 아니다.

38〉 정답 ⑤

⑤ 공동수·배송을 하면 배송 우선순위, 배송지역 등을 단독으로 결정할 수 없기 때문에 고객 맞춤형 물류관리가 어렵고 수·배송의 유연성이 떨어진다.

39〉 정답 ⑤

⑤ 제한된 물류 자원으로 공동으로 수·배송함으로써 물류 효율화를 달성하고자 하는데 물류서비스 차별화를 해야 한다면, 공동수·배송을 해서는 안 된다.

40〉 정답 ④

ㄴ. 화주는 소량화물 배송을 위해 배차할 필요가 없으므로 화주에게 장점이다.

41〉 정답 ⑤

보관과 집하(집화), 배송까지 공동화하는 형태라면 집배송공동형에 관한 설명이다.

42〉 정답 ①

공동수·배송을 하면 공동의 물류 자원으로 수·배송을 하므로 물류비용 절감 효과가 있으며, 차량투입 자체가 줄어 교통체증이 줄고 환경오염 방지에도 공헌한다. 그런데 공동수·배송은 물류 인력 확보가 어려운 상황에서 제한된 물류 인력으로 물류공동화를 하자는 취지에서 시작했으므로 물류 인력 고용이 늘어난다고 볼 수는 없다.

43〉 정답 ③

③ 관리항목별 계산은 물류비를 더 상세하게 파악하기 위한 사업별, 조직별, 고객별 계산을 의미하므로 비목보다 나중에 계산된다. 예를 들어 같은 운송비라도 고객별 운송비는 먼저 운송비가 집계되어야 나올 수 있다.

44〉 정답 ③

* 물류비 산정의 일반기준과 간이기준의 차이점
1) 단순하게 보면 일반기준이 간이기준보다 복잡하다.
2) 간이기준은 영역별 집계를 정의하지 않으며, 관리목적별 집계가 의무가 아니다. 그러나 일반기준은 영역별 집계와 관리목적별 집계 모두 의무사항이다.
3) 간이기준은 재무회계 기반이다. 재무제표인 재무상태표와 손익계산서를 활용할 수 있다. 그러나 일반기준은 원가회계와 관리회계 기반이다.

45 정답 ④

물류비에 관심 있는 주체를 생각해 보자. 물류관리자는 물론 주주, 의사결정자 모두 관심사항이지만, 회계자료 작성 자체가 목적은 아니다.

46 정답 ①

활동기준원가계산은 전통적인 재료비, 노무비, 경비 구분을 안 보는 것은 아니지만, 정확한 원가계산을 위해 해당 재료비나 노무비를 구성하는 구체적 활동을 세부적으로 나누어서 원가를 산출한다. 예를 들어 해당 업무를 하는 인원수와 급여, 작업시간, 전력 소비량 등이다.
① 재료비, 노무비, 경비 구분은 세목별 구분으로 전통적 원가계산 방식에 해당한다.

47 정답 ③

1. **자가물류비** : 노무비 13,000만 원+재료비 3,700만 원+경비는 전기료, 수도료, 세금, 이자, 즉 940만 원=17,640만 원
2. **위탁물류비** : 지급운임 400만 원+지불포장비 80만 원+상·하차 용역비 550만 원+수수료 90만 원=1,120만 원

48 정답 ①

1. **기업물류비** : 자가운송비+보관비+포장비+유통가공비+물류정보·관리비=12,500천 원. 재고자산이 있는데, 이자 비용을 고려하지 않는다고 했으므로 자가물류비 중 재고자산 보유에 따른 재고부담이자는 없다.
2. **하역비** : 운송과 보관, 포장을 연결해 주는 비용이므로 유통가공비=800천 원이다.

49 정답 ④

다른 조건이 동일하다면, 물류비 10% 절감 시 순이익은 14억 원이 증가하는 효과가 있다. 순이익률이 20억 원÷1,000억 원=2%인데 순이익이 14억 원이 나오려면
매출액×0.02=14억 원 ∴ 14억 원÷0.02=700억 원
즉, 매출액 700억을 증가시켜야 물류비 10% 절감 효과와 같아질 수 있다. 이는 물류비 절감의 중요성을 묻는 문제라 할 수 있다.

50 정답 ⑤

세목별 물류비는 일반기준에서 고려하는 항목으로 재료비, 노무비, 경비, 이자가 있으며, 유통가공비는 기능별 분류에서 하역비에 해당한다.

과목	영역별	기능별	지급형태별	세목별	관리항목별	조업도별
비목	· 조달물류비 · 사내물류비 · 판매물류비 · 리버스 물류비	· 운송비 · 보관비 · 하역비 · 포장비 · 물류정보· 관리비	· 자가물류비 · 위탁물류비	· 재료비 · 노무비 · 경비 · 이자	· 조직별 · 지역별 · 고객별 · 활동별 등	· 고정비 · 변동비

51 정답 ②

물류의 영역별 분류는 반드시 숙지해야 한다. 조달물류, 생산물류, 사내물류, 판매물류, 그리고 반품물류와 회수물류, 폐기물류를 합친 역물류이다. 정보물류는 기능별 물류에 해당한다.

52 정답 ①

물류의 기능별 분류를 알고 있다면 풀 수 있는 문제로 운송, 보관, 하역, 포장, 유통가공, 물류정보비 등이 이에 해당한다.

53 정답 ①

조달물류비, 사내물류비, 판매물류비, 역물류비는 모두 영역별 구분이다. 물류관리 이론에서 물류의 영역별 구분과 일치한다. 위탁물류비와 자가물류비가 지급형태별 분류에 해당한다.

54 정답 ⑤

물류비 계산 욕구 명확화 – 물류비 자료 입수 – 물류비 배부 기준 선정 – 물류비 배부와 집계 – 물류비 계산 결과 보고

55 정답 ②

② 영역별 구분은 조달, 생산, 판매, 역물류이다. 포장은 기능별 구분에 해당한다.

56 정답 ⑤

손익분기점은 매출액에서 변동비를 차감한 공헌이익이 고정비와 같아지는 지점이다. 따라서 고정비를 단위당 공헌이익으로 나누면 매출 수량이 나온다.
100,000,000÷(100,000-75,000)=4,000개
∴ 매출액은 4,000개×100,000=40,000만 원

57 정답 ④

활동기준원가계산(ABC)은 기업이 수행하고 있는 활동을 기준으로 자원, 활동, 원가 대상의 원가와 성과를 측정하는 원가계산 방법으로 직접원가는 처음부터 배부 대상이 아니다.

58 정답 ③

③ 창고 수와 배송비 간에는 반비례 관계가 존재하므로, 창고 수가 늘면 배송비용은 급격하게 줄어든다.
① 창고 수가 늘면 주문대응시간은 급격하게 짧아진다.
② 창고 수가 늘면 재고비용은 증가하지만, 규모의 경제로 어느 정도 수준에 이르면 증가 폭이 낮아진다.
④ 창고 수가 늘면 창고비용은 늘어난다.
⑤ 창고 수가 늘면 서비스 수준은 높아지지만, 어느 정도 수준에 이르면 증가 폭이 낮아진다.

59 정답 ②

물류원가 계산은 물류비의 정확한 실태를 파악하려는 것이다. 그리고 물류비의 실태를 파악한 후에는 물류비의 절감방안을 강구해야 하는데, 이 경우 필요한 것이 물류채산 분석이다. 물류채산 분석은 물류업무 개선에 대한 타당성 분석 및 신규 시설 투자에 대한 경제성 분석 등의 기초자료가 된다.
② 물류원가 계산의 대상은 물류업무의 전반이지만 물류채산 분석의 대상은 특정의 개선안, 대체안이다.

60 정답 ③

③ 물류서비스 수준을 정해야 물류서비스 표준을 정할 수 있다.

61 정답 ⑤

물류서비스의 품질 측정(SERVQUAL) 구성요소는 신뢰성, 확신성, 유형성, 공감성, 대응성의 5가지로 ①은 신뢰성, ②는 확신성, ③은 대응성(응답성), ④는 공감성을 나타낸다.
⑤의 영업이익률과는 관련성이 없다.

62 정답 ⑤

⑤ 명문화된 고객서비스 정책은 거래 전 고객이 기업의 서비스 수준을 평가하는 기준으로 거래 전 요소에 해당한다.
①~④는 재고와 주문 관련된 부분으로 거래 발생 시 요소에 해당한다.

63 정답 ④

ㄱ. 제품이나 배달의 신뢰도는 물건을 고를 때에 판단하는 요소이다.
ㄴ. 고객서비스에 대한 정책은 거래 전에 확인할 수 있다.
ㄷ. 제품보증, 수리, 고객불만 처리절차 등은 거래 후에 고려하는 요소이다.

64 정답 ②

제품의 가용성은 현재 기업이 보유하고 있는 재고로부터 고객의 주문을 충족시켜 줄 수 있는 기업의 능력 또는 서비스율을 의미하므로, 제품 가용성(Availability)에 대한 정보제공은 주문고객에게 물류서비스의 신뢰성을 제고할 수 있는 역할을 한다.

65 정답 ②

물류서비스의 신뢰성을 높이려면 생산 및 운송 로트 단위가 적어도 생산하고 배송할 수 있어야 한다. 공급망관리의 시대에 대량화는 바람직하지 않다.

66 정답 ⑤

물류서비스의 목표가 서비스 향상과 물류비 절감이고, 물류활동에 의한 이익을 최대화할 수 있는 서비스 수준이 최적의 물류서비스 수준이라고 하지만, 고객서비스 수준이 높아지면 일반적으로 물류비는 증가한다.

67 정답 ②

6시그마는 통계학에서 표준편차를 의미하며, 품질관리는 같은 실험을 100만 회 시행했을 때 3.4회 정도 오류가 나는 수준(3.4PPM)으로 관리해야 한다는 뜻으로, 엄격한 불량 수준보다는 항상 일정한 수준의 불량 수준이 더 낫다는 품질관리 기법이다. DMAIC, 즉 정의, 측정, 분석, 개선, 관리의 순서로 이루어지며, 제조뿐 아니라 서비스, 물류, R&D에서도 활용할 수 있다.

68 정답 ⑤

TQM은 Total Quality라는 말에서 알 수 있듯이 품질관리가 품질관리 부서만의 업무가 아니라는 발상에서 출발한다. 따라서 TQM 관점에서 품질관리 활동은 전사적이어야 하며, 지속적인 개선을 추구하며, 품질관리 대상이 최종제품에 한정되지 않고 조직 내 모든 활동과 서비스로 확대된다. 따라서 고객의 범위는 외부고객뿐만 아니라 내부고객으로도 확대된다.

69 정답 ②

기업업무 전반을 통합 관리하는 시스템은 전사적 자원관리, ERP이다. 고객과 가장 가까운 곳에서 수요데이터를 얻어 빠르게 반영하고 재고를 줄이는 기법은 DRP이다.

70 정답 ④

MRP는 수요예측을 토대로 생산계획, 즉 MPS를 생성하고, 그 MPS와 자재명세서, 자재 재고를 비교하여 자재 소요 시점과 자재 발주 시점을 계획하는 것이다. 따라서 조립생산에 적합한 기법이고, MPS, BOM, 재고기록철이 필요하며, MRP Ⅱ로 확장되었고, 완제품 수요예측부터 시작해야 MPS가 나올 수 있다. MPS 기반이므로 MPS가 변경되면 MRP도 변경된다.

71 정답 ①

JIT-Ⅱ에 대한 설명이다. 공급회사가 발주회사의 구매를 대행한다.

72 정답 ①

주문주기시간은 기업이 주문을 생성한 시점부터 고객에게 배송을 완료할 때까지 걸린 전체 시간을 말한다. 효율적인 기업일수록 결품 없이 고객의 요구에 대응할 수 있도록 재고를 관리하고 주문을 처리하는 각 단계에서 걸리는 시간을 관리하기 때문에 기업의 효율성을 측정하는 대표적인 지표로 사용된다. 주문처리 단계를 생각해 보면, 주문전달, 주문처리, 주문조합, 재고확보, 배송의 순서로 이루어진다.

73 정답 ②

주문전달은 주문을 내는 주체가 주문을 처리하는 주체에게 주문을 전달하는 활동이다. 적재서류 준비, 재고기록 갱신, 신용장 처리, 주문 확인은 주문 전달 다음 단계인 주문처리 활동이다. 주문주기시간을 단축하려면 결품이 적어야 하고, 결품이 적으려면 판매 실적에 따라 재고일수를 늘리거나, 전략적으로 집중하는 고객을 위해 별도 재고를 확보하는 등 재고정책을 개선해야 한다.

74 정답 ⑤

재고지점에서 고객에게 전달하는 것은 배송이다. 인도시간에 대한 설명이다.

75 정답 ②

1985년 처음 시작된 CALS는 Computer-Aided Logistics Support, 즉 미국 국방부 내 각종 매뉴얼이나 자료의 전산화와 종이 없는 환경을 지향하며 시작되었다.

76 정답 ①

① 산출 회계, 즉 쓰루풋 회계는 판매를 위해 재화에 투자한 자금을 재고로 본다.

77 정답 ③

③ Critical Chain은 프로젝트 일정에서 가장 긴 경로를 말한다. Critical Chain이 있어도 프로젝트 납기를 단축하기 위해 프로젝트 단계별 여유시간을 Pooling하는 프로젝트 관리 기법이 Critical Chain Project Management이다.
① 산행하는 아이들의 허리를 Rope로 묶고 맨 앞줄에 가장 느린 아이를 배치한 다음 Drum을 치며 박자를 맞춰 걸으면 모두가 일정한 Buffer를 유지한 채 뒤처지지 않고 산행을 마칠 수 있다는 데서 아이디어를 얻었다. Drum, Buffer, Rope는 제약공정을 중점적으로 관리한다.
② 부분 최적화가 아닌 전체 최적화를 추구한다.
④ 통계적 기법을 활용한 품질 개선 도구는 6시그마이다.
⑤ 정의, 측정, 분석, 개선, 관리의 DMAIC 프로세스는 6시그마에 해당하는 설명이다.

78 정답 ⑤

⑤ JIT는 재고 최소화를 위해 예측수요를 바탕으로 재고를 밀어내는 Push 시스템이 아니라 후행공정이 필요로 하는 만큼 재고를 가져가는 Pull 시스템을 기반으로 한다.

79 정답 ③

① MRP - JIT
② MRP - JIT
③ JIT - MRP
④ MRP - JIT
⑤ MRP - JIT

80 정답 ⑤

도요타 자동차에서 개발한 JIT의 후속편으로 등장한 JIT-Ⅱ는 1986년 미국 오디오 부품업체 ㈜보스사에 의해 개발된 이후 IBM, AT&T, 인텔 등에 의해 잇따라 도입된 바 있다.

81 정답 ②

프로세스를 파악하고 현재의 수준을 평가하는 단계는 측정 단계이다. Define 단계에서 CTQ를 정의하고, Measure 단계에서 평가하고, Analyze 단계에서 분석하여 핵심 원인을 도출하며, Improve 단계에서 개선하고, Control 단계에서 안정화한다.

82 정답 ④

노동 집중도가 높은 고객서비스라면 직무수행 방법을 통제해야 하고, 입·퇴사가 많을 수 있으므로 직원 고용과 훈련에 노력해야 하며, 교대근무나 휴가를 대비하여 스케줄링해야 한다. 또한 직원이 고객서비스로 인해 피로가 누적되지 않도록 적절한 복리후생도 필요하다. 노동 집약적인 서비스를 운영하는데 토지, 시설과 설비에 대한 투자 결정이 크게 중요하지는 않다.

83 정답 ①

물류는 마케팅의 4P 중 장소와 가장 밀접한 관련이 있으며, 최근의 마케팅 전략은 물류와 융합하여 추진되고 있다.

84 정답 ②

② 마케팅에서 Place와 관련이 깊다면 운송과 보관이 관련이 깊다고 할 수 있다.

85 정답 ④

고객만족을 위해 물류서비스 수준을 높이면 물류비는 증가하는 상충관계(Trade-off)가 존재한다.

86 정답 ③

수직적 유통경로 시스템에는 기업형, 관리형, 계약형 등이 있다. 관리형 VMS는 자본력이 있는 경로 구성원이 계약에 의존하지 않고 해당 유통경로를 통합 관리하는 형태이며, 프랜차이즈 시스템은 본점과 가맹점 간 계약을 근거로 하므로 계약형 VMS에 속한다.

87 정답 ⑤

- **대리 도매기관** : 도매기관이 제조업자를 대신해서 업무를 수행하는 형태로, 제조업자의 상품을 대신 유통해 주며, 상품에 대한 소유권은 없다.
- **제조업자 도매기관** : 제조업자가 도매기능을 수행한다. 관리 주체는 제조업자이다.
- **상인 도매기관** : 상인이 도매기능을 수행한다. 상인이 관리 주체이며, 상인은 제조기능이 없으므로 상품을 구매해서 판매한다.

88 정답 ①

전후방통합과 관련성이 있는 유통경로는 수직적 유통경로로 이 중 기업형 VMS에 해당하는 설명이다.

89 정답 ③

③ 수직적 유통경로 시스템은 통제력의 강약 차이가 있을 뿐 유통경로 구성원 간 통제하고 통제받는 관계로 폐쇄적인 네트워크에 해당한다.

90 정답 ③

전문점과 유사한 상품구색을 갖추고 있으면서 저렴한 가격에 제공하는 점포는 카테고리 킬러에 대한 설명이다.

91 정답 ①

제조업자는 도매물류를 통해 주문을 처리하고, 물류센터도 대형화할 수 있고, 시장정보를 도매물류를 통해 파악할 수 있다. 도매물류가 있으면 판매가 광역화되어도 대응할 수 있다. 구색편의는 도매물류의 기대 효과는 맞지만, 소비자를 위한 기대 효과이지 제조업자를 위한 기대 효과는 아니다.

92 정답 ②

② 전문품 도매상은 일반상품 도매상, 한정상품 도매상, 전문상품 도매상과 함께 완전 기능 도매상의 하나이다.

93 정답 ②

② 소매 자연도태 이론은 소매업이 소비자의 선택을 받아야 살아남는다는 점에서 소비자의 역할을 강조하는 이론이다. 중간상이 '내가 어느 브랜드 제품을 취급한다'라는 자

부심을 가질 수 있다. 중간상으로서는 자기가 그 브랜드와 동급이라는, 즉 자기의 행동 기준이 된다는 뜻이므로 준거적 힘에 대한 설명이다.

94 정답 ⑤

정성적 수요예측 기법 중 전문가들을 한자리에 모으지 않는다는 방법이라는 점에서 델파이법에 해당한다.

95 정답 ⑤

단기 수요예측에 유용하므로 정성적인 기법과는 거리가 멀고, 최근의 결과치에 더욱 많은 가중치를 부여한다는 언급이 있으므로, 시계열 분석 기법에 대한 설명이다. 시계열 분석 기법 중 지수평활법은 전기 예측치와 실적치를 우선으로 보기 때문에 최근의 수요에 많은 가중치를 부여하는 기법에 해당한다.

96 정답 ①

독립변수가 종속변수에 미치는 영향을 파악하는 인과형 예측 기법은 회귀분석법이다.

97 정답 ②

① 상품 거래는 상적유통에 해당한다.
③ 금융이나 보험은 상품의 소유권 이전을 지원하는 활동이므로 상적유통에 해당한다.
④ 상품 포장은 실물 포장이므로 물적유통에 해당한다.
⑤ 효율 향상을 위해서는 상물분리가 필요하다. 통합하면 효율화되지 않는다.

98 정답 ④

보관활동과 정보관리 활동은 물적유통에 속한다.

99 정답 ④

① 생산활동과 직접 관련 없는 품목이 MRO에 해당한다.
② 동일 품목이라도 표준화해야 구매효율성이 좋아진다.
③ Maintenance, Repair & Operation의 약자이다.
⑤ MRO 사업자를 통하는 가장 큰 이유는 공급업체를 아우른 통합 데이터베이스를 이용하기 위해서이다.

100 정답 ③

③ 도입기에는 팔릴 만한 시장에서만 팔기 때문에 소수의 지점에 집중한 물류 네트워크가 필요하다.
① 유통지역이 광범위해지므로 다수의 물류거점이 필요한 시기는 성장기이다.
② 경쟁이 심화하고 차별화된 물류서비스가 필요한 시기는 성숙기이다.
④ 도입기에 나중에 얼마나 팔릴지 모르고 대규모의 물류 네

트워크를 구축할 수는 없다. 성장기에 해당한다.
⑤ 물류센터 통폐합은 쇠퇴기에 해당한다.

101 정답 ②

② 일부 업체의 쇠퇴 및 시장 재편의 징후는 성숙기에 나타나는 현상이다. 제품수명주기(PLC)에서 성숙기에는 수요의 신장이 멈추게 된다. 수요가 멈춤에 따라 생산능력은 포화상태가 되고 이익은 절정을 지나 감소하기 시작한다. 격심한 경쟁을 거쳐 경쟁제품이 시장에서 점차 사라지기 시작한다.

102 정답 ⑤

⑤ 현재 유통은 다채널에서 옴니채널로 전환하고 있다. 다채널(Multi Channel)은 온라인 쇼핑몰, 오프라인 매장, 전화주문, 카탈로그 주문 등 여러 가지 채널로 판매하되 각채널은 독립적으로 움직이는 형태이다. 그러나 Omni Channel은 그 각각의 채널이 O2O 거래로 융합되어 있다.

103 정답 ③

영업소는 소유권 이전, 즉 영업활동에 집중하고, 물류는 실물을 인도하는 물류활동에 집중하자는 개념이 상물분리이다.
③은 상물일치에 관한 설명이다.

104 정답 ①

(ㄱ) 이동평균법 : $\dfrac{40만대 + 43만대 + 42만대}{3} = 41.7만대$

(ㄴ) 가중이동평균법 :

$\dfrac{42만대 \times 0.5 + 43만대 \times 0.3 + 40만대 \times 0.2}{1}$

$= 41.9만대$

(ㄷ) 지수평활법 : 평활상수를 α로 표시하면 지수평활법에 의한 예측치(C)는 $C = \alpha \times$ 전기의 실적치 $+ (1-\alpha) \times$ 전기의 예측치가 된다.
따라서 $C = 0.8 \times 42만대 + (1-0.8) \times 45만대$
$= 42.6만대$

105 정답 ⑤

유통경로를 결정하는 이론에는 연기-투기이론, 게임이론, 체크리스트법, 대리인이론 등이 있다. 유통경로는 경로 참여자들이 어떤 생각을 가지느냐에 따라 최단경로를 선택할 수도 있고 재고를 더 많이 확보하기 위해 오히려 더 긴 유통경로를 의도적으로 선택할 수도 있으므로, 최단경로가 유통경로 구조를 결정하는 이론은 아니다.

CHAPTER 02 물류시스템 구축

01 정답 ⑤

⑤ 물류정보는 성수기와 비수기의 물류량 크기가 크게 다른 물류의 특성상 성수기와 비수기의 정보량 차이도 크다.

02 정답 ③

재고와 입출고 현황을 한눈에 파악할 수 있도록 물류정보시스템을 구축해야 할 정도의 시장 상황이면, 시장은 판매자 중심이 아니라 구매자 중심의 시장이라는 뜻이다. 구매자 중심의 시장은 본질적으로 구매자가 원하는 물건을 원하는 시기에 공급해야 하는 Pull 방식이지, 판매자가 원하는 물건을 원하는 시기에 공급하는 Push 방식은 아니다.

03 정답 ②

물류정보시스템을 도입하면 구매, 판매, 재고 현황을 한눈에 파악할 수 있으므로 영업부서의 초과 재고 보유 요청을 합리적 설득으로 피할 기회가 생기면 생겼지, 초과 재고를 보유할 수 있는 것은 아니다. 물론 영업부서의 강요에 따라 초과 재고를 보유할 수는 있지만, 그것이 물류정보시스템의 도입 효과에 해당하지는 않는다.

04 정답 ④

ASP는 말 그대로 네트워크를 이용하여 다양한 애플리케이션 프로그램을 임대해서 사용할 수 있게 해주는 서비스를 말한다.

05 정답 ③

우리나라 바코드 표준은 과거 유럽에서 만들어진 EAN-13 코드와 동일한 포맷의 KAN-13이다. 유통업체에서 가장 보편적으로 사용한다.

06 정답 ①

실시간으로 매출을 등록하고, 매출 자료의 자동정산 및 재고관리와 연계가 가능한 종합정보관리 시스템은 판매시점관리를 뜻한다.

07 정답 ④

Commercial Vehicle Operation(CVO)은 화물차량의 위치, 화물의 종류, 운행 상태, 노선 상황, 화물 중개정보 등을 자동으로 파악하여 통행료 자동 징수, 공차운행 최소화를 통해 화물차 운행을 최적화하고 관리를 효율화하기 위한 시스템이다. 지능형교통체계라 불리는 ITS(Intelligence Transport System)가 교통관리, 대중교통, 전자지불, 교통정보 유통, 지

대표
기출

1 물류관리론

2
3
4
5

능형 차량·도로 분야로 추진되고 있는데, 그중 지능형 차량·도로 분야에서 화물운송에 해당하는 분야이다. 첨단차량 및 도로시스템, 첨단교통정보시스템, 첨단교통관리시스템은 대중교통, 전자지불, 지능형 차량·도로 분야와 함께 ITS의 한 축이며, CVO와는 독립된 분야이다. 화물 및 화물차량관리와 위험물차량관리는 CVO의 하부 분야에 속한다.

08 정답 ⑤

공급자 중심 경제는 20세기 전통적인 산업군 시대의 특징에 해당하며, 4차 산업혁명 시대는 수요자와 공급자 간 양방향 의사소통인 끊김이 없이 발생하는 초연결성, 초지능화, 예측 가능성의 증가를 그 특징으로 한다.

09 정답 ③

③ 생산관리는 사내 제조활동에 해당한다. 물류의 영역에서 사내물류는 자재의 생산라인 투입 후 자재의 이동을 관리하지만, 생산을 관리하지는 않는다. 생산관리 이전 자재 발주와 자재 입고는 물류정보시스템의 구성요소라 할 수 있지만, 생산관리는 아니다.

10 정답 ④

④ 물류정보시스템의 물류센터 관리 기능에 관한 설명이다. 재고관리 기능은 적정 재고를 유지하고 재고유지비용을 절감하는 것이다.

11 정답 ⑤

① RFID 태그는 읽고 쓸 수 있고, 능동형과 수동형 여부에 따라 메모리의 양이 달라진다.
② 유비쿼터스 환경은 사용자가 사용하는 디바이스가 무선으로 어디에서나 이용할 수 있도록 연결되어 있음을 의미한다. QR코드와는 직접 연관이 없다.
③ CALS는 원래 미국 국방부에서 첨단 무기체계 유지와 예산 절감을 위해 군수 조달체계 전산화를 목표로 시작한 Computer Aided Logistics Support에서 발전하여, 정부와 기업, 또는 기업과 기업 간 빛의 속도로 이루어지는 상거래를 지원한다는 의미로 Commerce At Light Speed의 개념으로 진화했다.
④ ASP는 사용자가 응용소프트웨어를 임대해서 쓸 수 있도록 공급하는 공급자를 말한다. 임대하면 자체 개발에 비해 초기 투자비용은 적게 들지만, 사용량이 많아짐에 따라 비용이 증가한다.

12 정답 ④

프라이빗 블록체인 또한 허가받은 사용자만 접근이 가능하다.

13 정답 ④

① 근거리통신망(LAN)에 관한 설명이다.
②, ③, ⑤ VAN은 1960년대 미국에서 시작된 서비스로, 서버와 네트워크 등 송수신 인프라를 확보하기 어려운 중소 사업자들이 통신사업자로부터 회선을 임대하여 EDI를 송수신할 수 있도록 한 서비스를 말한다. 컴퓨터 성능이 발달했다 해도 중소기업은 전자상거래와 온라인 거래를 위해 계속 활용하고 있다.

14 정답 ④

EDI는 세상에 나온 지 50년이 지난 전자적 수단을 활용한 데이터 교환 방식이다. 우리나라에서도 활발하게 쓰고 있다.

15 정답 ⑤

능동형 RFID는 말 그대로 스스로 송신한다. 스스로 송신하기 위해 내장 배터리를 사용한다. 내장 배터리를 사용해서 전파를 송신할 수 있으므로 원거리 통신을 할 수 있지만, 태그 가격은 비싸다. 배터리 수명 때문에 영구적으로 사용할 수는 없다.

16 정답 ⑤

ㄱ. TRS(Trunked Radio System, 주파수공용무선통신) : 기존의 이동통신 서비스가 각 사용자가 하나의 주파수만 사용하도록 했던 데 반하여, 무선중계국의 많은 주파수를 다수의 가입자가 공동으로 사용하도록 하는 무선 이동통신이다. 가입자가 중계국의 어떤 주파수든 사용할 수 있으므로 접속 속도가 빠르고, 보안성이 좋다.
ㄴ. ITS(Intelligent Transport Systems, 지능형교통체계) : 정보통신기술 기반으로 교통수단과 교통시설에 교통정보와 서비스를 제공하고 활용하도록 함으로써, 교통체계 운영과 관리를 과학화하고 교통의 효율성과 안정성을 높이는 교통체계를 말한다.
ㄷ. CVO(Commercial Vehicle Operation, 첨단화물운송시스템) : ITS의 한 축으로 교통관리, 대중교통, 전자지불, 교통정보 유통, 지능형 차량·도로 분야 중 지능형 차량·도로 분야에 해당하며, 화물운송 중 화물 및 화물차량 관리와 위험물 운반 차량 관리를 담당한다.
ㄹ. KROIS(Korean Railroad Operating Information System, 철도운영정보시스템) : 1996년 처음 오픈하여 2011년 차세대 철도운영정보시스템 XROIS로 대체되기 전까지 철도청(코레일)에서 사용된 철도운영시스템이다.
ㅁ. POS(Point of Sale, 판매시점관리 시스템) : 판매시점에 실시간으로 수집한 판매 상품 정보, 구매 고객정보, 대금 지급 정보를 발주, 생산, 재고관리 등에 활용하는 시스템이다.

17 정답 ⑤

③, ④, ⑤ 저주파는 근거리용으로 인식 속도가 느리고, 장애물의 영향을 덜 받으며, 시스템 구축 비용이 적게 든다.
①, ② 고주파는 중장거리용이며 장애물의 영향을 많이 받으며, 태그 소형화가 가능하고 시스템 구축 비용이 많이 든다.

18 정답 ①

② 13자리 바코드면 구 EAN-13, GTIN-13을 말한다. GTIN-13은 국가코드 3자리＋업체코드 6자리＋제품코드 3자리＋체크 디지트 1자리이다.
③ 정보 변경과 추가가 될 경우 새로운 바코드를 발행해야 한다.
④ 바코드의 목적은 비교적 적은 도입비용으로 신속하게 데이터를 수집하는 것이다.
⑤ 읽기만 가능하고, 쓰기는 불가능하다.

19 정답 ④

EAN-13(A)는 국가코드, 제조업체코드, 상품코드 순서로 2~3-4-5, EAN-13(B)는 3-6-3이다.
④ 물류식별코드는 ITF-14의 첫 번째 자리에 해당한다.

20 정답 ②

② 2차원 바코드는 기본적으로 다층형이다.
① 2차원 바코드 중에는 중국어 문자도 담을 수 있는 바코드가 있다.

21 정답 ②

QR코드는 대표적인 2차원 바코드로 1차원 바코드보다 많은 정보를 수용할 수 있고, 흑백 격자무늬 패턴으로 정보를 표시한다. 코드 모양은 정사각형이며 1994년 일본 덴소에서 개발했다. 오류복원 기능이 있어서 손상되더라도 판독할 수 있다.

22 정답 ③

③ 보안경영시스템 인증은 ISO 28000이다.

23 정답 ①

글상자의 내용은 C-TPAT에 관한 설명이다.
② ISO 28000은 공급사슬보안경영시스템 인증이다.
③ ISPS Code는 국제항해선박은 정부로부터 보안 증서를 받아야 하고, 국제항만시설은 정부로부터 보안계획 승인을 받아야 하는 제도이다.
④ CSI는 미국향 컨테이너 화물을 대상으로 선적항에서 보안 검사를 하는 제도이다.
⑤ SPA는 미국향 컨테이너 화물을 대상으로 선적항에서 100% 사전 검색하는 제도이다.

24 정답 ②

글상자의 내용은 ISF에 관한 설명이다.

25 정답 ⑤

글상자의 ㄱ~ㄹ 모두 블록체인을 설명한 내용에 해당한다.

26 정답 ③

RFID는 다양한 주파수를 사용하며 국가별로도 사용하는 주파수가 다를 수 있다.

27 정답 ②

① KTNET은 1989년 정부의 종합무역자동화 기본계획 수립에 따라 한국무역협회가 100% 출자하여 설립한 '무역정보화' 서비스 기업이자 '무역정보화시스템'을 말한다.
③ Port-MIS는 항만법 제26조, 항만법 시행령 제33조를 기반으로 구축되고 운영되는 시스템으로, 해양수산부가 주관한다.
④ CVO(Commercial Vehicle Operation)는 첨단화물운송시스템으로 구차구화시스템이라고 한다.
⑤ KL-Net은 1994년 물류정보화를 통한 국가경쟁력 강화를 목적으로 물류 관련 기관과 기업들이 공동 출자하여 설립한 물류 IT 전문기업을 말한다. 우리나라 최초의 무역정보망으로서 무역자동화 서비스를 제공하는 것은 KTNET에 해당한다.

28 정답 ③

논리적인 문제해결뿐만 아니라 자연어처리, 시각적 및 인지적 인식 등의 물류정보처리를 위한 의사결정 기술의 활용은 인공지능(AI)의 특성에 해당한다.

29 정답 ②

② 기능조직 → 라인·스태프조직 → 사업부 조직 → 그리드 조직으로 발전해 왔다.

30 정답 ③

다국적 기업은 모기업과 모기업이 출자한 해외 지사로 구성된다. 모회사의 물류조직은 전사 물류를 관리함과 동시에 해외 지사의 물류도 관리한다. 이러한 조직 구조를 그리드형 조직이라고 한다.

31 정답 ④

'사업부'라는 용어 자체가 해당 조직 스스로 매출을 일으키고 수익을 내는 독립채산제를 전제로 한다. 따라서 사업부마다 라인과 스태프조직이 있으며, 사업부 단위의 물류 부서가 해당 사업부의 물류활동을 관장하므로 사업부 안에서 전문인력

육성이 가능하지만, 사업부 간 교류는 쉽지 않다.

32 정답 ⑤

모회사와 자회사로 분리된다면 그리드형 물류조직이다.

33 정답 ⑤

첨단기술 분야는 라인조직들이 하나의 목표를 향해 하나의 조직처럼 움직여야 하는데, 수직적 조직 구조에서는 조직 간 정보공유가 잘되지 않아 쉽지 않다. 이럴 때 매트릭스 조직은 해당 조직 고유의 권한과 함께 프로젝트 단위 권한을 가지고 공통의 문제를 해결하는 데는 도움을 줄 수 있으나, 갈등이 발생할 수도 있다.

34 정답 ②

② 기업의 규모가 작고 최고경영자가 모든 업무를 총괄할 수 있을 때는 직능형 조직이 적합하다.

35 정답 ①

① 아웃소싱하면 성과지표와 서비스 수준 달성 여부 등을 통한 간접적인 관리와 감독이 필요하다.

36 정답 ③

①, ②, ④ 다수의 화주기업이 각자 물류를 운영함에 따라 중복되어 있던 물류 자원을 3자물류업체 이용으로 Sharing 하는 효과가 간접적으로 발생한다.
⑤ 3자물류 도입 후 배송구역이 축소되는 것은 역효과에 해당한다.

37 정답 ⑤

⑤ 그리드형 물류조직은 다국적 기업의 물류조직 형태로 본사의 물류조직이 해외 현지법인이나 지사의 물류조직을 관리·감독하는 이중 조직체제를 말한다.

38 정답 ①

① 장기간의 전략적 제휴 형태 또는 합작기업으로 설립한 별도의 조직을 통해 종합적 서비스를 제공하는 것은 4자물류에 대한 설명이다.

39 정답 ③

③ 물류 아웃소싱 후 제조업체는 물류 전문지식 축적이 어려워진다.

40 정답 ④

4자물류는 IT 서비스, 물류컨설팅 등 다양한 업종의 기업이 파트너로 참여한다. 비즈니스 형태가 B2B냐 B2C인지에 상관없는 물류 운용 형태이다. 공급망관리의 등장과 전자상거래 등 B2C 비즈니스의 등장으로 기존의 B2B 중심의 3자물류로는 신속하고 효율적인 물류를 수행할 수 없게 되면서 4자물류가 등장하였다.

41 정답 ②

ㄴ. 외주물류는 단기적 관계이고, 3자물류는 중장기적 협력 관계이다.
ㄷ. 외주물류는 수의계약 형태가 많고, 3자물류는 중장기적 협력 관계라는 특성 때문에 경쟁입찰을 통한 계약이 많다.

CHAPTER 03 SCM과 녹색물류

01 정답 ③

③ 공급망 상류, 즉 공급 쪽으로 갈수록 결품 경험 때문에 시장의 수요보다 더 많은 재고를 확보하려는 경향을 채찍효과라고 부른다. 정보가 왜곡되는 곳은 공급망 상류이지 하류가 아니다.

02 정답 ④

④ 다품종 소량생산의 시대가 아니라 개별고객의 취향을 고려한 제품을 대량생산해야 하는 다품종 대량생산의 시대, Mass Customization의 시대가 도래했기 때문에 공급사슬관리가 필요해진다.

03 정답 ④

④ 물류센터 통합으로 재고가 중앙집중 방식으로 관리되면, 고객 수요가 합쳐져 Risk Pooling 가능성이 커진다.

04 정답 ②

의류부문에서 QR이 시작되었고, 식품부문이 ECR로 이어받았으며, 의약품부문이 EHCR로 발전시켰다.

05 정답 ③

ㄱ. 흐름형 창고 개념인 크로스도킹에 대한 설명이다.
ㄴ. 보충에 집중한 내용으로, CRP와 관련된 설명이다.
ㄷ. 판매계획(Planning), 수요예측(Forecasting)을 포함한다. CPFR에 관한 설명이다.

06 정답 ⑤

① Cross Docking에 대한 설명이다.
② Category Management에 대한 설명이다.
③ CPFR에 대한 설명이다.
④ ERP에 대한 설명이다.

07 정답 ④

④ ECR에 해당하는 설명이다.

08 정답 ③

사업계획, 즉 판매계획을 공동으로 수립하고(Planning), 협업을 통해서 수요를 예측하며(Forecasting), 유통업체의 상품을 자동 보충한다면(Replenishment) CPFR에 관한 설명이다.

09 정답 ⑤

① 미국의 월마트에서 유통 분야에 최초로 도입한 공급사슬관리 기법이다.
② 단순 계약 관계에서는 공급망 참여자들이 각자의 이익만 생각하기 때문에 재고 부족 상황에서 필요보다 더 많이 발주하여 수요를 왜곡하는 채찍효과를 부채질한다.
③ CRM의 C는 Customer이다. 모든 공급자(Supplier)가 아니라 모든 고객(Customer)과 장기적인 협력 관계를 구축한다.
④ 지연전략에 관한 설명이다.

10 정답 ⑤

⑤ ECR에 관한 설명이다. QR은 의류산업에서 시작되었다.

11 정답 ①

공급망관리의 협력 유형은 실제 비즈니스 현장에서도 이론대로 실천하기 매우 어렵고, 그 경계를 정하기가 쉽지 않기 때문에, 유형별로 특성을 명확히 이해하는지 묻는 문제가 자주 출제된다. ①은 Co-Managed Inventory에 관한 설명이다.

12 정답 ⑤

⑤ 공급망 참여자 간 계약 관계만 있으면 서로 각자의 이익이 되는 방향으로 판단한다. 재고 부족 신호가 감지되면 필요 이상으로 발주할 유인이 생긴다. 전략적 파트너십이 있으면 재고 부족 신호가 감지되어도 상호 합의를 통해 과다 발주를 회피할 수 있다.

13 정답 ②

② 채찍효과는 결품에 대한 두려움 때문에 수요를 왜곡하면서 필요보다 더 많이 발주하는 것이므로, 납품주기를 단축하고 납품 횟수를 늘리면 해소된다.

14 정답 ⑤

① 부족분 게임이란 결품 위험이 감지되었을 때 필요보다 더 많은 수량을 발주하는 행위를 말한다. 정보가 투명하게 공개되지 않을 때 공급망 상류로 갈수록 더 많은 수량을 발주하는 유인을 제공하여 채찍효과를 부채질한다. 기업 간의 협업이 약해지면 나타날 수 있다.
② 정보의 비대칭성이 높아지면 불확실성은 더 높아진다.
③ 사일로 효과란 기다란 사일로에 곡물이 들어가면 잘 섞이지 않듯이 부서나 조직 간 정보공유가 이루어지지 않는 모습을 말한다. 공급사슬 참여자 간의 정보공유를 통해 사일로 효과가 작아진다.
④ 일괄 주문방식은 다빈도 소량 배송이 아닌 소빈도 다량 배송을 기반으로 하므로, 누적된 주문을 한꺼번에 배송하

대표
기출

1
물류관리론

2
3
4
5

게 되며, 발주 후 도착 전까지 리드타임만큼 안전재고를 더 많이 가져가야 하므로 필요한 수량보다 발주량을 늘리는 유인을 제공한다.

15) 정답 ②

② SCOR : 고객의 요구를 충족하기 위한 기업활동을 계획(Plan), 조달(Source), 생산(Make), 배송(Deliver), 반품(Return)으로 정의하고, 각 프로세스 분야별로 성과지표를 측정한 다음, 산업 분야별 벤치마킹 수치와 비교하여 공급망의 수준을 진단하는 도구이다.

① BSC : 재무 성과와 운영 성과의 균형을 위해 고객만족, 내부 프로세스, 조직 혁신 및 개선과 재무적 성과를 연계한 프로세스 평가 도구이다.

③ TQM : 진정한 품질은 고객만족에서 나온다는 전제로 경영진을 포함한 기업의 모든 구성원이 품질 개선에 참여하는 품질경영 기법을 말한다.

④ EVA : 영업이익 – 법인세 – 자본비용으로 기업의 진정한 수익성을 말해 준다. 1983년 컨설팅 회사 Stern Value Management에서 고안했다.

⑤ CMI : 고객, 즉 판매자가 보유한 재고가 소진되는 시점에 공급자가 재고 소진 가능성을 사전에 파악하고 판매자와의 합의를 거쳐 재고를 보충해 주는 비즈니스 기법이다.

16) 정답 ①

① 예측 불가능한 수요에 신속하게 대응하는 것은 대응적 공급사슬이다. 최저가격으로 예측할 수 있는 수요에 효율적으로 대응하는 것은 효율적 공급사슬이다.

17) 정답 ③

ㄱ. 총비용곡선은 재고유지비용과 주문비용(발주비용)인 ㄴ과 ㄷ을 합친 그래프이다.

ㄴ. 1회 주문량이 늘어날수록 정비례하는 것은 재고유지비용이다.

ㄷ. 1회 주문량이 늘어날수록 감소하는 것은 주문비용이다.

18) 정답 ②

경제적 주문량(EOQ) 모형은 매번 주문 시 주문량이 동일하고, 재고단위당 구입원가는 1회당 주문량에 영향을 받지 않으며, 재고부족비용은 없다는 가정하에 재고주문비용과 재고유지비용을 더한 총재고 관련 비용을 최소로 하는 주문량을 구하는 모형이다.

$$EOQ = \sqrt{\frac{2 \times 1회\ 주문비용(O) \times 연간\ 수요량(D)}{단위당\ 재고유지비용(C)}}$$ 이다.

따라서 경제적 주문량

$$EOQ = \sqrt{\frac{2 \times 100원 \times 10,000단위}{40원}} = \sqrt{50,000} = 224이다.$$

19) 정답 ⑤

⑤ 균형성과표는 재무, 고객, 내부 프로세스, 학습과 성장 관점의 성과지표를 설정함으로써 기업경영이 어느 한쪽에 치우치지 않게 관리하도록 해주는 성과 측정 도구이다. 경영자와 관리자의 노력도 중요하지만, 실무자를 비롯한 전 구성원의 노력이 중요하다.

20) 정답 ④

Perfect Order라고도 부르는 완전주문충족률은 대표적인 물류 성과지표 중 하나이다. 말 그대로 전체 주문 중 납기, 수량, 재고 상태, 납품 조건 등을 모두 만족시킨 아무 흠결 없는 주문의 비율이다.

21) 정답 ②

② 효율적인 공급망은 구매대금 지급과 판매대금 수수 사이의 리드타임, 즉 현금화 사이클타임을 짧게 가져감으로써 현금흐름 개선에 공헌한다.

22) 정답 ④

문제에 주문 수량이나 금액이 제시되지 않았으므로 전체 배송 건수가 분모, 그중 배송 납기를 지킨 건수가 분자가 된다. 전체 5건 중 3건 성공했으므로 정시배송률은 60%이다.

23) 정답 ①

① 일반경쟁방식은 불성실한 업체의 참가를 막지 못한다.

24) 정답 ②

② 구매는 잘못될 경우 자금이 재고에 잠겨버리기 때문에 마케팅, 생산, 엔지니어링과 독립적으로 움직일 경우 기업경영에 큰 타격을 준다.

25) 정답 ④

④ 구매량이 많으면 가격할인을 받기 위해 집중구매가 좋고, 구매량이 적으면 구매기능을 분산해서 구매하는 편이 좋다.

26) 정답 ①

① 구매자 시장의 시대가 되면서 기업 간 경쟁이 공급망 간 경쟁이 된 시대에는 구매단가 인하가 아닌 총소유비용 절감이 더 중요하다. 구매단가가 낮더라도 품질이 낮거나 납기를 지키지 못하면 반품비용과 무상수리, 판매 실기로 공급망 전체가 큰 충격을 받는다.

27) 정답 ⑤

⑤ 온라인 웹사이트를 통한 구매가 구매자와 판매자 사이에

밀접한 관계를 구축해 줄지 의문이다.

28 정답 ③

글상자의 내용은 반품물류, 회수물류, 폐기물류를 포함하는 역물류(Reverse Logistics)에 관한 설명이다.

29 정답 ②

② QR, ECR과 같은 혁신기법은 다빈도 소량 배송을 요구하므로 환경문제를 더 일으킬 수 있다.

30 정답 ④

④ 전통적인 물류관리의 목적인 비용절감과 물류서비스 수준 유지 또는 개선에 이어 환경을 추가로 고려해야만 한다.

31 정답 ②

② RoHS에 관한 설명이다. EuP는 친환경설계 규정이다.

32 정답 ⑤

녹색물류는 물류 전 과정에서 실행되어야 한다는 취지를 담은 문제로 보인다. 실제 포장표준화가 물류모듈화를 촉진하고 물류모듈화가 물류표준화를 촉진하며, 물류표준화가 물류공동화를 촉진하므로 보기 전부가 답이다.

33 정답 ②

다빈도 소량 수송을 지양해야 하고, 회수물류도 자주 발생하면 환경오염이 커진다. 그러나 회수물류가 자주 발생해도 경로 관리와 표준화를 통해 환경오염을 최소화할 수 있고, 회수물류가 재사용이나 재활용을 촉진할 수도 있으므로 여기서는 소량 다빈도 수송 추진이 답이다.

34 정답 ④

녹색물류의 실현방법 중 염화불화탄소(프레온 가스) 대체물질을 사용하고, 냉각시스템의 탈루검사를 시행하는 것은 오존층 파괴를 막기 위한 것이다. 그리고 연료첨가물을 사용하고 저유황분 연료를 사용하는 것은 대기오염을 줄이기 위한 것이다.
④ 차량의 브레이크 방음장치 설치는 소음을 줄이기 위한 것이다.

35 정답 ②

$(30,000 \div 5 = 6,000$리터$) \times 0.002 = 12$

36 정답 ①

이산화탄소 배출량 $= 150,000 \div 5 \times 0.002 = 60kg$

이산화탄소 배출량을 10kg 줄어든 50kg으로 맞추려면
$150,000 \div x \times 0.002 = 50$ $\therefore$ $x = 6$

37 정답 ②

① 속포장에 관한 설명이다.
③, ⑤ 상업포장에 관한 설명이다.
④ 공업포장에 관한 설명이다.

38 정답 ④

④ 다빈도 소량 배송을 위해 배송단계에서 작은 포장으로 배송한다고 공장 출고, 거점 간 일관 파렛트화 수송 과정에서 적재효율을 높이기 위한 일괄 취급 기능의 중요성이 떨어지지는 않는다. 일괄 취급은 물류합리화를 위한 포장의 중요한 기능이다.

39 정답 ⑤

⑤ 강도가 표준화되지 않으면 약한 강도에 의한 화물파손이나 강한 강도에 의한 해체의 어려움 또는 원가 상승이 금방 나타난다.

40 정답 ①

② 소비자와 직접 접촉하는 것은 상업포장이다.
③ 정량성은 소비자의 구입량을 기초로 단위화하는 것이다.
④ 물류 분야에서는 공업포장이 중심이 되어야 한다.
⑤ 공업포장에서는 물류비용의 절감을 고려해야 한다.

41 정답 ⑤

포장의 모듈화는 제품의 규격에 맞추어 포장 규격, 파렛트 규격 등을 선택함으로써 ULS(Unit Load System)의 파렛트화와 컨테이너화를 가능하게 하고, 하역의 기계화 및 자동화, 화물파손 방지, 적재의 신속화 등의 물류합리화에 기여할 수 있다.

42 정답 ④

①, ② 2021년 당시 2018년 수준 대비 40% 감축을 목표로 하였으며, 이 목표를 그대로 유지하였다.
③ 수송 분야는 2021년 당시 2018년 수준 대비 37.8% 감축을 목표로 하였으며, 이 목표를 그대로 유지하였다.
⑤ 수송 분야 온실가스 감축을 위해 친환경 이동 수단을 추진하며, Modal Shift 관련 내용은 없다.

43 정답 ①

① ISO 9000 시리즈는 품질경영시스템에 대한 것이고, 환경경영을 기본방침으로 하는 국제표준은 ISO 14000 시리즈에 해당한다.

표시	호칭	표시내용 및 위치
	깨지기 쉬움	깨지기 쉽다.
	적재 금지	화물 위에 또 화물을 올려놓아서는 안 된다.
	굴림 방지	화물을 굴리지 말아야 한다.
	지게차 취급 금지	지게차로 화물을 취급하지 말아야 한다.
	조임쇠 취급 제한	화물을 취급할 때 지게차의 조임쇠를 사용하지 말아야 한다.

제2과목 **화물운송론**

대표기출문제

01) 운송에 관한 설명으로 옳지 않은 것은?

① 경제적 운송을 위한 기본적인 원칙으로는 규모의 경제 원칙과 거리의 경제 원칙이 있다.
② 운송은 공간적 거리의 격차를 해소시켜 주는 장소적 효용이 있다.
③ 운송은 수송 중 물품을 일시적으로 보관하는 시간적 효용이 있다.
④ 운송은 재화의 생산과 소비에 따른 파생적 수요이다.
⑤ 운송의 3요소(Mode, Node, Link) 중 Mode는 각 운송점을 연결하여 운송되는 구간 또는 경로를 의미한다.

02) 운송서비스의 특징에 관한 설명으로 옳지 않은 것은?

① 운송이란 생산과 동시에 소비되는 즉시재이다.
② 운송공급은 비교적 계획적이고 체계적인 반면, 운송수요는 상대적으로 무계획적이고 비체계적이다.
③ 개별적 운송수요는 다양하므로 운송수요는 집합성을 가질 수 없다.
④ 운임의 비중이 클수록 운임상승은 상품수요를 감소시킴으로써 운송수요를 줄이게 되어 운송수요의 탄력성이 더욱 커지게 된다.
⑤ 운송수단 간 대체성이 높아 운송수요에 대한 탄력적 대응이 가능하다.

03) 다음 중 운송 관련 용어의 설명으로 옳지 않은 것은?

① 배송 : 화물을 물류센터에서 다른 물류센터로 보내는 행위
② 수송 : 화물을 자동차, 선박, 항공기, 철도 등 기타의 기관에 의해 어떤 거점에서 다른 거점으로 이동시키는 행위

③ 복합일관수송 : 수송단위 물품을 재포장하지 않고 철도차량, 트럭, 선박, 항공기 등 다른 수송기관을 조합하여 수송하는 것
④ 집화 : 화물을 발송지에 있는 물류거점에 모으는 것
⑤ 일관수송 : 물류의 효율화 목적으로 화물을 발송지에서 도착지까지 해체하지 않고 연계하여 수송하는 것으로 파렛트와 컨테이너를 이용

04) 화물운송에 관한 설명으로 옳지 않은 것은?

① 운송의 3대 요소는 운송연결점(Node), 운송경로(Link), 운송수단(Mode)이다.
② 물류활동의 목표인 비용절감과 고객서비스의 향상을 추구한다.
③ 제품의 생산과 소비를 연결하는 파이프 역할을 수행한다.
④ 배송은 물류거점 간 간선운송을 의미한다.
⑤ 운송수단을 통해 한 장소에서 다른 장소로 화물을 이동시키는 물리적 행위이다.

05) 운송의 장소적 효용에 관한 설명으로 옳지 않은 것은?

① 운송은 생산과 소비의 기능을 유기적으로 분담하는 것을 촉진한다.
② 운송은 원격지 간 생산과 판매를 촉진하여 유통의 범위와 기능을 확대한다.
③ 운송은 지역 간 유통을 활성화시켜 재화의 가격조정과 안정을 도모한다.
④ 운송은 자원과 자본을 효율적으로 배분하고 회전율을 제고한다.
⑤ 운송은 재화의 일시적 보관기능을 수행한다.

 정답 **01** ⑤ **02** ③ **03** ① **04** ④ **05** ⑤

06 운송수단을 선택할 때의 고려사항으로 옳지 않은 것은?

① 화물의 종류 및 중량
② 운임부담력
③ 화물 운송구간의 소요시간
④ 로트 사이즈(Lot Size)
⑤ 화물 납품처의 매출규모

07 다음 ( ) 안의 용어가 올바르게 묶인 것은?

• (ㄱ)에는 화물트럭, 선박, 항공기, 철도, 파이프라인 등이 있다.
• (ㄴ)란 (ㄱ)에 의해서 형성되는 경로이며, (ㄷ)를 연결한다.
• (ㄷ)에는 물류터미널, 항만, 공항, 유통센터 등이 있다.

	ㄱ	ㄴ	ㄷ
①	Mode	Node	Link
②	Mode	Link	Node
③	Node	Link	Mode
④	Node	Mode	Link
⑤	Link	Node	Mode

08 운송수단별 특성에 관한 설명으로 옳은 것을 모두 고른 것은?

ㄱ. 트럭운송은 Door to Door 운송서비스가 가능하고 기동성이 높은 운송 방식이다.
ㄴ. 해상운송은 물품의 파손, 분실, 사고발생의 위험이 적고 타 운송수단에 비해 안전성이 높다.
ㄷ. 항공운송은 중량에 크게 영향을 받지 않고 운송할 수 있다.
ㄹ. 철도운송은 트럭운송에 비해 중·장거리 운송에 적합하다.

① ㄱ, ㄴ   ② ㄱ, ㄹ
③ ㄴ, ㄷ   ④ ㄴ, ㄹ
⑤ ㄷ, ㄹ

09 파이프라인 운송에 관한 설명으로 옳지 않은 것은?

① 초기시설 설치비가 많이 드나 유지비는 저렴한 편이다.
② 환경오염이 적은 친환경적인 운송이다.
③ 운송대상과 운송경로에 관한 제약이 적다.
④ 유류, 가스를 연속적이고 대량으로 운송한다.
⑤ 컴퓨터시스템을 이용하여 운영의 자동화가 가능하다.

10 다음은 주요 운송수단에 대한 장단점을 설명한 것이다. 바르지 않은 것은?

① 도로운송은 근거리와 중거리 운송에 적합하며, 문전에서 문전까지의 일관수송이 가능하다.
② 도로운송은 장거리 운송 시 운임이 비싸며, 공해문제와 교통체증 등을 발생시키는 문제점이 있다.
③ 항공운송은 운송시간이 짧고 경량품의 장거리 운송에 유리하며, 일관운송체계의 구축이 용이하다.
④ 철도운송은 대량화물의 중·장거리 운송에 유리하며 운송의 안전성 측면에서 타 운송수단에 비해 장점이 있지만 운행시간의 탄력적 운용이 어려운 측면이 있다.
⑤ 해상운송은 대량화물의 중·장거리 운송에 이용되며 화물의 중량제한을 적게 받는 장점이 있지만, 기후의 영향을 받는다는 단점이 있다.

11 운송수단의 운영 효율화를 위한 원칙으로 옳은 것은?

① 소형차량을 이용하는 소형화 원칙
② 영차율 최소화 원칙
③ 회전율 최소화 원칙
④ 가동률 최대화 원칙
⑤ 적재율 최소화 원칙

12 운송시장의 환경변화에 관한 설명으로 옳지 않은 것은?

① 정보화 사회의 진전
② 글로벌 아웃소싱 시장의 확대
③ 구매고객에 대한 서비스 수준 향상
④ 전자상거래 증가
⑤ 물류보안 및 환경 관련 규제 완화

13 화물운송의 합리화 방안으로 옳지 않은 것은?

① 수송체계의 다변화
② 일관파렛트화(Palletization)를 위한 지원
③ 차량운행 경로의 최적화 추진
④ 물류정보시스템의 정비
⑤ 운송업체의 일반화 및 소형화 유도

14 다음은 A기업의 화물운송 방식이다. 채트반(Chatban) 공식을 이용하여 운송할 때 그 결과에 관한 설명으로 옳지 않은 것은?

- 자동차운송비 : 8,000원/ton · km
- 철도운송비 : 7,500원/ton · km
- 톤당 철도운송 부대비용(철도 발착비 + 배송비 + 화차 하역비 등) : 53,000원

① A기업은 80~100km 구간에서 자동차운송이 유리하다.
② A기업은 100~120km 구간에서 철도운송이 유리하다.
③ 100km 지점에서 톤당 철도운송의 부대비용이 50,000원일 때, 자동차운송비와 철도운송비가 동일하다.
④ A기업은 106km 지점에서 자동차운송비와 철도운송비가 동일하다.
⑤ A기업의 자동차운송의 경제적 효용거리는 106km이다.

15 다음 중 화물자동차의 영차율 향상을 위한 방법이 아닌 것은?

① 에어스포일러의 활용
② 기업 간 운송제휴
③ 화물정보시스템의 활용
④ 화물자동차운송가맹업자의 활용
⑤ 복화물량의 확보

16 국내 화물운송의 특징으로 옳지 않은 것은?

① 공로운송은 운송거리가 단거리이기 때문에 전체 운송에서 차지하는 비중이 낮다.
② 화물운송의 출발/도착 관련 경로의 편중도가 높다.
③ 한국의 수출입 물동량 중 항만을 이용한 물동량이 가장 큰 비중을 차지하며 특정 수출입항만의 편중도가 높다.
④ 화물자동차운송사업은 영세업체가 많고 전문화, 대형화가 미흡하여 운송서비스의 질이 위협받고 있다.
⑤ 화주기업과 운송인과의 협업적 관계가 미흡하여 제3자 물류나 제4자 물류로 발전하기 위한 정부의 정책적 지원 확대가 필요하다.

정답 **12** ⑤ **13** ⑤ **14** ② **15** ① **16** ①

화물자동차운송 》》 **대표기출문제**

정답 및 해설 p. 95

01 다음의 설명 중에서 도로화물운송의 장점으로 적합하지 않은 것은?

① 신속한 배차가 가능하며 단거리 운송에 경제적이다.
② 다양한 고객의 요구를 충족시키는 데 효과적이다.
③ 운송물량의 변동에 유연하게 대처할 수 있다.
④ 일관운송체계가 용이하다.
⑤ 화물의 중량제한이 없어 대량화물 운송에 유리하다.

02 화물자동차의 구조에 의한 분류상 전용특장차로 옳은 것을 모두 고른 것은?

ㄱ. 덤프트럭
ㄴ. 분립체 운송차
ㄷ. 적화·하역 합리화차
ㄹ. 측면 전개차
ㅁ. 액체 운송차

① ㄱ, ㄴ
② ㄴ, ㄷ
③ ㄱ, ㄴ, ㅁ
④ ㄴ, ㄹ, ㅁ
⑤ ㄷ, ㄹ, ㅁ

03 화물자동차의 운행제한 기준으로 옳은 것은?

① 축간 중량 5톤 초과
② 길이 13.7m 초과
③ 너비 2.0m 초과
④ 높이 3.5m 초과
⑤ 총중량 40톤 초과

04 다음은 무엇을 설명하는지 고르시오.

차주와 화주를 연결하는 시스템으로 화물차량의 위치, 적재화물의 종류, 운행상태, 노선상황, 화물알선정보 등을 자동적으로 파악하여 화물차량의 운행을 최적화하고 관리를 효율화하기 위한 지능형 교통시스템(ITS : Intelligent Transport Systems) 중의 하나이다.

① Vanning Management System
② TRS(Trunked Radio System)
③ CVO(Commercial Vehicle Operation)
④ GPS(Global Positioning System)
⑤ Routing System

05 다음 설명으로 옳은 것은?

• 경쟁업자들의 운임에 대처하고, 운임공표와 관리를 단순화하기 위해서 운송업자들이 개발하였다.
• 출발지에서 특정지역으로 운송되는 경우에 적용되는 하나의 운임이다.
• 장거리구간에 운송되는 재화와 제품의 생산과 소비가 특정지역으로 집중되는 경우에 적용되는 가장 일반적인 운임이라고 할 수 있다.

① 단일운임
② 비례운임
③ 지역(구역)운임
④ 체감운임
⑤ 수요기준운임

정답 **01** ⑤ **02** ③ **03** ⑤ **04** ③ **05** ③

06 다음 중 화물자동차의 질량 및 하중제원에 관한 용어가 아닌 것은?

① 공차중량(empty vehicle weight)
② 축하중(axle weight)
③ 오버행(overhang)
④ 차량총중량(gross vehicle weight)
⑤ 최대적재량(maximum payload)

07 다음은 A기업의 1년간 화물자동차 운행실적이다. 운행실적을 통해 얻을 수 있는 운영지표 값에 관한 내용으로 옳은 것은?

• 누적 실제 차량 수 : 300대
• 실제 가동 차량 수 : 270대
• 트럭의 적재 가능 총중량 : 5톤
• 트럭의 평균 적재중량 : 4톤
• 누적 주행거리 : 30,000km
• 실제 적재 주행거리 : 21,000km

① 복화율은 90%이다.
② 영차율은 90%이다.
③ 적재율은 90%이다.
④ 가동률은 90%이다.
⑤ 공차거리율은 90%이다.

08 화물자동차의 중량 및 운송능력에 관한 설명으로 옳지 않은 것은?

① 공차중량은 화물을 적재하지 않고 연료, 냉각수, 윤활유 등을 채우지 않은 상태의 중량이다.
② 최대 적재중량은 화물을 최대로 적재할 수 있도록 허용된 중량이다.
③ 자동차연결 총중량은 최대 적재중량에 트레일러와 트랙터의 무게까지 합산한 중량이다.
④ 최대접지압력은 최대 적재상태에서 접지부에 미치는 단위면적당 중량이다.
⑤ 화물자동차의 운송능력은 최대 적재중량에 자동차의 평균 속도를 곱하여 계산한다.

09 택배운송장의 역할에 관한 설명으로 옳지 않은 것은?

① 송화인과 택배회사 간의 계약서 역할
② 택배요금에 대한 영수증 역할
③ 송화인과 택배회사 간의 화물인수증 역할
④ 물류활동에 대한 화물취급지시서 역할
⑤ 택배회사의 사업자등록증 역할

10 운임결정의 영향요인에 관한 설명으로 옳지 않은 것은?

① 화물의 파손, 분실 등 사고발생 가능성이 높아지면 운임도 높아진다.
② 적재작업이 어렵고 적재성이 떨어질수록 운임은 높아진다.
③ 운송거리가 길어질수록 총 운송원가는 증가하고 운임이 높아진다.
④ 화물의 밀도가 높을수록 동일한 적재용기에 많이 적재할 수 있으며 운임이 높아진다.
⑤ 운송되는 화물의 취급단위가 클수록 운송단위당 고정비는 낮아진다.

11 택배 표준약관(공정거래위원회 표준약관 제10026호)의 운송장에서 고객(송화인)이 사업자에게 교부해야 하는 사항으로 옳은 것을 모두 고른 것은?

ㄱ. 문의처 전화번호
ㄴ. 송화인의 주소, 이름(또는 상호) 및 전화번호
ㄷ. 수화인의 주소, 이름(또는 상호) 및 전화번호
ㄹ. 운송물의 종류(품명), 수량 및 가액
ㅁ. 운송상의 특별한 주의사항
ㅂ. 운송물의 중량 및 용적 구분

① ㄱ, ㄴ, ㄷ, ㅂ
② ㄱ, ㄷ, ㄹ, ㅁ
③ ㄱ, ㄹ, ㅁ, ㅂ
④ ㄴ, ㄷ, ㄹ, ㅁ
⑤ ㄴ, ㄷ, ㅁ, ㅂ

 정답 06 ③ 07 ④ 08 ① 09 ⑤ 10 ④ 11 ④

12 다음 글상자의 (　　　)에 들어갈 내용을 순서대로 나열한 것은?

> • 「항공사업법」상 (　　　)이란 타인의 수요에 맞추어 유상으로 「우편법」 제1조의2 제7호 단서에 해당하는 수출입 등에 관한 서류와 그에 딸린 견본품을 항공기를 이용하여 송달하는 사업을 말한다.
> • 관세법령상 과세가격이 미화 (　　　)달러 이하인 물품으로서 견품으로 사용될 것으로 인정되는 물품은 관세가 면제된다.
> • 운송장에 인도예정일의 기재가 없는 경우 "택배 표준약관"에 준하는 화물을 운송장에 기재된 수탁일로부터 "일반지역"의 경우 (　)일 내에 인도하여야 한다.

① 상업서류송달업, 200, 3
② 국제특송업, 250, 1
③ 상업서류송달업, 300, 3
④ 상업서류송달업, 250, 2
⑤ 국제특송업, 300, 2

13 택배 표준약관의 운송물의 수탁거절 사유로 옳지 않은 것은?

① 고객이 청구나 승낙을 거절하여 운송에 적합한 포장이 되지 않은 경우
② 고객이 제11조 제1항의 규정에 의한 확인을 거절하거나 운송물의 종류와 수량이 운송장에 기재된 것과 다른 경우
③ 운송물 1포장의 가액이 300만원을 초과하는 경우
④ 운송물의 인도예정일(시)에 운송이 가능한 경우
⑤ 운송물이 현금, 카드, 어음, 수표, 유가증권 등 현금화가 가능한 물건인 경우

14 다음 중 택배 표준약관(규칙)에 규정된 사업자의 손해배상책임의 내용이 아닌 것은?

① 운송물의 멸실, 훼손 또는 연착에 관한 사업자의 책임은 운송물을 고객으로부터 수탁한 때로부터 시작된다.
② 사업자가 다른 운송사업자와 협정을 체결하여 공동으로 운송하거나 다른 운송사업자의 운송수단을 이용하여 운송한 운송물이 멸실, 훼손 또는 연착되는 때에는 이에 대한 책임은 사업자가 부담한다.
③ '손해배상한도액'이라 함은 운송물의 멸실, 훼손 또는 연착 시에 사업자가 손해를 배상할 수 있는 최고 한도액을 말한다. 다만, '손해배상한도액'은 고객이 운송장에 운송물의 가액을 기재한 경우에 한하여 적용한다.
④ 운송물의 일부 멸실 또는 훼손에 대한 사업자의 손해배상책임은 수화인이 운송물을 수령한 날로부터 14일 이내에 그 일부 멸실 또는 훼손에 대한 사실을 사업자에게 통지를 발송하지 아니하면 소멸한다.
⑤ 운송물의 일부 멸실, 훼손 또는 연착에 대한 사업자의 손해배상책임은 수화인이 운송물을 수령한 날로부터 1년이 경과하면 소멸한다.

15 화물자동차의 제원에 관한 설명으로 옳은 것은?

① 최대적재량은 실질적으로 적재운행할 수 있는 화물의 총량으로 도로법령상 적재 가능한 축하중 10톤과는 직접 관계가 없다.
② 공차중량은 연료, 냉각수, 윤활유 등을 제외한 운행에 필요한 장비를 갖춘 상태의 중량을 말한다.
③ 차량총중량은 승차정원을 제외한 화물 최대적재량 적재 시의 자동차 전체중량이다.
④ 축하중은 차륜이 지나는 접지면에 걸리는 전체 차축하중의 합이다.
⑤ 승차정원은 운전자를 제외한 승차 가능한 최대인원수를 말한다.

 12 ④　**13** ④　**14** ③　**15** ①

16] "택배 표준약관(제10026호)"의 내용으로 옳지 않은 것은?

① 손해배상한도액은 고객이 운송장에 운송물의 가액을 기재하지 아니한 경우에 한하여 적용되며, 사업자는 손해배상한도액을 미리 이 약관의 별표로 제시하고 운송장에 기재한다.

② 운송물의 멸실, 훼손 또는 연착이 사업자 또는 그의 사용인의 고의 또는 중대한 과실로 인하여 발생한 때에는 사업자는 모든 손해를 배상한다.

③ 사업자는 고객이 운송장에 필요한 사항을 기재하지 아니한 경우에는 운송물의 수탁을 거절할 수 없다.

④ 사업자는 고객의 이익을 해치지 않는 범위 내에서 수탁한 운송물을 다른 운송사업자와 협정을 체결하여 공동으로 운송하거나 다른 운송사업자의 운송수단을 이용하여 운송할 수 있다.

⑤ 운송물의 일부 멸실 또는 훼손에 대한 사업자의 손해배상책임은 수화인이 운송물을 수령한 날로부터 14일 이내에 그 일부 멸실 또는 훼손에 대한 사실을 사업자에게 통지를 발송하지 아니하면 소멸한다.

17] 택배 표준약관(공정거래위원회 표준약관 제10026호)에서 사업자가 고객(송화인)과 계약을 체결하는 때에 운송장에 기재하는 내용으로 옳은 것을 모두 고른 것은?

　ㄱ. 손해배상한도액
　ㄴ. 운송물의 종류(품명), 수량 및 가액
　ㄷ. 운임 기타 운송에 관한 비용 및 지급방법
　ㄹ. 운송물의 중량 및 용적 구분
　ㅁ. 운송상의 특별한 주의사항(훼손, 변질, 부패 등 운송물의 특성구분과 기타 필요한 사항을 기재함)
　ㅂ. 운송장의 작성연월일

① ㄱ, ㄴ, ㄷ　　　② ㄱ, ㄷ, ㄹ
③ ㄱ, ㄹ, ㅂ　　　④ ㄴ, ㄷ, ㄹ
⑤ ㄴ, ㅁ, ㅂ

18] 소화물운송 수요가 증가하고 있는 요인으로 가장 거리가 먼 것은?

① 다품종 소량 생산체제의 확산
② 소비자 요구수준의 고도화
③ 전자상거래의 발전
④ 소비자 니즈(needs)의 표준화 및 동질화
⑤ 물류전문기업의 성장

19] 소화물일관운송의 특징으로 옳은 것을 모두 고른 것은?

　ㄱ. 소형·소량 화물에 대한 운송체계
　ㄴ. 운송업자가 모든 운송상의 책임을 부담하는 일관책임체계
　ㄷ. 송화인이 물품을 직접 집화, 포장까지 수행하는 운송서비스체계
　ㄹ. 터미널에서 터미널까지 일관된 운송서비스체계
　ㅁ. 규격화된 포장과 단일운임체계

① ㄱ, ㄴ, ㄷ　　　② ㄱ, ㄴ, ㅁ
③ ㄱ, ㄴ, ㄷ, ㄹ　④ ㄱ, ㄷ, ㄹ, ㅁ
⑤ ㄴ, ㄷ, ㄹ, ㅁ

20] 물류터미널에 대한 설명으로 적절하지 않은 것은?

① 화물과 운송수단이 효율적으로 연계되도록 지원하는 물류인프라 역할을 수행한다.

② 물류터미널은 화물의 집화, 하역, 분류, 포장, 보관 등에 필요한 기능을 갖춘 시설물을 말한다.

③ 복합물류터미널은 2가지 이상의 운송수단 간의 연계수송을 할 수 있는 물류터미널을 말한다.

④ 물류터미널은 운송중계 및 소매시장 등의 기능을 수행한다.

⑤ 물류터미널에 설치되는 시설에는 화물취급장, 보관시설, 대형 주차장 이외에도 운전자용 휴게시설, 화물주선정보시스템 등이 있다.

16 ③ **17** ② **18** ④ **19** ② **20** ④

21 물류시설에 관한 설명으로 옳지 않은 것은?

① ICD란 수출입컨테이너를 취급하는 내륙컨테이너 기지로서 통관, 보관, 하역 등 항만터미널과 유사한 기능을 수행하는 물류거점이다.

② 물류창고란 화물의 저장·관리, 집화·배송 및 수급조정 등을 위한 보관시설·보관장소 또는 이와 관련된 하역·분류·포장·상표부착 등에 필요한 기능을 갖춘 시설이다.

③ 공동집배송센터란 창고, 화물터미널, 항만 등의 제반시설을 한 곳에 집중하여 물류활동의 합리화를 도모하는 복합시설이다.

④ 물류터미널이란 화물의 집화·하역 및 이와 관련된 분류·포장·보관·가공·조립 또는 통관 등에 필요한 기능을 갖춘 시설물이다.

⑤ 물류단지란 물류단지시설과 지원시설을 집단적으로 설치·육성하기 위하여 지정·개발하는 일단의 토지이다.

22 다음 물류거점 운영형태 중 도착과 발송 간의 취급절차를 최소화하여 양 기능 간의 연계시간을 최대한 단축하기 위해 도입된 방식은?

① Cross Docking 체계
② LCL 운송체계
③ FCL 운송체계
④ Line-Haul 운영체계
⑤ RO-RO 운송체계

23 파이프나 H형강 등 장척물의 수송이 주목적이며, 풀 트레일러를 연결하여 적재함과 턴테이블이 적재물을 고정시켜 수송하는 것은?

① 폴 트레일러 트럭(Pole-trailer Truck)
② 풀 트레일러 트럭(Full-trailer Truck)
③ 세미 트레일러 트럭(Semi-trailer Truck)
④ 모터 트럭(Motor Truck)
⑤ 더블 트레일러 트럭(Double-trailer Truck)

24 화물자동차운송의 원가항목 중 고정비에 해당하는 것은?

① 차량 수리비   ② 차량 감가상각비
③ 차량 타이어비   ④ 차량 연료비
⑤ 고속도로 통행료

25 다음과 같은 특징을 가진 택배운송시스템은?

• 노선의 수가 적어 운송의 효율성이 높다.
• 집배센터에 배달 물량이 집중되어 상·하차 여건 부족 시 배송 지연이 발생할 수 있다.
• 모든 노선이 중심거점 위주로 구축된다.
• 대규모 분류능력을 갖춘 터미널이 필요하다.

① Milk Run 시스템
② Point to Point 시스템
③ Hub & Spoke 시스템
④ 절충형 혼합식 네트워크 방식
⑤ 프레이트라이너 방식

26 화물자동차 운임결정에 관한 설명으로 옳지 않은 것은?

① 운송거리가 길어질수록 총운송원가는 증가하여 운임이 증가한다.

② 동일한 중량이라면 부피나 면적이 적은 화물이 밀도가 높다.

③ 화물의 밀도가 동일할지라도 적재율이 떨어지면 운송량이 적어져 단위당 운송비는 낮은 수준에서 결정된다.

④ 밀도가 높은 화물은 동일한 용적을 갖는 적재용기에 많이 적재하고 운송할 수 있게 되어, 밀도가 높을수록 단위당 운송비는 낮아진다.

⑤ 운송되는 화물의 단위가 클수록 대형차량을 이용하게 되어 대형차량을 이용할수록 운송단위당 부담하는 고정비는 낮아지게 된다.

 정답 **21** ③ **22** ① **23** ① **24** ② **25** ③ **26** ③

27 운임의 종류에 관한 내용으로 옳은 것은?

① 공적운임 : 운송계약을 운송수단 단위 또는 일정한 용기단위로 했을 때 실제로 적재능력만큼 운송하지 않았더라도 부담해야 하는 미적재 운송량에 대한 운임

② 무차별운임 : 일정 운송량, 운송거리의 하한선 이하로 운송될 경우 일괄 적용되는 운임

③ 혼재운임 : 단일화주의 화물을 운송수단의 적재능력만큼 적재 및 운송하고 적용하는 운임

④ 전액운임 : 운송거리에 비례하여 운임이 증가하는 형태의 운임

⑤ 거리체감운임 : 운송되는 화물의 가격에 따라 운임의 수준이 달라지는 형태의 운임

28 화물자동차 운임결정 시 고려사항으로 옳지 않은 것은?

① 운송거리는 연료비, 수리비, 타이어비 등 변동비에 영향을 주는 중요한 요소이다.

② 밀도가 높은 화물은 동일한 용적을 갖는 용기에 많이 적재하여 운송할 수 있다.

③ 한 번에 운송되는 화물단위가 클수록 대형차량을 이용하며 이 경우에 운송단위당 부담하는 고정비 및 일반관리비는 높아진다.

④ 화물형상의 비정형성은 적재작업을 어렵게 하고 적재공간의 효율성을 떨어지게 한다.

⑤ 운송 중 발생되는 화물의 파손, 부패, 폭발가능성 등에 따라 운임이 달라진다.

29 택배 간선운송 중 허브 앤 스포크(Hub & Spoke) 시스템의 특징이 아닌 것은?

① 노선의 수가 적어 운송의 효율성이 높아진다.

② 집배센터에 배달물량이 집중되므로 충분한 상·하차 여건을 갖추지 않으면 배송지연이 발생할 수 있다.

③ 모든 노선이 허브를 중심으로 구축된다.

④ 셔틀노선의 증편이 용이하여 영업소의 확대에 유리하다.

⑤ 대형의 분류능력을 갖는 허브터미널이 필요하다.

30 육상운송장비에 관한 설명으로 옳지 않은 것은?

① 컨테이너 섀시(Container Chassis)는 세미 트레일러를 컨테이너운송 전용으로 사용하기 위해 제작한 것이다.

② 스케레탈(Skeletal) 트레일러는 컨테이너운송을 위해 제작된 트레일러로서 전후단에 컨테이너 고정장치가 부착되어 있으며 20피트용, 40피트용 등의 종류가 있다.

③ 풀(Full) 트레일러는 트레일러와 트랙터가 완전히 분리되어 있다.

④ 더블(Double) 트레일러는 트랙터가 2개의 트레일러를 동시에 견인하여 화물을 운송할 수 있다.

⑤ 모터 트럭(Motor Truck)은 동력부문과 화물적재 부문이 분리되어 있는 일반 화물자동차이다.

31 다음 중 화물자동차운송정보시스템에 관한 설명으로 옳지 않은 것은?

① ITS는 도로와 차량, 사람과 화물을 정보네트워크로 연결하여 교통체증의 완화와 교통사고의 감소, 환경문제의 개선 등을 실현할 수 있는 시스템이다.

② GIS-T는 디지털 지도에 각종 정보를 연결하여 관리하고 이를 분석, 응용하는 시스템의 통칭이다.

③ AVLS는 위성으로부터 받은 신호로 이동체의 위치 및 이동상태를 파악하여 차량의 최적 배치 및 파견, 실태파악 및 안내, 통제할 수 있는 작업들을 지능화한 시스템이다.

④ TRS는 중계국에 할당된 다수의 주파수 채널을 여러 사용자들이 공유하여 사용하는 무선통신서비스이다.

⑤ VTS는 화물자동차의 최종 배송지에 대한 최적 운송경로를 검색하는 운송경로시스템이다.

 27 ① **28** ③ **29** ④ **30** ⑤ **31** ⑤

01 공동수 · 배송시스템의 구축을 위한 전제조건이 아닌 것은?

① 물류표준화
② 유사한 배송조건
③ 물류서비스 차별화 유지
④ 적합한 품목의 존재
⑤ 일정 구역 내에 배송지역 분포

02 공동수 · 배송의 도입효과로 옳지 않은 것은?

① 운송의 대형화를 통해 적재율의 향상이 가능하다.
② 참여하는 화주의 운임부담을 경감할 수 있다.
③ 교통혼잡 완화와 차량 감소의 효과가 있다.
④ 물류센터나 창고 내 정보시스템의 효율적 사용이 가능하다.
⑤ 동일지역에서의 중복교차배송은 감소하나, 공차율은 증가한다.

03 공동수 · 배송에 관한 설명으로 옳은 것은?

① 배송, 화물의 보관 및 집화 업무까지 공동화하는 방식을 공동납품대행형이라 한다.
② 크로스도킹은 하나의 차량에 여러 화주들의 화물을 혼재하는 것이다.
③ 참여기업은 물류비 절감 효과를 기대할 수 있다.
④ 소량 다빈도 화물에 대한 운송요구가 감소함에 따라 그 필요성이 지속적으로 감소하고 있다.
⑤ 노선집화공동형은 백화점, 할인점 등에서 공동화하는 방식이다.

04 공동수 · 배송에 관한 설명으로 옳지 않은 것은?

① 혼재(Consolidation) 배송은 차량의 적재율을 기준으로 배송하는 형태이다.
② 루트(Route) 배송은 광범위한 지역에 소량화물을 요구하는 고객을 대상으로 할 때 유리하다.
③ 납품대행방식은 일반적으로 백화점, 할인점 등에서의 공동화 유형이다.
④ 노선집화공동방식은 각 노선사업자가 집화해 온 노선화물의 집화부분을 공동화하는 방식이다.
⑤ 배송공동방식은 공장에서 물류센터까지 공동수송하고, 물류센터에서 고객까지 공동배송하는 방식이다.

05 수송수요모형에 관한 설명으로 옳은 것은?

① 화물발생 모형 중에는 원단위법, 성장률법, 성장인자법이 있다.
② 화물분포 모형 중에는 중력모형과 로짓모형이 있다.
③ 수단분담 모형 중에는 통행단모형과 엔트로피 극대화모형이 있다.
④ 통행배정 모형 중에는 반복배정법과 분할배정법이 있다.
⑤ 교통망 평형배정법은 용량비제약모형이다.

06 20개의 공항을 보유하고 있는 국가가 허브 앤 스포크(Hub and Spoke) 네트워크를 구축하려고 한다. 20개의 공항 중 4개를 허브로 선택하여 운영할 경우 총 몇 개의 왕복노선이 필요한가?

① 16개　　② 18개
③ 20개　　④ 22개
⑤ 24개

 정답 **01** ③ **02** ⑤ **03** ③ **04** ⑤ **05** ④ **06** ④

07 효율적인 화물운송시스템 설계를 위한 기본요건에 관한 설명으로 옳지 않은 것은?

① 화물을 지정된 시간 내에 목적지에 배송할 수 있어야 한다.
② 운송, 배송 및 배차계획 등을 조직적으로 실시해야 한다.
③ 최저주문단위제를 폐지하여 배송주문량 및 주문횟수를 확대한다.
④ 수주에서 출하까지 작업의 표준화 및 효율화를 수행해야 한다.
⑤ 적절한 유통재고량 유지를 위한 다이어그램 배송 등을 사용한 체계적인 운송계획을 수립해야 한다.

08 수·배송시스템 설계 시 고려요소에 해당하지 않는 것은?

① 리드타임   ② 적재율
③ 차량의 회전율   ④ 차량운행 대수
⑤ 안전수요량

09 수·배송 경로와 일정을 수립하는 원칙으로 옳지 않은 것은?

① 배송지역의 범위가 넓을 경우, 운행경로는 물류센터에서 가까운 지역부터 만들어간다.
② 근접한 지역의 화물은 모아서 배송한다.
③ 배송경로는 상호 교차되지 않도록 한다.
④ 효율적인 배송을 위하여, 이용 가능한 대형차량을 먼저 배차한다.
⑤ 픽업은 배송과 함께 이루어지도록 한다.

10 다음에서 설명하고 있는 운송방식은?

• 배송에 관한 사항을 시간대별로 계획하고 표로 작성하여 운행
• 배송처 및 배송물량의 변화가 심할 때 방문하는 배송처, 방문순서, 방문시간 등을 매일 새롭게 설정하여 배송하는 운송방식

① 루트(Route) 배송
② 밀크런(Milk Run) 배송
③ 적합 배송
④ 단일 배송
⑤ 변동다이어그램 배송

11 배송방법에 관한 설명으로 옳은 것을 모두 고른 것은?

ㄱ. 단일 배송 : 하나의 배송처에 1대의 차량을 배차하는 방법으로 보통 주문자가 신속한 배송을 요구할 때 이용한다.
ㄴ. 루트(Route) 배송 : 일정한 배송경로를 반복적으로 배송하는 방법으로 비교적 광범위한 지역의 소량화물을 요구하는 다수의 고객을 대상으로 한다.
ㄷ. 고정다이어그램(Diagram) 배송 : 배송할 물량을 기준으로 적합한 크기의 차량을 배차하는 방법으로 배송량이 고정되어 있다.
ㄹ. 변동다이어그램(Diagram) 배송 : 배송처 및 배송물량의 변화에 따라 배송처, 방문순서, 방문시간 등이 변동되는 방법으로 배송 관련 기준 설정이 중요하다.

① ㄱ, ㄷ   ② ㄴ, ㄷ
③ ㄴ, ㄹ   ④ ㄱ, ㄴ, ㄹ
⑤ ㄱ, ㄷ, ㄹ

정답 **07** ③ **08** ⑤ **09** ① **10** ⑤ **11** ④

12 배송을 합리화하는 모형 중 일정한 지역에 정기적으로 화물을 배송할 경우 과거의 통계치 또는 경험에 의해 주된 배송경로와 시각을 정해두고, 적재효율이 다소 저하되더라도 고객에 대한 적시배달과 업무의 간편성을 중시하여 배송차량을 운영하는 시스템을 무엇이라고 하는가?

① 고정다이어그램
② 변동다이어그램
③ SWEEP 기법
④ TSP(Traveling Salesman Problem)
⑤ VSP(Vehicle Schedule Program)

13 다수의 수요지와 공급지를 지닌 수송문제에서 수송표를 작성하여 수송계획을 세우고자 한다. 수송계획법에 관한 설명으로 옳은 것을 모두 고른 것은?

> ㄱ. 북서코너법(North-West Corner Method)은 수송표 좌측 상단부터 우측 하단 방향으로 차례대로 수요량과 공급량을 고려하여 수송량을 할당해 나가는 방법이다.
> ㄴ. 보겔추정법(Vogel's Approximation Method)은 최선의 수송경로를 선택하지 못했을 때 추가 발생되는 기회비용을 고려한 방법이다.
> ㄷ. 최소비용법(Least-Cost Method)은 단위당 수송비용이 가장 낮은 칸에 우선적으로 할당하는 방법이다.
> ㄹ. 북서코너법은 신속하게 최초실행가능 기저해를 구할 수 있다는 장점이 있으나 수송비용을 고려하지 못한다는 단점을 가지고 있다.

① ㄱ, ㄹ
② ㄱ, ㄴ, ㄷ
③ ㄱ, ㄷ, ㄹ
④ ㄴ, ㄷ, ㄹ
⑤ ㄱ, ㄴ, ㄷ, ㄹ

14 다음 표에서 최소비용법(Least-Cost Method 혹은 Minimum Cell Cost Method)에 의한 최초 가능해의 총운송비용은 얼마인가? (톤당 비용은 수요지와 공급지 간 단위수송비용임)

수요지 / 공급지	수요지 1	수요지 2	공급량
공급지 1	10원/톤	5원/톤	700톤
공급지 2	8원/톤	15원/톤	500톤
공급지 3	6원/톤	10원/톤	300톤
수요량	700톤	800톤	1500톤

① 11,000원
② 10,000원
③ 12,100원
④ 15,000원
⑤ 14,200원

15 아래와 같은 운송조건하에서 최소비용법(Least-Cost Method)과 북서코너법(North-West Corner Method)을 이용하여 총운송비용을 구할 때 각각의 방식에 따라 산출된 총운송비용의 차는 얼마인가?

수요지 / 공급지	A	B	C	공급합계
X	20원/톤	50원/톤	10원/톤	200톤
Y	40원/톤	30원/톤	50원/톤	300톤
Z	60원/톤	40원/톤	50원/톤	400톤
수요합계	300톤	400톤	200톤	900톤

① 0원
② 500원
③ 1,000원
④ 1,500원
⑤ 2,000원

16 수요지와 공급지 간의 비용이 아래와 같이 제시될 경우, 최소비용법(Least-Cost Method)과 보겔추정법 (Vogel's Approximation Method)을 이용한 초기해 산출 값에 관한 설명으로 옳은 것은? (단위 : 원/톤, 공급지에서 수요지까지의 운송비는 운송표 각 칸의 우측 하단에 제시되어 있음)

수요지＼공급지	X	Y	Z	공급량 (톤)
A	11	19	20	300
B	6	13	15	100
C	12	10	14	200
수요량(톤)	300	200	100	600

① 최소비용법에 의한 최소 총운송비용은 6,700원이다.
② 보겔추정법에 의한 최소 총운송비용은 6,700원이다.
③ 최소비용법에 의한 공급지 A에서 수요지 X까지의 공급량은 300톤이다.
④ 보겔추정법에 의한 공급지 C에서 수요지 Y까지의 공급량은 100톤이다.
⑤ 보겔추정법에 의한 공급지 B에서 수요지 Z까지의 공급량은 100톤이다.

17 다음 표와 같이 각 지점별 수요량과 공급량, 그리고 지점 간 수송비용이 주어졌을 때, 북서코너법에 의하여 공급지와 수요지 간의 수송량을 결정하려고 한다. 이 방법에 의한 총수송비용은? (공급지와 수요지 간 비용은 톤당 수송비용임)

수요지＼공급지	1	2	3	공급량
A	2원	4원	3원	15톤
B	5원	2원	10원	12톤
C	10원	6원	4원	5톤
수요량	10톤	15톤	7톤	32톤

① 80원　　　　② 100원
③ 120원　　　　④ 150원
⑤ 170원

18 다음과 같은 운송조건이 주어졌을 때 공급지 C의 공급량 20톤의 운송비용은? (단, 공급지와 수요지 간 비용은 톤당 단위운송비용이며, 운송비용은 보겔의 추정법을 사용하여 산출함)

수요지＼공급지	X	Y	Z	공급량
A	10원	7원	8원	15톤
B	17원	10원	14원	15톤
C	5원	25원	12원	20톤
수요량	15톤	20톤	15톤	50톤

① 100원　　　　② 135원
③ 240원　　　　④ 260원
⑤ 500원

19 운송회사는 공장에서 물류창고 E, G, I까지 각각 1대씩의 화물차량을 배정하려고 한다. 최단거리로 운송할 경우에 합산한 총운송거리는? (단, 링크의 숫자는 거리이며 단위는 km임)

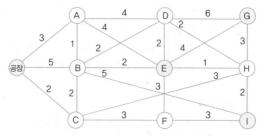

① 19km　　　　② 20km
③ 21km　　　　④ 22km
⑤ 23km

정답　**16** ⑤　**17** ②　**18** ②　**19** ③

20〕 송유관 네트워크로 A 공급지에서 F 수요지까지 최대의 유량을 보내려고 한다. 최대유량은? (단, 링크의 화살표 방향으로만 송유 가능하며 링크의 숫자는 용량을 나타냄)

(단위 : 톤)

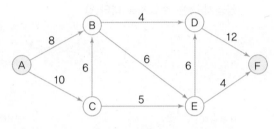

① 12톤   ② 13톤
③ 14톤   ④ 15톤
⑤ 16톤

21〕 다음과 같은 파이프라인 네트워크에서 X지점에서 Y지점까지 유류를 보낼 때 최대유량(톤)은? (단, 링크의 화살표 방향으로만 송유가 가능하며 링크의 숫자는 용량을 나타냄)

(단위 : 톤)

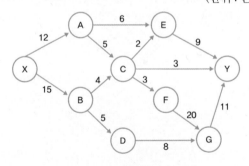

① 18   ② 19
③ 20   ④ 21
⑤ 22

22〕 수송수요 분석모형의 화물발생량 예측단계에서 사용하는 기법이 아닌 것은?

① 통행교차모형(Trip-interchange Model)
② 회귀분석법(Regression Model)
③ 원단위법(Trip Rate Method)
④ 카테고리분석법(Category Method)
⑤ 성장률법(Growth Rate Method)

23〕 수송수요 분석에 사용하는 화물분포 모형에 해당하는 것은?

① 성장인자법(Growth Factor Method)
② 회귀분석법(Regression Model)
③ 성장률법(Growth Rate Method)
④ 로짓모형(Logit Model)
⑤ 다이얼모형(Dial Model)

24〕 다음 행렬의 셀 내의 숫자는 해당 두 지점 간의 최대운송용량(톤)을 나타낸다(예 A–C 간의 운송로가 존재하고 최대 2톤의 운송이 가능하며, 숫자가 없는 셀은 운송로가 존재하지 않음을 의미함). 이 경우 출발지 S에서 목적지 F로 운송할 수 있는 최대운송량은?

	S	A	B	C	D	E	F
S		4	5	–	–	–	–
A			3	2	3	–	
B				3	–	2	–
C					1	1	2
D						–	2
E							4
F							

① 5   ② 6
③ 7   ④ 8
⑤ 9

 20 ③ **21** ② **22** ① **23** ① **24** ③

25 배송센터 L로부터 모든 수요지점 1 ~ 6까지의 최단 경로 네트워크를 구성하였을 때, 구성된 네트워크의 전체 거리는? (단, 각 구간별 숫자는 거리(km)를 나타냄)

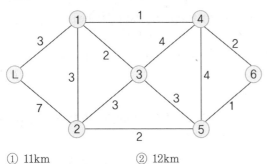

① 11km
② 12km
③ 13km
④ 14km
⑤ 15km

26 세이빙(Saving)법에 관한 설명으로 옳지 않은 것은?

① 차량의 통행시간, 적재능력 등이 제한되는 복잡한 상황에서 차량의 노선 배정 및 일정계획 문제의 해결방안을 구하는 한 방법이다.
② 배차되는 각 트럭의 용량은 총수요보다 크고 특정 고객의 수요보다는 작아야 한다.
③ 배송센터에서 두 수요지까지의 거리를 각각 a, b라 하고 두 수요지 간의 거리를 c라 할 때 Saving은 a + b − c가 된다.
④ 세이빙이 큰 순위로 차량운행 경로를 편성한다.
⑤ 경로편성 시 차량의 적재용량 등의 제약을 고려해야 한다.

27 다음 수송문제의 모형에서 공급지 1~3의 공급량은 각각 300, 500, 200이고, 수요지 1~4의 수요량은 각각 200, 400, 100, 300이다. 공급지에서 수요지 간의 1단위 수송비용이 그림과 같을 때 제약 조건식으로 옳지 않은 것은? (단, X_{ij}에서 X는 물량, i는 공급지, j는 수요지를 나타냄)

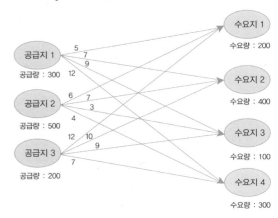

① $X_{11} + X_{21} + X_{31} = 200$
② $X_{14} + X_{24} + X_{34} = 400$
③ $X_{11} + X_{12} + X_{13} + X_{14} = 300$
④ $X_{21} + X_{22} + X_{23} + X_{24} = 500$
⑤ $X_{31} + X_{32} + X_{33} + X_{34} = 200$

정답   **25** ② **26** ② **27** ②

CHAPTER 04

철도운송 ≫ 대표기출문제

정답 및 해설 p. 102

01 다음 설명 중 철도운송의 장점으로 적합하지 않은 것은?

① 문전에서 문전까지 운송의 자기완결력이 크다.
② 정시성 확보로 계획적인 수송이 가능하다.
③ 중·장거리 운송에 적합하고, 운임이 저렴하다.
④ 비교적 전천후적인 운송수단이다.
⑤ 대량화물 운송에 유리하다.

02 다음 중 국내 철도화물 운임체계에 관한 설명으로 옳은 것은?

① 철도화물 운임은 별도의 할인제도를 운영하고 있지 않다.
② 철도화물 운임체계는 일반화물, 특수화물로 구분하여 운영하고 있다.
③ 일반화물 운임은 운송거리(km) × 운임단가(운임/km) × 화물중량(톤)으로 산정한다.
④ 일반화물의 최저기본운임은 사용화차의 최대 적재중량에 대한 10km에 해당하는 운임이다.
⑤ 1km 미만의 거리와 1톤 미만의 일반화물은 실제 거리와 중량으로 계산한다.

03 다음에서 각각 설명하는 철도화물 운송용 차량은?

> ㄱ : 포대화물(양회, 비료 등), 제지류 등을 수송하기 위한 차량으로 양측에 슬라이딩 도어를 구비하여 화물하역이 용이하다.
> ㄴ : 중앙부 저상구조로 되어 있으며 대형변압기, 군장비 등의 특대형 화물수송에 적합하도록 제작되어 있다.

① ㄱ : 유개화차 　　 ㄴ : 곡형평판화차
② ㄱ : 컨테이너화차 　ㄴ : 곡형평판화차
③ ㄱ : 곡형평판화차 　ㄴ : 유개화차
④ ㄱ : 곡형평판화차 　ㄴ : 컨테이너화차
⑤ ㄱ : 무개화차 　　 ㄴ : 곡형평판화차

04 다음은 철도화차의 형태를 열거한 것이다. 아래 설명 중 적합하지 않은 것은?

① 오픈톱화차(Open Top Car)는 철강, 기계류 등과 같은 대형·중량 화물을 운반하기에 적합하도록 설계된 박스형의 무개화차를 말한다.
② 컨테이너화차는 컨테이너를 운송하기에 적합하도록 평면의 철도화차 상단에 컨테이너를 고정할 수 있는 장치를 장착하고 있는 컨테이너전용화차를 말한다.
③ 탱커화차(Tanker Car)는 원유 등과 같은 액체화물의 운반에 적합하도록 일체형으로 설계된 화차를 말한다.
④ 플랫화차(Flat Car)는 철도화차의 상단이 평면을 이루고 있는 화차로 기계류, 건설장비 등과 같은 대(大)중량 및 대(大)용적화물, 장척화물 등을 운반하기에 적합하도록 설계된 화차를 말한다.
⑤ 이단적재화차(Double Stack Car)는 컨테이너화차의 일종으로 컨테이너를 2단으로 적재하여 운송할 수 있도록 설계된 화차를 말한다.

05 우리나라 철도화물의 운임체계에 관한 설명으로 옳은 것은?

① 공컨테이너의 운임은 규격별 영(盈, 적재)컨테이너 운임의 74%를 적용한다.
② 컨테이너 취급운임은 운송거리, 화물중량 및 컨테이너 종류별 운임률을 반영하며, 1km 미만의 거리는 반올림하여 계산한다.
③ 철도화물의 운임체계는 기본적으로 단일운임제를 채택하고 있다.
④ 철도컨테이너 화물의 최저운임은 컨테이너 규격에 관계없이 80km의 운송거리에 해당하는 운임이다.
⑤ 일반화물 취급운임은 운송거리와 종별운임률(운임단가)을 곱해서 산출하며, 특대화물, 위험물 등의 화물에 따라 할증요율을 부과한다.

 정답 **01** ① **02** ③ **03** ① **04** ① **05** ①

06) 철도운송에 관한 설명으로 옳지 않은 것은?

① 화물의 규모에 따라 대량화물 운송과 소량화물 운송으로 구분할 수 있다.
② 혼재차 취급은 컨테이너 단위로만 운임이 책정된다.
③ 철도화물운송 시 필요한 화차는 형태에 따라 유개화차, 무개화차 등으로 분류할 수 있다.
④ 컨테이너운송은 철도운영사 또는 화물자동차 운송회사 등이 소유한 화차를 이용한다.
⑤ 화차운송은 장거리 대량화물 운송에 적합하다.

07) 컨테이너 전용 철도 무개화차의 종류에 해당하지 않는 것은?

① 오픈 톱 카(Open Top Car)
② 플랫카(Flat Car)
③ 컨테이너카(Container Car)
④ 더블스택카(Double Stack Car)
⑤ 탱크화차(Tank Car)

08) 컨테이너운송에서 TOFC에 관한 설명으로 옳은 것을 모두 고른 것은?

ㄱ. 철도운송과 도로운송을 결합한 운송시스템이다.
ㄴ. 화차에 컨테이너만을 적재하는 방식의 하나이다.
ㄷ. 화물을 적재한 트레일러(섀시)를 화차에 직접 적재하고 운행하는 시스템이다.
ㄹ. 컨테이너 2단 적재 운송방식이라고도 한다.

① ㄱ, ㄴ
② ㄱ, ㄷ
③ ㄱ, ㄹ
④ ㄴ, ㄷ
⑤ ㄴ, ㄹ

09) 화차에 컨테이너만 적재하는 운송방식을 모두 고른 것은?

ㄱ. 캥거루 방식
ㄴ. 플렉시 밴 방식
ㄷ. TOFC 방식
ㄹ. COFC 방식

① ㄱ, ㄴ
② ㄱ, ㄷ
③ ㄱ, ㄹ
④ ㄴ, ㄷ
⑤ ㄴ, ㄹ

10) 다음 설명에 해당하는 방식은?

이 방식은 자체 화차와 터미널을 가지고 항구 또는 출발지 터미널에서 목적지인 내륙터미널 또는 도착지점까지의 선로를 빌려 철도·트럭 복합운송을 제공하는 운송시스템이다.

① Unit Train
② Freight Liner
③ Block Train
④ DST(Double Stack Train)
⑤ TOFC(Trailer on Flat Car)

11) 철도화물운송 방식에 관한 설명으로 옳은 것은?

① Kangaroo : 철도의 일정 구간을 정기적으로 고속 운행하는 열차를 편성하여 운송하는 방식이다.
② TOFC : 화차에 컨테이너만을 적재하는 방식이다.
③ Freight Liner : 트레일러 바퀴가 화차에 접지되는 부분을 경사진 요철 형태로 만들어 적재높이가 낮아지도록 하여 운송하는 방식이다.
④ COFC : 화차 위에 컨테이너를 적재한 트레일러를 적재한 채로 운송을 한 후 목적지에 도착하여 트레일러를 견인장비로 견인, 하차한 후 트랙터와 연결하여 운송하는 방식이다.
⑤ Piggy Back : 화차 위에 화물을 적재한 트럭 등을 적재한 상태로 운송하는 방식이다.

 정답 **06** ② **07** ⑤ **08** ② **09** ⑤ **10** ③ **11** ⑤

12] 철도운송 서비스 형태에 관한 설명으로 옳지 않은 것은?

① Shuttle Train : 철도역 또는 터미널에서 화차조성비용을 줄이기 위해 화차의 수와 타입이 고정되며 출발지 → 목적지 → 출발지를 연결하는 루프형 서비스를 제공하는 열차형태

② Block Train : 스위칭 야드(Switching Yard)를 이용하지 않고 철도화물역 또는 터미널 간을 직행 운행하는 전용열차의 한 형태로 화차의 수와 타입이 고정되어 있음

③ Y-Shuttle Train : 한 개의 중간터미널을 거치는 것을 제외하고는 Shuttle Train과 같은 형태의 서비스를 제공하는 방식임

④ Single-Wagon Train : 복수의 중간역 또는 터미널을 거치면서 운행하는 방식으로 목적지까지 열차 운행을 위한 충분한 물량이 확보된 경우에만 운행

⑤ Liner Train : 장거리구간에서 여러 개의 소규모 터미널이 존재하는 경우 마치 여객열차와 같이 각 기차터미널에서 화차를 Pick up & Deliver하는 서비스 형태

13] 철도하역방식인 COFC(Container On Flat Car)에 관한 설명으로 옳지 않은 것은?

① 컨테이너를 적재한 트레일러를 철도화차에 상차하거나 철도화차로부터 하차하는 것이다.

② 컨테이너 자체만 철도화차에 상차하거나 하차하는 방식이다.

③ 철도운송과 해상운송의 연계가 용이하다.

④ 하역작업이 용이하고 화차중량이 가벼워 보편화된 철도하역방식이다.

⑤ 철도화차에 컨테이너를 상·하차하기 위해서는 크레인 및 지게차 등의 하역장비가 필요하다.

14] 철도역의 컨테이너 하역방식에 대한 설명 중 그 내용이 옳지 않은 것은?

① TOFC 방식은 컨테이너를 실은 트레일러 채로 화차 위에 적재하는 운송방식을 말한다.

② TOFC 방식은 피기백 방식과 캥거루 방식, 프레이트 라이너 등으로 구분된다.

③ COFC 방식은 별도의 하역기기를 필요로 하지 않는다.

④ COFC 방식은 TOFC 방식보다 보편화되어 있다.

⑤ COFC 방식은 화차 위에 컨테이너만을 적재하는 방식이다.

15] 국내 철도화물의 운임체계에 관한 설명으로 옳지 않은 것은?

① 운송거리(km) × 운임률(운임/km) × 화물중량(톤)으로 산정한다.

② 일반화물의 최저기본운임은 화차표기하중톤수 100km에 해당하는 운임으로 한다.

③ 1km 미만의 거리와 1톤 미만의 일반화물은 실제 거리와 중량으로 계산한다.

④ 화물중량이 1량의 최저중량에 미달된 경우, 별도로 정한 중량을 적용한다.

⑤ 컨테이너화물의 최저기본운임은 규격별 컨테이너의 100km에 해당하는 운임으로 한다.

정답 및 해설 p. 103

01） 항공화물의 특성으로 옳지 않은 것은?

① 취급과 보관비용이 낮은 화물
② 긴급한 수요와 납기가 임박한 화물
③ 중량이나 부피에 비해 고가인 화물
④ 시간의 흐름에 따라 가치가 변동되는 화물
⑤ 제품의 시장경쟁력 확보가 필요한 화물

02） 항공화물운송의 특성에 관한 설명으로 옳지 않은 것은?

① 타 운송수단에 비해 운임이 비싸다.
② 포장비가 저렴하고, 화물 손상률이 낮다.
③ 화물의 수취가 불편하고, 공항에서 문전까지 집배송이 필요하다.
④ 운송요금은 화물 부피를 기준으로 한다.
⑤ 항공운송에 적합한 품목은 긴급화물, 일시적 유행상품, 투기상품 등 납기가 임박한 제품들이다.

03） 항공화물운송의 특성으로 옳지 않은 것을 모두 고른 것은?

ㄱ. 항공운송은 해상운송에 비해 신속하다.
ㄴ. 항공운송은 정시성을 가진다.
ㄷ. 항공운송은 운항시간의 단축으로 위험발생률이 낮다.
ㄹ. 항공화물은 대부분 주간에 집중되는 경향이 있다.
ㅁ. 항공화물은 여객에 비해 계절에 대한 변동이 크다.

① ㄱ, ㄴ   ② ㄱ, ㄷ
③ ㄴ, ㄹ   ④ ㄷ, ㅁ
⑤ ㄹ, ㅁ

04） 다음 항공화물운송에 관련된 설명 중 잘못된 것은?

① 포워딩업체들은 송화인, 수화인, 항공사를 대신하여 문서처리, 통관, 지상화물취급, 화물통합 등의 기능을 수행한다.
② 쿠리어 서비스업체는 항공사의 주요 고객이었으나 점차 경쟁관계가 성립되고 있다.
③ 항공업무의 글로벌 네트워크화, 교섭력 증가 등의 이유로 인하여 규모의 경제 확보는 중요한 문제가 아니게 되었다.
④ 물류비용의 중요성에 대한 화주기업의 인식이 증대되고 있다.
⑤ 중량화물 취급 포워딩업체들은 롤러베드 트럭, 스태커 크레인 등의 장비를 필요로 하며 컨테이너 등 ULD를 활용한다.

05） 다음 중 항공운송의 대상품목으로 가장 부적절한 품목은?

① 납기가 임박한 화물, 계절유행상품, 투기상품 등 긴급수요품목
② 장기간 운송 시 가치가 상실될 우려가 있는 품목
③ 부가가치·운임부담력이 낮고 중량 대비 가격이 낮은 품목
④ 해상 또는 육상운송 등 다른 운송수단의 이용 불가능으로 인해 운송되는 품목
⑤ 물류관리나 마케팅 전략에 의해 경쟁상품보다 신속한 서비스 체제 확립을 위한 품목

정답   **01** ①   **02** ④   **03** ⑤   **04** ③   **05** ③

06 항공운송용 단위탑재용기(ULD : Unit Load Device)와 관련된 설명으로 옳지 않은 것은?

① 종류에는 파렛트, 컨테이너, 이글루, GOH(Garment on Hanger) 등이 있다.

② 기종별 규격의 비표준화로 ULD의 기종 간 호환성이 낮다.

③ 지상조업시간, 하역시간을 단축할 수 있다.

④ 운송화물의 안전성이 제고된다.

⑤ 초기 투자비용이 적게 든다.

07 항공화물 조업 장비에 관한 설명으로 바르게 연결된 것은?

ㄱ. 화물을 운반하는 데 사용되는 작은 바퀴가 달린 무동력 장비
ㄴ. 화물을 여러 층으로 높게 적재하거나 항공기에 화물을 탑재하는 장비
ㄷ. 탑재용기에 적재된 화물을 운반할 수 있는 장비
ㄹ. 화물 운반 또는 보관 작업을 하는 데 사용되는 장비

① ㄱ : Dolly   ㄴ : High Loader
  ㄷ : Tug Car   ㄹ : Hand Lift Jack
② ㄱ : Dolly   ㄴ : Hand Lift Jack
  ㄷ : Tug Car   ㄹ : High Loader
③ ㄱ : Dolly   ㄴ : Tug Car
  ㄷ : High Loader   ㄹ : Hand Lift Jack
④ ㄱ : Tug Car   ㄴ : Hand Lift Jack
  ㄷ : Dolly   ㄹ : High Loader
⑤ ㄱ : Tug Car   ㄴ : High Loader
  ㄷ : Dolly   ㄹ : Hand Lift Jack

08 항공화물운송에 필요한 지상조업장비의 하나로 적재작업이 완료된 항공화물의 단위탑재용기를 터미널에서 항공기까지 견인차에 연결하여 수평 이동하는 장비는?

① 하이 로더(high loader)

② 포크리프트 트럭(forklift truck)

③ 트랜스포터(transporter)

④ 달리(dolly)

⑤ 셀프 프로펠드 컨베이어(self propelled conveyor)

09 다음은 항공화물의 운송절차 중 일부이다. 수출운송절차의 순서로 옳은 것은?

ㄱ. 운송장 접수   ㄴ. 화물반입 및 접수
ㄷ. 장치 통관   ㄹ. 적재
ㅁ. 탑재

① ㄱ - ㄴ - ㄷ - ㄹ - ㅁ
② ㄱ - ㄴ - ㄷ - ㅁ - ㄹ
③ ㄱ - ㄴ - ㄹ - ㄷ - ㅁ
④ ㄴ - ㄱ - ㄷ - ㄹ - ㅁ
⑤ ㄴ - ㄱ - ㄹ - ㄷ - ㅁ

10 복합운송주선업자는 항공사 발행 (ⓐ)에 의하여 자체 운송약관과 운임률표를 가지고 송화인과 운송계약을 체결한 후 혼재업자용 (ⓑ)를 발행한다. ( ) 에 알맞은 서류는?

	ⓐ	ⓑ
①	Master B/L	House B/L
②	Master AWB	House AWB
③	Master B/L	House AWB
④	House AWB	Master AWB
⑤	House B/L	House AWB

 06 ⑤ **07** ① **08** ④ **09** ① **10** ②

11 항공화물운송장(AWB)의 설명으로 옳지 않은 것은?

① 운송 위탁된 화물을 접수했다는 수령증이다.
② 송화인과의 운송계약 체결에 대한 문서증명으로 사용할 수 없다.
③ 화물과 함께 목적지로 보내 수화인의 운임 및 요금 계산 근거를 제공한다.
④ 세관에 대한 수출입 신고자료 또는 통관자료로 사용된다.
⑤ 화물취급, 중계, 배송과 같은 운송 지침의 기능도 수행한다.

12 항공화물운송장(AWB)과 선하증권(B/L)을 비교·설명한 것 중 틀린 것은?

① 선하증권은 통상적으로 기명식으로 발행되고, 항공화물운송장은 거래의 신속성을 위해 지시식으로 발행된다.
② 선하증권은 대개 유통성 유가증권이고, 항공화물운송장은 비유통성증권으로 발행된다.
③ 법률적으로 항공화물운송장은 송화인이 작성하여 항공사에게 교부하는 형식을 취하고 있는 데 반하여, 선하증권은 선박회사가 작성하여 송화인에게 교부한다.
④ 항공화물운송장은 선하증권과 같이 송화인과 운송인 사이에 운송계약이 체결되었다는 증거서류이다.
⑤ 선하증권이 대개 선적식으로 발행되는 데 반하여, 항공화물운송장은 수취식으로 발행된다.

13 항공화물운송대리점과 항공운송주선업에 관한 비교·설명으로 옳은 것은?

번호	구분	항공화물운송대리점	항공운송주선업
①	항공운송장	Master Air Waybill 사용	House Air Waybill 사용
②	운임	자체운임률표 사용	항공사운임률표 사용
③	화주에 대한 책임	대리점 책임	항공사 책임
④	운송약관	자체약관 사용	항공사 약관 사용
⑤	활동영역	국내외 수출입 컨테이너 미만 소화물만 취급	국내수출입과 관련된 컨테이너 만재화물만 취급

14 다음 중 항공운송에 관한 설명으로 옳은 것을 모두 고른 것은?

ㄱ. 몬트리올협약상 제소기한은 2년이며, 중재에 의한 분쟁해결을 허용하고 있다.
ㄴ. ICAO는 항공화물운송장의 표준양식을 제정하고 있다.
ㄷ. 바르샤바협약은 국제 간 항공운송으로서 운송계약상 발송지 및 목적지가 모두 체약국에 있는 경우 적용된다.
ㄹ. 화주가 항공운송인(실제운송인)과 항공운송계약을 체결한 경우, 운송계약체결 증거로서 항공운송인은 화주에게 House Air Waybill을 발행한다.
ㅁ. 항공화물운송장은 복수로 발행되며, 제1원본은 운송인용으로 송하인이 서명한다.

① ㄱ, ㄴ, ㄷ ② ㄱ, ㄷ, ㄹ
③ ㄱ, ㄷ, ㅁ ④ ㄴ, ㄹ, ㅁ
⑤ ㄷ, ㄹ, ㅁ

정답 **11** ② **12** ① **13** ① **14** ③

15) 항공화물운송 운임에 관한 설명으로 옳은 것을 모두 고른 것은?

> ㄱ. 일반화물요율은 최저운임, 기본요율, 중량단계별 할인요율로 구성되어 있다.
> ㄴ. 기본요율은 요율표에 "M"으로 표시된다.
> ㄷ. 항공운임은 선불(Prepaid)과 도착지불(Charges Collect)이 있다.
> ㄹ. 기본요율은 45kg 미만의 화물에 적용되는 요율로 일반화물요율의 기준이 된다.
> ㅁ. 특정품목할인요율은 최저중량 제한 없이 할인요율을 적용한다.

① ㄱ, ㄴ, ㄷ   ② ㄱ, ㄴ, ㄹ
③ ㄱ, ㄷ, ㅁ   ④ ㄱ, ㄷ, ㄹ
⑤ ㄴ, ㄷ, ㄹ

16) 다음과 같은 요율 체계를 가지고 있는 A항공사는 중량과 용적중량 중 높은 중량 단계를 요율로 적용하고 있다. B사가 A항공사를 통해 서울에서 LA까지 항공운송할 경우 중량 40kg, 최대길이(L) = 100cm, 최대폭(W) = 45cm, 최대높이(H) = 60cm인 화물에 적용되는 운임은? (단, 용적중량은 1kg = 6,000cm³를 적용하여 계산함)

지역	최저요율	kg당 일반요율	kg당 중량요율 (45kg 이상인 경우)
LA	70,000원	10,000원	9,000원

① 70,000원   ② 320,000원
③ 400,000원   ④ 405,000원
⑤ 450,000원

17) 항공화물운임에 관한 설명으로 옳지 않은 것은?

① 동물, 화폐, 보석류, 무기, 고가 예술품 등은 일반요율보다 높은 운송요율을 책정할 수 있다.
② 할인요율은 특정한 구간과 화물에 적용되는 요율로 일반요율보다 낮게 적용된다.
③ 표준 컨테이너요율은 대체로 일반요율보다 낮은 수준의 요율이 적용된다.
④ 화물의 특성상 특별한 취급과 주의를 필요로 하거나 우선적으로 운송되어야 하는 화물에는 별도의 요율을 부과할 수 있다.
⑤ 일반요율은 일반화물에 적용하는 요율로 중량만을 기준으로 운송요율을 책정한다.

15 ④   **16** ④   **17** ⑤

01 최근 해상운송시장의 환경변화에 대한 설명 중 그 내용이 사실과 가장 다른 것은?

① 세계일주서비스의 등장과 미국 신해운법의 제정 및 개정 등의 영향으로 전통적인 해운동맹은 그 위상이 두드러지게 약화되고 있다.

② 해상운송에 관련된 국제조약이나 규칙 등에 화주 측의 요구가 반영되는 폭이 점차 커지고 있다.

③ 운송수요의 변화와 조선기술의 비약적인 발달 등에 힘입어 일부 선박들은 운송효율화를 위해 고속화, 대형화되는 추세에 있다.

④ 정기선사들은 선박운항상의 낭비요소인 공선항해(ballast voyage)율을 낮출 목적으로 전체 선대 중 겸용선의 비중을 점차 높이고 있다.

⑤ 국제복합운송이 보편화되면서 정기선사들의 서비스영역이 점차적으로 확장되고 있다.

02 선하증권에 관한 국제규칙인 함부르크 규칙(Hamburg Rules, 1978)의 주요 내용으로 옳지 않은 것은?

① 선박의 감항능력(내항성) 담보에 관한 주의의무 규정의 삭제

② 화재면책의 폐지 및 운송인 책임한도액의 인상

③ 항해과실 면책조항의 신설

④ 면책 카탈로그(Catalogue)의 폐지

⑤ 지연손해에 관한 운송인 책임의 명문화

03 본선 또는 육상에 설치되어 있는 갠트리 크레인(Gantry Crane) 등에 의하여 컨테이너를 적·양하하는 방식의 선박을 무엇이라고 하는가?

① RO-RO선(Roll on/Roll off)

② 살물선(Dry Bulk Carrier Ship)

③ 다목적선(Combination Carrier)

④ LO-LO선(Lift on/Lift off)

⑤ 재래선(Conventional Ship)

04 선박의 종류에 관한 설명으로 옳지 않은 것은?

① LASH선은 부선(Barge)에 화물을 적재한 채로 본선에 적재 및 운송하는 선박이다.

② 전용선(Specialized Vessel)은 특정화물의 적재 및 운송에 적합한 구조와 설비를 갖춘 선박이다.

③ 로로선(RO-RO Vessel)은 경사판(Ramp)을 통하여 하역할 수 있는 선박이다.

④ 유조선(Tanker)은 원유, 액화가스, 화공약품 등 액상 화물의 운송에 적합한 선박이다.

⑤ 겸용선(Combination Carrier)은 부선(Barge)에 적재된 화물을 본선에 설치되어 있는 크레인으로 하역하는 선박이다.

05 선박에 관한 설명으로 옳지 않은 것은?

① 선박은 크게 선체(hull), 기관(engine), 기기(machinery)로 구성되어 있다.

② 흘수(吃水)란 수면에서 선저의 최저부까지의 수직거리로서, 건현(乾舷)의 반대 개념이다.

③ 형폭은 선체의 제일 넓은 부분에서 측정한 프레임의 외판에서 외판까지의 수평거리를 의미한다.

④ 격벽은 수밀과 강도 유지를 위해 선창 내부를 수직으로 분리하는 구조물을 의미한다.

⑤ 전장(全長)은 만재흘수선상의 선수수선으로부터 타주의 선미수선까지의 수평거리로 선박의 길이는 이것을 사용한다.

 정답 **01** ④ **02** ③ **03** ④ **04** ⑤ **05** ⑤

06 선박의 구조에 관한 설명으로 옳지 않은 것은?

① 발라스트(ballast)는 공선항해 시 감항성 유지를 위해 선박에 싣는 해수 등의 짐을 말한다.
② 전장(LOA)이란 선체에 고정적으로 붙어 있는 모든 돌출물을 포함한 뱃머리 끝에서부터 배꼬리 끝까지의 수평거리를 말한다.
③ 데릭(derrick)은 선박에 설치된 기중기를 말한다.
④ 건현(free board)이란 선박이 운항 중에 물에 잠기는 부분을 말하며, 흘수선(draft)과 연결하면 선박의 깊이를 나타낸다.
⑤ 선체(hull)란 선박의 주요 부분 및 상부에 있는 구조물을 총칭하며, 인체의 등뼈인 용골과 갈비뼈인 늑골, 선창 내부를 수직으로 분리해 주는 격벽 등으로 이루어진다.

07 선박톤수에 관한 설명으로 옳지 않은 것은?

① 순톤수(Net Tonnage) : 여객 및 화물의 적재 등 직접적인 상행위에 사용되는 용적이며, 총톤수에서 선박의 운항에 직접적으로 필요한 공간의 용적을 뺀 톤수이다.
② 총톤수(Gross Tonnage) : 실제 화물을 실을 수 있는 톤수를 의미하는 것으로서, 순재화중량 또는 운송능력이라고도 한다.
③ 재화중량톤수(Dead Weight Tonnage) : 공선상태로부터 만선이 될 때까지 실을 수 있는 화물, 여객, 연료, 식료, 음료수 등의 합계중량으로 상업상의 능력을 나타낸다.
④ 배수톤수(Displacement Tonnage) : 선체의 수면 아래에 있는 부분의 용적과 대등한 물의 중량을 나타내는 배수량을 말한다.
⑤ 재화용적톤수(Measurement Tonnage) : 선박에 적재할 수 있는 화물의 최대용적을 표시하는 톤수로서 최근에는 이 톤수는 거의 사용되지 않고 있다.

08 선박에 대한 관세, 등록세, 소득세, 도선료, 각종 검사료와 세금 및 수수료의 산정기준이 되며 선박의 크기를 나타낼 때 가장 일반적으로 사용하는 선박의 톤수는?

① 총톤수(Gross Tonnage)
② 순톤수(Net Tonnage)
③ 재화중량톤수(Dead Weight Tonnage)
④ 배수톤수(Displacement Tonnage)
⑤ 재화용적톤수(Measurement Tonnage)

09 다음의 설명 중 맞지 않는 것은?

① 웨이버(Waiver)제도 – 화주가 외국선사를 사용할 경우 해당 지역으로 취항하는 국적선이 없음을 확인하는 것으로 국적선 불취항증명
② 감항성(Seaworthiness) – 선박이 목적항구까지 소정의 화물을 싣고 항해를 무사히 종료할 수 있는 상태하에 있는 선박의 종합적인 항해능력
③ 선급제도(Classification Societies) – 국가마다 다른 법규에 의하여 선박이 제조됨에 따라 정상적인 항해가 가능하다는 것을 객관적으로 판단할 수 있도록 만들어진 제도
④ 재화중량톤수(Dead Weight Tonnage) – 화물선의 최대 적재능력을 표시하는 기준으로 영업상 가장 중요시되는 톤수이며, 선박의 통행 가능 여부와 항만의 출입 가능 여부 등을 결정하는 주요 기준이 됨
⑤ 흘수(Drafts) – 선박의 물속에 잠긴 부분을 수직으로 잰 길이로서, 종류로는 전흘수, 형흘수, 선수흘수, 선미흘수, 최대만재흘수 등이 있음

 정답 **06** ④ **07** ② **08** ① **09** ④

10] 해운에서 선주가 선박의 편의치적(Flag of Con-venience)을 선호하는 이유와 관계가 없는 것은?

① 금융기관이 선박에 대한 권리행사가 용이하기 때문에 국제금융시장에서 자금조달이 용이하다.
② 선박의 운항 및 안전기준 등의 이행회피에 따르는 비용절감이 가능하다.
③ 선박운항에 따른 재무상태, 거래내역을 정부에 보고하지 않는 등 선박운항에 따른 정부의 지도·감독회피가 가능하다.
④ 등록세와 매년 징수하는 소액의 톤세 외에 선주에 대해 추가적인 소득세를 징수하지 않아 조세부담이 낮다.
⑤ 편의치적선으로 등록된 선박은 세계 각국의 항만에서의 입출항이 용이하다.

11] 해상운송에서 정기선운송과 부정기선운송에 관한 설명으로 옳은 것은?

① 해상운송계약 체결의 증거로서 정기선운송은 선화증권(Bill of Lading)을, 부정기선운송은 용선계약서(Charter Party)를 사용한다.
② 정기선운송은 벌크화물을 운송하고, 부정기선운송은 컨테이너화물을 운송한다.
③ 정기선운송인은 사적 계약운송인의 역할을, 부정기선운송인은 공공 일반운송인의 역할을 수행한다.
④ 정기선운송 운임은 수요와 공급에 의해 결정되고, 부정기선운송 운임은 공표운임(Tariff)에 의해 결정된다.
⑤ 정기선운송의 하역비 부담조건은 FI, FO, FIO 등이 있고, 부정기선은 Berth term에 의해 결정된다.

12] 〈보기 1〉의 부정기선의 계약에 따른 운항형태에 대한 설명을 〈보기 2〉에서 찾아 모두 바르게 연결한 것은?

보기 1

ㄱ. 항해용선계약(Voyage Charter)
ㄴ. 선복용선계약(Lump Sum Charter)
ㄷ. 일대용선계약(Daily Charter)
ㄹ. 정기용선계약(Time Charter)
ㅁ. 나용선계약(Bare Boat Charter)

보기 2

a. 한 선박의 선복 전부를 하나의 선적으로 간주하여 운임액을 결정하는 용선계약
b. 한 항구에서 다른 항구까지 한 번의 항해를 위해 체결하는 운송계약
c. 하루 단위로 용선하는 용선계약
d. 선박만을 용선하여 인적 및 물적 요소 전체를 용선자가 부담하고 운항의 전 과정을 관리하는 계약
e. 모든 장비를 갖추고 선원이 승선해 있는 선박을 일정 기간 정하여 사용하는 계약

① ㄱ－a, ㄴ－c, ㄷ－b, ㄹ－e, ㅁ－d
② ㄱ－a, ㄴ－b, ㄷ－c, ㄹ－e, ㅁ－d
③ ㄱ－b, ㄴ－a, ㄷ－c, ㄹ－e, ㅁ－d
④ ㄱ－b, ㄴ－c, ㄷ－a, ㄹ－d, ㅁ－e
⑤ ㄱ－b, ㄴ－c, ㄷ－e, ㄹ－a, ㅁ－d

13] 용선계약 시 묵시적 확약이 아닌 것은?

① 휴항의 내용
② 신속한 항해 이행
③ 부당한 이로 불가
④ 위험물의 미적재
⑤ 내항성 있는 선박 제공

정답 **10** ⑤ **11** ① **12** ③ **13** ①

14 다음 중 하역비 부담조건의 종류를 설명한 것으로 적합하지 않은 것은?

① Berth Term Charter : 적·양하비 모두 화주가 부담하는 조건

② FI(Free In) Charter : 적하비는 화주가 부담하고 양하비는 선주가 부담하는 조건

③ FO(Free Out) Charter : 적하비는 선주가 부담하고 양하비는 화주가 부담하는 조건

④ Gross Term Charter : 하역비, 항비 등의 일체를 선주가 부담하는 조건

⑤ Net Term Charter : 하역비, 항비 등의 일체를 화주가 부담하는 조건

15 용선운송계약에 관한 설명으로 옳지 않은 것은?

① 전부용선계약(Whole charter party)은 선복(Ship's space)의 전부를 빌리는 것이다.

② 일부용선계약(Partial charter party)은 선복(Ship's space)의 일부를 빌리는 것이다.

③ 항해용선계약(Voyage charter party)은 특정 항구에서 특정 항구까지 선복(Ship's space)을 빌리는 것이다.

④ 기간용선계약(Time charter party)은 일정 기간을 정하여 선복(Ship's space)을 빌리는 것이다.

⑤ 나용선계약(Bareboat charter party)은 용선자가 특정 항구에서 특정 항구까지 임차료를 계산하고, 선주로부터 선박 자체만을 임차하는 것이다.

16 다음은 해상운송계약 중 일반적인 개품운송과 용선운송을 비교한 내용이다. 적절하지 못한 것은?

번호	항목	개품운송	용선운송
①	선박	정기선	부정기선
②	화주	불특정 다수	특정 화주
③	계약	선하증권	용선계약서
④	운임조건	Berth Term	FI, FO, FIO
⑤	운임률	수요, 공급에 따른 시세	공시요율

17 카페리의 특징에 관한 설명으로 옳지 않은 것은?

① 생동물, 과일, 생선 등을 산지로부터 신속하게 직송하여 화물을 유통시킨다.

② 육상의 도로혼잡을 감소시킨다.

③ 상·하역비를 절감할 수 있다.

④ 컨테이너선에 비해 운임수준이 다소 낮아 매우 경제적인 운송수단이다.

⑤ 불특정 다수를 대상으로 사람과 화물을 동시에 운송할 수 있다.

18 해상운임에 관한 설명으로 옳지 않은 것은?

① Discrimination Rate는 화물, 장소, 화주에 따라 차별적으로 부과하는 운임이다.

② Freight Collect는 무역조건이 CFR계약이나 CIF계약으로 체결되는 경우에 적용되는 운임이다.

③ Optional Surcharge는 양륙항을 정하지 않은 상태에서 운송 도중에 양륙항이 정해지는 경우에 부과되는 할증운임이다.

④ Terminal Handling Charge는 화물이 CY에 입고된 순간부터 본선의 선측까지와 본선의 선측에서 CY 게이트를 통과하기까지의 화물 이동에 따른 비용으로 국가별로 그 명칭과 징수내용이 다소 상이하다.

⑤ Congestion Surcharge는 도착항의 항만이 혼잡할 경우에 부과되는 할증료이다.

19 정기선 운임에 관한 설명으로 옳지 않은 것은?

① 하역비는 선주가 부담하는 Berth Term을 원칙으로 한다.

② Diversion Charge는 양륙항변경료를 말한다.

③ CAF는 유류할증료를 말한다.

④ 화물의 용적이나 중량이 일정 기준 이하일 경우 최저운임(minimum rate)이 적용된다.

⑤ Freight Collect는 FOB조건의 매매계약에서 사용된다.

 정답 **14** ① **15** ⑤ **16** ⑤ **17** ④ **18** ② **19** ③

20) 정기선운송의 할증료 및 추가운임에 관한 설명으로
옳지 않은 것은?

① 혼잡할증료(congestion surcharge)는 항구에서
선박 폭주로 대기시간이 장기화될 경우 부과하는
할증료이다.

② 통화할증료(currency adjustment factor)는 화
폐가치 변화에 의한 손실 보전을 위해 부과하는
할증료이다.

③ 체화료(demurrage charge)는 무료장치기간(free
time) 이내에 화물을 CY에서 반출하지 않을 경우
부과하는 요금이다.

④ 지체료(detention charge)는 비상사태에 대비하
여 부과하는 할증료이다.

⑤ 항구변경료(diversion charge)는 선적 시 지정했
던 항구를 선적한 후 변경 시 추가로 부과하는 운
임이다.

정답
20 ④

01 복합운송의 특성으로 적합하지 않은 것은?

① 운송인은 전 운송구간에 걸쳐 화주에게 단일책임을 진다.
② 송화인은 여러 명의 대리인과 각 구간에서 별도의 운송계약을 체결한다.
③ 운송인은 복합운송에 대한 복합운송증권을 발행한다.
④ 전 운송구간에 단일운임을 적용한다.
⑤ 두 가지 이상의 서로 다른 운송수단이나 방식에 의해 운송된다.

02 국제복합운송(Multimodal Transport)의 요건으로 옳지 않은 것은?

① 단일책임 원칙　② 단일운송 수단
③ 단일운임 적용　④ 단일계약 체결
⑤ 단일증권 발행

03 복합운송의 유형에 해당하지 않는 것은?

① Piggy Back System
② Fishy Back System
③ Land Bridge System
④ Hub and Spoke System
⑤ Sea and Air System

04 선하증권(Bill of Lading : B/L)의 종류에 관한 설명으로 옳지 않은 것은?

① 무사고 선하증권(Clean B/L) : 본선수취증의 비고란에 선적화물의 결함에 대한 기재사항이 없을 때 발행된다.
② 선적 선하증권(Shipped B/L) : 화물이 선하증권에 명시된 본선에 선적되어 있음을 표시한 것으로 On Board B/L이라고 한다.
③ 기명식 선하증권(Straight B/L) : 선하증권의 수하인란에 수하인의 성명이 기입된 선하증권이다.
④ 적색 선하증권(Red B/L) : 2가지 이상의 운송수단이 결합되어 국제복합운송이 발생하였음을 증명하는 선하증권이다.
⑤ 스테일 선하증권(Stale B/L) : 선하증권이 발행된 후 은행 측에서 용인하는 허용기간 내에 제시되지 못한 선하증권이다.

05 미국 서안에서 철도 등의 내륙운송을 거쳐 미국 동안 또는 걸프지역 항만까지 수송하는 해륙복합운송의 형태는?

① Micro Land Bridge
② American Land Bridge
③ Mini Land Bridge
④ Interior Point Intermodal
⑤ Ship Bridge

06 다음에서 설명하는 국제복합운송경로는 무엇인가?

> 극동의 주요 항만에서 북미 서안의 주요 항만까지 해상운송하며, 북미 서안에서 철도를 이용하여 미 대륙을 횡단하고, 북미 동부 또는 남부항에서 다시 대서양을 해상운송으로 횡단하여 유럽지역 항만 또는 유럽 내륙까지 일관수송하는 운송경로이다.

① CLB(Canadian Land Bridge)
② ALB(American Land Bridge)
③ MLB(Mini Land Bridge)
④ SLB(Siberian Land Bridge)
⑤ IPI(Interior Point Intermodal)

 정답　**01** ②　**02** ②　**03** ④　**04** ④　**05** ③　**06** ②

07〕 랜드브리지(Land Bridge)에 관한 설명으로 옳지 않은 것은?

① 대륙과 대륙을 연결하는 데 있어서 항공운송이 교량(Bridge) 역할을 하는 운송시스템이다.

② 운송시간의 단축 또는 운송비의 절감이 주요 목표이다.

③ SLB는 TSR을 이용하는 운송시스템이다.

④ ALB는 수에즈 운하가 봉쇄될 경우, 이용할 수 있는 운송시스템 중의 하나이다.

⑤ TCR은 중국 연운항을 기점으로 하는 대륙횡단철도이다.

08〕 프레이트 포워더(Freight Forwarder)에 관한 설명으로 옳지 않은 것은?

① 화물의 집화, 분배, 혼재 업무 등을 수행한다.

② 복합운송증권을 발행할 수 있다.

③ 운송주체로서의 역할과 기능을 수행할 수 있다.

④ 직접 운송수단을 보유하지 않은 채 화주를 대신하여 화물운송을 주선하기도 한다.

⑤ 화주를 대신하여 적하보험 수배와 관련된 업무를 수행할 수 없다.

09〕 운송주선인(Freight Forwarder)의 혼재운송에 관한 설명으로 옳지 않은 것은?

① 혼재운송은 소량 컨테이너화물을 컨테이너단위 화물로 만들어 운송하는 것을 말한다.

② 혼재운송은 소량화물의 선적용이, 비용절감, 물량의 단위화로 취급상 용이하다.

③ Forwarder's consolidation은 단일 송화인의 화물을 다수의 수화인에게 운송하는 형태이다.

④ Buyer's consolidation은 다수의 송화인의 화물을 혼재하여 단일 수화인에게 운송하는 형태이다.

⑤ 혼재운송에서 운송주선인은 선박회사가 제공하지 않는 문전운송 서비스를 제공한다.

10〕 선하증권에 관한 설명으로 옳지 않은 것은?

① 기명식 선하증권은 선하증권의 수하인란에 수하인의 성명이 기재되어 있는 선하증권을 말한다.

② 선하증권은 운송계약서는 아니지만 운송인과 송하인 간에 운송계약이 체결되었음을 추정하게 하는 증거증권의 기능을 가진다.

③ 기명식 선하증권은 화물의 전매나 유통이 자유롭다.

④ 지시식 선하증권은 선하증권의 수하인란에 수하인의 성명이 명시되어 있지 않고 'to order of'로 표시된 선하증권을 말한다.

⑤ 기명식 선하증권은 선하증권에 배서금지 문언이 없으면 배서양도는 가능하지만, 기명된 당사자만이 화물을 인수할 수 있다.

11〕 선하증권과 보험증권을 결합하여 운송 중의 화물사고에 대해 선박회사가 손해를 보상해 주는 선하증권은?

① Groupage B/L ② Dirty B/L

③ Surrender B/L ④ Red B/L

⑤ Third Party B/L

12〕 수출되는 FCL화물의 해상운송 업무와 관련하여 필요한 서류들을 업무흐름의 순서대로 나열한 것은?

ㄱ. 선하증권   ㄴ. 기기수령증
ㄷ. 선적요청서   ㄹ. 본선수취증
ㅁ. 부두수취증

① ㄴ - ㄷ - ㅁ - ㄹ - ㄱ

② ㄴ - ㄷ - ㄹ - ㄱ - ㅁ

③ ㄷ - ㅁ - ㄴ - ㄱ - ㄹ

④ ㄷ - ㄴ - ㄹ - ㄱ - ㅁ

⑤ ㄷ - ㄴ - ㅁ - ㄹ - ㄱ

13 Freight Forwarder에 관한 설명으로 옳지 않은 것을 모두 고른 것은?

> ㄱ. 수입절차는 선적서류 입수 – 도착 통지 – 배정적화목록 작성 – 수입 통관 – 화물 양하/입고/운송 – 화물 인출의 순이다.
> ㄴ. 수출국에서 선박이 출항하면 수출국 포워더는 수입국 포워더에게 일련의 서류를 선적 통지와 함께 송부하는데, 여기에는 House B/L과 Master B/L이 포함된다.
> ㄷ. 수입 통관은 수입지 포워더 자신의 명의 또는 화주의 명의로 수입신고할 수 있다.
> ㄹ. 통관업무 대행 혹은 보험수배업무 등과는 무관하다.
> ㅁ. 수입한 화물이 도착하여 양하된 후에 포워더는 화물인도지시서(D/O)를 작성하여 선사에게 제출해야 한다.

① ㄱ, ㄴ ② ㄱ, ㅁ
③ ㄴ, ㄷ ④ ㄷ, ㄹ
⑤ ㄹ, ㅁ

14 선하증권과 해상화물운송장을 비교한 내용으로 틀린 것은?

구분	선하증권(B/L)	해상화물운송장(SWB)
① 기능	운송물에 대한 권리증권	물품적재 통지서
② 영수증	영수증 역할	영수증 역할
③ 권리행사	적법한 소지자	송하인이 지시하는 자
④ 유통성	유통성 있음	유통성 없음
⑤ 용도	일반적 해상 화물거래	소량 견본 거래

정답 **13** ⑤ **14** ③

01 다음은 단위적재운송제도의 개념을 설명한 것이다. 다음 중 빈칸에 적절하지 못한 표현을 고르시오.

> 화물을 일정한 표준의 __a__ 으로 단위화하여 일괄적으로 __b__ 하는 물류시스템으로 __c__ 라는 운송용구의 개발에 의해 화물을 화주의 __d__ 까지 __e__ 할 수 있는 체계이다.

① a – 중량 또는 용적
② b – 유통가공
③ c – 파렛트와 컨테이너
④ d – 문전에서 문전
⑤ e – 일관운송

02 유닛로드시스템에 관한 설명으로 옳은 것을 모두 고른 것은?

> ㄱ. 기업의 특정기능을 외부의 전문사업자로 하여금 수행하게 하는 시스템이다.
> ㄴ. 하역 및 운반의 단위적재를 통하여 운송의 합리화를 추구하는 시스템이다.
> ㄷ. 화물을 일정한 표준의 중량과 용적으로 단위화시키는 시스템이다.
> ㄹ. 화물의 현재 위치나 상태 및 화물이 이동한 경로를 파악할 수 있는 시스템이다.

① ㄱ, ㄴ   ② ㄱ, ㄷ
③ ㄴ, ㄷ   ④ ㄴ, ㄹ
⑤ ㄷ, ㄹ

03 단위적재 구성을 위해 사용할 파렛트의 종류와 크기를 결정하는 데 고려해야 하는 요소 중 가장 거리가 먼 것은?

① 적재품목의 크기와 무게
② 취급할 총물량
③ 사용한 파렛트의 회수 여부
④ 빈 파렛트를 쌓았을 때의 소요공간
⑤ 수송장비의 크기

04 파렛트 풀 시스템(Pallet Pool System)에 관한 설명 중 틀린 것은?

① 파렛트의 규격 및 척도 등을 통일하여 상호 교환함으로써 수송의 합리화를 기한다.
② 우리나라에서는 교환방식을 주로 사용한다.
③ 운송형태는 기업단위, 업계단위 시스템 등으로 구분된다.
④ 공파렛트의 회수가 용이하며 작업능률이 향상된다.
⑤ 화주와 유통업자의 물류비 부담을 경감시킨다.

05 파렛트 풀 시스템의 운영방식으로 화주가 개별적으로 파렛트를 보유하는 대신 특정회사의 파렛트를 공동으로 이용하는 것은?

① 교환방식
② 리스·렌탈방식
③ 교환·리스병용방식
④ 대차결제방식
⑤ 리스·대차결제방식

 01 ② **02** ③ **03** ② **04** ② **05** ②

06 다음에서 설명하는 파렛트 풀 시스템은 무엇인가?

> • 유럽 각국의 국영철도에서 Pallet Load 형태로
>   운송하면 국철에서 동일한 수의 파렛트로 교환해
>   주는 방식이다.
> • 즉시 교환에 따른 파렛트 분실 방지 및 Pallet의
>   사무관리가 용이하다.
> • 항상 최소한의 교환예비용 파렛트가 필요하다.

① 즉시교환방식
② 리스·렌탈방식
③ 교환·리스병용방식
④ 대차결제방식
⑤ 리스·대차결제방식

07 파렛트 풀 시스템(PPS : Pallet Pool System)에 관한 설명으로 옳지 않은 것은?

① 파렛트 공동사용을 통해 물류의 효율성을 높일 수 있다.
② 상품 규격과 파렛트 규격의 불일치가 존재할 수 있다.
③ 포장비 절감이나 작업능률 향상의 경제적 효과가 있다.
④ 계절적인 변동이 심한 제품의 경우 PPS 도입효과가 크다.
⑤ 파렛트 풀 시스템의 운영방식 중 개별 기업이 파렛트를 보유하지 않고 특정회사의 파렛트를 임대하여 사용하는 방식은 교환방식이다.

08 다음은 컨테이너 종류별 운반대상 화물을 연결한 것이다. 적절치 않은 것은?

① Hanger Container – 의류, 봉제품
② Reefer Container – 과일, 채소, 냉동화물
③ Flat Rack Container – 목재, 기계류, 승용차
④ Open Top Container – 화학품, 유류
⑤ Solid Bulk Container – 소맥분, 가축사료

09 다음 중 중량화물이나 장척화물 운송에 적합하도록 천장이나 측면이 개방된 컨테이너를 모두 고른 것은?

> ㄱ. Refer Container
> ㄴ. Open Top Container
> ㄷ. Flat Rack Container
> ㄹ. Pen Container

① ㄱ, ㄴ   ② ㄱ, ㄷ
③ ㄴ, ㄷ   ④ ㄴ, ㄹ
⑤ ㄷ, ㄹ

10 다음은 용도에 따른 컨테이너 분류에 관한 설명이다. 무엇에 관한 내용인가?

> 목재, 승용차, 기계류 등과 같은 중량화물을 운송하기 위한 컨테이너로 지붕과 벽을 제거하고 기둥과 버팀대만 두어 전후좌우 및 쌍방에서 하역할 수 있는 특징을 갖고 있다.

① 천장개방형 컨테이너(Open Top Container)
② 행거 컨테이너(Hanger Container)
③ 탱크 컨테이너(Tank Container)
④ 솔리드 벌크 컨테이너(Solid Bulk Container)
⑤ 플랫랙 컨테이너(Flat Rack Container)

11 다음 중 컨테이너운송의 단점이 아닌 것은?

① 대규모의 자본이 필요하다.
② 관리 및 경영에 있어 전문적인 지식, 기술이 필요하다.
③ 컨테이너 적입 가능한 화물에 제한이 있다.
④ 낮은 노동생산성과 창고 및 재고관리비가 증가한다.
⑤ 컨테이너에 대한 하역시설이 갖추어지지 않은 항구는 하역작업시간이 연장될 수 있다.

 정답

06 ①   **07** ⑤   **08** ④   **09** ③   **10** ⑤   **11** ④

12〕 컨테이너화물의 운송형태에 관한 설명으로 옳지 않은 것은?

① CY / CY 운송은 수출자의 공장에서 컨테이너를 만재한 상태에서 수입자의 창고까지 운송하는 형태를 말하며, Door-to-Door 운송이라고도 한다.

② CFS / CFS 운송은 주로 다수의 수출자와 다수의 수입자 간에 이용된다.

③ CY / CFS 운송은 하나의 수출자가 둘 이상의 수입자의 화물을 한 컨테이너에 적입한 경우에 이용된다.

④ CFS / CY 운송은 수입업자가 여러 송화인으로부터 물품을 수입할 때 주로 이용된다.

⑤ CFS / CFS 운송은 Pier-to-Door 운송 또는 Seller's Consolidation이라고도 한다.

13〕 무역업체인 (주)윤호무역은 독일의 함부르크 항 인근에 위치하고 있는 세 개의 수출업자 A, B, C와 각각 6 CBM, 7 CBM, 12 CBM의 상품들을 구매하기로 무역계약을 체결하였으며 이들 수입화물 모두를 2025년 6월 중 컨테이너 단위로 운송하여 국내로 반입하려 한다. 이 경우 가장 합리적으로 이용될 수 있는 운송형태는 다음 중 어느 것인가?

① LCL / LCL
② LCL / FCL
③ FCL / LCL
④ FCL / FCL
⑤ FCL / ICD

14〕 ICD에서의 1일 컨테이너 처리물량이 20피트형 400개, 40피트형 300개, 10피트형 200개일 때 월 25일간 작업할 경우 연간 컨테이너 처리물량은 몇 TEU인가?

① 220,000TEU
② 270,000TEU
③ 330,000TEU
④ 440,000TEU
⑤ 550,000TEU

15〕 (　)에 들어갈 컨테이너 터미널의 운영방식을 바르게 나열한 것은?

운영 방식	야드 면적	자본 투자	컨테이너 양륙시간	하역장비 유지비용	자동화 가능성
(ㄱ)	소	소	장	소	고
(ㄴ)	중	중	중	대	중
(ㄷ)	대	대	단	소	저

① ㄱ : 샤시 방식
　ㄴ : 스트래들 캐리어 방식
　ㄷ : 트랜스테이너 방식

② ㄱ : 스트래들 캐리어 방식
　ㄴ : 샤시 방식
　ㄷ : 트랜스테이너 방식

③ ㄱ : 트랜스테이너 방식
　ㄴ : 스트래들 캐리어 방식
　ㄷ : 샤시 방식

④ ㄱ : 스트래들 캐리어 방식
　ㄴ : 트랜스테이너 방식
　ㄷ : 샤시 방식

⑤ ㄱ : 트랜스테이너 방식
　ㄴ : 샤시 방식
　ㄷ : 스트래들 캐리어 방식

16〕 다음은 컨테이너 터미널을 구성하는 시설을 설명한 것이다. 설명에 부합되는 시설은?

안벽에 접한 야드부분에 일정한 폭으로 나란히 뻗어 있는 공간으로 컨테이너의 적재와 양륙 작업을 위하여 임시로 하치하거나 크레인이 통과주행을 할 수 있도록 레일을 설치한 곳

① 화물집화장(Marshalling Yard)
② 컨테이너야드(Container Yard)
③ CFS(Container Freight Station)
④ 선석(Berth)
⑤ 에이프런(Apron)

정답

12 ⑤　**13** ②　**14** ③　**15** ③　**16** ⑤

17) 한국 부산의 A 마트는 베트남 호치민의 B, C, D 업체로부터 매월 식품 및 식자재 약 30 CBM을 컨테이너로 수입하고 있다. 이때 혼재방식과 운송형태가 바르게 짝지어진 것은?

① Buyer's consolidation, CY – CFS
② Seller's consolidation, CY – CFS
③ Buyer's consolidation, CFS – CY
④ Seller's consolidation, CFS – CFS
⑤ Co-loading, CY – CY

18) 다음에서 설명하는 혼재서비스(Consolidation Service)는?

다수의 송하인으로부터 운송 의뢰를 받은 LCL(Less than Container Load)화물을 CFS에서 혼재(Consolidation)하여 상대국의 자기 파트너 또는 대리점을 통하여 다수의 수하인에게 운송해 주는 형태의 혼재서비스를 말한다.

① Buyer's Consolidation
② Consigner's Consolidation
③ CY / CFS Consolidation
④ CFS / CY Consolidation
⑤ Forwarder's Consolidation

정답 **17** ③ **18** ⑤

CHAPTER 01 화물운송의 기초이론

01 정답 ⑤

Mode는 운송수단을 의미하며, 운송점을 연결하여 운송되는 구간 또는 경로는 Link에 해당한다.

02 정답 ③

개별적 운송수요는 다양하지만, 일정 지역 내 영업 및 화물특성의 유사성이 있는 다수의 화주가 존재하는 경우에는 화주들 간의 이해관계에 따라 물류공동화가 발생하고 있다.

03 정답 ①

한국산업표준 KS T 0001 기준
① 배송 : 화물을 물류거점에서 화물수취인에게 보내는 행위

04 정답 ④

④ 물류거점 간 간선운송은 수송이라 하고, 배송은 물류거점에서 최종 고객에게 전달하는 것을 의미한다.

05 정답 ⑤

⑤ 해상운송의 경우 일시적으로 재화의 보관기능을 담당하기도 하나, 이는 시간적 효용이지 장소적 효용을 제공하는 것은 아니다.

06 정답 ⑤

화물 납품처의 매출규모는 운송수단을 선택하는 경우 고려사항에 해당하지 않는다.
* 운송수단 선택 시 고려사항
• **화물의 특성** : 화물의 종류, 중량, 용적, 성질, 가치, 운송의 거리, 시간, 납기 등
• **운송수단의 특성** : 운송수단의 이용가능성, 편리성, 신속성, 신뢰성, 안전성, 경제성 등

07 정답 ②

• **운송수단**(Mode) : 운송수단이란 화물운송을 직접 담당하는 운송수단을 말한다. 이에는 화물트럭, 선박, 항공기, 철도, 파이프라인 등이 있다.

• **운송연결점**(Node) : 운송연결점은 결절이라고도 하며, 화물운송을 효율적으로 처리하기 위해 필요한 장소 또는 시설을 의미한다. 여기에는 물류터미널, 항만, 공항, 철도역, 유통센터 등이 있다.
• **운송경로**(Link) : 운송경로는 운송수단에 의해서 형성되는 이동경로이며, 운송연결점을 연결한다. 운송경로에는 공공도로, 철도, 해상항로, 항공로 등이 있다.

08 정답 ②

ㄴ. 해상운송은 물품의 파손, 분실, 사고발생 위험 등이 많고, 안전성이 낮다.
ㄷ. 항공운송은 선박, 철도운송에 비해 중량의 영향을 많이 받는다.

09 정답 ③

③ 파이프라인 운송은 운송대상 측면에서 유류, 가스 등에 한정된다는 점과 운송경로를 설계함에 있어 다른 운송수단에 비해 제약이 매우 큰 편에 해당한다.

10 정답 ③

항공운송은 일관운송이 어려우므로 육상운송수단과 연계운송이 필요한 단점이 지적된다.

운송수단	장점	단점
항공기	• 소·경량의 고가화물 운송 • 장거리 운송 및 위험물 운송 가능 • 화물의 파손율 낮음 • 운송의 속도가 빠름	• 비교적 운임이 고가 • 중량과 용적에 제한이 큼 • 기후에 영향을 받음 • 육상연계운송 필요

11 정답 ④

① 대형차량을 이용하는 대형화 원칙
② 영차율 최대화 원칙
③ 회전율 최대화 원칙
⑤ 적재율 최대화 원칙

12 정답 ⑤

최근 운송시장의 중요한 환경변화는 9·11 테러 이후 물류보안 강화 및 도쿄의정서, 파리협정 등 환경 관련 규제의 강화 등이 있다.

13 정답 ⑤

화물운송의 합리화는 화물운송시스템을 합리화하여 비용을 절감하고 고객서비스 수준을 높이기 위한 것으로, ⑤ 운송업체의 전문화 및 대형화 유도가 맞는 지문이다.

14 정답 ②

채트반 공식에 따른 운송수단의 분기점을 구하면
53,000/(8,000 − 7,500) = 106km이다.
따라서 106km까지는 자동차로 운송하고, 그 이후부터는 철도로 운송하는 것이 유리하다.

15 정답 ①

에어스포일러는 화물자동차의 패널에 각을 주어 공기의 흐름을 제어하여 저항을 감소시키는 장치로 비용절감을 하는 방법에 해당한다.

16 정답 ①

국내 화물운송 비중에 있어서 육상운송인 공로운송(도로운송)은 90% 이상을 차지하고 있어 가장 큰 기능을 담당하고 있다.

CHAPTER 02 화물자동차운송

01 정답 ⑤

화물자동차운송은 화물의 중량제한이 있어 장거리 대량화물운송에 한계가 있다.

운송 수단	장점	단점
화물 자동차	• 단·중거리 운송에 적합, 운임 적용이 탄력적(고객서비스율 높음) • 신속한 이용 가능(즉시성) • 화물특성에 맞는 차량 이용이 가능, 하역작업이 비교적 용이함 • 화물직송이 가능, 일관운송 가능 • 문전운송(Door to Door) 가능	• 대량운송이 어려움 • 환경오염의 문제 • 교통체증에 취약 • 적재중량의 한계 • 장거리 운송에 부적합 • 타 운송수단에 비해 에너지 효율성 및 생산성이 상대적으로 낮음

02 정답 ③

화물자동차는 구조별로 소형, 중형, 대형의 보통(평보디)트럭, 트레일러, 전용특장차 그리고 합리화 특장차의 4가지로 분류한다. 그중 전용특장차는 아래 표에 해당한다.

	덤프트럭	적재함을 후방으로 기울여 화물을 미끄러지게 하는 차량
전용 특장차	믹서트럭	콘크리트 믹서차(레미콘 차량)
	분립체 운송차	곡물, 사료, 유류 등 벌크화물을 운송하는 차량
	액체 운송차	유류, 당밀, 기름 등 액체화물의 운송 탱크로리
	냉동차	냉동·냉장화물을 운송하는 차량으로 단열재와 냉동기를 부착
	기타	가축운송차량, 행거(Hanger)차

03 정답 ⑤

＊ **화물자동차운송의 운행제한 규정**(「도로법」 제77조, 「도로교통법」 제39조)
• 고속도로, 국도, 지방도 등의 도로를 운행하는 차량 중 총중량 40톤, 축하중 10톤을 초과하거나 적재적량을 초과하는 화물을 적재한 차량으로서 중량 측정계의 오차를 감안, 10%의 허용치를 두어 총중량 44톤 또는 11톤 이상 시 고발조치하고 있음.

- 폭 2.5미터, 높이 4.0미터(도로 구조의 보전과 통행의 안전에 지장이 없다고 도로관리청이 인정하여 고시한 도로의 경우에는 4.2미터), 길이 16.7미터를 초과하는 차량

04 정답 ③

① Vanning Management System : 화물의 물동량 및 중량, 부피, 크기 등 특징에 따라 적정한 화물차에 화물이 효율적으로 적재될 수 있도록 차량의 소요, 배차, 적재위치 등을 지정해 주는 적재관리시스템
② TRS(Trunked Radio System) : 주파수공용통신은 중계국에 할당된 다수의 주파수채널을 여러 사용자들이 공유하며 사용하는 무선통신서비스
④ GPS(Global Positioning System) : 인공위성을 통해 디지털 지도에 각종 정보를 연결하여 관리하고 이를 분석, 응용하는 시스템의 통칭. 이 중 각종 교통정보를 관리, 이용하여 교통정책수립 시 의사결정을 지원하는 시스템
⑤ Routing System : 화물자동차의 최종 배송지에 대한 최적 운송경로(route)를 설정하여 주는 운송경로시스템

05 정답 ③

- 단일운임 : 운송거리와 상관없이 단일요금을 적용하는 형태의 운임
- 비례운임 : 운송이 이루어진 거리 비율에 따라 운임을 수수하는 형태의 운임
- 거리체감운임 : 운송거리가 길어질수록 운임률이 낮아지는 형태의 운임
- 지역운임 : 지역별로 동일한 운임을 적용하는 형태
- 수요기준운임 : 시장의 수요상황에 따라 결정되는 운임

06 정답 ③

- 화물자동차 질량 및 하중제원 : 공차중량, 축하중, 차량총중량, 최대적재량, 승차정원
- 치수제원 : 전장, 전고, 전폭, 축간거리, 차륜거리, 최저지상고, 하대치수, 상면지상고, 오버행, 오프셋

07 정답 ④

① 복화율은 편도운송을 한 후 귀로에 복화운송을 어느 정도 수행했느냐를 나타내는 지표로, 문제에서 구할 수 있는 자료가 없다.

② 영차율 $= \dfrac{21,000}{30,000} \times 100 = 70\%$

③ 적재율 $= \dfrac{4톤}{5톤} \times 100 = 80\%$

④ 가동률 $= \dfrac{270대}{300대} \times 100 = 90\%$

⑤ 공차거리율(공차율) $= 1 - 영차율 = 1 - 0.7 = 0.3(30\%)$

08 정답 ①

공차중량(CVW : Complete Vehicle Kerb Weight / Empty Vehicle Weight)은 화물이나 사람을 싣지 않고 연료, 냉각수, 윤활유 등을 만재하고 운행에 필요한 기본장비(예비 타이어, 부품, 공구 등 제외)를 갖춘 상태의 차량중량을 의미한다.

09 정답 ⑤

* 택배운송장의 역할(기능)
- 계약서의 기능 및 화물취급지시서의 역할
- 선불로 요금을 지불한 경우에는 운송장을 영수증으로 사용 가능
- 택배회사가 화물을 송화인으로부터 이상 없이 인수하였음을 증명하는 서류
- 운송장에 인쇄된 바코드를 스캐닝함으로써 추적정보를 생성시켜 주는 역할
- 배송 완료 후 배송 여부 등에 대한 책임소재를 확인하는 증거서류 역할

10 정답 ④

④ 동일 중량의 경우 부피가 작은 쪽이 밀도가 높으므로 밀도가 높을수록 운임은 낮아진다.

11 정답 ④

택배 표준약관 제7조 제2항
고객(송화인)은 교부받은 운송장에 다음 각 호의 사항을 기재하고 기명날인 또는 서명하여 이를 다시 사업자에게 교부합니다.
1. 송화인의 주소, 이름(또는 상호) 및 전화번호
2. 수화인의 주소, 이름(또는 상호) 및 전화번호
3. 운송물의 종류(품명), 수량 및 가액
4. 운송물의 인도예정장소 및 인도예정일(특정 일시에 수화인이 사용할 운송물의 경우에는 그 사용목적, 특정 일시 및 인도예정일시를 기재함)
5. 운송상의 특별한 주의사항(훼손, 변질, 부패 등 운송물의 특성구분과 기타 필요한 사항을 기재함)
6. 운송장의 작성연월일

12 정답 ④

- 「항공사업법」상 "타인의 수요에 맞추어 유상으로 수출입 등에 관한 서류와 그에 딸린 견본품을 항공기를 이용하여 송달하는 사업"을 상업서류송달업이라고 하며, 「관세법」상 견품의 면세가격은 250달러 이하이다.
- 운송물의 인도일 : 운송장에 인도예정일의 기재가 없는 경우에는 운송장에 기재된 운송물의 수탁일로부터 인도예정장소에 따라 다음 일수에 해당하는 날
  ㉠ 일반지역 : 2일
  ㉡ 도서, 산간벽지 : 3일

13 정답 ④

택배 표준약관 제12조(운송물의 수탁거절)
1. 고객(송화인)이 운송장에 필요한 사항을 기재하지 아니한 경우
2. 고객(송화인)이 제9조 제2항의 규정에 의한 청구나 승낙을 거절하여 운송에 적합한 포장이 되지 않은 경우
3. 고객(송화인)이 제11조 제1항의 규정에 의한 확인을 거절하거나 운송물의 종류와 수량이 운송장에 기재된 것과 다른 경우
4. 운송물 1포장의 크기가 가로·세로·높이 세 변의 합이 (　)cm를 초과하거나, 최장변이 (　)cm를 초과하는 경우
5. 운송물 1포장의 무게가 (　)kg를 초과하는 경우
6. 운송물 1포장의 가액이 300만원을 초과하는 경우
7. 운송물의 인도예정일(시)에 따른 운송이 불가능한 경우
8. 운송물이 화약류, 인화물질 등 위험한 물건인 경우
9. 운송물이 밀수품, 군수품, 부정임산물 등 관계기관으로부터 허가되지 않거나 위법한 물건인 경우
10. 운송물이 현금, 카드, 어음, 수표, 유가증권 등 현금화가 가능한 물건인 경우
11. 운송물이 재생 불가능한 계약서, 원고, 서류 등인 경우
12. 운송물이 살아 있는 동물, 동물사체 등인 경우
13. 운송이 법령, 사회질서 기타 선량한 풍속에 반하는 경우
14. 운송이 천재, 지변 기타 불가항력적인 사유로 불가능한 경우

14 정답 ③

'손해배상한도액'이라 함은 운송물의 멸실, 훼손 또는 연착 시에 사업자가 손해를 배상할 수 있는 최고 한도액을 말한다. 다만, '손해배상한도액'은 고객이 운송장에 운송물의 가액을 기재하지 아니한 경우에 한하여 적용한다.

15 정답 ①

②, ③, ⑤ 제외한 → 포함된
④ 전체 → 전체는 제외함, 접지면에 걸리는 차축하중의 합이다.

16 정답 ③

사업자는 고객이 운송장에 필요한 사항을 기재하지 아니한 경우에는 운송물의 수탁을 거절할 수 있다(택배 표준약관 제12조 제1호).

17 정답 ②

계약 체결 시 사업자의 운송장 기재사항(택배 표준약관 제7조)
1. 사업자의 상호, 대표자명, 주소 및 전화번호, 담당자(집화자) 이름, 운송장 번호

2. 운송물을 수탁한 당해 사업소(사업자의 본·지점, 출장소 등)의 상호, 대표자명, 주소 및 전화번호
3. 운송물의 중량 및 용적 구분
4. 운임 기타 운송에 관한 비용 및 지급방법
5. 손해배상한도액
6. 문의처 전화번호
7. 운송물의 인도예정장소 및 인도예정일
8. 기타 운송에 관하여 필요한 사항(특급배송, 신선식품 배송 등)

18 정답 ④

＊**택배운송**(소화물운송)**의 등장배경**
• 소비자 욕구(needs)의 다양화 및 고급화
• 일관운송시스템에 대한 필요성 증대
• 다품종 소량 생산시대로의 전환 및 확산
• 전자상거래 확대에 따른 택배의 필요성 증대
• 물류전문기업의 성장

19 정답 ②

ㄷ. 소화물일관운송 서비스에 있어서 포장은 송화인이 하나 집화는 운송인이 한다.
ㄹ. 영업소에서 최종 목적지까지 일관운송하는 서비스체계를 갖추고 있다.

20 정답 ④

소매시장기능(retailing)은 최종 소비자에게 재화와 서비스를 제공하는 행위를 말하며, 물류터미널은 운송중계의 기능은 수행하나, 소매시장의 기능은 제공하지 않는다.

21 정답 ③

공동집배송센터란 여러 유통사업자 또는 제조업자가 공동으로 사용할 수 있도록 집배송시설 및 부대업무시설이 설치되어 있는 지역 및 시설물을 말한다.

22 정답 ①

① Cross Docking은 물류센터에서 수령한 물품을 창고에서 재고로 보관하는 것이 아니라 바로 배송할 수 있도록 하는 물류시스템(흐름형 물류창고)으로, 공동수·배송에서는 물류센터에서 다양한 의뢰인들로부터 화물을 집화하여 배송처별로 분류(sorting)한 뒤에 신속히 순회배송하는 단계를 말한다.

> **Cross Docking**(C/D)**의 도입효과**
> • 물류센터의 물리적 공간 감소
> • 기업의 비생산적인 재고수준 감소
> • 물류센터의 회전율 증가
> • 공급사슬 전체적으로 재고저장공간 축소

② LCL 운송체계(혼재) : Less than a Container Loading의 약자로, 컨테이너 용기에 화물을 완전히 채우지 아니한 상태이므로 다른 화주의 화물과 혼재하여 운송하는 것을 말한다.

③ FCL 운송체계(만재) : Full Container Loading의 약자로, 컨테이너에 동일 화주의 화물을 만재하여 운송하는 것을 말한다.

④ Line-Haul 운영체계 : 간선운송시스템으로 거점과 거점을 연결하는 운송시스템을 말한다.

⑤ RO-RO 운송체계 : RO-RO(Roll on/Roll off) 방식은 본선의 선수나 선미를 통하여 트랙터나 포크리프트 등에 의해 적하나 양하가 이루어지도록 설계된 선박을 이용하는 방식이다.

23 정답 ①

＊ Pole 트레일러

파이프나 H빔 등 장척물의 수송이 주목적이며 Full 트레일러를 연결하여 적재함과 턴테이블이 적재물을 고정시켜 수송함

24 정답 ②

고정비(fixed cost)는 매출액과 무관하게 발생하는 비용으로서 주로 차량의 유지관리비용에 해당한다.

＊ 고정비 항목 : 운전기사 인건비, 차량의 감가상각비, 차량 보험료, 세금과 공과금 등

25 정답 ③

허브 & 스포크 시스템이란 각 지점으로부터 발생하는 물동량을 중심이 되는 허브(HUB)로 집결시킨 후, 분류를 거쳐 다시 각 지점으로 이동시키는 것을 말한다. 우리나라 주요 택배사들이 기본적으로 가장 많이 활용하는 시스템으로 노선의 수가 적어 효율성이 높으나 대규모 분류능력을 갖춘 터미널을 필요로 한다.

26 정답 ③

③ 적재율이 낮아지면 단위당 운송비는 높아진다.

＊ 화물자동차 운임결정에 영향을 미치는 요인들
• 거리(distance) : 운임결정에 가장 중요한 요인 중 하나로 거리가 증가할수록 운송원가는 증가한다. 하지만 운송거리가 길어질수록 ton・km 단위당 운임은 낮아진다.
• 화물의 크기(volume) : 규모의 경제에 따라 1회 운송단위가 클수록 대형차를 이용하게 되므로 단위당 운임은 낮아진다.
• 밀도(density) : 동일 중량의 경우 부피가 작은 쪽이 밀도

가 높으므로 밀도가 높을수록 운임은 낮아진다.
• 적재성(stowability) : 적재성은 제품규격이 운송수단의 적재공간 활용에 어떤 영향을 미치는가에 대한 것으로서 적재성을 높여 운송의 비용을 낮추고 효율성을 극대화하기 위해서 물류용기(파렛트, 컨테이너 등)의 표준화가 실시되고 있다.
• 취급(handling) : 화물을 상・하차하는 하역작업(material handling)에 있어서 특수장비가 사용되거나 위험의 난이도가 높거나 시간이 많이 소요되는 경우 운송원가는 높아진다.
• 책임(liability) : 화물의 파손, 분실 등의 사고발생 가능성이 높거나 클레임에 대한 배상범위에 따라서도 운송임은 영향을 받게 된다.
• 시장요인(market factors) : 상기의 요인들에 의해 일반적인 화물운임의 수준은 결정되지만 최종적인 금액은 시장에서의 수요와 공급상황에 따라 달라지게 된다.

27 정답 ①

② 일정 운송량, 운송거리의 하한선 이하로 운송될 경우 일괄 적용되는 운임 – 최저운임
③ 단일화주의 화물을 운송수단의 적재능력만큼 적재 및 운송하고 적용하는 운임 – 단일운임
④ 운송거리에 비례하여 운임이 증가하는 형태의 운임 – 비례운임
⑤ 운송되는 화물의 가격에 따라 운임의 수준이 달라지는 형태의 운임 – 종가운임

28 정답 ③

화물의 단위가 커서 대형차량으로 운송하는 경우 규모의 경제가 발생하여 운송단위당 부담되는 비용은 감소한다.

29 정답 ④

허브 앤 스포크(Hub & Spoke) 시스템은 물동량이 적은 지역들의 물동량들이 Spoke에 집하되면 여러 Spoke로부터 중앙 Hub에 대규모로 집하・분류되어 다시 각각의 Spoke별로 발송하는 시스템으로 기본적으로 Shuttle 운송이 없다.

30 정답 ⑤

모터 트럭은 동력부문과 화물적재부문이 일체화되어 있는 보통 트럭의 일반 화물자동차이다.

31 정답 ⑤

VTS(Vessel Traffic Service System)는 항만운송과 관련된 정보시스템으로 해상교통안전시스템이라 하며, 항만 관제탑과의 교신 정보들이 정보화된다.

CHAPTER 03 수·배송시스템의 합리화

01 정답 ③

③ 물류서비스의 차별화 유지 → 물류의 동질성 내지 유사성
이 존재해야 함.

02 정답 ⑤

⑤ 공동수·배송을 실시하면 적재율이 높아져 공차율은 감
소한다.

03 정답 ③

① 공동납품대행형 → 집배공동형
② 크로스도킹 → 콘솔리데이션(Consolidation)
④ 운송요구 감소, 필요성이 지속적으로 감소
  → 운송요구 증가, 필요성이 지속적으로 증가
⑤ 노선집화공동형 → 공동납품대행형

04 정답 ⑤

⑤ **배송공동방식** : 화물거점시설까지의 운송은 개별화주가
행하고, 배송은 공동화하는 형태

공동수·배송 유형	내용
배송공동형	배송은 공동화하고 화물거점시설까지의 운송은 개별화주가 행하는 형태
집배 (집화·배송) 공동형	물류센터에서의 배송뿐만 아니라 화물의 보관 및 집화 업무까지 공동화하는 방식으로서 주문처리를 제외한 거의 모든 물류업무에 관해 협력하는 형태
노선집화공동형	노선의 집화망을 공동화하여 화주가 지정한 노선업자에게 화물을 넘기는 형태, 즉 각 노선사업자가 집화해 온 노선화물의 집화부분을 공동화하는 방식
공동납품대행형	• 착화주의 주도에 의해 공동화하는 것으로 유통가공, 상품내용 검사 등의 작업대행이 이루어지는 형태 • 백화점, 할인점 등에서 공동화하는 유형으로 참가 도매업자가 선정한 운송사업자가 배송거점을 정하여 납품상품을 집화, 분류, 포장 및 레이블을 붙이는 작업 등을 한 후 배달, 납품하는 형태
공동수주· 공동배송형	운송업자가 협동조합을 설립하여 공동수·배송을 하는 유형

05 정답 ④

① 성장인자법 제외(화물분포 모형)
② 로짓모형 제외(수단분담 모형)
③ 엔트로피 극대화모형 제외(화물분포 모형)
⑤ 용량비제약모형은 통행배정 모형

06 정답 ④

• **24개 허브 공항의 링크 수** : 6개 + 16개 = 22개
• **스포크(Spoke) 노선** : 20개 − 4개 = 16개
• **허브(Hub) 노선** : 6개
* Hub 노선 그림

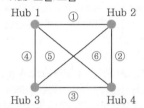

07 정답 ③

효율적인 화물운송시스템을 구축하기 위해서는 주문의 평준
화가 중요하며, 이를 위해서는 최저주문단위제 폐지가 아니라
이를 적극 활용해야 한다.

08 정답 ⑤

* 수·배송계획 수립 시의 설정기준
  • **시간기준** : 리드타임, 수주시작 및 마감시간
  • **적재량기준** : 표준적재량, 최저주문단위
  • **루트기준** : 배송지역 및 적재효율 기준 경로 설정
  • **차량기준** : 차량의 구성·대수, 주행표준 설정
  • **작업기준** : 상·하차방법의 표준(회전율)

09 정답 ①

배송지역의 범위가 넓을 경우, 운행경로는 물류센터에서 먼
지역부터 만들어가는 것이 경로수립의 원칙이다.

10 정답 ⑤

변동다이어그램 배송시스템은 계획 시점에서의 물동량, 가용
차량의 수, 도로사정 등의 정보를 감안하여 컴퓨터로 가장
경제적인 배송경로를 도출해서 적재 및 운송지시를 내리는
방식을 채용하는 시스템으로 VSP, SWEEP, TSP법 등이 있다.

11 정답 ④

ㄷ. **고정다이어그램(Diagram) 배송** : 배송할 물량을 기준으
  로 적합한 크기의 차량을 배차하는 방법으로 배송경로와
  배송시간이 고정되어 있다.

대표
기출
1
2
화
물
운
송
론
3
4
5

12 정답 ①

② 변동다이어그램 배송법 : 정시루트 배송시스템으로 집배구역 내에서 차량의 효율적인 이용을 도모하기 위해 배송처의 거리, 수량, 지정시간, 도로상황 등을 감안하여 여러 곳의 배송처를 묶어서 정시에 정해진 루트로 배송하는 형태이다. 변동다이어그램에는 SWEEP 기법과 외판원문제(TSP)법이 있다.

③ SWEEP 기법 : 배송차량의 적재범위 내에서 배송루트가 교차하지 않고 가능한 눈물방울 형태의 배송루트가 설정될 수 있도록, 배송거리와 물류센터로부터의 배송위치 각도를 이용하여 최적의 배송루트를 만들어간다.

④ 외판원문제(Traveling Salesman Problem) : 배송합리화를 위한 기법 중 차량이 지역배송을 위해 배송센터를 출발하여 원위치로 돌아오기까지 소요되는 거리 또는 시간을 최소화하기 위한 휴리스틱 기법

⑤ VSP(Vehicle Schedule Program)모형 – Saving 기법(휴리스틱 기법) : 효율적인 배송루트 수립을 위해서 각각의 배송처를 개별 왕복운행하는 것보다는 밀크런 방식으로 순회배송함으로써 운송거리나 시간을 단축(Save)시키는 수・배송기법을 말한다.

13 정답 ⑤

수・배송의 해법과 관련된 문제로 북서코너법, 보겔의 추정법, 최소비용법에 대한 개념과 특징을 설명하고 있다. 이 중 북서코너법은 위치만을 고려하여 최초실행가능 기저해를 구하는 가장 단순한 기법이므로, 수송비용을 고려하지 않아 총수송비용이 많게 될 수 있는 단점이 지적된다.

14 정답 ②

우선 공급지 1은 비용이 최소가 되는 수요지 2(5원)에 700톤을 모두 할당하여 할당을 종료한다. 공급지 3은 그 다음으로 비용이 최소가 되는 수요지 1(6원)에 300톤을 모두 할당한다. 공급지 2는 수요지 1(8원)에 400톤을 그리고 100톤을 수요지 2(15원)에 할당하여 할당을 모두 종료한다.

∴ 총운송비용 = (700 × 5) + (300 × 6) + (400 × 8)
　　　　　　 + (100 × 15) = 10,000원

15 정답 ③

• 최소비용법 : X의 200톤을 C에게, Y의 300톤을 B에게, Z의 400톤을 B에게 100톤, A에게 300톤을 각각 할당한다.
  총운송비용 = 200 × 10 + 300 × 30 + 100 × 40 + 300 × 60
　　　　　　 = 33,000원

• 북서코너법 : X의 200톤을 A에게, Y의 300톤을 A에게 100톤, B에게 200톤, Z의 400톤을 B에게 200톤, C에게 200톤을 각각 할당한다.

총운송비용 = 200 × 20 + 100 × 40 + 200 × 30 + 200
　　　　　　 × 40 + 200 × 50
　　　　　 = 32,000원

따라서 최소비용법과 북서코너법의 총운송비용 차이는 1,000원이다.

16 정답 ⑤

① 100 × 6 + 200 × 10 + 200 × 11 + 100 × 20 = 6,800원
② 300 × 11 + 200 × 10 + 100 × 15 = 6,800원
③ 300톤 → 200톤
④ 100톤 → 200톤

17 정답 ②

공급지 ＼ 수요지	1	2	3	공급량
A	2원	4원	3원	15톤
B	5원	2원	10원	12톤
C	10원	6원	4원	5톤
수요량	10톤	15톤	7톤	32톤

∴ 총수송비용 = (2 × 10) + (4 × 5) + (2 × 10) + (10 × 2)
　　　　　　 + (4 × 5) = 100원

18 정답 ②

	X	Y	Z	공급량	기회비용
A	10원	7원	8원	15t	1	1
B	17원	10원	14원	15t	4	4
C	ⓐ 5원(15t)	25원	ⓑ 12원(5t)	20t	7[*]	13[**]
수요량	15t	20t	15t	50t		
기회비용	3	3	4			
기회비용		3	4			

∴ 운송비용 = (5원 × 15t) + (12원 × 5t) = 135원

19 정답 ③

공장 → A → B → E : 6km
공장 → C → H → I : 7km
공장 → C → H → G : 8km
∴ 총운송거리 = 6 + 7 + 8 = 21km

20 정답 ③

A → B → D → F : 4톤
A → B → E → D → F : 4톤
A → C → B → E → D → F : 2톤
A → C → E → F : 4톤
∴ 최대유량 = 4 + 4 + 2 + 4 = 14톤

21 정답 ②

X - A - E - Y : 6톤
X - A - C - E - Y : 2톤
X - A - C - Y : 3톤
X - B - C - F - G - Y : 3톤
X - B - D - G - Y : 5톤
∴ 최대유량 = 6 + 2 + 3 + 3 + 5 = 19톤

22 정답 ①

통행교차모형(Trip-interchange Model)은 전수조사된 화물의 물동량을 조사하여 운송수단별 분담률을 산정할 때 사용하는 방법에 해당한다.

23 정답 ①

※ 운송수요에 따른 분석방법

운송수요의 예측대상	적용모형
화물의 발생 및 도착량 산정	중회귀분석, 원단위법, 카테고리분석법, 성장률법
화물분포(물동량) 산정	중력모형, 성장인자법(평균인자법, 프레타법, 디트로이트법), 엔트로피 극대화모형
운송수단별 분담률의 예측	통행교차모형(로짓모형), 통행단모형
통행배정 (통행망의 교통량 추정)	• 용량비제약모형 : Dial모형, 전량배정법 • 용량제약모형 : 반복배정법, 분할배정법 등

24 정답 ③

우선 운송경로에 대한 작업을 선행하여 아래의 그림을 완성하여야 한다.

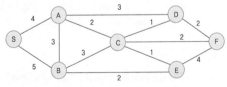

(1) 보낼 수 있는 최대량 : 4 + 5 = 9
(2) 받을 수 있는 최대량 :
S-A-D-F : 2, S-A-C-F : 2,
S-B-A-D-C-E-F : 1, S-B-E-F : 2
∴ 최대운송량(받을 수 있는 최대량) = 2 + 2 + 1 + 2 = 7

25 정답 ②

최단 경로 네트워크 : L → 1 → 4 → 6 → 5 → 2 → 3
이를 연결하면 12km가 된다.

26 정답 ②

세이빙(Saving)법에 있어서 배차되는 각 트럭의 용량은 총수요보다 크고, 특정고객의 수요보다도 커야 운송할 수 있다. 출발지 배송센터에서 두 수요지 간의 거리를 각각 a, b라 하고, a와 b 간의 거리를 c라 할 때, Saving은 (2a + 2b) − (a + b + c) = a + b − c가 된다.

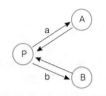 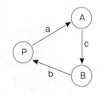

출발점인 물류센터(P)에서 각 배송처를 별도로 운송하는 경우의 총운송거리 : (a × 2) + (b × 2) = 2a + 2b

물류센터에서 출발하여 A, B 거점을 순회배송하는 경우의 총운송거리 : a + b + c

27 정답 ②

그림을 표로 나타내면 다음과 같다.

공급지 수요지	S1	S2	S3	수요량
D1	5	6	12	200
D2	7	7	10	400
D3	9	3	9	100
D4	12	4	7	300
공급량	300	500	200	1,000

X는 물량, i는 공급지, j는 수요지를 나타낸다. 따라서 ②는 $X_{14} + X_{24} + X_{34} = 300$이 되어야 한다.

01 정답 ①

문전에서 문전까지(Door to Door) 운송의 자기완결력이 큰 운송수단은 화물자동차운송에 해당한다.

운송수단	장점	단점
철도	• 대량운송 및 장거리 운송에 적합 • 운임 저렴 및 환경성이 우수 • 정시성 확보로 계획 수송 가능 • 안전성 측면 우수 • 비교적 전천후 운송수단 • 저렴한 운임과 운송비	• 문전운송(완결성)이 낮음 • 타 운송수단과의 연계가 필요 • 운임이 비탄력적 • 하역작업이 곤란 • 화차확보 시 사전 스케줄이 필요 • 기동성이 상대적으로 떨어짐

02 정답 ③

① 할인제도가 존재한다.
② 화차취급운임, 컨테이너 취급운임, 혼재운임 등으로 구분
④ 10km → 100km
⑤ 반올림하여 계산

03 정답 ①

유개화차는 비료·양곡, 곡형평판화차는 특대형 화물, 무개화차는 무연탄·광석, 컨테이너화차는 컨테이너운송용 화차이다.

종류	화차의 내용
유개화차	• 지붕이 있는 일반적인 화차. 용적제한을 받으므로 장, 폭, 고 등에 관하여 따로 규정함 • 도난, 화재의 우려가 있거나 비를 맞으면 안 되는 화물
무개화차	• 화물을 지지할 수 있는 벽체구조는 있으나 화차 지붕이 없는 구조. 유개화차와 같이 용적제한 받음. 하차 시 측면분출구를 통하거나 기계를 이용하여 퍼내는 방식 • 악천후 및 분실, 사고의 우려가 없는 자갈, 무연탄, 고철, 광석 등을 운송
평판화차 (Flat Car)	플랫화차(Flat Car)는 철도화차의 상단이 평면을 이루고 있는 화차로 기계류, 건설장비 등과 같은 대(大)중량 및 특대(大)용적화물, 장척화물 등을 운반하기에 적합
컨테이너화차	컨테이너화차는 컨테이너를 운송하기에 적합하도록 평면의 철도화차 상단에 컨테이너를 고정할 수 있는 장치를 장착하고 있는 컨테이너전용화차를 말함

04 정답 ①

무개화차는 악천후 및 분실, 사고의 우려가 없는 자갈, 무연탄, 고철, 광석 등을 운송하는 화차이며, 오픈톱화차(Open Top Car)는 컨테이너와 같은 ULD를 운송하는 화차로서 곤돌라와 같이 덮개가 없는 박스형 무개화차로 Bogie(바퀴의 축)가 없으며 표준규격의 컨테이너 적재가 가능한 화차를 말한다.

05 정답 ①

② 컨테이너 취급운임에서 화물중량은 반영되지 않는다(운송거리, 컨테이너 종류).
③ 단일운임이 아니라 컨테이너 취급운임, 혼재운송운임 등 다양한 체계를 채택한다.
④ 80km → 100km
⑤ 특대화물, 위험물에 대한 할증료는 항공에서 적용된다.

06 정답 ②

혼재차 취급은 컨테이너 단위로만 운임이 책정되는 것은 아니며, 컨테이너 단위 또는 kg·ton당으로도 운임이 책정된다.

07 정답 ⑤

컨테이너 전용 철도 무개화차란 컨테이너만을 운송하는 데 활용되는 화차로 천장 및 덮개부분이 없는 것을 의미한다. 탱크화차는 컨테이너운송이 아닌 유류, 화학물질 등을 운송하는 데 이용되는 화차에 해당한다.

08 정답 ②

TOFC 방식은 화차 위에 컨테이너를 적재한 트레일러(섀시)를 직접 적재하고 운행하는 방식을 말한다. 이 방식은 Piggy Back System과 Kangaroo System의 두 가지가 있다.
ㄴ. 화차에 컨테이너만을 적재하는 방식의 하나이다. → 컨테이너를 적재한 트레일러(섀시)를 직접 적재하는 방식
ㄹ. 컨테이너 2단 적재 운송방식이라고도 한다. → 이는 더블스택카(Double Stack Car)라고 한다.

09 정답 ⑤

• COFC 방식은 화차에 컨테이너만을 적재하는 방식을 말한다. 철도 컨테이너 데포에서 크레인이나 컨테이너핸들러를 이용하여 적재하며, 평판화차(Flat Car)나 전용컨테이너화차(Container Car)를 이용하는 방식으로, 세로-가로방식(비교적 취급량이 적은 경우), 매달아 싣는 방식(대량의 컨테이너를 신속히 처리하고자 할 경우), 플렉시 밴 방식이 있다.
• TOFC 방식은 화차 위에 컨테이너를 적재한 트레일러(섀시)를 직접 적재하고 운행하는 방식으로 Piggy Back 방식, Kangaroo 방식이 있다.

10) 정답 ③

Block Train 방식은 스위칭 야드(Switching Yard)를 이용하지 않고 최초 출발지로부터 최종 도착지까지 중간역을 거치지 않고 직송서비스를 제공하며, 복합운송(철도–화물자동차)에서 많이 이용되는 서비스 형태이다.

출발지   도착지

＊ Freight Liner : 철도의 일정 구간을 정기적으로 고속운행하는 열차를 편성하여 화물을 문전에서 문전으로 수송하기 위해 영국에서 개발한 철도운송방식

11) 정답 ⑤

① Kangaroo : 장거리 정기노선에 있어서 운송의 효율을 높이고 트럭을 이용하여 지역 간 신속한 집화와 인도를 위하여 두 운송업체가 결합한 형태
② TOFC : 화차에 컨테이너를 실은 트레일러를 함께 싣는 방식
③ Freight Liner : 대형 컨테이너를 적재하고 터미널 사이를 정기적으로 고속운행하는 화물컨테이너 운송방식
④ COFC : 화차에 컨테이너 자체만을 싣는 방식

12) 정답 ②

블록 트레인(Block Train) : 스위칭 야드(중간역)를 거치지 않고 출발역에서 도착역까지 직송서비스를 제공하며, 화차의 수와 형태가 고정되어 있지 않다.

13) 정답 ①

컨테이너를 적재한 트레일러를 철도화차에 상차하거나 철도화차로부터 하차하는 것은 TOFC(Trailer on Flat Car) 방식이다.

14) 정답 ③

COFC(Container on Flat Car) 방식은 화차에 컨테이너만을 적재하는 방식을 말한다. 철도 컨테이너 데포에서 크레인이나 컨테이너핸들러를 이용하여 적재하며, 평판화차(Flat Car)나 전용컨테이너화차(Container Car)를 이용하여 운송한다.

15) 정답 ③

국내 철도화물의 운임체계에 있어서 1km 미만의 거리와 1톤 미만의 일반화물의 운임은 반올림하여 산정한다.

CHAPTER 05 **항공운송**

01) 정답 ①

① 취급과 보관비용이 낮은 화물 → 높은 화물

02) 정답 ④

항공운송요금 : 실제중량(actual weight)과 부피를 측정 → 부피를 중량으로 환산 → 실제중량(kg)과 부피중량(volume weight)을 비교하여 더 큰 것을 운임산출중량(chargeable weight)으로 채택한다.

03) 정답 ⑤

항공화물은 전 세계에서 24시간 운송이 이루어지고 있으므로 주간 집중 경향이 적다. 또한 여객운송은 계절에 따른 수요 차이가 큰 반면, 항공화물운송은 계절에 따른 수요 차이가 적다.

04) 정답 ③

항공업무의 글로벌 네트워크화, 교섭력 증가 등을 통하여 항공운송의 경우에도 물류비 절감 및 서비스 측면에서 규모의 경제(Economies of Scale)가 더욱더 중요하게 되었다.

05) 정답 ③

③ 부가가치 및 운임부담력이 낮고 중량 대비 가격이 낮은 품목은 항공운송 대상품목으로 부적절하다.
＊ 일반적인 항공운송 대상품목
  • 긴급을 요하는 고가의 화물
  • 안전성과 확실성이 요구되는 위험물
  • 납기가 임박한 화물, 계절유행상품, 투기상품 등 긴급수요품목
  • 장기간 운송 시 가치가 상실될 우려가 있는 품목 등

06) 정답 ⑤

항공운송용 단위탑재용기(ULD : Unit Load Device)는 항공운송에 적합하도록 최적화된 운송도구로서 항공탑재용기의 제작 및 탑재를 위한 상·하역 운반장비들이 함께 제작되어야 하므로 초기 투자비용이 많이 든다는 단점이 있다.

07) 정답 ①

ㄱ. 화물을 운반하는 데 사용되는 작은 바퀴가 달린 무동력 장비 – Dolly(피견인차량)
ㄴ. 화물을 여러 층으로 높게 적재하거나 항공기에 화물을 탑재하는 장비 – High Loader

ㄷ. 탑재용기에 적재된 화물을 운반할 수 있는 장비 – Tug Car(트랙터)

ㄹ. 화물 운반 또는 보관 작업을 하는 데 사용되는 장비 – Hand Lift Jack

08) 정답 ④

＊ dolly(달리)

터미널지역에서 항공기까지 ULD를 운송하는 전원이 없는 트레일러

① 하이 로더(high loader) : 단위탑재용기를 대형기에 탑재하거나 하역 시 사용한다.

② 포크리프트 트럭(forklift truck) : 중량화물을 소형기의 Belly에 탑재 또는 하역하거나 단위탑재용기에 적재작업 시 사용한다.

③ 트랜스포터(transporter) : 적재작업이 완료된 항공화물의 단위탑재용기를 터미널에서 항공기까지 수평 이동하는 장비이다.

⑤ 셀프 프로펠드 컨베이어(self propelled conveyor) : 수화물, 소형화물을 항공기 내에 낱개로 탑재 또는 하역할 때 사용한다.

09) 정답 ①

＊ 항공화물의 수출을 위한 운송절차
완제품의 장치장 반입 → 운송장 접수 → 화물반입 및 접수 → 장치 통관 → 적재 → 탑재

10) 정답 ②

Master Air Waybill (MAWB)	항공사(Air Carrier)가 발행하는 운송장
House Air Waybill (HAWB)	대리점 또는 혼재업자가 개별 송화인의 화물에 대하여 발행하는 운송장

11) 정답 ②

항공화물운송장(AWB)은 운송계약서, 화물수취증, 요금계산서, 수출입통관자료, 화물인도증서 등의 증명기능을 한다.

12) 정답 ①

＊ 항공화물운송장(AWB)과 선하증권(B/L)의 비교
선하증권(B/L)은 해상운송계약의 증거서류로서 운송이나 화물을 인수 또는 선적했음을 증명하는 서류이며 증권의 정당한 소지인에게 화물인도를 약속하는 유가증권의 성격을 지닌다.

항공화물운송장(AWB)	선하증권(B/L)
유가증권이 아닌 단순한 화물수취증	증거서류 & 유가증권
비유통성(non-negotiable)	유통성(negotiable)
수취식(received) : 운송사가 화물 수취 후 발행	선적식(on board, shipped) : 본선 적재 후 발행
송화인이 작성	선사(운송사)가 작성
기명식	지시식(무기명식)

13) 정답 ①

②~⑤는 항공화물운송대리점과 항공운송주선업의 내용이 바뀌었다.

14) 정답 ③

ㄴ. ICAO는 항공운송의 질서와 안전을 위한 국제기구이다. 항공화물운송장의 표준양식은 IATA에서 제정하고 있다.

ㄹ. 항공운송인은 화주에게 Master Air Waybill을 발행한다. 항공화물 운송주선인은 화주에게 House AWB를 발행한다.

15) 정답 ④

ㄴ. 기본요율의 표시 : N

ㅁ. 최저중량에는 할인요율이 적용되지 않는다.

16) 정답 ④

• 중량 : MAX $\left[40kg, \dfrac{100 \times 45 \times 60}{6,000} = 45cbm(= kg) \right]$

  ∴ 45kg

• 운임 : 45kg × 9,000원 = 405,000원

17) 정답 ⑤

⑤ 중량만을 → 실제중량과 부피중량(용적중량)을 비교하여 큰 것으로 책정

CHAPTER 06 해상운송(국제 및 연안운송)

01 정답 ④

과거에는 공선항해(ballast voyage)율을 낮출 목적으로 겸용선이 개발된 것은 사실이나 최근에는 신속, 안전한 해상운송을 위하여 전용선의 비중이 높아지고 있다.

02 정답 ③

함부르크 규칙은 국제해상규칙 중의 하나로, 기존 헤이그 규칙이 화주에게 불리하다는 의견 하에 화주입장의 국가들이 제정 및 가입한 규칙으로 해상물품운송에 관한 UN협약이라고 한다. 주요 내용 중 항해과실 면책 규정은 폐지하여 운송인의 책임으로 규정하였다.

03 정답 ④

• LO–LO(Lift on/Lift off) **방식** : 본선 또는 육상에 설치되어 있는 갠트리 크레인(Gantry Crane) 등에 의하여 컨테이너를 적·양하는 방식
• RO–RO(Roll on/Roll off) **방식** : 본선의 선수나 선미를 통하여 트랙터나 포크리프트 등에 의해 적하나 양하가 이루어지도록 설계된 선박을 이용하는 방식

04 정답 ⑤

벌크선이나 탱커선 등은 왕복화물을 구하기가 어렵기 때문에 이러한 문제를 해결하기 위하여 벌크화물과 자동차 겸용선, 광석화물과 원유 겸용선 등이 개발되었다.

05 정답 ⑤

전장(全長 : length over all)이란 선체에 고정적으로 붙어 있는 모든 돌출물을 포함한 선수재(뱃머리)의 맨 앞에서부터 선박의 맨 끝까지의 길이를 말한다.

06 정답 ④

건현(乾舷)은 선박에서 물이 닿지 않는 수면상의 현측부분을 말한다. 즉, 선체 중앙 흘수선으로부터 건현 갑판 상단까지의 높이를 의미한다.

07 정답 ②

② 총톤수는 선박 내부의 총용적을 100세제곱미터를 1톤으로 하여 표시한 것으로 밀폐된 모든 공간(용적)을 측정한 것이다. 다만, 선박의 안전, 위생, 항해 등에 필요한 일부 공간은 제외된다. 따라서 총톤수는 실제 화물을 실을 수 있는 중량톤수는 아니다.

08 정답 ①

② 순톤수(Net Tonnage) : 직접 상행위에 사용되는 공간, 즉 화물이나 여객에 제공되는 공간의 용적크기이다. 이는 항만세, 톤세, 항만시설사용료 등 세금과 수수료 기준
③ 재화중량톤수(DWT : Dead Weight Tonnage) : 선박이 적재할 수 있는 화물의 최대중량을 의미하며 화물선·탱커의 선복량, 용선료, 선박매매거래 등의 기준
④ 배수톤수(Displacement Tonnage) : 선박의 전 중량을 말하는 것으로서 선체 수면하의 부분인 배수용적에 상당하는 물의 양이다. 이는 군함에서 사용하는 톤수에 해당
⑤ 재화용적톤수(Measurement Tonnage) : 선박의 각 선창의 용적과 특수화물 창고 등 운송영업에 제공될 수 있는 화물적재능력을 용적으로 표시($40ft^3$ = 1톤으로 환산)

09 정답 ④

재화중량톤수(Dead Weight Tonnage) : 선박이 적재할 수 있는 화물의 최대중량을 의미하며, 화물선·탱커의 선복량, 용선료, 선박매매거래 등의 기준

10 정답 ⑤

편의치적(Flags of Convenience)이란 선주가 자국의 엄격한 요구조건과 의무(경제적 규제, 선원고용 등)를 피하기 위하여 자국이 아닌 조세피난처인 제3국에 선박을 등록함을 의미한다. 따라서 세제면제 등의 혜택이 있는 것이지 편의치적선으로 등록되었다고 해서 선박이 세계 각국의 항만에서의 입출항이 용이한 것은 아니다.

11 정답 ①

②, ③, ④, ⑤는 정기선과 부정기선의 내용이 반대로 설명되어 있다.

＊ 정기선과 부정기선의 비교

구분	정기선(Liner)	부정기선(Tramper)
특성	규칙적, 신속성, 정확성 有	상대적 저운임, 규칙성과 신속성 低
대상화물	취득가격에서 운임비중이 낮고 운임부담력이 큰 공산품, 고가품 등	단위당 가격이 낮아 가격에서 운임비중이 큰 대량의 bulk화물
수요발생	일정하고 안정적 수요	불규칙적·불안정적 수요
운송인	공중운송인(Public Common Carrier)	사적계약운송인(Private Contract Carrier)
운송계약서	선하증권(B/L)	용선계약서(Charter Party : CP)

운송계약 종류	개품운송계약	용선운송계약
운임	공시된 운임률 적용	시장의 수급상황에 따라 결정

12 정답 ③

ㄱ. **항해용선계약**(Voyage Charter) : 한 항구에서 다른 항구까지 편도 항해를 위해 체결되는 운송계약으로 수출입화물의 대부분을 차지

ㄴ. **선복용선계약**(Lump-sum Charter) : 항해용선계약의 변형된 형태로, 한 선박의 선복 전부를 하나의 선적으로 간주하여 운임을 결정

ㄷ. **일대용선계약**(Daily Charter) : 항해용선계약의 변형으로 하루 단위로 용선하는 용선계약을 의미

ㄹ. **정기용선계약**(Time Charter) : 모든 장비를 갖추고 있고 선장과 선원이 승선해 있는 선박을 일정 기간 동안 사용하는 계약을 의미

ㅁ. **나용선계약**(Bare-boat Charter) : 용선자(charter)가 선박만 용선하는 계약으로 인적·물적 요소 전체를 용선자가 부담하고 운항 전반을 관리하는 계약을 의미

13 정답 ①

묵시적 확약이란 계약서상에는 없으나 화물운송 시 일반적, 관습적으로 인정되는 내용으로 신속한 항해 이행, 부당한 이로(다른 항로) 불가, 위험물의 미적재, 내항성 있는 선박 제공 등은 당연히 운송 상관습상 인정되는 묵시적인 확약사항에 해당한다.

14 정답 ①

＊ 하역비 부담조건

Berth Term (= Liner Term)	선적과 양륙비용을 선주가 부담 : 정기선의 개품운송계약에서 사용함
FIO(Free In & Out)	선적과 양륙비용을 용선자(화주)가 부담
FI(Free In)	선적비용은 용선자, 양륙비용은 선주 부담
FO(Free Out)	선적비용은 선주, 양륙비는 용선자 부담
FIOST (Free In, Free Out, Stowed, Trimmed)	선적비용, 양륙비용, 본선 내의 적부비용 및 화물정리비용 등을 모두 용선자가 부담하는 조건
Gross Term Charter	항비, 하역비, 검수비 모두 선주 부담
Net Term Charter	항비, 하역비, 검수비 모두 용선자 부담

15 정답 ⑤

나용선계약(Bare-boat Charter) : 용선자(charter)가 선박만 용선하는 계약으로 인적·물적 요소 전체를 용선자가 부담하고 운항 전반을 관리하는 계약을 의미한다.

16 정답 ⑤

개품운송계약(Contract of Affreightment) : 정기선에 의한 운송계약으로 선박회사가 여러 화주의 화물운송계약을 개별적으로 맺는 것을 말하며 대부분의 공산품이 대상이 된다. 따라서 운임은 공식적인 공시요율에 따라 부과된다.

17 정답 ④

대량으로 컨테이너를 운송하는 컨테이너 전용선의 경우 규모의 경제 원칙에 의해 단위운임이 낮은 반면, 카페리선의 경우는 일반적으로 운송단가가 높은 편이다.

18 정답 ②

• **후불운임**(Freight Collect) : 화물이 목적지에 도착한 후 수화주(Consignee) 또는 그 대리인이 운임을 지불하는 것으로, 화물수취를 위하여 화물인도지시서 또는 양하지시서(Delivery)가 발급될 때 지불된다. 선측인도조건(FAS : Free Alongside Ship), 본선인도조건(FOB : Free on Board) 등의 매매계약에서 사용된다.

• **선불운임**(Freight Prepaid) : 수출업자가 선적지에서 운임을 지불하는 것을 말하며, 주로 선하증권이 발행될 때 운임을 지불한다. 운임포함 인도조건(CFR : Cost and Freight), 운임보험료포함 인도조건(CIF : Cost, Insurance and Freight) 등의 매매계약에서 사용된다.

19 정답 ③

CAF는 통화할증료(Currency Adjustment Factor)를 말한다.

＊ 정기운임할증료(Surcharge)

• 중량할증운임(HLS : Heavy Lift Surcharge)
• 유가할증료(BAF : Bunker Adjustment Factor)
• 통화할증료(CAF : Currency Adjustment Factor)
• 체선할증료(CS : Port Congestion Surcharge)
• 장척할증료(LS : Lengthy Surcharge)

20 정답 ④

지체료(detention charge)는 화주가 CY에서 컨테이너를 인수한 후 화물을 devanning 한 뒤, 선사에 공컨테이너를 이송하는 시점이 무상기간(free time)을 초과하는 경우 부과하는 비용에 해당한다.

CHAPTER 07 국제복합운송

01 정답 ②

복합운송의 특징으로 송화인은 구간별 각각 별도의 운송계약을 체결하는 것은 아니며, 단일의 운송인과 운송계약을 체결하게 되며 다음의 특징을 갖는다.

> **복합운송의 기본요건**(특징)
> • 운송인은 전 운송구간에 걸쳐 화주에게 단일책임을 진다.
> • 송화인은 단일의 운송인과 단일운송계약을 체결하는 것이 원칙이다.
> • 운송인은 복합운송에 대한 단일복합운송증권을 발행한다.
> • 전 운송구간에 단일운임을 적용한다.
> • 두 가지 이상의 서로 다른 운송수단이나 방식에 의해 운송(단일운송수단 : ×)
> • 컨테이너를 이용한 일관운송의 보편화

02 정답 ②

문제 1번 (상기 해설) 참조
일반적으로 국제복합운송(Multimodal Transport)은 두 가지 이상의 서로 다른 운송수단이나 방식에 의해 운송(단일운송수단 : ×)한다.

03 정답 ④

④ Hub and Spoke System : 물동량이 적은 지역들의 물동량들이 Spoke에 집화되면 여러 Spoke로부터 중앙 Hub에 대규모로 집화·분류되어 다시 각각의 Spoke별로 발송하는 시스템을 의미한다.
① 피기백 서비스(Piggy Back Service) : 화물자동차의 기동성과 철도의 중·장거리 운송에 있어서의 장점을 결합한 혼합운송방식이다.
② 피시백 서비스(Fishy Back Service) : 화물자동차운송과 해상운송의 장점을 활용한 운송방식으로서 운송비 절감, 운송시간 단축, 운송능률 증대 등의 이점이 있다.
③ Land Bridge System : Land Bridge는 운송시간의 단축 또는 운송비의 절감이 주요 목표로 해상운송경로(Bridge)를 대륙횡단경로에 결합한 해상과 육상 간의 복합운송형태를 말한다.
⑤ Sea and Air System : Sea & Air 운송은 해상운송의 저렴성과 항공운송의 신속성을 이용하는 해공복합운송형태이다.

04 정답 ④

④ **적색 선하증권**(Red B/L) : 적색 선하증권이란 보통 선하증권의 기능에다 보험증권의 기능까지도 겸하고 있는 선하증권을 말한다. 즉, 선하증권에 기재된 화물이 항해 중에 해상 사고로 인하여 입은 손해에 대하여 선박회사가 보상해 주는 선하증권이다.
* **기간경과 선하증권**(Stale B/L) : 화물의 선적일 후, 즉 B/L 발행일 후 21일 이상 경과된 유효기간이 도과된 선하증권을 말한다. 개정 신용장통일규칙(UCP 600) 제43조에서 신용장에 서류제시기간이 명시되어 있지 아니한 경우 은행은 선적일 후 21일 경과되어 제시된 운송서류(선하증권)를 수리하지 아니한다고 규정하고 있다.

05 정답 ③

① Micro Land Bridge(= Interior Point Intermodal) : 한국, 일본 등 극동지역에서 미국의 네브라스카, 시카고 등 로키산맥 동부의 내륙지점까지 수송하는 것으로 시카고 등의 주요 수송거점까지 철도운송을 한 뒤 내륙에서는 도로운송을 통해 Door to Door로 문전운송서비스를 제공하는 복합운송경로를 말한다.
② American Land Bridge : 극동과 유럽 간 화물수송 시 미대륙을 Bridge로 하는 운송경로로, 극동의 주요 항만에서 북미 서안의 항구까지는 해상운송을 한 후 북미 동부 또는 남부항까지 철도운송을 통하고 미대륙을 횡단하고 다시 대서양을 횡단하여 유럽지역 항구 또는 내륙까지 해상운송하는 일관운송경로를 말한다.

06 정답 ②

① CLB(Canadian Land Bridge) : ALB와 유사한 형태로 밴쿠버 또는 시애틀까지는 해상운송한 이후 캐나다 몬트리올까지 철도를 통하여 이동하고 대서양 해상을 통하여 유럽항구까지 운송하는 해륙복합운송경로를 말한다.
④ SLB(Siberian Land Bridge) : TSR을 이용하는 운송경로로 극동에서 유럽·중동행 화물을 러시아 보스토치니항까지 운송한 이후 철도운송으로 시베리아를 횡단하여 러시아의 서부국경에서 유럽지역 등으로 운송하는 Land Bridge를 말한다.

07 정답 ①

랜드브리지(Land Bridge)는 대륙과 대륙을 연결하는 데 있어서 육상운송이 교량(Bridge) 역할을 하는 해륙복합운송시스템이다.

08 정답 ⑤

프레이트 포워더(Freight Forwarder)는 타인의 수요에 따라 자기의 명의와 계산으로 타인의 물류시설·장비 등을 이용하여 수출입화물의 물류를 주선하는 사업자를 말하며, 화주를 대신하여 적하보험 수배와 관련된 업무를 수행할 수 있다.

09 정답 ③

Forwarder's consolidation은 포워더가 다수의 송화인(수출업자)으로부터 화물을 집화, 혼재하여 화물 수입국의 파트너 포워더를 통해 다수의 수입업자에게 수송하는 형태를 뜻한다.

10 정답 ③

기명식 선하증권은 유통이 되지 않는 비유통증권(non-negotiable)에 해당하므로 전매와 유통이 제한된다.

11 정답 ④

① Groupage B/L : NVOCC가 동일 목적지로 가는 다수 화주의 소량화물을 LCL화물(Less than Container Load Cargo)에서 FCL로 혼재하여 하나의 "Group"으로 만들어 선적할 때 발행하는 선하증권
② Dirty B/L : 사고부 선하증권(Dirty = Foul B/L)
③ Surrender B/L : 유통성 유가증권인 Original B/L이 아닌 일종의 비유통성 화물수취증
⑤ Third Party B/L : 제3자 선하증권

12 정답 ⑤

FCL화물의 수출을 위한 절차에 있어서 발행되는 서류의 순서는 다음과 같다.
선적요청서(S/R : Shipping Request) → 기기수령증(E/R : Equipment Receipt) → 부두수취증(D/R : Dock Receipt) → 본선수취증(M/R : Mate's Receipt) → 선하증권(B/L : Bill of Lading)

13 정답 ⑤

ㄹ. 프레이트 포워더는 통관업무 대행 혹은 보험수배업무를 수행한다.
ㅁ. 화물인도지시서(D/O)는 도착지의 선사가 작성하여 포워더에게 제공하며, 이를 가지고 도착지 창고에 가서 화물을 수령할 수 있다.

14 정답 ③

③ 해상화물운송장은 해상운송인이 화물의 수령을 증명하고 계약조건 이행을 목적으로 송하인에게 발행하는 서류로 화물에 대한 권리행사는 수하인이 할 수 있다.

CHAPTER 08 단위적재운송시스템(ULS)

01 정답 ②

단위적재운송시스템(ULS : Unit Load System)은 화물을 일정한 표준의 중량 또는 용적으로 단위화하여 일괄적으로 운송하는 물류시스템으로 파렛트와 컨테이너라는 운송용구의 개발에 의해 화물을 화주의 문전에서 문전까지(Door to Door) 일관운송할 수 있는 체계이다.

02 정답 ③

유닛로드시스템(Unit Load System)의 핵심은 중량과 용적의 단위화, 단위적재이다.
ㄱ. 기업의 특정기능을 외부의 전문사업자로 하여금 수행하게 하는 것은 아웃소싱을 의미한다.
ㄹ. 화물의 현재 위치나 상태 및 화물이 이동한 경로를 파악할 수 있는 것은 위치추적시스템을 말한다.

03 정답 ②

단위적재운송시스템(ULS : Unit Load System)은 화물을 일정한 표준의 중량 또는 용적으로 단위화하여 일괄적으로 운송하는 물류시스템으로 파렛트와 컨테이너라는 운송용구의 개발에 의해 화물을 일관운송할 수 있는 체계로서, 적재의 효율성을 높이기 위해서는 적재화물의 단위화, 규격화 및 규격에 맞는 운송장비가 가장 중요한 요인이다.
② 취급할 총화량은 단위적재운송을 위한 파렛트의 종류와 크기를 결정하는 데 중요도가 낮다고 볼 수 있다.

04 정답 ②

파렛트 풀 시스템은 파렛트의 규격(치수), 강도, 재질 등을 표준화하여 여러 물류기업들이 파렛트를 상호 공동으로 이용함으로써 물류의 효율성을 높이고 물류비용을 절감하고자 구축된 파렛트 이용시스템을 말한다. 우리나라에서는 주로 리스·렌탈방식을 사용하고 있다.

05 정답 ②

구분	즉시교환방식	리스·렌탈방식	교환·리스 병용방식	대차결제방식
개념	유럽 각국의 국영 철도에서 Pallet Load 형태로 운송하면 국철에서 같은 수의 파렛트로 교환해 주는 방식	Pallet Pool 회사에서 일정 규격의 파렛트를 필요에 따라 임대해 주는 방식	즉시 교환 방식 + 리스·렌탈 방식	교환방식의 개선 형태로 현장에서 즉시 교환하지 않고 일정 시간 내에 도착역에 해당 파렛트가 반납되면 같은 수만큼 역에서 내주는 방식

장점	• 즉시 교환에 따른 파렛트 분실 방지 • Pallet의 사무관리를 국철역에서 시행함으로써 사무관리가 용이함	• 파렛트의 이용에 대한 수급파동의 조정이 용이 • 파렛트의 품질이 유지됨 • 적정 파렛트의 운영 가능	사용자의 편이성이 좋음	국철역에서 파렛트를 즉시 교환할 필요가 없음	
단점	• 동일 크기, 품질의 파렛트 교환이 곤란 • 화주 편재 → 파렛트 편재 • 파손, 손상에 대한 책임소재 불명확 • 항상 최소한의 교환예비용 파렛트가 필요	• 운영 면에서 교환방식보다 인도반환 등 사무처리 복잡 • 반환 시 렌탈료 계산이 필요 • 화주 편재 → 파렛트 편재 • 렌탈회사 depot에서 화주공장까지 공차운송이 불가피	• 사무관리 복잡 • 결국 실패	책임소재가 불명확	

➡ 화주가 개별적으로 파렛트를 보유하면서 공동으로 이용하는 것은 교환방식이며, 특정회사의 파렛트를 일정 기간 임대하여 공동으로 이용하는 것은 리스·렌탈방식이다.

06 정답 ①

문제 5번 (상기 해설) 참조

07 정답 ⑤

파렛트 풀 시스템의 운영방식 중 개별 기업이 파렛트를 보유하지 않고 특정회사의 파렛트를 임대하여 사용하는 방식은 리스·렌탈방식이다.

08 정답 ④

❋ 탱크 컨테이너

탱크 컨테이너 (Tank Container)	액체상태의 유류, 주류, 화학제품 등을 운반하는 탱크 구조형 컨테이너이다.	

09 정답 ③

❋ 플랫랙 컨테이너와 오픈탑 컨테이너

플랫랙 컨테이너 (Flat Rack Container)	목재, 승용차, 기계류 등과 같은 중량화물을 운송하기 위한 컨테이너로 지붕과 벽을 제거하고 기둥과 버팀대만 두어 전후좌우 및 쌍방에서 하역할 수 있는 컨테이너이다.	

오픈탑 컨테이너 (Open Top Container)	중량화물이나 장척화물 운송에 적합하도록 천장이 개방된 컨테이너. 파이프와 같이 길이가 긴 장척화물, 중량품 등을 수송하기 위한 컨테이너로 지붕이 없는 형태여서 화물을 컨테이너의 윗부분으로 넣거나 하역할 수 있다.	

10 정답 ⑤

❋ 플랫랙 컨테이너

플랫랙 컨테이너 (Flat Rack Container)	목재, 승용차, 기계류 등과 같은 중량화물을 운송하기 위한 컨테이너로 지붕과 벽을 제거하고 기둥과 버팀대만 두어 전후좌우 및 쌍방에서 하역할 수 있는 컨테이너이다.	

11 정답 ④

❋ 컨테이너운송의 장점
• 운송·보관과정에서 화물의 안전성이 높고 이에 따라 보험료가 절약된다.
• 환적지점에서의 하역작업 단순화 및 신속성, 효율성을 증진시킨다.
• 컨테이너가 외부 포장재의 역할을 하므로 포장비 및 창고(재고)보관비가 절약된다.
• 컨테이너는 운반이 기계화되어 인건비 절약 및 업무의 능률화가 가능하다.
• 컨테이너운송은 복합운송 및 일관운송이 가능하므로 운임률이 비교적 낮다.
• 서류취급 작업의 최소화가 가능하다.

12 정답 ⑤

Pier to Door 운송방식은 CFS ➡ CY(LCL ➡ FCL)를 말한다.

13 정답 ②

수입업자는 (주)윤호무역으로 단일한 경우이며, 수출업자는 A, B, C 3개 업체인 경우로서 CFS ➡ CY(LCL ➡ FCL) 운송에 해당한다.

14 정답 ③

컨테이너 물동량의 단위는 TEU로 20피트 컨테이너를 기준으로 한다.

∴ 연간 처리량 = (400 + 600 + 100) × 25 × 12
= 330,000TEU

15 정답 ③

ㄱ. **트랜스테이너 방식** : 트랙터와 섀시를 조합하여 컨테이너를 운송하고, CY에서는 트랜스퍼 크레인을 이용하여 적재·보관하는 방식으로 4~5단 적재가 가능하며, 자동화로 인한 장비가동률과 유지보수비도 저렴한 장점이 있으나 초기투자비용이 다소 크다.

ㄴ. **스트래들 캐리어 방식** : 섀시 방식(샤시 방식)과 다르게 컨테이너를 2~3단으로 적재가 가능하여 효율성이 높고 한 번에 여러 컨테이너를 운송할 수 있는 장점이 있다.

ㄷ. **샤시 방식** : 갠트리 크레인을 이용하여 선박에서 컨테이너를 꺼내 직접 섀시에 적재하는 하역방식으로 신속하고 효율적이나, 섀시보관장소가 필요하고 1단만 장치하므로 스트래들 캐리어에 비해 제약이 다소 있다.

16 정답 ⑤

① **화물집화장**(Marshalling Yard) : 마샬링 야드는 컨테이너선에 선적하거나 양륙하기 위하여 컨테이너를 정렬시켜 놓은 공간을 말한다. 이는 컨테이너선에 선적해야 할 선적 예정 컨테이너를 선내 적부계획에 의거하여 일시적으로 정렬해 두는 컨테이너 터미널의 주요 시설

② **컨테이너야드**(CY : Container Yard) : CY는 철도 및 해상운송 등과 관련된 화물처리시설로서 컨테이너를 효율적으로 배치, 회수, 보관하기 위하여 운영되는 시설을 말한다.

③ **CFS**(Container Freight Station) : CFS는 LCL화물 처리를 위한 기본적인 시설로서 컨테이너 한 개를 채울 수 없는 소량화물(LCL화물)을 인수, 인도하고 보관하거나 컨테이너에 적입(Stuffing) 또는 적출(Unstuffing, Devanning) 작업을 하는 장소

④ **선석**(Berth) : 항구에 컨테이너선이 접안(接岸)해서 컨테이너 용기를 선적 또는 양하하기 위해 설치된 구조물로 바다와 맞닿아 있는 부분

17 정답 ③

국내의 수입업자가 외국의 다수 수출업자로부터 화물을 한데 모아 국내로 수입하는 절차를 묻고 있으므로 CFS(수출국) → CY(수입국 : 국내)임을 알 수 있고, 이를 Buyer's consolidation이라 한다.

18 정답 ⑤

• **Forwarder's Consolidation**(CFS / CFS 방식) : 수출자(송하인)와 수입업자(수하인)가 각각 다수인 경우에 사용되는 방식으로, 수출 선적항의 컨테이너 화물처리장소인 CFS(Container Freight Station)에서 LCL화물을 컨테이너에 싣고 목적지까지 컨테이너로 운송한 후 목적지에서 다수의 수하인에게 화물을 인도하는 방식이다.

• **Shipper's Consolidation**(CY / CFS 방식) : 한 명의 수출자가 화물을 컨테이너에 FCL 상태로 선적하여 운송하고 목적지에 도착하면 다수의 수입자(수하인)에게 인도하는 방식의 컨테이너 운송방식으로, 한 수출업자가 동일한 지역의 여러 소규모 수입업자에게 동시에 화물을 운송할 경우 많이 사용하는 형태이다.

• **Buyer's Consolidation**(CFS / CY 방식) : 한 명의 수입업자가 다수의 송하인으로부터 물품을 수입할 때 주로 이용되는 방식으로, LCL화물을 인도받아 FCL 상태를 만들어 컨테이너에 싣고 이를 수입업자 창고에까지 운송하는 방식이다.

제3과목 국제물류론

대표기출문제

01 국제물류와 국내물류의 비교로 옳지 않은 것을 모두 고른 것은?

구분		국제물류	국내물류
ㄱ	운송방법	주로 복합운송이 이용된다.	주로 공로운송이 이용된다.
ㄴ	재고수준	짧은 리드타임으로 재고 수준이 상대적으로 낮다.	주문시간이 길고, 운송 등의 불확실성으로 재고 수준이 높다.
ㄷ	화물위험	단기운송으로 위험이 낮다.	장기운송과 환적 등으로 위험이 높다.
ㄹ	서류작업	구매주문서와 송장 정도로 서류 작업이 간단하다.	각종 무역운송서류가 필요하여 서류 작업이 복잡하다.
ㅁ	재무적 위험	환리스크로 인하여 재무적 위험이 높다.	환리스크가 없어 재무적 위험이 낮다.

① ㄱ, ㄴ, ㄷ　　　　② ㄱ, ㄷ, ㅁ
③ ㄱ, ㄹ, ㅁ　　　　④ ㄴ, ㄷ, ㄹ
⑤ ㄴ, ㄹ, ㅁ

02 국제물류관리체계에 관한 설명으로 옳지 않은 것은?

① 현지물류체계는 본국 중심의 생산활동과 국제적으로 표준화된 판매활동이 이루어진다.
② 글로벌 SCM 네트워크 체계는 조달, 생산, 판매, 유통 등 기업 활동이 전 세계를 대상으로 진행된다.
③ 거점물류체계는 기업 활동의 전부 또는 일부를 특정 경제권의 투자가치가 높은 지역에 배치하고 해당 지역거점을 중심으로 이루어지는 물류관리체계이다.
④ 현지물류체계는 국가별 현지 자회사를 중심으로 물류 및 생산활동을 수행하는 체계로 현지국에 생산거점을 둔다.
⑤ 글로벌 SCM 네트워크 체계는 정보자원, 물류인프라, 비즈니스 프로세스를 국경을 초월해 통합적으로 관리하고 조정한다.

03 국제물류의 기능에 관한 설명으로 옳은 것을 모두 고른 것은?

구분	기능	내용
ㄱ	수량적 기능	생산수량과 소비수량의 불일치를 집화, 중계, 배송 등을 통해 조정
ㄴ	품질적 기능	생산자가 제공하는 재화와 소비자가 소비하는 재화의 품질을 가공, 조립, 포장 등을 통해 조정
ㄷ	가격적 기능	생산자와 소비자를 매개로 운송에서 정보활동에 이르기까지의 모든 비용을 조정
ㄹ	시간적 기능	생산자와 소비자가 인적으로 다르고 분업으로 발생하는 복잡한 유통경제조직을 운송과 상거래로 조정
ㅁ	장소적 기능	재화의 생산시기와 소비시기의 불일치 조정

① ㄱ, ㄴ, ㄷ　　　　② ㄱ, ㄴ, ㄹ
③ ㄱ, ㄷ, ㄹ　　　　④ ㄴ, ㄷ, ㅁ
⑤ ㄷ, ㄹ, ㅁ

04 최근 국제물류 환경변화로 옳은 것은?

① 제품의 수명주기가 길어짐에 따라 신속한 국제운송이 요구되고 있다.
② 환경친화적 물류관리를 위하여 세계적으로 환경오염에 대한 규제가 완화되고 있다.
③ 위치기반기술의 발전으로 인하여 실시간 화물추적과 운행관리가 가능해졌다.
④ 기업들은 SCM체제를 구축하여 재고 증대를 통한 빠른 고객대응을 추구하게 되었다.
⑤ e-Logistics의 활용으로 물류 가시성이 낮아지고 있다.

 정답　**01** ④　**02** ①　**03** ①　**04** ③

05 국제물류시스템 중 통과 시스템의 특징으로 옳은 것은?

① 혼재·대량수송을 통해 운송비용을 절감할 수 있다.
② 해외 자회사 창고는 보관기능보다 집하·분류·배송기능에 중점을 둔다.
③ 상품이 생산국에서 해외 중앙창고로 출하된 후 각국 자회사 창고 혹은 고객에게 수송된다.
④ 해외 자회사는 상거래 유통에는 관여하지만 물류에는 직접적으로 관여하지 않는다.
⑤ 수출입 통관수속을 고객이 직접 해야 하기 때문에 그만큼 고객 부담이 높아진다.

06 국제물류시스템 중 고전적 시스템에 관한 내용으로 옳은 것은?

① 기업은 해외 자회사 창고까지 저속·대량운송수단을 이용하여 운임을 절감할 수 있다.
② 수출국 창고에 재고를 집중시켜 운영할 수 있기 때문에 다른 어떤 시스템보다 보관비가 절감된다.
③ 수출기업으로부터 해외 자회사 창고로의 출하 빈도가 높기 때문에 해외 자회사 창고의 보관비가 상대적으로 절감된다.
④ 해외 자회사 창고는 집하·분류·배송기능에 중점을 둔다.
⑤ 상품이 생산국 창고에서 출하되어 한 지역의 중심국에 있는 중앙창고로 수송된 후 각 자회사 창고 혹은 고객에게 수송된다.

07 다음 설명에 해당하는 국제물류시스템의 내용으로 옳지 않은 것은?

> 다국적기업이 해외 각국에 여러 개의 현지 자회사를 가지고 있는 경우 어느 한 국가의 현지 자회사가 지역물류거점의 역할을 담당하여 인접국에 대한 상품공급에 유용한 허브창고를 갖고 상품을 분배하는 시스템

① 허브창고에서 수송거리가 먼 자회사가 존재하는 경우 수송비용 증가 및 서비스수준 하락을 가져올 수 있다.
② 고전적 시스템보다 재고량이 감축되어 보관비가 절감된다.
③ 국내 생산공장에서 허브창고까지의 상품수송은 대량수송과 저빈도 수송형태이다.
④ 해당 물류시스템은 창고형뿐만 아니라 통과형으로도 사용가능하다.
⑤ 허브창고의 입지는 수송의 편리성이 아닌 지리적 서비스 범위로만 결정한다.

정답 **05** ② **06** ① **07** ⑤

01] 무역계약조건 중 선적조건에 관한 설명으로 옳은 것은?

① 계약에서 선적횟수와 선적수량을 구체적으로 나누어 약정한 경우를 분할선적이라고 한다.

② UCP 600에서는 신용장이 분할선적을 금지하고 있더라도 분할선적은 허용된다.

③ UCP 600에서는 동일한 장소 및 일자, 동일한 목적지를 위하여 동일한 특송운송 업자가 서명한 것으로 보이는 둘 이상의 특송화물수령증의 제시는 분할선적으로 보지 않는다.

④ UCP 600에서는 신용장이 환적을 금지하고 있다면 물품이 선화증권에 입증된 대로 컨테이너에 선적된 경우라도 환적은 허용되지 않는다.

⑤ UCP 600에서는 신용장이 환적을 금지하고 있는 경우에는 환적이 행해질 수 있다고 표시하고 있는 항공운송서류는 수리되지 않는다.

02] 무역계약의 주요 조건에 관한 설명으로 옳은 것은?

① D/P(Documents against Payment)는 관련 서류가 첨부된 기한부(Usance) 환어음을 통해 결제하는 방식이다.

② 표준품매매(Sales by Standard)란 공산품과 같이 생산될 물품의 정확한 견본의 제공이 용이한 물품의 거래에 주로 사용된다.

③ 신용장 방식에 의한 거래에서 벌크화물(bulk cargo)에 관하여 과부족을 금지하는 문언이 없는 한, 5%까지의 과부족이 용인된다.

④ CAD(Cash Against Document)는 추심에 관한 통일규칙에 의거하여 환어음을 추심하여 대금을 영수한다.

⑤ FAQ(Fair Average Quality)는 양륙항에서 물품의 품질에 의하여 품질을 결정하는 방법이다.

03] 무역계약의 주요 조건에 관한 설명으로 옳은 것은?

① 표준품매매(Sales by Standard)는 주로 전기, 전자제품 등의 거래에 사용되는 것으로, 상품의 규격이나 품질 수준을 국제기구 등이 부여한 등급으로 결정하는 방식이다.

② M/L(More or Less) Clause는 Bulk 화물의 경우 계약 물품의 수량 앞에 about 등을 표기하여 인도수량의 신축성을 부여하기 위한 수량표현 방식이다.

③ COD(Cash on Delivery)는 양륙지에서 계약물품을 매수인에게 전달하면서 현금으로 결제받는 방식이다.

④ D/A(Documents against Acceptance)는 관련 서류가 첨부된 일람불 환어음을 통해 결제하는 방식이다.

⑤ M/T(Mail Transfer)는 지급은행에 대하여 일정한 금액을 지급하여 줄 것을 위탁하는 우편환을 수입상이 거래은행으로부터 발급받아 직접 수출상에게 제시하여 결제하는 방식이다.

정답 **01** ③ **02** ③ **03** ③

04 무역계약 조건에 관한 설명으로 옳은 것은?

① GMQ 품질조건은 곡물매매에서 많이 사용되며, 선적지에서 해당 계절 출하품의 평균중등품을 표준으로 한다.

② Tale Quale의 조건은 인도물품의 품질이 계약과 일치하는지의 여부를 목적항에서 물품을 양륙한 시점에 판정하는 조건이다.

③ 양륙품질조건의 경우에는 매도인에게 품질수준의 미달 또는 운송 도중의 변질에 대한 입증책임이 귀속된다.

④ 무역계약서의 수량조건에서 "100 M/T, but 3% more or less at seller's option"이라 표현되었다면, 매도인은 98 M/T 수량을 인도해도 계약위반이 아니다.

⑤ 과부족용인규정에 따른 정산 시 정산기준가격에 대한 아무런 약정을 하지 않았을 경우 도착일가격에 의해 정산하는 것이 일반적인 상관례이다.

05 Incoterms® 2020 규칙상 해상운송이나 내수로운송의 경우에만 사용되어야 하는 거래조건으로 옳은 것은?

① FAS, FOB, CFR, CIF

② FOB, CIF, CPT, DPU

③ FAS, FOB, CPT, CIP

④ CFR, CIF, CPT, CIP

⑤ FOB, DAP, DPU, DDP

06 Incoterms® 2020의 개정 내용에 관한 설명으로 옳지 않은 것은?

① FCA에서 본선적재 선하증권에 관한 옵션 규정을 신설하였다.

② FCA, DAP, DPU 및 DDP에서 매도인 또는 매수인 자신의 운송수단에 의한 운송을 허용하고 있다.

③ CIF규칙은 최대담보조건, CIP규칙은 최소담보조건으로 보험에 부보하도록 개정하였다.

④ 인코텀즈 규칙에 대한 사용지침(Guidance Note)을 설명문(Explanatory Note)으로 변경하여 구체화하였다.

⑤ 운송의무 및 보험비용 조항에 보안 관련 요건을 삽입하였다.

07 Incoterms® 2020에서 물품의 인도에 관한 설명으로 옳은 것은?

① CPT규칙에서 매도인은 지정선적항에서 매수인이 지정한 선박에 적재하여 인도한다.

② EXW규칙에서 지정인도장소 내에 이용 가능한 복수의 지점이 있는 경우에 매도인은 그의 목적에 가장 적합한 지점을 선택할 수 있다.

③ DPU규칙에서 매도인은 물품을 지정목적지에서 도착운송수단에 실어둔 채 양하 준비된 상태로 매수인의 처분하에 둔다.

④ FOB규칙에서 매수인이 운송계약을 체결할 의무를 가지고, 매도인은 매수인이 지정한 선박의 선측에 물품을 인도한다.

⑤ FCA규칙에서 지정된 물품 인도 장소가 매도인의 영업구내인 경우에는 물품을 수취용 차량에 적재하지 않은 채로 매수인의 처분하에 둠으로써 인도한다.

정답 **04** ④ **05** ① **06** ③ **07** ②

08﹚ Incoterms® 2020에서 물품의 양륙에 관한 설명으로 옳지 않은 것은?

① FCA규칙에서 매도인의 구내가 아닌 그 밖의 장소에서 물품의 인도가 이루어지는 경우 매도인은 도착하는 운송수단으로부터 물품을 양륙할 의무가 없다.
② FOB규칙에서 목적항에서 물품의 양륙비용은 매수인이 지급한다.
③ CPT규칙에서 목적지에서 물품의 양륙비용을 운송계약에서 매도인이 부담하기로 한 경우에는 매도인이 이를 부담하여야 한다.
④ DAP규칙에서 매도인이 운송계약에 따라 목적지에서 물품의 양륙비용을 부담한 경우 별도의 합의가 없다면 매수인으로부터 그 양륙비용을 회수할 수 있다.
⑤ DPU규칙에서 목적지에서 물품의 양륙비용은 매도인이 부담하여야 한다.

09﹚ Incoterms® 2020에 관한 설명으로 옳지 않은 것은?

① Incoterms는 이미 존재하는 매매계약에 편입된(incorporated) 때 그 매매계약의 일부가 된다.
② 대금지급의 시기, 장소, 방법과 관세부과, 불가항력, 매매물품의 소유권 이전 문제를 다루고 있다.
③ 양극단(two extremes)의 E규칙과 D규칙 사이에, 3개의 F규칙과 4개의 C규칙이 있다.
④ CPT와 CIP매매에서 위험은 물품이 최초운송인에게 교부된 때 매도인으로부터 매수인에게 이전된다.
⑤ A1/B1에서 당사자의 기본적인 물품제공/대금지급의무를 규정하고, 이어 인도조항과 위험이전조항을 보다 두드러진 위치인 A2와 A3으로 각각 옮겼다.

10﹚ Incoterms® 2020의 CIF규칙에 관한 설명으로 옳지 않은 것은?

① 물품의 멸실 및 손상의 위험은 물품이 선박에 적재된 때 이전된다.
② 매수인은 자신의 운송계약상 목적항 내의 명시된 지점에서 양하에 관하여 비용이 발생한 경우에 당사자 간에 달리 합의되지 않는 한, 그러한 비용을 매도인으로부터 별도로 상환받을 권리가 없다.
③ 해상운송이나 내수로운송에만 사용된다.
④ 해당되는 경우에 매도인이 물품의 수출통관을 해야 한다.
⑤ 매수인은 매도인에 대하여 운송계약을 체결할 의무가 없다.

11﹚ 다음은 Incoterms® 2020 소개문(introduction)의 일부이다. (   )에 들어갈 용어가 올바르게 나열된 것은?

Likewise, with DDP, the seller owes some obligations to the buyer which can only be performed within the buyer's country, for example obtaining import clearance. It may be physically or legally difficult for the seller to carry out those obligations within the buyer's country and a seller would therefore be better advised to consider selling goods in such circumstances under the (ㄱ) or (ㄴ) rules.

① ㄱ : DAP, ㄴ : DDP
② ㄱ : CPT, ㄴ : DAP
③ ㄱ : DAT, ㄴ : DPU
④ ㄱ : DAP, ㄴ : DPU
⑤ ㄱ : CIP, ㄴ : DAT

 정답 **08** ④ **09** ② **10** ② **11** ④

12) 비엔나협약(CISG, 1980)의 적용 제외 대상으로 옳지 않은 것은?

① 경매에 의한 매매
② 강제집행 또는 기타 법률상의 권한에 의한 매매
③ 주식, 지분, 투자증권, 유통증권 또는 통화의 매매
④ 선박, 항공기의 매매
⑤ 원유, 석탄, 가스, 우라늄 등의 매매

13) 신용장통일규칙(UCP 600) 제23조에 규정된 항공운송서류의 수리요건이 아닌 것은?

① 운송인의 명칭이 표시되고, 운송인 또는 그 대리인에 의하여 서명되어야 한다.
② 물품이 운송을 위하여 인수되었음이 표시되어야 한다.
③ 신용장에 명기된 출발 공항과 목적 공항이 표시되어야 한다.
④ 항공운송서류는 항공화물운송장(AWB)의 명칭과 발행일이 표시되어야 한다.
⑤ 신용장에서 원본 전통이 요구되더라도, 송화인용 원본이 제시되어야 한다.

14) UCP 600에서 다음과 같이 환적을 정의하고 있는 운송서류와 관련이 있는 것을 모두 고른 것은?

> Transhipment means unloading from one vessel and reloading to another vessel during the carriage from the port of loading to the port of discharge stated in the credit.

ㄱ. 적어도 두 가지 다른 운송방식을 표시하는 운송서류(Transport document covering at least two different modes of transport)
ㄴ. 선화증권(Bill of lading)
ㄷ. 비유통성 해상화물운송장(Non-negotiable sea waybill)
ㄹ. 용선계약 선화증권(Charter party bill of lading)
ㅁ. 항공운송서류(Air transport document)

① ㄱ, ㄴ   ② ㄴ, ㄷ
③ ㄷ, ㄹ   ④ ㄷ, ㅁ
⑤ ㄹ, ㅁ

15) 다음은 신용장통일규칙(UCP 600) 제3조 내용의 일부이다. ( )에 들어갈 내용을 올바르게 나열한 것은?

> • The words "to", "until", "till", "from" and "between" when used to determine a period of shipment (ㄱ) the date or dates mentioned, and the words "before" and "after" (ㄴ) the date mentioned.
> • The words "from" and "after" when used to determine a maturity date (ㄷ) the date mentioned.

① ㄱ : include, ㄴ : exclude, ㄷ : exclude
② ㄱ : include, ㄴ : exclude, ㄷ : include
③ ㄱ : include, ㄴ : include, ㄷ : exclude
④ ㄱ : exclude, ㄴ : include, ㄷ : include
⑤ ㄱ : exclude, ㄴ : include, ㄷ : exclude

16] 신용장통일규칙(UCP 600) 제20조의 선하증권 수리 요건에 관한 설명으로 옳지 않은 것은?

① 운송인의 명칭이 표시되어 있고, 지정된 운송인 뿐만 아니라 선장 또는 그 지정대리인이 발행하고 서명 또는 확인된 것

② 물품이 신용장에서 명기된 선적항에서 지정된 선박에 본선적재 되었다는 것을 인쇄된 문언이나 본선적재필 부기로 명시한 것

③ 운송조건을 포함하거나 또는 운송조건을 포함하는 다른 자료를 참조하고 있는 것

④ 용선계약에 따른다는 표시를 포함하고 있는 것

⑤ 단일의 선하증권 원본 또는 2통 이상 원본으로 발행된 경우에는, 선하증권상에 표시된 대로 전통인 것

17] 구상무역에 사용할 수 있는 신용장으로 옳은 것을 모두 고른 것은?

ㄱ. Straight Credit
ㄴ. Back-to-Back Credit
ㄷ. Tomas Credit
ㄹ. Revolving Credit
ㅁ. Escrow Credit

① ㄱ, ㄴ, ㅁ   ② ㄱ, ㄷ, ㄹ
③ ㄴ, ㄷ, ㄹ   ④ ㄴ, ㄷ, ㅁ
⑤ ㄷ, ㄹ, ㅁ

18] 신용장통일규칙(UCP 600)의 내용에 관한 설명으로 옳은 것은?

① 발행된 신용장에 취소불능(irrevocable)이라고 표시하지 않으면 취소가능 신용장이다.

② 선적기간을 정하기 위하여 사용하는 "to", "from", "after"란 용어는 언급된 당해 일자를 포함한다.

③ 신용장은 이용 가능한 해당 은행과 모든 은행을 이용할 수 있는지 여부를 명시하지 않아도 된다.

④ 신용장은 발행의뢰인을 지급인으로 하는 환어음에 의하여 이용할 수 있도록 발행되어야 한다.

⑤ 지정은행, 필요한 경우의 확인은행 및 발행은행은 서류가 문면상 일치하는 제시를 나타내는지를 결정하기 위해서는 서류만으로 심사하여야 한다.

19] 신용장통일규칙(UCP 600) 제23조의 항공운송서류 수리요건에 관한 설명으로 옳지 않은 것은?

① 운송인의 명칭을 표시하고 운송인, 기장 또는 그들을 대리하는 지정대리인에 의하여 서명되어 있어야 한다.

② 물품이 운송을 위하여 수취되었음을 표시하고 있어야 한다.

③ 신용장에 명기된 출발공항과 목적공항을 표시하고 있어야 한다.

④ 신용장이 원본의 전통을 명시하고 있는 경우에도, 탁송인 또는 송화인용 원본으로 구성되어야 한다.

⑤ 운송의 제조건을 포함하고 있거나 또는 운송의 제조건을 포함하는 다른 자료를 참조하고 있는 서류이어야 한다.

정답 **16** ④   **17** ④   **18** ⑤   **19** ①

20〕 **신용장통일규칙(UCP 600)에서 선하증권의 수리요 건에 관한 설명으로 옳지 않은 것은?**

① 선장의 이름을 표시하고 선장 또는 선장을 대리하는 지정대리인에 의하여 서명되어 있어야 한다.

② 본선적재표시에 의하여 물품이 신용장에 명기된 선적항에서 지정선박에 본선적재 되었음을 표시하고 있어야 한다.

③ 신용장이 환적을 금지하고 있는 경우에도 물품이 선하증권에 의하여 입증된 대로 컨테이너, 트레일러 또는 라쉬선에 적재된 경우에는 환적이 행해질 수 있다고 표시하고 있는 선하증권은 수리될 수 있다.

④ 용선계약에 따른다는 어떠한 표시도 포함하고 있지 않아야 한다.

⑤ 운송의 제조건을 포함하고 있는 선하증권이거나, 또는 운송의 제조건을 포함하는 다른 자료를 참조하고 있는 약식선하증권이어야 한다.

21〕 **신용장거래에 관한 설명으로 옳은 것은?**

① 신용장은 취소가능 혹은 불가능에 관한 아무런 표시가 없으면 취소가능한 것으로 간주한다.

② 신용장 당사자의 합의에 의해 신용장조건을 변경하는 경우, 조건변경의 부분승낙은 허용되지 않으며 거절로 간주한다.

③ 선적일자의 표기에서 until, from, before, between은 당해 일자를 포함한다.

④ 신용장의 유효기일과 신용장에 규정된 선적기일이 지정된 은행의 휴업일에 해당하는 경우 두 기일 모두 다음 최초영업일까지 연장된다.

⑤ 신용장거래에서 은행은 무고장 운송서류만을 수리하므로 "무고장(clean)"이라는 단어가 운송서류에 명확하게 표기되어야 한다.

22〕 **다음 (   )에 들어갈 용어로 옳은 것은?**

- (ㄱ)은/는 수출신용장을 가진 수출업자가 국내에서 수출용 원자재나 완제품을 조달하고자 할 때 사용하는 증서를 말한다.
- 이에 반해, (ㄴ)은/는 외화획득용 원료·기재를 구매하려는 경우 또는 구매한 경우 외국환은행의 장 또는 전자문서기반사업자가 (ㄱ)에 준하여 발급하는 증서를 말한다.

① ㄱ : 내국신용장, ㄴ : 보증신용장
② ㄱ : 내국신용장, ㄴ : 구매확인서
③ ㄱ : 구매확인서, ㄴ : 보증신용장
④ ㄱ : 보증신용장, ㄴ : 회전신용장
⑤ ㄱ : 구매확인서, ㄴ : 회전신용장

23〕 **무역분쟁해결 방법에 관한 설명으로 옳지 않은 것은?**

① ADR(Alternative Dispute Resolution)에는 타협, 조정, 중재가 있다.

② 중재판정은 당사자 간에 있어서 법원의 확정판결과 동일한 효력을 가진다.

③ 소송은 국가기관인 법원의 판결에 의하여 분쟁을 강제적으로 해결하는 방법이다.

④ 뉴욕협약(1958)에 가입한 국가 간에는 중재판정의 승인 및 집행이 보장된다.

⑤ 상사중재의 심리절차는 비공개로 진행되므로, 기업의 영업상 비밀이 누설되지 않는다.

24〕 우리나라 중재법상 중재에 관한 설명으로 옳지 않은 것은?

① 중재합의의 당사자는 중재절차의 진행 중에는 법원에 보전처분을 신청할 수 없다.

② 중재인의 수는 당사자 간의 합의로 정하되, 합의가 없으면 3명으로 한다.

③ 당사자 간에 다른 합의가 없으면 중재인은 국적에 관계없이 선정될 수 있다.

④ 당사자 간에 다른 합의가 없는 경우 중재절차는 피신청인이 중재요청서를 받은 날부터 시작된다.

⑤ 중재절차의 진행 중에 당사자들이 화해한 경우 중재판정부는 그 절차를 종료한다.

25〕 New York Convention(1958)의 일부이다. ( )에 들어갈 용어는?

> The term "( )" shall include an arbitral clause in a contract or an arbitration agreement, signed by the parties or contained in an exchange of letters or telegrams.

① agreement in writing

② arbitral authority

③ intercession

④ signatures and ratifications

⑤ declarations and notifications

26〕 소송과 비교한 상사중재의 특징으로 옳지 않은 것은?

① 소송과 비교하여 볼 때 그 비용이 저렴하다.

② 심리과정과 판정문이 공개되는 것을 원칙으로 한다.

③ 우리나라에서 내려진 중재판정이 외국에서도 승인·집행될 수 있다.

④ 단심제로 운영되므로 분쟁이 신속하게 해결될 수 있다.

⑤ 분쟁 당사자가 중재인을 선정할 수 있으며 양 당사자는 중재판정의 결과에 따라야 한다.

27〕 New York Convention(1958)의 일부이다. ( )에 들어갈 용어로 옳은 것은?

> The term "( )" shall include not only awards made by arbitrators appointed for each case but also those made by permanent arbitral bodies to which the parties have submitted.

① arbitral awards

② agreement to refer

③ agreement in writing

④ submission agreement

⑤ alternative dispute resolution

정답 24 ① 25 ① 26 ② 27 ①

01⟩ 해상운송 용어에 관한 설명으로 옳은 것은?

① 흘수(Draft)는 선박의 수중에 잠기지 않는 수면 위의 선체 높이로 예비부력을 표시한다.

② 편의치적(FOC)은 자국선대의 해외이적을 방지하기 위해 자국의 자치령 또는 속령에 치적할 경우 선원 고용의 융통성과 세제혜택을 허용하는 제도이다.

③ 항만국 통제(Port State Control)는 자국 항만에 기항하는 외국국적 선박에 대해 국제협약이 정한 기준에 따라 선박의 안전기준 등을 점검하는 행위이다.

④ 재화중량톤수(DWT)는 흘수선을 기준으로 화물이 적재된 상태의 선박과 화물의 중량을 나타내는 것이다.

⑤ 운임톤(Revenue Ton)은 직접 상행위에 사용되는 용적으로 톤세, 항세, 항만시설 사용료 등의 부과기준이 된다.

02⟩ 항만시설에 관한 설명으로 옳지 않은 것은?

① 묘박지(Anchorage)는 선박이 닻을 내리고 접안을 위해 대기하는 수역을 말한다.

② 계선주(Bitt)는 선박의 계선밧줄을 고정하기 위하여 안벽에 설치된 석재 또는 강철재의 짧은 기둥을 말한다.

③ 선회장(Turning Basin)은 자선선회의 경우 본선 길이의 2배를 직경으로 하는 원이며, 예선이 있을 경우에는 본선 길이의 3배를 직경으로 하는 원으로 한다.

④ 펜더(Fender)는 선박의 접안 시 또는 접안 중에 선박이 접촉하더라도 선박이 파손되지 않도록 안벽의 외측에 부착시켜 두는 고무재이다.

⑤ 항로(Access Channel)는 바람과 파랑의 방향에 대해 30°~60°의 각도를 갖는 것이 좋으며 조류 방향과 작은 각도를 이루어야 한다.

03⟩ 만재흘수선과 관련된 설명으로 옳지 않은 것은?

① 만재흘수선 마크는 TF, F, T, S, W, WNA 등이 있다.

② 만재흘수선 마크는 선박 중앙부의 양현 외측에 표시되어 있다.

③ 선박의 항행대역과 계절구간에 따라 적용범위가 다르다.

④ Reserved buoyancy란 선저에서 만재흘수선까지 이르는 높이를 말한다.

⑤ 선박의 안전을 위하여 화물의 과적을 방지하고 선박의 감항성이 확보되도록 설정된 최대한도의 흘수이다.

04⟩ 선박의 톤수에 관한 설명으로 옳은 것은?

① 순톤수(Net Tonnage) : 상행위에 직접 사용되는 장소만을 계산한 용적으로, 관세나 도선료, 검사 수수료 등 제세금의 부과기준이 된다.

② 배수톤수(Displacement Tonnage) : 선체의 수면 아랫부분인 배수용적에 상당하는 물의 중량을 선박의 전체 중량으로 나타낸 것으로, 군함이나 상선의 크기를 표시하는 기준이다.

③ 총톤수(Gross Tonnage) : 선박의 밀폐된 내부 전체 용적을 나타내는 것으로, 기관실이나 조타실, 취사실 등의 용적을 포함한다.

④ 재화용적톤수(Measurement Tonnage) : 선박의 각 선창(hold)의 용적과 특수화물의 창고 용적 등 전체 선박의 용적을 나타낸다.

⑤ 재화중량톤수(Dead Weight Tonnage) : 선박의 만재흘수선에 상당하는 배수량과 경하 배수량의 차이로, 선박이 적재할 수 있는 화물의 최소중량을 나타낸다.

 정답 **01** ③ **02** ③ **03** ④ **04** ④

05〕 컨테이너화물의 하역절차에 필요한 서류를 모두 고른 것은?

> ㄱ. Shipping Request ㄴ. Booking Note
> ㄷ. Shipping Order ㄹ. Arrival Notice
> ㅁ. Delivery Order ㅂ. Mate's Receipt

① ㄱ, ㄴ ② ㄱ, ㄷ
③ ㄷ, ㄹ ④ ㄹ, ㅁ
⑤ ㅁ, ㅂ

06〕 개품운송계약에 관한 설명으로 옳지 않은 것은?

① 불특정 다수의 화주로부터 개별적으로 운송요청을 받아 이들 화물을 혼재하여 운송하는 방식이다.
② 주로 단위화된 화물을 운송할 때 사용되는 방식이다.
③ 법적으로 요식계약(formal contract)의 성격을 가지고 있기 때문에 개별 화주와 운송계약서를 별도로 작성하여야 한다.
④ 해상운임은 운임율표에 의거하여 부과된다.
⑤ 일반적으로 정기선해운에서 사용되는 운송계약 형태이다.

07〕 정기선 운송의 특징에 관한 설명으로 옳지 않은 것은?

① 항로가 일정하지 않고 매 항차마다 항로가 달라진다.
② 정기선 운송은 공시된 스케줄에 따라 운송서비스를 제공한다.
③ 정기선 운임은 태리프(Tariff)를 공시하고 공시된 운임률에 따라 운임이 부과되므로 부정기선 운임에 비해 안정적이다.
④ 정기선 운송은 화물의 집화 및 운송을 위해 막대한 시설과 투자가 필요하다.
⑤ 정기선 운송서비스를 제공하는 운송인은 불특정 다수의 화주를 상대로 운송서비스를 제공하는 공중운송인(Public Carrier)이다.

08〕 해상운송화물의 선적절차를 순서대로 올바르게 나열한 것은?

> ㄱ. Shipping Request
> ㄴ. Booking Note
> ㄷ. Shipping Order
> ㄹ. Mate's Receipt
> ㅁ. Shipped B/L

① ㄱ → ㄴ → ㄷ → ㄹ → ㅁ
② ㄱ → ㄴ → ㄹ → ㄷ → ㅁ
③ ㄱ → ㄷ → ㅁ → ㄴ → ㄹ
④ ㄴ → ㄱ → ㄷ → ㄹ → ㅁ
⑤ ㄴ → ㄱ → ㅁ → ㄷ → ㄹ

09〕 정기선 할증운임에 관한 설명으로 옳지 않은 것은?

① Bulky/Lengthy Surcharge : 본선 출항 전까지 양륙항을 지정하지 못하거나 양륙항이 복수일 때 항만 수 증가에 비례하여 부과된다.
② Port Congestion Surcharge : 양륙항의 체선이 심해 장기간의 정박이 요구되어 선사에 손해가 발생할 때 부과된다.
③ Heavy Cargo Surcharge : 초과 중량에 따라 기본운임에 가산하여 부과된다.
④ Bunker Adjustment Factor : 선박의 주연료인 벙커유가격 인상으로 발생하는 손실을 보전하기 위해 부과된다.
⑤ Currency Adjustment Factor : 환율변동에 따른 환차손을 보전하기 위해 부과된다.

 정답 **05** ④ **06** ③ **07** ① **08** ① **09** ①

10) 다음 (   )에 들어갈 용어로 옳은 것은?

(ㄱ)은 운송인이 불특정 다수의 송하인으로부터 운송을 위해 화물을 인수하고 운송위탁인인 송하인이 이에 대한 반대급부로 운임을 지급할 것을 약속하는 계약을 의미하는 것으로, 운송인이 발급하는 (ㄴ)이/가 물품의 권리를 나타내는 증거가 된다.

① ㄱ : 용선계약, ㄴ : 용선계약서
② ㄱ : 용선계약, ㄴ : 선하증권
③ ㄱ : 개품운송계약, ㄴ : 선하증권
④ ㄱ : 개품운송계약, ㄴ : 용선계약서
⑤ ㄱ : 개품운송계약, ㄴ : 수입화물선취보증장

11) 국제운송서류에 관한 설명으로 옳지 않은 것은?

① Shipping Request(S/R)는 화주가 선사에 제출하는 운송의뢰서로서 화물의 명세가 기재된다.
② Booking Note(B/N)는 화주가 제출한 S/R에 기초해 선사가 선적 관련 사항을 화주별로 작성한 것으로 화물의 명세, 필요 컨테이너 수, pick-up 요청일시 등이 기재된다.
③ Equipment Receipt(E/R)는 컨테이너, 샤시 등 기기류의 CY 또는 ICD 반출입 시 인계인수를 증명하는 서류로 터미널 또는 ICD operator에 의해 작성된다.
④ Mate's Receipt(M/R)는 선적 중인 화물의 개수, 화인, 포장상태, 화물신고 등을 기재하는데 화주 및 선주의 요청에 따라 검수인이 작성한다.
⑤ Shipping Order(S/O)는 선적요청을 받은 선사가 송하인에게 교부하는 선적승낙서이자 선사가 본선의 선장에게 송하인의 화물을 선적하도록 지시하는 선적지시서이다.

12) 해운동맹 운영 수단 중 그 성격이 다른 것은?

① 운임협정(rate agreement)
② 항해협정(sailing agreement)
③ 공동계산협정(pooling agreement)
④ 계약운임(contract rate system)
⑤ 공동운항(joint service)

13) 다음 설명에 해당하는 부정기선 운임은?

ㄱ. 원유, 철광석 등 대량화물의 운송수요를 가진 대기업과 선사 간에 장기간 반복되는 항해에 대하여 적용되는 운임
ㄴ. 화물의 개수, 중량, 용적과 관계없이 항해 또는 선복을 기준으로 일괄 부과되는 운임

① ㄱ : Long Term Contract Freight
　 ㄴ : Lumpsum Freight
② ㄱ : Long Term Contract Freight
　 ㄴ : Dead Freight
③ ㄱ : Pro Rate Freight, ㄴ : Lumpsum Freight
④ ㄱ : Pro Rate Freight, ㄴ : Dead Freight
⑤ ㄱ : Consecutive Voyage Freight
　 ㄴ : Freight All Kinds Rate

14) 다음 설명에 해당하는 용선은?

용선자가 일정 기간 선박 자체만을 임차하여 자신이 고용한 선장과 선원을 승선시켜 선박을 직접 점유하는 한편, 선박 운항에 필요한 선비 및 운항비 일체를 용선자가 부담하는 방식

① Bareboat charter　② Partial charter
③ Voyage charter　④ Time charter
⑤ Lumpsum charter

 정답 **10** ③　**11** ④　**12** ④　**13** ①　**14** ①

대표 기출　1　2　3 국제물류론　4　5

15) 양하 시 하역비를 화주가 부담하지 않는 운임조건을 모두 고른 것은?

> ㄱ. Berth Term
> ㄴ. FI Term
> ㄷ. FO Term
> ㄹ. FIO Term
> ㅁ. FIOST Term

① ㄱ, ㄴ   ② ㄱ, ㄹ
③ ㄴ, ㄷ   ④ ㄷ, ㅁ
⑤ ㄷ, ㄹ, ㅁ

16) 해상운송계약에 관한 설명으로 옳지 않은 것은?

① 개품운송계약은 불특정 다수의 화주를 대상으로 하며 선박회사에서 일방적으로 결정한 정형화된 약관을 화주가 포괄적으로 승인하는 부합계약 형태를 취한다.

② 정기용선계약은 일정 기간을 정해 용선자에게 선박을 사용하도록 하는 계약으로 표준서식으로 Gencon 서식이 사용된다.

③ 항해용선에는 화물의 양에 따라 운임을 계산하는 물량용선(Freight Charter)과 화물의 양에 관계 없이 본선의 선복을 기준으로 운임을 결정하는 총괄운임용선(Lump Sum Charter)이 있다.

④ 나용선계약은 선박 자체만을 용선하여 선장, 선원, 승무원 및 연료나 장비 등 인적·물적 요소나 운항에 필요한 모든 비용을 용선자가 부담하는 계약이다.

⑤ Gross Term Charter는 항해용선계약에서 선주가 적·양하항에서 발생하는 일체의 하역비 및 항비를 부담하는 조건이다.

17) 부정기선 운송에 관한 설명으로 옳지 않은 것은?

① 화주는 용선계약에 따라 항로와 운항일정의 자유로운 선택이 가능하다.

② 선박회사 간의 과다한 운임경쟁을 막기 위해 공표된 운임을 적용하는 것이 일반적이다.

③ 용선계약에 의해서 운송계약이 성립되고, 용선계약서를 작성하게 된다.

④ 운임부담능력이 적거나 부가가치가 낮은 화물을 대량으로 운송할 수 있다.

⑤ 주요 대상화물은 곡물, 광석, 유류 등과 같은 산화물(Bulk cargo)이다.

18) 정기용선계약에 관한 설명으로 옳은 것은?

① 선박 자체만을 빌리는 선박임대차계약이다.

② 용선계약기간은 통상 한 개의 항해를 단위로 한다.

③ 용선자가 선장 및 선원을 고용하고 관리·감독한다.

④ 선박의 유지 및 수리비를 용선자가 부담한다.

⑤ 기간용선계약이라고도 하며, 선박의 보험료는 선주가 부담한다.

19) 용선선박이 용선계약상에 명시된 날짜까지 선적준비를 하지 못할 경우 용선자에게 용선계약의 취소 여부에 관한 선택권을 부여하는 항해용선계약(Gencon C/P)상 조항은?

① Laytime
② Demurrage
③ Off hire Clause
④ Cancelling Clause
⑤ Deviation Clause

 15 ①   **16** ②   **17** ②   **18** ⑤   **19** ④

20 용선계약에 관한 설명으로 옳지 않은 것은?

① Voyage Charter는 특정 항구에서 다른 항구까지 화물운송을 의뢰하고자 하는 용선자와 선주 간에 체결되는 계약이다.

② CQD는 해당 항구의 관습적 하역 방법 및 하역 능력에 따라 가능한 빨리 하역하는 정박기간 조건이다.

③ Running Laydays는 하역개시일부터 종료일까지 모든 일수를 정박기간에 산입하지만 우천 시, 동맹파업 및 기타 불가항력 등으로 하역을 하지 못한 경우 정박기간에서 제외하는 조건이다.

④ Demurrage는 초과정박일수에 대해 용선자가 선주에게 지급하기로 한 일종의 벌과금이다.

⑤ Dispatch Money는 용선계약상 정해진 정박기간보다 더 빨리 하역이 완료되었을 경우에 절약된 기간에 대해 선주가 용선자에게 지급하기로 약정한 보수이다.

21 항해용선계약서인 GENCON Form(1994)의 기재요령에 관한 설명으로 옳지 않은 것은?

① "Expected ready to load"란에는 본선의 선적가능예정일을 기재한다.

② "DWT all told on summer load line in metric tons"란에 하계 경화흘수선을 기준으로 한 재화중량톤수를 M/T로 표기한다.

③ "General Average to be adjusted at"란에는 공동해손의 정산장소를 기재한다.

④ "Cancelling date"란에는 해약선택권이 발생하는 날짜를 기재한다.

⑤ "Brokerage commission and to whom payable"란에는 중개수수료와 이를 부담할 당사자를 기재한다.

22 항해용선계약(Gencon C/P)상 정박기간과 체선료에 관한 조건이 아래와 같을 때 용선자가 선주에게 지불해야 하는 체선료는?

- 정박기간 : 5일
- 하역준비완료통지(Notice of Readiness) : 6월 1일 오후
- 체선료 : US$ 2,000/일
- 하역완료 : 6월 9일 오후 (6월 1일에서 9일까지 기상조건은 양호한 상태였음. 6월 6일은 현충일로 휴무일)
- 정박기간 산정조건 : WWD SHEX 6월

6월								
월	화	수	목	금	토	일	월	화
1	2	3	4	5	6	7	8	9

① 체선이 발생하지 않아 체선료를 지불하지 않아도 됨
② US$ 2,000
③ US$ 4,000
④ US$ 6,000
⑤ US$ 8,000

23 항해용선계약서의 표준약관인 GENCON(1994)의 내용에 관한 설명으로 옳지 않은 것은?

① 용선자는 용선료를 선불(prepaid) 또는 착불(on delivery)로 지급할 수 있다.

② 선박이 선적항에 도착한 후 항만에서 파업이 발생할 경우, 선주는 파업이 종료될 때까지 항구에 선박을 대기시켜야 한다.

③ 결빙으로 인해 선박이 양륙항에 도착할 수 없는 경우, 용선자는 선주 또는 선장에게 안전한 항구로 항해하도록 지시할 수 있다.

④ 선주가 계약해지일까지 선적 준비를 완료하지 못한 경우, 용선자는 용선계약을 해지할 수 있다.

⑤ 용선료를 선불로 지급한 경우, 용선자는 용선료를 반환받을 수 없다.

 20 ③ **21** ② **22** ② **23** ②

24] 다음 설명에 해당하는 부정기선 운임은?

> 화물의 개수·중량·용적을 기준으로 하는 경우와 화물의 양과 관계없이 항해(trip)·선복(ship's space)을 단위로 운임을 계산하는 경우, 항해·선복 단위의 용선계약 시 지불하는 운임

① Lump Sum Freight
② Option Surcharge
③ Dead Freight
④ Congestion Surcharge
⑤ Long Term Contract Freight

25] 다음 설명에 해당하는 비용은?

> 컨테이너화물이 CY에 반입되는 순간부터 본선 선측까지 또는 반대로 본선 선측에서부터 CY까지 화물의 이동에 따르는 비용

① Freight All Kinds
② Terminal Handling Charge
③ Commodity Classification Rate
④ Commodity Box Rate
⑤ Detention Charge

26] 해상운임에 관한 설명으로 옳지 않은 것은?

① Lumpsum freight : 화물의 개수, 중량, 용적 기준과 관계없이 용선계약의 항해단위 또는 선복의 양을 단위로 계산한 운임
② Forward rate : 용선계약 체결 시 화물을 장기간이 지난 후 적재하기로 하는 경우에 미리 합의하는 운임
③ Back freight : 화물이 목적항에 도착하였으나 수화인이 화물의 인수를 거절하거나 목적항의 사정으로 양륙할 수 없어서 화물을 다른 곳으로 운송하거나 반송할 때 적용되는 운임

④ Pro rate freight : 선박이 운송 도중 불가항력 또는 기타 원인에 의해 목적항을 변경할 경우에 부과되는 운임
⑤ Optional charge : 선적 시에 화물의 양륙항이 확정되지 않고 화주가 여러 항구 중에서 양륙항을 선택할 권리가 있는 화물에 대해서 부과되는 할증 요금

27] 항만 내에서 발생하는 서비스의 대가로 화주가 부담해야 하는 비용은?

> ㄱ. BUC(Bulk Unitization Charge)
> ㄴ. THC(Terminal Handling Charge)
> ㄷ. BAF(Bunker Adjustment Factor)
> ㄹ. Wharfage
> ㅁ. PSS(Peak Season Surcharge)

① ㄱ, ㄴ ② ㄱ, ㄹ
③ ㄴ, ㄹ ④ ㄴ, ㅁ
⑤ ㄷ, ㄹ

28] 다음 화물을 해상운송할 경우, 적용되는 운임톤(Freight ton or Revenue ton)은?

> • 품목 : 중고 승용차
> • 수량 : 1대
> • 무게 : 1.5톤
> • 전장 : 1.8m
> • 전폭 : 1.6m
> • 전고 : 1.6m

① 1.5톤 ② 4.608톤
③ 4.804톤 ④ 5.0톤
⑤ 6.108톤

29 운송인의 책임한도에 관한 설명으로 옳지 않은 것은?

국제협약·법령	손해배상 한도
① Hague Rules(1924)	포장당 또는 선적단위당 100파운드 또는 동일한 금액의 타국통화
② Hague-Visby Rules(1968)	포장당 또는 선적단위당 666.67 SDR 또는 kg당 2 SDR 중 높은 금액
③ Hamburg Rules(1978)	포장당 또는 선적단위당 835 SDR 또는 kg당 2.5 SDR 중 높은 금액
④ Rotterdam Rules(2008)	포장당 또는 선적단위당 875 SDR 또는 kg당 4 SDR 중 높은 금액
⑤ 우리나라 상법(2020)	포장당 또는 선적단위당 666.67 SDR 또는 kg당 2 SDR 중 높은 금액

30 다음 중 해상운송과 관련된 국제조약을 모두 고른 것은?

ㄱ. Hague Rules(1924)
ㄴ. Warsaw Convention(1929)
ㄷ. CMR Convention(1956)
ㄹ. CIM Convention(1970)
ㅁ. Hamburg Rules(1978)
ㅂ. Rotterdam Rules(2008)

① ㄱ, ㄴ, ㄷ ② ㄱ, ㅁ, ㅂ
③ ㄴ, ㄷ, ㄹ ④ ㄷ, ㄹ, ㅁ
⑤ ㄷ, ㄹ, ㅂ

31 다음에 해당하는 선화증권의 법적 성질이 옳게 나열된 것은?

ㄱ. 상법이나 선화증권의 준거법에서 규정하고 있는 법정기재사항을 충족하여야 함
ㄴ. 선화증권상에 권리자로 지정된 자가 배서의 방법으로 증권상의 권리를 양도할 수 있음
ㄷ. 선화증권의 정당한 소지인이 이를 발급한 운송인에 대하여 물품의 인도를 청구할 수 있는 효력을 지님

① ㄱ : 요식증권, ㄴ : 지시증권, ㄷ : 채권증권
② ㄱ : 요식증권, ㄴ : 유가증권, ㄷ : 채권증권
③ ㄱ : 요인증권, ㄴ : 지시증권, ㄷ : 처분증권
④ ㄱ : 요인증권, ㄴ : 제시증권, ㄷ : 인도증권
⑤ ㄱ : 문언증권, ㄴ : 제시증권, ㄷ : 인도증권

32 해상화물운송장에 관한 설명으로 옳지 않은 것은?

① 해상화물운송장에는 그 운송장과 상환으로 물품을 인도한다는 취지의 문언이 없다.
② 해상화물운송장은 운송 중에 양도를 통해 화물의 전매가 가능하다.
③ 송화인은 수화인이 인도를 청구할 때까지 수화인을 자유롭게 변경할 수 있다.
④ 해상화물운송장은 운송계약의 추정적 증거서류이다.
⑤ 해상화물운송장을 사용하는 경우 그 운송장의 제출 없이도 운송인은 수화인에게 화물인도가 가능하다.

33 다음에 해당하는 선화증권(Bill of Lading)을 순서대로 나열한 것은?

> ㄱ. 선화증권의 수화인란에 수화인의 상호 및 주소가 기재된 것으로 화물에 대한 권리가 수화인에게 귀속되는 선화증권
> ㄴ. 선화증권의 권리증권 기능을 포기한 것으로서 선화증권 원본 없이 전송받은 사본으로 화물을 인수할 수 있도록 발행된 선화증권
> ㄷ. 선화증권의 송화인란에 수출상이 아닌 제3자를 송화인으로 표시하여 발행하는 선화증권

① ㄱ : Straight B/L
  ㄴ : Surrendered B/L
  ㄷ : Third Party B/L
② ㄱ : Straight B/L
  ㄴ : Short form B/L
  ㄷ : Negotiable B/L
③ ㄱ : Order B/L
  ㄴ : Groupage B/L
  ㄷ : Third Party B/L
④ ㄱ : Order B/L
  ㄴ : House B/L
  ㄷ : Switch B/L
⑤ ㄱ : Charter Party B/L
  ㄴ : Surrendered B/L
  ㄷ : Switch B/L

34 운송 관련 서류 중 선적지에서 발행하는 서류가 아닌 것은?

① 수입화물선취보증장(Letter of Guarantee)
② 파손화물보상장(Letter of Indemnity)
③ 선화증권(Bill of Lading)
④ 선적예약확인서(Booking Note)
⑤ 적화목록(Manifest)

35 해상운송과 관련된 국제기구에 관한 설명으로 옳지 않은 것은?

① IMO는 정부 간 해사기술의 상호협력, 해사안전 및 해양오염방지대책, 국제간 법률 문제 해결 등을 목적으로 설립되었다.
② FIATA는 국제운송인을 대표하는 비정부기구로 전 세계 운송주선인의 통합, 운송 주선인의 권익보호, 운송주선인의 서류통일과 표준거래조건의 개발 등을 목적으로 한다.
③ ICS는 선주의 이익증진을 목적으로 설립된 민간기구이며, 국제해운의 기술 및 법적 분야에 대해 제기된 문제에 대해 선주들의 의견교환, 정책입안 등을 다룬다.
④ BIMCO는 회원사에 대한 정보제공 및 자료발간, 선주의 단합 및 용선제도 개선, 해운업계의 친목 및 이익 도모를 목적으로 설립되었다.
⑤ CMI는 선박의 항로, 항만시설 등을 통일하기 위해 설치된 UN전문기구이다.

36 선하증권의 종류에 관한 설명으로 옳지 않은 것은?

① Stale B/L은 선적일로부터 21일이 경과한 선하증권이다.
② Order B/L은 수화인란에 특정인을 기재하고 있는 선하증권이다.
③ Third Party B/L은 선하증권상에 표시되는 송화인은 통상 신용장의 수익자이지만, 수출입거래의 매매당사자가 아닌 제3자가 송화인이 되는 경우에 발행되는 선하증권이다.
④ Red B/L은 선하증권 면에 보험부보 내용이 표시되어, 항해 중 해상사고로 입은 화물의 손해를 선박회사가 보상해 주는데, 이러한 문구들이 적색으로 표기되어 있는 선하증권이다.
⑤ Clean B/L은 물품의 본선 적재 시에 물품의 상태가 양호할 때 발행되는 선하증권이다.

정답 **33** ① **34** ① **35** ⑤ **36** ②

37〉 해상운송과 관련된 국제기구의 설명으로 옳은 것을 모두 고른 것은?

> ㄱ. IACS는 국제적인 대리업의 확장에 따른 제반 문제점을 다루기 위해 설립된 운송주선인의 민간기구이다.
> ㄴ. BIMCO는 선주들의 공동이익을 위해 창설된 민간기구이다.
> ㄷ. ICS는 선주들의 권익보호와 상호협조를 위해 각국 선주협회들이 설립한 민간기구이다.
> ㄹ. IMO는 국제무역과 경제발전을 촉진할 목적으로 설립된 국제연합의 전문기구이다.

① ㄱ, ㄷ   ② ㄱ, ㄹ
③ ㄴ, ㄷ   ④ ㄴ, ㄷ, ㄹ
⑤ ㄱ, ㄴ, ㄷ, ㄹ

38〉 로테르담 규칙의 내용에 관한 설명으로 옳지 않은 것은?

① 해공복합운송 및 해륙복합운송에 대해서도 적용된다.
② 해상화물운송장 및 전자선하증권이 발행되는 경우에도 적용된다.
③ 인도 지연으로 인한 손해에 대해서는 규정하고 있지 않다.
④ 운송인은 항해과실로 인해 발생한 손해에 대해서도 책임을 부담한다.
⑤ 운송인의 감항능력주의 의무는 전체 해상운송기간에 대해서까지 확대된다.

39〉 선적서류보다 물품이 먼저 목적지에 도착하는 경우, 수입화주가 화물을 조기에 인수하기 위해 사용할 수 있는 서류는?

> ㄱ. On-board B/L   ㄴ. Order B/L
> ㄷ. Sea waybill   ㄹ. Third party B/L
> ㅁ. Through B/L   ㅂ. Surrender B/L

① ㄱ, ㄴ   ② ㄱ, ㅂ
③ ㄷ, ㄹ   ④ ㄷ, ㅂ
⑤ ㄹ, ㅁ

40〉 선하증권 이면에 표기되어 있는 다음 약관에 해당하는 것은?

> Any reference on the face hereof to marks, numbers, descriptions, quality, quantity, gauge, weight, measure, nature, kind, value and any other particulars of the Goods is as furnished by the Merchant, and the Carrier shall not be responsible for the accuracy thereof. The Merchant warrants to the Carrier that the particulars furnished by him are correct and shall indemnify the Carrier against all loss, damage, expenses, liability, penalties and fines arising or resulting from inaccuracy thereof.

① New Jason Clause
② Both to Blame Clause
③ Unknown Clause
④ Paramount Clause
⑤ Lien Clause

정답   37 ③   38 ③   39 ④   40 ③

41 다음에서 설명하는 서류는?

선하증권보다 수입화물이 목적항에 먼저 도착하여 화물 인수 지연에 따른 화물 변질, 보관료 증가, 판매기회 상실 등의 부담이 발생할 우려가 있을 때, 이러한 불편을 해소하기 위해 수하인이 사용할 수 있는 서류

① L/G(Letter of Guarantee)
② D/O(Delivery Order)
③ S/R(Shipping Request)
④ M/R(Mate's Receipt)
⑤ L/I(Letter of Indemnity)

42 Hague Rules(1924)와 Hamburg Rules(1978)에 관한 설명으로 옳지 않은 것은?

① Hague Rules에 비해 Hamburg Rules의 운송인의 책임기간이 확대되었다.
② Hague Rules에서 열거한 운송인이나 선박의 면책리스트가 Hamburg Rules에서는 모두 폐지되고 제5조의 운송인 책임의 일반원칙에 의해 규정받게 되었다.
③ Hague Rules에서는 지연손해에 대한 명문규정이 없었으나 Hamburg Rules에서는 제5조에 이를 명확히 하였다.
④ Hague Rules에 비해 Hamburg Rules의 운송인의 책임한도액이 인상되었다.
⑤ Hague Rules에서 운송인 면책이었던 상업과실을 Hamburg Rules에서는 운송인의 책임으로 규정하고 있다.

43 다음에서 설명하는 내용에 부합하는 선하증권은?

• 부산에 소재하는 중계무역상 A가 일본에 있는 B로부터 물품을 구매하여 영국에 있는 C에게 판매하고자 한다.
• 이를 위해 동경에서 부산으로 물품을 반입하여 포장을 변경한 다음 영국행 선박에 적재하였다.
• A는 이 물품에 대해 송하인과 수하인, 통지처 등의 사항을 변경한 선하증권을 선사로부터 다시 발급받았다.

① Switch B/L
② Red B/L
③ Transhipment B/L
④ Surrender B/L
⑤ Countersign B/L

정답 **41** ① **42** ⑤ **43** ①

해상보험 ≫ 대표기출문제

정답 및 해설 p. 154

01) 위부(Abandonment)에 관한 설명으로 옳지 않은 것은?

① 위부의 통지는 피보험자가 손해를 추정전손으로 처리하겠다는 의사표시이다.

② 위부는 피보험자가 잔존물에 대한 모든 권리를 보험자에게 이전하고 전손보험금을 청구하는 행위이다.

③ 피보험자의 위부통지를 보험자가 수락하게 되면 잔존물에 대한 일체의 권리는 보험자에게 이전된다.

④ 피보험자가 위부통지를 하지 않으면 손해는 분손으로 처리된다.

⑤ 보험목적물이 전멸하여 보험자가 회수할 잔존물이 없더라도 위부를 통지하여야 한다.

02) 해상보험의 내용에 관한 설명으로 옳은 것은?

① 보험가액은 실제 보험계약자가 보험에 가입한 금액으로서 손해가 발생할 경우 보험자가 피보험자에게 지급하기로 약정한 최고금액이다.

② 피보험이익은 보험계약 체결 시 반드시 확정되어 있어야 한다.

③ 동일한 해상사업과 이익 또는 그 일부에 관하여 둘 이상의 보험계약이 피보험자에 의해서 또는 피보험자를 대리하여 체결되고 보험금액이 MIA에서 허용된 손해보상액을 초과하는 경우 공동보험에 해당한다.

④ 청과나 육류 등이 부패하여 식용으로 사용할 수 없게 된 경우에 보험목적의 파괴에 해당하여 현실전손으로 볼 수 있다.

⑤ 기평가보험증권은 보험목적의 가액을 기재하지 않고 보험금액의 한도에 따라서 보험가액이 추후 확정되도록 하는 보험증권이다.

03) 공동해손(General Average)이 발생한 경우 이를 정산하기 위하여 사용되는 국제규칙은?

① Uniform Rules for Collection

② York-Antwerp Rules

③ International Standby Practices

④ Rotterdam Rules

⑤ Uniform Rules for Demand Guarantees

04) Marine Insurance Act(1906)에 규정된 용어의 설명이다. ( ) 안에 들어갈 용어들이 옳게 나열된 것은?

"(ㄱ)" means the charges recoverable under maritime law by a salvor independently of contract. They do not include the expenses of services in the nature of salvage rendered by the assured or his agents, or any person employed for hire by them, for the purpose of averting a peril insured against. Such expenses, where properly incurred, may be recovered as (ㄴ) or as a general average loss, according to the circumstances under which they were incurred.

① ㄱ : Actual total loss
  ㄴ : sue and labour charge

② ㄱ : Particular charges
  ㄴ : actual total loss

③ ㄱ : Salvage charges
  ㄴ : particular charges

④ ㄱ : Salvage charges
  ㄴ : constructive total loss

⑤ ㄱ : Actual total loss
  ㄴ : constructive total loss

정답 **01** ⑤ **02** ④ **03** ② **04** ③

05 해상손해의 종류 중 물적손해에 해당하지 않는 것은?

① 보험목적물의 완전한 파손 또는 멸실
② 보험목적물의 일부에 발생하는 손해로서 피보험자 단독으로 입은 손해
③ 보험목적물에 해상위험이 발생한 경우 손해방지의무를 이행하기 위해 지출되는 비용
④ 보험목적물이 공동의 안전을 위하여 희생되었을 때 이해관계자들이 공동으로 분담하는 손해
⑤ 선박의 수리비가 수리 후의 선박가액을 초과하는 경우

06 Marine Insurance Act(1906)에서 비용손해에 관한 설명으로 옳은 것은?

① 특별비용은 공동해손과 손해방지비용을 모두 포함한 비용을 말한다.
② 제3자나 보험자가 손해방지행위를 했다면 그 비용은 손해방지비용으로 보상될 수 있다.
③ 특별비용은 보험조건에 상관없이 정당하게 지출된 경우 보험자로부터 보상받을 수 있다.
④ 보험자의 담보위험 여부에 상관없이 발생한 손해를 방지하기 위해 지출한 구조비는 보상받을 수 있다.
⑤ 보험목적물의 안전과 보존을 위하여 구조계약을 체결했을 경우 발생하는 비용은 특별비용으로 보상될 수 있다.

07 다음은 MIA(1906) 내용의 일부이다. (   )에 들어갈 용어가 올바르게 나열된 것은?

- Where the subject-matter insured is destroyed, or so damaged as to cease to be a thing of the kind insured, or where the assured is irretrievably deprived thereof, there is (ㄱ).
- There is (ㄴ) where any extraordinary sacrifice or expenditure is voluntarily and reasonably made or incurred in time of peril for the purpose of preserving the property imperilled in the common adventure.

① ㄱ : an actual total loss
   ㄴ : a particular average act
② ㄱ : a constructive total loss
   ㄴ : a general average act
③ ㄱ : an actual total loss
   ㄴ : a general average act
④ ㄱ : a particular average act
   ㄴ : a subrogation
⑤ ㄱ : a constructive total loss
   ㄴ : a salvage charge

08 ICC(A)(2009)의 면책위험에 해당하지 않는 것은?

① 보험목적물의 고유의 하자 또는 성질로 인하여 발생한 손상
② 포획, 나포, 강류, 억지 또는 억류(해적행위 제외) 및 이러한 행위의 결과로 발생한 손상
③ 피보험자가 피보험목적물을 적재할 때 알고 있는 선박 또는 부선의 불감항으로 생긴 손상
④ 동맹파업자, 직장폐쇄노동자 또는 노동쟁의, 소요 또는 폭동에 가담한 자에 의하여 발생한 손상
⑤ 피보험목적물 또는 그 일부에 대한 어떠한 자의 불법행위에 의한 고의적인 손상 또는 고의적인 파괴

정답 **05** ③ **06** ⑤ **07** ③ **08** ⑤

09 해상보험에서 적하보험 부가조건으로 옳지 않은 것은?

① TPND

② JWOB

③ RFWD

④ Sweat & Heating

⑤ Refrigerating Machinery

10 Institute Cargo Clause(C)(2009)에서 담보하는 위험이 아닌 것은?

① 추락손

② 화재·폭발

③ 육상운송용구의 전복·탈선

④ 피난항에서의 화물의 양하

⑤ 본선·부선의 좌초·교사·침몰·전복

정답 **09** ⑤ **10** ①

01〕 항공운송화물의 사고유형 중 지연에 관한 설명으로 옳지 않은 것은?

사고유형		내용
①	Cross Labelled	라벨이 바뀌거나, 운송장 번호, 목적지 등을 잘못 기재한 경우
②	OFLD(Off-Load)	출발지나 경유지에서 탑재공간 부족으로 인하여 의도적이거나, 실수로 화물을 내린 경우
③	OVCD (Over-Carried)	화물이 하기되어야 할 지점을 지나서 내려진 경우
④	SSPD (Short-shipped)	적재화물목록에는 기재되어 있으나, 화물이 탑재되지 않은 경우
⑤	MSCN (Miss-connected)	탑재 및 하기, 화물인수, 타 항공사 인계 시에 분실된 경우

02〕 항공화물운송의 특성에 관한 설명으로 옳은 것은?

① 국내항공여객운송과 달리 국제항공화물운송은 대부분 왕복운송형태를 보이고 있다.
② 국제항공화물운송은 송화인이 의뢰한 화물을 그대로 벌크형태로 탑재하기 때문에 지상조업이 거의 필요하지 않다.
③ 항공화물운송은 주간운송에 집중되는 경향이 있다.
④ 신문, 잡지, 정기간행물 등과 같이 판매시기가 한정된 품목도 항공화물운송의 주요 대상이다.
⑤ 해상화물운송과 달리 항공화물운송은 운송 중 매각을 위해 유통성 권리증권인 항공화물운송장 (Air Waybill)이 널리 활용되고 있다.

03〕 항공화물운송에 관한 설명으로 옳은 것은?

① 운송인의 손해를 보호하기 위해 운송인이 부보하는 보험을 항공적하보험이라 한다.
② 항공시장의 자유화로 인해 항공사 간 전략적 제휴는 점차 감소하는 추세이다.
③ 항공운송은 석탄이나 철광석과 같은 벌크화물을 운송하는 데 적합하다.
④ 운송인이 보험자의 대리인 자격으로 화주와 계약을 체결하는 보험을 항공화물화주보험이라 한다.
⑤ UCP 600에 의하면 항공운송서류에는 반드시 화물의 선적일이 표시되어야 한다.

04〕 다음은 항공화물운송장과 선화증권을 비교한 표이다. ( )에 들어갈 내용을 순서대로 나열한 것은?

구분	항공화물운송장	선화증권
주요 기능	화물수취증	유가증권
유통 여부	(ㄱ)	유통성
발행형식	(ㄴ)	지시식(무기명식)
작성주체	송화인	(ㄷ)

① ㄱ : 유통성, ㄴ : 기명식, ㄷ : 송화인
② ㄱ : 유통성, ㄴ : 기명식, ㄷ : 운송인
③ ㄱ : 비유통성, ㄴ : 지시식, ㄷ : 송화인
④ ㄱ : 비유통성, ㄴ : 지시식, ㄷ : 운송인
⑤ ㄱ : 비유통성, ㄴ : 기명식, ㄷ : 운송인

정답 **01 ⑤ 02 ④ 03 ④ 04 ⑤**

05〕 항공화물운송장에 관한 설명으로 옳지 않은 것은?

① 송화인은 항공화물운송장 원본 3통을 1조로 작성하여 화물과 함께 운송인에게 교부하여야 한다.
② 제1원본(녹색)에는 운송인용이라고 기재하고 송화인이 서명하여야 한다.
③ 제2원본(적색)에는 수화인용이라고 기재하고 송화인 및 운송인이 서명한 후 화물과 함께 도착지에 송부하여야 한다.
④ 제3원본(청색)에는 송화인용이라고 기재하고 운송인이 서명하여 화물을 인수한 후 송화인에게 교부하여야 한다.
⑤ 송화인은 항공화물운송장에 기재된 화물의 명세·신고가 정확하다는 것에 대해 그 항공화물운송장을 누가 작성했든 책임을 질 필요가 없다.

06〕 항공화물운송장(AWB)과 선하증권(B/L)에 관한 설명으로 옳은 것은?

① AWB는 기명식으로만 발행된다.
② B/L은 일반적으로 본선 선적 후 발행하는 수취식(received)으로 발행된다.
③ AWB는 유통성이 있는 유가증권이다.
④ B/L은 송화인이 작성하여 운송인에게 교부한다.
⑤ AWB는 B/L과 달리 상환증권이다.

07〕 다음 설명에 해당하는 항공화물 부대운임은?

> 송하인 또는 그 대리인이 선지급한 비용으로 수하인이 부담하는 육상운송료, 보관료, 통관수수료 등을 말하며, 운송인은 송하인의 요구에 따라 AWB를 통해 수하인에게 징수한다.

① Disbursement fee
② Dangerous goods handling fee
③ Charges collect fee
④ Handling charge
⑤ Pick up service charge

08〕 항공화물운송에서 단위탑재용기요금(BUC)의 사용제한 품목이 아닌 것은?

① 유해
② 귀중화물
③ 위험물품
④ 중량화물
⑤ 살아있는 동물

09〕 항공화물의 품목분류요율(CCR) 중 할증요금 적용품목으로 옳지 않은 것은?

① 금괴
② 화폐
③ 잡지
④ 생동물
⑤ 유가증권

10〕 항공화물운임에 관한 설명으로 옳은 것은?

① 품목분류요율(CCR)은 항공화물운송 요금 산정 시 가장 기본이 되는 요율이다.
② 특정품목 할인요율(SCR)은 일반화물요율보다 높은 수준으로 설정된다.
③ 항공화물요율이 변경될 경우 반드시 사전에 공시되어야 한다.
④ 항공화물요율은 송하인의 문전에서 수하인의 문전까지를 계산하여 설정된다.
⑤ 단위탑재요금(BUC)은 탑재용기의 형태 및 크기에 따라 상이하게 적용된다.

 정답 **05** ⑤ **06** ① **07** ① **08** ④ **09** ③ **10** ⑤

11] 국제운송조약 중 항공운송과 관련되는 조약을 모두 고른 것은?

> ㄱ. Hague Protocol(1955)
> ㄴ. CMR Convention(1956)
> ㄷ. CIM Convention(1970)
> ㄹ. CMI Uniform Rules for Electronic Bills of Lading(1990)
> ㅁ. Montreal Convention(1999)
> ㅂ. Rotterdam Rules(2008)

① ㄱ, ㄹ ② ㄱ, ㅁ
③ ㄱ, ㄴ, ㅁ ④ ㄴ, ㄷ, ㅂ
⑤ ㄴ, ㄷ, ㄹ, ㅂ

12] 국제항공기구와 조약에 관한 설명으로 옳은 것은?

① 국제항공운송에 관한 대표적인 조약으로는 Hague 규칙(1924), Montreal조약(1999) 등이 있다.
② 국제항공기구로는 대표적으로 FAI(1905), IATA (1945), ICAO(1947) 등이 있다.
③ ICAO(1947)는 국제정기항공사가 중심이 된 민간 단체이지만, IATA(1945)는 정부 간 국제협력기구이다.
④ Warsaw조약(1929)은 항공기에 의해 유무상으로 행하는 수화물 또는 화물의 모든 국내외운송에 적용된다.
⑤ ICAO(1947)의 설립목적은 전 세계의 국내외 민간 및 군용항공기의 안전과 발전을 도모하는 데 있다.

13] 국제항공기구에 관한 설명으로 옳은 것은?

① ACI는 국제항공운송협회로 1945년 쿠바의 하바나에서 세계항공사회의를 개최함으로써 설립되었다.
② ICAO는 시카고조약의 기본원칙인 기회균등을 기반으로 하여 국제항공운송의 건전한 발전을 도모하기 위해 설립된 기구이다.
③ IATA는 국제항공의 안전 및 발전을 목적으로 하여 각국 정부의 국제협력기관으로서 설립되었다.
④ FAI는 1926년 설립된 국가별 운송주선인협회와 개별운송주선인으로 구성된 국제민간기구로서 전 세계적인 운송주선인의 연합체이다.
⑤ ICAO의 회원은 IATA회원국의 국적을 가진 항공사만 가능하다.

14] Warsaw Convention(1929)에 근거한 항공운송서류에 관한 설명으로 옳은 것은?

① 운송인용 원본에는 운송인의 서명이 있어야 한다.
② 항공운송서류가 분실되거나 잘못 작성된 경우 항공운송계약이 취소된다.
③ 송하인의 요구가 있을 경우 운송인은 송하인을 대신하여 항공운송서류를 작성할 수 있다.
④ 화물에 관한 내용이 운송서류에 잘못 기입된 경우, 이는 운송인의 책임이다.
⑤ 수하인용 원본에는 수하인의 서명이 필요하다.

정답 **11** ② **12** ② **13** ② **14** ③

01 다음 내용에 해당하는 선박은?

• 선수, 선미 또는 선측에 램프(ramp)가 설치되어 있어 화물을 이 램프를 통해 트랙터 또는 지게차 등을 사용하여 하역하는 방식의 선박
• 데릭, 크레인 등의 적양기(lifting gear)의 도움 없이 자력으로 램프를 이용하여 Drive On/Drive Off할 수 있는 선박

① LO-LO(Lift On/Lift Off) Ship
② RO-RO(Roll On/Roll Off) Ship
③ FO-FO(Float On/Float Off) Ship
④ Geared Container Ship
⑤ Gearless Container Ship

02 A는 일반 건화물[중량 21,000kg, 화물규격 910cm(L) × 220cm(W) × 225cm(H)]을 수출하고자 평소 거래하는 포워더와 운송계약을 체결하였다. 포워더가 이 화물을 컨테이너에 적재할 경우 가장 적합한 컨테이너 SIZE/TYPE은?

① 20' DRY CONTAINER
② 20' REEFER CONTAINER
③ 40' DRY CONTAINER
④ 20' OPEN TOP CONTAINER
⑤ 40' FLAT RACK CONTAINER

03 다음 컨테이너들의 수량을 TEU로 환산하여 합한 값은?

• 20피트 컨테이너 2,000개
• 40피트 컨테이너 1,000개
• 45피트 컨테이너 100개

① 2,000TEU
② 3,000TEU
③ 3,225TEU
④ 4,000TEU
⑤ 4,225TEU

04 국제해상 컨테이너화물의 운송형태에 관한 설명으로 옳지 않은 것은?

① 컨테이너화물은 컨테이너 1개의 만재 여부에 따라 FCL(Full Container Load)과 LCL(Less than Container Load)화물로 대별할 수 있다.
② CY → CY (FCL → FCL)운송 : 수출지 CY에서 수입지 CY까지 FCL형태로 운송되며, 컨테이너운송의 장점을 최대한 살릴 수 있는 방식이다.
③ CFS → CFS (LCL → LCL)운송 : 수출지 CFS에서 수입지 CFS까지 운송되며, 운송인이 다수의 송화인으로부터 LCL화물을 모아 혼재하여 운송하는 방식이다.
④ CFS → CY (LCL → FCL)운송 : 운송인이 다수의 송화인으로부터 화물을 모아 수출지 CFS에서 혼재하여 FCL로 만들고, 수입지 CY에서 분류하지 않고 그대로 수화인에게 인도하는 형태이다.
⑤ CY → CFS (FCL → LCL)운송 : 수출지 CY로부터 수입지 CFS까지 운송하는 방식으로, 다수의 송화인과 다수의 수화인 구조를 갖고 있다.

정답 **01** ② **02** ③ **03** ⑤ **04** ⑤

05 관세법에서 정의하고 있는 내국물품에 해당하지 않는 것은?

① 외국으로부터 우리나라에 도착한 물품으로 수입신고가 수리되기 전의 것
② 우리나라의 선박 등이 공해에서 채집하거나 포획한 수산물 등
③ 수입신고수리 전 반출승인을 받아 반출된 물품
④ 우리나라에 있는 물품으로서 외국물품이 아닌 것
⑤ 수입신고 전 즉시반출신고를 하고 반출된 물품

06 관세법상 특허보세구역에 관한 설명으로 옳은 것은?

① 보세전시장에서는 박람회 등의 운영을 위하여 외국물품을 장치·전시하거나 사용할 수 있다.
② 보세창고의 경우 장치기간이 지난 내국물품은 그 기간이 지난 후 30일 내에 반출하면 된다.
③ 보세공장에서는 내국물품은 사용할 수 없고, 외국물품만을 원료 또는 재료로 하여 제품을 제조·가공할 수 있다.
④ 보세건설장 운영인은 보세건설장에서 건설된 시설을 수입신고가 수리되기 전에 가동해도 된다.
⑤ 보세판매장에서 판매하는 물품의 반입, 반출, 인도, 관리에 관한 사항은 산업통상자원부령으로 정한다.

07 관세법상 보세운송에 관한 설명으로 옳지 않은 것은?

① 보세운송을 하려는 자는 물품의 감시 등을 위하여 필요하다고 인정하여 대통령령으로 정하는 경우 세관장에게 보세운송신고를 하여야 한다.
② 보세운송의 신고는 화주의 명의로 할 수 있다.
③ 세관장은 보세운송물품의 감시·단속을 위하여 필요하다고 인정될 때에는 관세청장이 정하는 바에 따라 운송통로를 제한할 수 있다.
④ 보세운송 신고를 한 자는 해당 물품이 운송목적지에 도착하였을 때 도착지의 세관장에게 보고하여야 한다.
⑤ 수출신고가 수리된 물품은 관세청장이 따로 정하는 것을 제외하고는 보세운송절차를 생략한다.

08 FCL화물의 경우 송화인이 작성하며, CY에서 본선 적재할 때와 양륙지에서 컨테이너 보세운송할 때 사용되는 서류는?

① Dock Receipt
② Equipment Interchange Receipt
③ Container Load Plan
④ Cargo Delivery Order
⑤ Letter of Indemnity

09 컨테이너화물 수출선적절차에 필요한 서류를 순서대로 나열한 것은?

ㄱ. 선적요청서(shipping request)
ㄴ. 선적예약서(booking list)
ㄷ. 기기수도증(equipment receipt)
ㄹ. 부두수취증(dock receipt)
ㅁ. 선하증권(bill of lading)

① ㄱ-ㄴ-ㄷ-ㄹ-ㅁ
② ㄱ-ㄹ-ㄴ-ㄷ-ㅁ
③ ㄴ-ㄱ-ㄷ-ㄹ-ㅁ
④ ㄴ-ㄷ-ㄹ-ㄱ-ㅁ
⑤ ㄷ-ㄴ-ㄱ-ㄹ-ㅁ

10 컨테이너 터미널에서 발생되는 비용으로서 선사 또는 포워드가 화주에게 청구하는 비용이 아닌 것은?

① Terminal Handling Charge
② Wharfage
③ CFS Charge
④ Ocean Freight
⑤ Container Demurrage

정답 **05** ① **06** ① **07** ① **08** ③ **09** ① **10** ④

11) 다음 상황에서 A가 이행해야 하는 관세법상 통관조치는?

> • A는 중국의 B로부터 플라스틱 주방용기를 구매하여 국내에 판매할 목적으로 부산항에 반입하였다. 운송경로는 북경-홍콩-부산이다.
> • A가 해당 물품을 부산항에 소재한 보세구역에 보관하면서 국내구매자를 물색하였으나 가격조건이 맞지 않아 수입을 포기하였다.
> • 대신 A는 베트남에 있는 C와 판매계약을 체결하여 해당 물품을 보세구역에서 베트남으로 바로 선적하고자 한다.

① 수입통관
② 수출통관
③ 환적통관
④ 반송통관
⑤ 중계통관

12) 항만의 시설과 장비에 관한 설명으로 옳지 않은 것은?

① Quay는 해안에 평행하게 축조된, 선박 접안을 위하여 수직으로 만들어진 옹벽을 말한다.
② Marshalling Yard는 선적할 컨테이너나 양륙완료된 컨테이너를 적재 및 보관하는 장소이다.
③ Yard Tractor는 Apron과 CY 간 컨테이너의 이동을 위한 장비로 야드 샤시(chassis)와 결합하여 사용한다.
④ Straddle Carrier는 컨테이너 터미널에서 양다리 사이에 컨테이너를 끼우고 운반하는 차량이다.
⑤ Gantry Crane은 CY에서 컨테이너를 트레일러에 싣고 내리는 작업을 수행하는 장비이다.

13) ICD의 기능에 관한 설명으로 옳지 않은 것은?

① CY, CFS 시설 등을 통해 컨테이너의 장치·보관 기능을 수행한다.
② 항만에서 이루어지는 본선적재작업과 마셜링 기능을 수행한다.
③ 통관절차를 내륙으로 이동함으로써 내륙통관기지로서의 기능을 수행한다.
④ 화물의 일시적 저장과 취급에 대한 서비스를 제공한다.
⑤ 소량화물을 컨테이너 단위로 혼재작업을 행하는 기능을 수행한다.

14) 항만의 시설에 관한 설명으로 옳은 것은?

① 항로(Access Channel)는 바람과 파랑의 방향에 대해 0°~20°의 각도를 갖는 것이 좋다.
② 안벽은 해안 및 하안에 평행하게 축조된 석조제로서 선박 접안을 위하여 수직으로 만들어진 옹벽이다.
③ 잔교는 선박의 접안과 화물의 하역을 위해 목재 및 철재 등의 기둥을 육상에 박아 윗부분을 콘크리트로 굳힌 선박의 계류시설이다.
④ 박지(Anchorage)는 잔잔하고 충분한 수역과 닻을 내리기 좋은 지반이어야 하며 사용목적에 따른 차이는 없다.
⑤ 선회장(Turning Basin)은 예선이 필요한 경우 대상선박 길이 3배를 직경으로 하는 원으로 한다.

정답 **11** ④ **12** ⑤ **13** ② **14** ②

15 물류 관련 용어에 관한 설명으로 옳지 않은 것은?

① Anchorage : 선박이 닻을 내리고 접안하기 위해 대기하는 수역을 말한다. 선박이 안전하게 정박하기 위해서는 충분한 수면, 필요한 수심, 닻이 걸리기 쉬운 지질, 계선을 위한 부표설비 등이 갖추어져야 한다.

② Berth : 개항의 항계 안에서 폭발, 화재 및 오염 등을 사전에 봉쇄하여 항만교통의 안전을 유지하기 위하여 컨테이너 부두 내의 일정 지역을 별도로 설정하여 특수 소화장비 등을 비치한 장치장이다.

③ Marshalling Yard : 접안선박이 입항하기 전에 접안선박의 적부계획에 따라 작업 순서대로 컨테이너를 쌓아두는 장치장 역할을 한다. 그리고 양하된 컨테이너를 일시적으로 보관한 후 화주의 인도요구에 즉시 응할 수 있도록 임시 장치해 두는 일정한 공간이다.

④ Apron : 하역작업을 위한 공간으로 Gantry Crane이 설치되어 컨테이너의 양하 및 적하가 이루어지는 장소를 말한다.

⑤ CFS : LCL화물을 혼적하거나 분배하는 장소를 말한다. 이때 컨테이너에 화물을 적입하는 작업은 vanning 또는 stuffing이라 표현하고 반대로 적출하는 작업은 devanning 또는 destuffing이라 부른다.

16 다음 설명에 해당하는 컨테이너 화물운송과 관련된 국제협약은?

> 컨테이너의 구조상 안전요건을 국제적으로 통일하기 위하여 1972년에 UN(국제연합)과 IMO(국제해사기구)가 공동으로 채택한 국제협약

① ITI(Customs Convention on the International Transit of Goods, 1971)

② CCC(Customs Convention on Container, 1956)

③ CSC(International Convention for Safe Container, 1972)

④ TIR(Transport International Routiere, 1959)

⑤ MIA(Marine Insurance Act, 1906)

17 컨테이너운송과 관련된 국제협약이 옳게 연결된 것은?

> ㄱ. 1971년 관세협력위원회에 의하여 채택되었으며, 각종 운송기기에 의한 육·해·공의 모든 운송수단을 대상으로 하고 있다.
>
> ㄴ. 컨테이너 국제운송 시 컨테이너 취급, 적재 또는 수송 도중 일어나는 인명의 안전을 확보하기 위하여 컨테이너의 기준을 국제적으로 규정하기 위해 채택되었다.
>
> ㄷ. 1959년 유럽경제위원회가 도로운송차량에 의한 화물의 국제운송을 용이하게 하기 위한 목적으로 채택하였다.
>
> ㄹ. 컨테이너 자체가 국경을 통과함에 따라 당사국 간의 관세 및 통관방법 등을 협약·시행할 필요성이 있어, 1956년 유럽경제위원회에 의해 채택되었다.

① ㄱ : CCC협약, ㄴ : TIR협약, ㄷ : ITI협약, ㄹ : CSC협약

② ㄱ : TIR협약, ㄴ : CCC협약, ㄷ : CSC협약, ㄹ : ITI협약

③ ㄱ : ITI협약, ㄴ : CSC협약, ㄷ : CCC협약, ㄹ : TIR협약

④ ㄱ : TIR협약, ㄴ : CSC협약, ㄷ : CCC협약, ㄹ : ITI협약

⑤ ㄱ : ITI협약, ㄴ : CSC협약, ㄷ : TIR협약, ㄹ : CCC협약

01] 복합운송인의 책임 및 책임체계에 관한 설명으로 옳지 않은 것은?

① 단일책임체계(uniform liability system)는 복합운송인이 운송물의 손해에 대하여 사고발생구간에 관계없이 동일한 기준으로 책임을 지는 체계이다.

② 무과실책임(liability without negligence)은 복합운송인의 과실 여부와 면책사유를 불문하고 운송기간에 발생한 모든 손해의 결과를 책임지는 원칙이다.

③ 이종책임체계(network liability system)는 손해발생구간이 확인된 경우 해당 구간의 국내법 및 국제조약이 적용되는 체계이다.

④ 과실책임(liability for negligence)은 복합운송인이 선량한 관리자로서 적절한 주의의무를 다하지 못한 손해에 대하여 책임을 지는 원칙이다.

⑤ 절충식 책임체계(modified uniform liability system)는 단일책임체계와 이종책임체계를 절충하는 방식으로 UN국제복합운송조약이 채택한 책임체계이다.

02] 국제복합운송인에 관한 설명이다. (   )에 들어갈 용어를 올바르게 나열한 것은?

(ㄱ)는 자신이 직접 운송수단을 보유하고 복합운송인으로서 역할을 수행하는 운송인

(ㄴ)는 해상운송에서 선박을 직접 소유하지 않으면서 해상운송인에 대하여 화주의 입장, 화주에게는 운송인의 입장에서 운송을 수행하는 자

① ㄱ : Actual carrier, ㄴ : NVOCC

② ㄱ : Contracting carrier, ㄴ : NVOCC

③ ㄱ : NVOCC, ㄴ : Ocean freight forwarder

④ ㄱ : Actual carrier, ㄴ : VOCC

⑤ ㄱ : Contracting carrier, ㄴ : VOCC

03] 다음 설명에 해당하는 복합운송인 책임체계는?

• 손해발생구간을 판명·불명으로 나누어 각각 다른 책임체계를 적용하는 방식

• 손해발생구간을 아는 경우 운송인의 책임은 운송물의 멸실 또는 훼손이 생긴 운송구간에 적용될 국제조약 또는 강행적인 국내법에 따라 결정됨

• 기존의 운송조약과 조화가 잘되어서 복합운송 규칙과 기존의 다른 운송방식에 적용되는 규칙 간의 충돌 방지가 가능함

① strict liability

② uniform liability system

③ network liability system

④ liability for negligence

⑤ modified liability system

04] 국제복합운송에 관한 설명으로 옳은 것은?

① 국제복합운송이라는 용어는 대표적인 국제복합운송 관련 조약인 바르샤바조약(1929)에서 처음 사용되었다.

② 국제복합운송의 요건으로 하나의 운송계약, 하나의 책임주체, 단일의 운임, 단일의 운송수단 등을 들 수 있다.

③ 국제복합운송이란 국가 간 두 가지 이상의 동일한 운송수단을 이용하여 운송하는 것이다.

④ 컨테이너운송의 발달은 국제복합운송 발달의 계기가 되었다.

⑤ 복합운송 시에는 운송 중 물품 매각이 불필요하기 때문에 복합운송증권은 비유통성 기명식으로 발행되는 것이 일반적이다.

 정답 **01** ② **02** ① **03** ③ **04** ④

05] 복합운송주선인(Forwarder)에 관한 설명으로 옳지 않은 것은?

① 송화인으로부터 화물을 인수하여 수화인에게 인도할 때까지 화물의 적재, 운송, 보관 등의 업무를 주선한다.
② 우리나라에서 복합운송주선인은 해상화물은 물론 항공화물도 주선할 수 있다.
③ 복합운송주선인 스스로는 운송계약의 주체가 될 수 없으며, 송화인의 주선인으로서 활동한다.
④ 복합운송주선인의 주요 업무는 화물의 집화, 분류, 수배송 및 혼재작업 등이다.
⑤ 복합운송주선인은 화주를 대신하여 보험계약을 체결하기도 한다.

06] 국제복합운송에 관한 설명으로 옳지 않은 것은?

① 국제복합운송은 국가 간 운송으로 2가지 이상의 운송수단이 연계되어야 한다.
② 일관운임(through rate)은 국제복합운송의 기본요건이 아니다.
③ NVOCC는 선박을 직접 보유하지는 않지만, 화주와 운송계약을 체결하고 복합운송서비스를 제공한다.
④ Containerization으로 인한 일관운송의 발전은 해륙복합운송을 비약적으로 발전시켰다.
⑤ 국제복합운송을 통해 국가 간 운송에서도 Door to Door 운송을 실현할 수 있다.

07] 컨테이너운송과 복합운송에 관한 설명으로 옳지 않은 것은?

① 복합운송은 하나의 운송수단에서 다른 운송수단으로 신속하게 환적할 수 있는 새로운 운송기술의 개발에 힘입어 활성화되었다.
② 컨테이너운송의 장점은 화물의 신속하고 안전한 환적이 가능하며, 하역의 기계화로 시간과 비용을 절감할 수 있다는 것이다.
③ 컨테이너운송은 일관운송을 제공하는 복합운송을 실현하는 데 적합하다.
④ 컨테이너운송과 복합운송을 동일시해도 무리가 없다.
⑤ 북미 및 시베리아 횡단철도와 해상운송을 연계하는 복합운송경로의 개척에 힘입어 해륙복합운송이 발달하였다.

08] UN국제물품복합운송조약(1980)에 관한 설명으로 옳지 않은 것은?

① 복합운송인의 책임체계는 절충식 책임체계를 따르고 있다.
② 복합운송인의 책임기간은 화물을 인수한 때부터 인도할 때까지로 한다.
③ 적용화물(Goods)이란 송하인에 의해 공급된 경우에는 컨테이너, 파렛트 또는 유사한 운송용구와 포장용구를 포함하지 않는다.
④ 송하인은 위험물에 관하여 적절한 방법으로 위험성이 있다는 표식(mark)을 하거나 꼬리표(label)를 붙여야 한다.
⑤ 법적 절차 또는 중재 절차가 2년 내에 제기되지 않으면 어떠한 소송도 무효가 된다.

05 ③ 06 ② 07 ④ 08 ③

09〕 복합운송증권(FIATA FBL)의 이면약관 내용으로 옳은 것은?

① 운송주선인의 책임 : 인도일 경과 후 연속일수 60일 이내에 인도되지 않을 경우 손해배상 청구자는 물품이 멸실된 것으로 간주한다.

② 물품의 명세 : 증권표면에 기재된 모든 사항에 대한 정확성은 운송주선인이 책임을 진다.

③ 불법행위에 대한 적용 : 계약이행과 관련하여 운송주선인을 상대로 한 불법행위를 포함한 모든 손해배상청구에 적용한다.

④ 운송주선인의 책임 : 운송주선인의 이행보조자를 상대로 제기된 경우에는 이 약관이 적용되지 않는다.

⑤ 제소기한 : 수하인은 물품이 멸실된 것으로 간주할 수 있는 권리를 가지게 된 날로부터 3개월 이내에 소송을 제기하지 아니하고 다른 방법에 의해 명확히 합의되지 않는 한 운송주선인은 모든 책임으로부터 면제된다.

10〕 복합운송증권 기능에 관한 설명으로 옳지 않은 것은?

① 복합운송증권은 물품수령증으로서의 기능을 가진다.

② 복합운송증권은 운송계약 증거로서의 기능을 가진다.

③ 지시식으로 발행된 복합운송증권은 배서·교부로 양도가 가능하다.

④ 복합운송증권은 수령지로부터 최종인도지까지 전(全) 운송구간을 운송인이 인수하였음을 증명한다.

⑤ UNCTAD/ICC규칙(1991)상 복합운송증권은 유통성으로만 발행하여야 한다.

11〕 복합운송증권의 특징으로 옳은 것은?

① 복합운송증권은 운송인이 송화인으로부터 화물을 인수한 시점에 발행된다.

② 복합운송증권은 운송주선인이 발행할 수 없다.

③ 복합운송증권상의 복합운송인의 책임구간은 화물 선적부터 최종 목적지에서 양륙할 때까지이다.

④ 복합운송증권상의 복합운송인은 화주에 대해서 구간별 분할책임을 진다.

⑤ 복합운송증권은 양도가능 형식으로만 발행된다.

12〕 복합운송증권(FIATA FBL)의 약관 중 다음 내용이 포함되어 있는 약관은?

- 본 약관은 본 FBL이 증명하는 운송계약에 적용되는 국제조약 또는 국내법에 저촉되지 않는 범위 내에서만 효력을 갖는다.
- 1924년 제정된 헤이그 규칙 또는 1968년 제정된 헤이그-비스비 규칙이 선적국에서 법제화되어 이미 발효 중인 나라에서는 헤이그-비스비 규칙이 모든 해상 물품운송과 내수로 물품운송에도 적용되고, 또 그러한 규정은 갑판적이든, 창내적이든 불문하고 모든 물품운송에 적용된다.

① Limitation of Freight Forwarder's Liability
② Partial Invalidity
③ Lien
④ Paramount Clause
⑤ Jurisdiction and Applicable Law

13〕 국제물류주선업자(Freight Forwarder)의 역할이 아닌 것은?

① 운송수단의 수배　　② 수출화물의 혼재작업
③ House B/L 발행　　④ 운송 관계 서류 작성
⑤ 해상보험증명서 발행

 정답　**09** ③　**10** ⑤　**11** ①　**12** ④　**13** ⑤

대표
기출

1
2
3
국제물류론
4
5

14) UNCTAD/ICC 복합운송증권에 관한 국제규칙(1992)의 내용이다. (　)에 들어갈 숫자로 옳은 것은?

> • Where the loss or damage is not apparent, the same prima facie effect shall apply if notice in writing is not given within (ㄱ) consecutive days after the day when the goods were handed over the consignee.
> • The MTO shall, unless otherwise expressly agreed, be discharged of all liability under these Rules unless suit is brought within (ㄴ) months after the delivery of the goods, or the date when the goods should have been delivered, or the date when in accordance with Rule 5.3(Conversion of delay into final loss), failure to deliver the goods would give the consignee the right to treat the goods as lost.

① ㄱ : 6, ㄴ : 9　　② ㄱ : 6, ㄴ : 12
③ ㄱ : 7, ㄴ : 15　　④ ㄱ : 7, ㄴ : 18
⑤ ㄱ : 9, ㄴ : 24

15) 다음에서 설명하는 복합운송경로는?

> 극동에서 선적된 화물을 파나마 운하를 경유하여 북미 동안 또는 US걸프만 항구까지 해상운송을 한 후 내륙지역까지 철도나 트럭으로 운송하는 복합운송방식

① Micro Land Bridge
② Overland Common Point
③ Mini Land Bridge
④ Canada Land Bridge
⑤ Reverse Interior Point Intermodal

16) 한국, 일본 등 극동지역에서 파나마 운하를 통과하여 미국 동부지역으로 해상운송한 후 미국 내륙지점까지 운송하는 복합운송방식은?

① Reversed Interior Point Intermodal
② Overland Common Point
③ Canada Land Bridge
④ American Land Bridge
⑤ Mini Land Bridge

17) TSR(Trans Siberian Railway)에 관한 설명으로 옳지 않은 것은?

① 이 서비스를 이용할 경우 부산에서 로테르담까지의 운송거리가 수에즈운하를 경유하는 올 워터 서비스(All Water Service)에 비해 단축될 수 있다.
② 우즈베키스탄, 투르크메니스탄 등 항만이 없는 내륙국가와의 국제운송에도 유용하다.
③ SLB(Siberian Land Bridge)라고도 불리며, 한국을 비롯한 극동지역과 유럽대륙 간의 Sea & Air 복합운송시스템이다.
④ 극동지역과 유럽 간의 대외교역 불균형에 따른 컨테이너 수급문제와 동절기의 결빙문제가 발전에 걸림돌이 되고 있다.
⑤ 러시아 철도의 궤도 폭과 유럽 철도의 궤도 폭이 달라 환적해야 하는 불편이 있다.

정답 **14** ① **15** ⑤ **16** ① **17** ③

제3과목

국제물류론

. . . .

대표기출문제
정답 & 해설

CHAPTER 01 국제물류관리

01 정답 ④

구분		국제물류	국내물류
ㄱ	운송방법	주로 복합운송이 이용된다.	주로 공로운송이 이용된다.
ㄴ	재고수준	주문시간이 길고, 운송 등의 불확실성으로 재고 수준이 높다.	짧은 리드타임으로 재고 수준이 상대적으로 낮다.
ㄷ	화물위험	장기운송과 환적 등으로 위험이 높다.	단기운송으로 위험이 낮다.
ㄹ	서류작업	각종 무역운송서류가 필요하여 서류 작업이 복잡하다.	구매주문서와 송장 정도로 서류 작업이 간단하다.
ㅁ	재무적 위험	환리스크로 인하여 재무적 위험이 높다.	환리스크가 없어 재무적 위험이 낮다.

02 정답 ①

현지물류체계의 본국 중심의 생산활동보다는 현지국 중심 생산활동을 하여야 하며, 판매활동은 국제적으로 표준화하는 것보다 현지화된 판매활동을 하는 것이 생산성이 더 높다.

03 정답 ①

ㄹ은 인적 기능에 대한 설명이다. 적극적인 대고객 서비스가 필요한 요즘 인적 기능 측면이 강조되고 있다.
ㅁ은 시간적 기능에 대한 설명이다. 장소적 기능은 생산지와 소비지의 장소적 차이를 조정하는 기능이다.

04 정답 ③

① 제품의 수명주기가 짧아짐에 따라 신속한 국제운송이 요구되고 있다.
② 환경친화적 물류관리를 위하여 세계적으로 환경오염에 대한 규제가 강화되고 있다.
④ 기업들은 SCM체제를 구축하여 효율적 재고관리를 통한 빠른 고객대응을 추구하게 되었다.
⑤ e-Logistics의 활용으로 물류 가시성이 높아지고 있다.

05 정답 ②

① 고전적 시스템(Classical System)에 대한 설명으로 적절하다.
③ 다국적 창고 시스템(Multi-country Warehouse System)에 대한 설명으로 적절하다.
④ 직송 시스템(Direct System)에 대한 설명으로 적절하다.
⑤ 국제물류시스템 중에서는 직송 시스템(Direct System)에 대한 설명으로 적절하다.

06 정답 ①

②, ③ 고전적 시스템이란 수출국 기업에서 해외의 자회사 창고로 상품을 대량출하한 후, 발주요청이 있을 때 해당 창고에서 최종 고객에게 배송하는 가장 보편적인 시스템이나 보관비용이 많이 든다는 단점이 있다.
④ 해외 자회사 창고는 주로 보관에 중점을 둔다.
⑤ 다국적행 창고 시스템에 대한 설명이다.

07 정답 ⑤

다국적(행) 창고 시스템(Multi-country Warehouse System)에 대한 설명으로, 상품이 생산국 창고에서 출하되어 특정 경제권 내 물류거점 국가에 설치된 중앙창고로 수송된 다음 각국의 자회사 창고나 고객 또는 유통경로의 다음 단계로 수송되는 국제물류시스템이다. 허브창고의 입지는 수송의 편리성뿐만 아니라 지리적 서비스 범위, 인력가용성, 토지가격 등을 종합적으로 고려하여 결정한다.

CHAPTER 02 **무역실무**

01 정답 ③

① 계약에서 선적횟수와 선적수량을 구체적으로 나누어 약정한 경우를 할부선적이라고 한다.
② UCP 600에서는 신용장이 분할선적을 금지하고 있는 경우 분할선적은 원칙적으로 허용되지 않는다.
④ UCP 600에서는 신용장이 환적을 금지하고 있는 경우에도 물품이 선하증권에 입증된 대로 선적된 경우에 환적은 허용될 수 있다.
⑤ UCP 600에서는 신용장이 환적을 금지하고 있는 경우에 환적이 행해질 수 있다고 표시하고 있는 항공운송서류는 수리된다.

02 정답 ③

① D/A(Documents against Acceptance)는 관련 서류가 첨부된 기한부(Usance) 환어음을 통해 결제하는 방식이다.
② 표준품매매(Sales by Standard)란 공산품과 같이 생산될 물품의 정확한 견본의 제공이 용이하지 않은 물품의 거래에 주로 사용된다.
④ CAD(Cash Against Document ; 서류상환대금결제) : 환어음을 발행하지 않는 방식으로 물품인도가 아닌 운송서류를 수입상에게 인도함으로써 대금결제를 받을 수 있는 일종의 직불방식이다.
⑤ RT(Rye Terms)에 대한 설명이다.

03 정답 ③

① 규격매매(Sales by Type)는 주로 전기, 전자제품 등의 거래에 사용되는 것으로, 상품의 규격이나 품질 수준을 국제기구 등이 부여한 등급으로 결정하는 방식이다.
표준품매매(Sales by Standard)는 수확예정인 농수산물, 광물과 같은 1차 산품의 경우에는 특정 연도와 계절의 표준품을 기준으로 등급을 결정하는 방식이다.
② M/L(More or Less) clause는 Bulk Cargo에서와 같이 운송 중 수량의 변화가 예상되는 물품에 대해 약정된 허용범위 내에서 과부족(5% 범위)을 인정하는 조건이다. about, approximately 등은 10% 범위를 의미한다.
④ D/A(Documents against Acceptance)는 수출상이 계약에 따라 물품을 선적 후 구비서류에 기한부어음(Usance Bill)을 발행하여 은행을 통해 수입상의 거래은행 앞으로 어음대금의 추심을 의뢰하여 대금을 회수하는 방식이다. 이와 반대로 D/P는 일람불 환어음을 발행한다.
⑤ M/T(Mail Transfer)는 수입자가 거래은행에 의뢰하여, 수표를 사용하지 않고 우편으로 외국의 은행에 대하여 특정 금액의 지급에 대하여 지시하는 방법이다.

04 정답 ④

① GMQ는 냉동어류, 목재 등 품목에 적용하는 조건으로 물품의 잠재적 하자나 내부의 부패상태를 알 수 없을 때 상관습에 비추어 수입지에서 판매적격일 것을 전제조건으로 하는 품질결정방법이다.
FAQ(Fare Average Quality) 품질조건은 곡물매매에서 많이 사용되며, 선적지에서 해당계절 출하품의 평균중등품을 표준으로 한다.
② TQ(Tale Quale Terms) 품질조건은 곡물의 선적품질조건이 되며, 매도인은 선적 시의 품질은 보장하나 양륙 시의 품질상태에 대하여는 책임을 지지 않는다.
양륙품질조건(Landed Quality Term)의 조건은 인도물품의 품질이 계약과 일치하는지의 여부를 목적항에서 물품을 양륙한 시점에 판정하는 조건이다.
③ 양륙품질조건의 경우에는 매수인에게 품질수준의 미달 또는 운송 도중의 변질에 대한 입증책임이 귀속된다.
⑤ 과부족용인규정에 따른 정산 시 정산기준가격에 대한 아무런 약정을 하지 않았을 경우 수량은 5%의 과부족 변동을 매도인의 임의선택으로 허용하는 것이 일반적인 상관례이다.

05 정답 ①

해상운송이나 내수로운송의 경우에만 사용되어야 하는 거래조건은 FAS(선측인도조건), CFR(운임포함조건), FOB(본선인도조건), CIF(운임보험료포함조건)이다.

06 정답 ③

CIF규칙은 최소담보조건, CIP규칙은 최대담보조건으로 보험에 부보하도록 개정하였다.

07 정답 ②

① CPT규칙에서 매도인은 지정선적항에서 매도인이 지정한 선박에 적재하여 인도한다.
③ DPU규칙에서 매도인은 물품을 지정목적지에서 도착운송수단에서 물품을 양하하는 데 수반되는 모든 위험과 비용을 부담한다.
④ FOB규칙에서 매수인이 운송계약을 체결할 의무를 가지고, 매도인은 매수인이 지정한 본선(On Board)에 물품을 인도한다.
⑤ FCA규칙에서 지정장소가 매도인의 영업구내라면 물품은 매수인이 준비한 운송수단에 적재될 때 인도된다.

08 정답 ④

④ DAP규칙에서 매도인이 운송계약에 따라 목적지에서 물품의 양륙비용을 부담한 경우 별도의 합의가 없다면 매수인으로부터 그 양륙비용을 회수할 수 없다. (이미 지불했

다면 보전받을 수는 없다.)

09 정답 ②

인코텀즈는 대금지급의 시기, 장소, 방법과 관세부과, 불가항력, 매매물품의 소유권 이전 문제를 다루고 있지 않다.

10 정답 ②

목적지 양하 비용은 Incoterms 규칙에 따라 달리 명시하거나 합의되지 않는 한 매수인이 부담해야 한다. 그러나 양하 비용이 운송계약상 포함된 경우, 매수인은 매도인에게 그 비용을 요구할 수도 있다.

11 정답 ④

수출자가 수입통관이 어려운 경우에는 DDP가 아닌 DAP, DPU를 사용할 수 있다.

12 정답 ⑤

CISG 제2조(협약의 적용 제외)
이 협약은 다음과 같은 매매에는 적용되지 아니한다.
1. 개인용, 가족용 또는 가사용으로 구입되는 물품의 매매. 다만 매도인이 계약의 체결 전 또는 그 당시에 물품이 그러한 용도로 구입된 사실을 알지 못하였거나 또는 알았어야 할 것도 아닌 경우에는 제외한다.
2. 경매에 의한 매매
3. 강제집행 또는 기타 법률상의 권한에 의한 매매
4. 주식, 지분, 투자증권, 유통증권 또는 통화의 매매
5. 선박, 부선, 수상익선 또는 항공기의 매매
6. 전기의 매매 등

13 정답 ④

항공운송서류에는 서류의 발행일이 표시되어 있어야 하는 것은 맞으나 명칭이 반드시 표시되어야 하는 것은 아니다.

14 정답 ②

UCP상 환적의 정의이다.
ㄱ. ㅁ. vessel, port of loading to the port of discharge을 통해 항공운송이나, 둘 이상의 운송방식을 표시하는 복합운송서류는 적절치 않다.
ㄹ. UCP 600상 선하증권은 용선계약에 따른다는 어떠한 표시도 포함하고 있지 않아야 한다.

15 정답 ①

• 선적기간을 정하기 위하여 'to', 'until', 'till', 'from', 'between'은 (기간에) 언급된 당해 일자를 포함하고, 'before', 'after'는 언급된 당해 일자를 제외한다.

• (환어음 등의) 만기일 결정을 위해 사용된 'from'과 'after'는 언급된 당해 일자를 제외한다.

16 정답 ④

용선계약에 따른다는 어떠한 표시도 포함하고 있지 않아야 한다.

17 정답 ④

구상무역에 사용되는 신용장
1. **동시개설신용장**(Back-to-Back L/C) : 수입국에서 신용장을 개설할 때 이에 상응하는 대응수출입에 관해 수출국에서 신용장을 동시에 개설하는 것을 조건으로 하는 신용장
2. **기탁신용장**(Escrow L/C) : 일반신용장 조건에 일치하는 서류와 환어음 제시는 동일하나, 매매대금을 수익자명의 상호 약정 계좌에 기탁하게 명시된 신용장
3. **토마스신용장** : 원신용장 개설 시 상대방이 일정 기간 후 동액 신용장을 개설한다는 보증서를 첨부해야 원신용장이 유효하게 되는 신용장

18 정답 ⑤

① UCP 600 제6조는 신용장상에 'Irrevocable'의 명시가 있거나 또는 취소 여부에 대한 명시가 없더라도 모두 취소불능 신용장에 속하는 것으로 규정하고 있다.
② 선적기간을 정하기 위하여 'to', 'until', 'till', 'from', 'between'은 언급된 당해 일자를 포함하고, 'before', 'after'는 언급된 당해 일자를 제외한다.
③ 신용장은 이용 가능한 해당 은행과 모든 은행을 이용할 수 있는지 여부를 명시하여야 한다.
④ 신용장 거래에서는 수입자가 아닌 개설은행이 수출자에게 대금지급을 확약한다. 신용장의 발행의뢰인은 수입자이고 환어음 지급인은 개설은행이므로 틀린 설명이 된다.

19 정답 ①

서명권자
• B/L : 운송인, 선장, 대리인
• AWB : 운송인, 대리인 (기장은 서명권자가 아니다.)

20 정답 ①

(선장이 아닌) 운송인의 명칭을 표시하고 다음의 자에 의하여 서명되어야 한다.
• 운송인 또는 운송인을 위한 또는 그를 대리하는 기명대리인
• 선장 또는 선장을 위한 또는 그를 대리하는 기명대리인
운송인, 선장 또는 대리인의 서명은 운송인, 선장 또는 대리인의 서명으로서 특정되어야 한다.
대리인의 서명은 그가 운송인을 위하여 또는 대리하여 또는

선장을 위하여 또는 대리하여 서명한 것인지를 표시하여야 한다.

21} 정답 ②
① 신용장은 취소가능 및 불가능에 관한 아무런 표시가 없으면 취소불가능한 것으로 간주한다.
③ 선적일자의 표기에서 until, from, between은 당해 일자를 포함하나 Before는 당해 일자가 제외된다.
④ 신용장의 유효기일과 신용장에 규정된 선적기일이 지정된 은행의 휴업일에 해당하는 경우 신용장은 다음 최초영업일까지 연장되나(은행이 쉬기 때문에), 선적기일은 연장이 금지된다. (휴일이라고 선적지가 쉬는 것은 아니다.)
⑤ 신용장거래에서 은행은 무고장 운송서류만을 수리하며, "무고장(clean)"이라는 단어가 운송서류에 명확하게 'Clean' 등의 문구로 표기될 필요는 없다.

22} 정답 ②
내국신용장과 구매확인서에 대한 설명이다.
• **보증신용장** : 금융 또는 채권보증 등을 목적으로 발행되는 신용장
• **회전신용장** : 일정한 기간 동안 일정한 금액의 범위 내에서 신용장 금액이 자동적으로 갱신되도록 되어 있는 신용장

23} 정답 ① (※ 실제 시험에서는 전체정답 처리됨)
무역분쟁의 해결에 이용되는 ADR(Alternative Dispute Resolution)에는 알선, 조정, 중재가 있다.

24} 정답 ①
① 중재합의의 당사자는 중재절차의 진행 중에 법원에 재산처분 등의 보전처분을 신청할 수 있다.

25} 정답 ①
'서면에 의한 협정'에는 당사자들에 의해 서명된 또는 편지나 전보의 교환에 포함된 중재 조항이나 중재 조약이 포함되어야 한다.

26} 정답 ②
상사중재의 경우 심리과정과 판정문은 비공개하는 것이 원칙이다. (기업의 영업비밀유지 등이 가능하다.)

27} 정답 ①
중재판정이라는 용어는 당사자 간의 사례별 중재합의뿐만 아니라 당사자 쌍방에게 효력을 갖는 법원의 확정판결도 포함된다.

CHAPTER 03 해상운송

01} 정답 ③
① 건현은 선박의 수중에 잠기지 않는 수면 위의 선체 높이로 예비부력을 표시한다.
흘수(Draft)는 선박의 물속에 잠긴 부분을 수직으로 잰 길이로 운하, 강 등에 대한 선박의 통행가능 여부와 항구 등에 대한 출입가능 여부 등을 결정하는 주요 기준이다.
② 편의치적(FOC)은 선주가 선박 운항에 관한 자국의 엄격한 규제, 세금 등을 회피할 목적으로 파나마, 온두라스 등과 같은 조세회피국가에 선적을 두는 것을 말한다.
④ 재화중량톤수(DWT)는 만재 배수량과 경하 배수량의 차이로 적재할 수 있는 화물의 중량을 의미한다.
⑤ 순톤수(Net Tonnage)은 직접 상행위에 사용되는 용적으로 톤세, 항세, 항만시설 사용료 등의 부과기준이 된다.
운임톤(Revenue Ton)은 중량과 용적 중에서 운임이 높게 계산되는 편을 택하여 표시하는 것이다.

02} 정답 ③
선회장(Turning Basin)은 선박이 방향을 전환할 수 있는 장소로서 대개 자선의 경우 대상선박 길이의 3배를 직경으로 하는 원이며, 예선이 있을 경우에는 대상선박 길이의 2배를 직경으로 하는 원으로 한다.

03} 정답 ④
흘수란 선저에서 만재흘수선까지 이르는 높이를 말한다.
※ 배가 안전한 항해를 하기 위해서는 어느 정도의 예비부력 (Reserved buoyancy)을 가져야 한다. 이 예비부력은 선체의 옆 부분을 수직으로 측정할 때 물속에 들어가지 않는 부분의 높이로서 결정되는데, 이를 건현이라 한다.

04} 정답 ④
① 관세나 도선료, 검사수수료 등 제세금의 부과기준이 되는 것은 총톤수이다.
순톤수는 항세 및 톤세, 운하통과료 등의 부과기준이 된다.
② 배수톤수(Displacement Tonnage) : 화물의 적재상태에 따라 배수량이 변하기 때문에 상선에서는 사용치 않으며, 화물 적재의 용도가 없고 세금과도 무관한 군함의 크기를 나타내는 용도로 주로 사용된다.
③ 총톤수(Gross Tonnage) : 갑판 아래의 적량과 갑판 위의 밀폐된 장소의 적량을 합한 것으로 선박의 안전과 위생에 사용되는 부분의 적량을 제외한 것
⑤ 재화중량톤수(Dead Weight Tonnage) : 재화중량톤수 (DWT)는 만재 배수량과 경하 배수량의 차이를 의미하며 적재할 수 있는 최대화물중량을 나타낸다.

05 정답 ④

※ 실제 시험에서 문제의 모호성으로 전체정답 처리됨
ㄱ. Shipping Request : 화주가 선사에 제출하는 운송의뢰서로서 운송화물의 명세가 기재되며 이것을 기초로 선적지시서, 선적계획, 선하증권 등을 발행한다.
ㄴ. Booking Note : 선박회사가 해상운송계약에 의한 운송을 인수하고 그 증거로서 선박회사가 발급하는 서류이다.
ㄷ. Shipping Order : 선적지시서는 선사 또는 그 대리점이 화주에게 교부하는 선적승낙서를 의미한다.
ㄹ. Arrival Notice : 도착통지서(A/N, Arrival Notice)는 선사가 화주가 도착화물을 신속히 인수할 수 있도록 해당 선박이 도착하기 전에 화주에게 화물의 도착을 알리는 서류이다.
ㅁ. Delivery Order : 수입상이 선하증권 원본을 제출하면 선사는 화물인도지시서(D/O, Delivery Order)를 발급한다.
ㅂ. Mate's Receipt : 본선과 송하인 간에 화물의 수도가 이뤄진 사실을 증명하며, 본선에서의 화물 점유를 나타내는 우선적 증거이다.
상기 서류들 중 ㄱ, ㄴ, ㄷ, ㅂ의 경우에는 선적절차 진행 시 발생하는 서류이다.

06 정답 ③

개품운송계약은 불특정 다수의 화주를 대상으로 하며 선박회사에서 일방적으로 결정한 정형화된 약관을 화주가 포괄적으로 승인하는 부합계약 형태를 취한다.

07 정답 ①

정기선 운송의 경우 특정한 항구 간을 운항계획에 따라 규칙적으로 반복 운항하여 항로가 일정하고 선박의 운항 패턴이 규칙적이다.

08 정답 ①

Shipping Request(S/R, 선적요청) > Booking Note(B/N, 선복예약)(Booking List) > Shipping Order(S/O, 선적지시) > Mate's Receipt(M/R, 본선수취) > Shipped B/L(수취식 B/L)
※ 해상운송화물의 선적절차는 서류 중심으로 공부하여야 한다.

09 정답 ①

Bulky/Lengthy Surcharge는 용적 또는 장척할증료이다.

10 정답 ③

개품운송계약은 운송인이 불특정 다수의 송하인으로부터 운송을 위해 화물을 인수하고 운송위탁자인 송하인이 이에 대한 반대급부로 운임을 지급할 것을 약속하는 계약을 의미하는 것으로, 운송인이 발급하는 선하증권이 물품의 권리를 나타내는 증거가 된다.

11 정답 ④

Mate's Receipt(M/R)는 일등 항해사가 화주에게 발급해 주는 서류이다.

12 정답 ④

①, ②, ③, ⑤는 해운동맹의 대내적 규제수단이고 ④ 계약운임은 대외적 규제수단(화주 구속수단)이다.

13 정답 ①

ㄱ : Long Term Contract Freight(장기운송계약운임)이란, 화물을 장기적 또는 반복적으로 운송하기 위한 장기운송계약을 체결할 경우의 운임이다.
ㄴ : Lumpsum Freight(선복운임)이란, 화물의 양과 관계없이 항해 또는 선복을 단위로 하여 일괄 부과하는 운임이다.
• Freight All Kinds Rate(무차별운임) : 정기선운송 시 무차별운임은 화물이나 화주, 장소에 따라 차별하지 않고 화물의 중량이나 용적을 기준으로 일률적으로 부과하는 운임이다.
• Pro Rata Freight(비례운임) : 선박이 항해 중 불가항력 등의 이유로 항해를 계속할 수 없을 때 중도에서 화물을 화주에게 인도하고 선주는 운송한 거리의 비율에 따라 부과하는 운임이다.
• Consecutive Voyage Freight(연속항해운임) : 특정 항로를 반복 · 연속하여 항해하는 경우에 약정한 연속 항해의 전부에 대하여 적용하는 운임이다.
• Dead Freight(공적운임) : 실제 적재량을 계약한 화물량만큼 채우지 못할 경우 사용하지 않은 부분에 대하여 부과하는 운임이다.

14 정답 ①

② 일부용선계약(Partial charter party)은 선복(Ship's space)의 일부를 빌리는 것이다.
③ 항해용선계약(Voyage charter party)은 특정 항구에서 특정 항구까지 선복(Ship's space)을 빌리는 것이다.
④ 정기용선계약(Time charter party)은 일정 기간을 정하여 선복(Ship's space)을 빌리는 것이다.
⑤ 선복용선계약(Lump−Sum Charter)은 항해용선계약의 종류로서 적하량에 관계없이 일정한 선복을 계약하고 운임도 포괄적으로 약정하는 선복운임을 적용한다.

15 정답 ①

하역비 부담조건 유형

구분	내용
Berth(Liner) Term Charter	적하 시와 양하 시의 하역비를 선주가 부담
FIO(Free In, Out) Charter	적하 시와 양하 시의 하역비를 모두 화주가 부담
FIOST(Free In, Out, Stowed, Trimmed) Charter	선내 하역비 부담조건으로 선적, 양륙, 본선 내의 적입, 화물정리비까지 모두 화주가 책임과 비용을 부담하는 조건이다.
FI Charter	적하 시는 화주가 부담, 양하 시는 선주가 부담
FO Charter	적하 시는 선주가 부담, 양하 시는 화주가 부담
Gross Term Charter	항비, 하역비, 검수비 모두 선주가 부담하는 조건
Net Term Charter	항비, 하역비, 검수비 모두 화주가 부담하는 조건

16 정답 ②

정기용선계약은 일정 기간을 정해 용선자에게 선박을 사용하도록 하는 계약으로 NYPE(The New York Produce Exchange Form)라는 표준계약서가 사용되는 것이 대체적이다. Gencon 서식은 항해용선계약에서 사용된다.

17 정답 ②

선박회사 간의 과다한 운임경쟁을 막기 위해 공표된 운임을 적용하는 것은 정기선의 일반적인 특징이다.

18 정답 ⑤

① 선박 자체만을 빌리는 선박임대차계약은 나용선계약이다.
② 용선계약기간을 통상 한 개의 항해를 단위로 하는 것은 항해용선계약이다.
③ 용선자가 선장 및 선원을 고용하고 관리 · 감독하는 것은 나용선계약이다.
④ 선박의 유지 및 수리비를 용선자가 부담하는 것은 나용선계약이다.

19 정답 ④

Gencon Form의 해약조항(Cancelling Clause)에 대한 설명이다. 해약조항이란 선박이 용선자에게 인도돼야 할 마지막 날짜(해약기일)가 지나서 도착할 경우에 용선자는 계약을 해약할 권리를 갖게 된다는 조항이다.
① Laytime(정박기간)

② Demurrage(체선료) : 체선료는 초과정박일에 대한 용선자 또는 화주가 선주에게 지급하는 보수이다.
③ Off hire Clause(휴항약관) : 용선기간 중 용선자의 귀책사유가 아닌 선체의 고장이나 해난과 같은 불가항력 사유 때문에 발생하는 휴항약관 조항이다.
⑤ Deviation Clause(이로약관)

20 정답 ③

연속정박기간(Running Laydays)은 하역 시작일로부터 끝날 때까지의 모든 기간을 정박기간으로 계산하는 방법이다

21 정답 ②

"DWT all told on summer load line in metric tons"란에 하계 만재흘수선을 기준으로 한 재화중량톤수를 M/T로 표기한다.

22 정답 ②

1. 정박기간 산정조건이 WWD SHEX이고 6월 1일 오후에 하역준비완료통지를 하였으므로 정박기간은 2일 주간부터 기산하여, 현충일인 6일과 일요일인 7일을 제외한다.
2. 정박기간은 총 5일(2, 3, 4, 5, 8일)이므로 용선자는 초과정박일인 6월 9일 화요일 하루에 대한 체선료 US$ 2,000를 지불한다.

23 정답 ②

선박이 선적항에 도착한 후 항만에서 파업이 발생하여 48시간 이내 해결되지 않을 경우, 선박소유자는 용선자에게 정상적인 정박기간의 계산을 요구할 수 있고 계약을 해제할 수 있다. 양륙항 파업 시 용선자는 체선료의 반액을 지급하고, 파업종료 시까지 선박을 대기시킬 수 있으며 다른 안전항구를 양륙항으로 지정할 수도 있다.

24 정답 ①

② Option Surcharge : 양륙항을 정하지 않은 상태에서 운송 도중에 양륙항이 정해지는 경우에 부과되는 할증운임이다.
③ Dead Freight : 실제 적재량을 계약한 화물량만큼 채우지 못할 경우 사용하지 않은 부분에 대하여 부과하는 운임이다.
④ Congestion Surcharge : 정기선 해상운송의 운임 중 도착항의 항만사정으로 예정된 기간 내 하역할 수 없을 때 부과한다.
⑤ Long Term Contract Freight : 원유, 철광석 등 대량화물의 운송수요를 가진 대기업과 선사 간에 장기간 반복되는 항해에 대하여 적용되는 운임이다.

25 정답 ②

THC에 대한 설명이다.
① Freight All Kinds(무차별운임) : FAK는 화물의 종류에 관계없이 일률적으로 부과되는 운임이다.
③ Commodity Classification Rate(품목분류요율) : 항공운송요율에서 특정 구간의 특정품목에 대하여 적용되는 요율로서 보통 일반화물요율에 대한 백분율로 할증(S) 또는 할인(R)되어 결정된다.
④ Commodity Box Rate : 컨테이너 내부에 넣는 화물의 양(부피)에 상관없이 무조건 컨테이너 하나당 운임을 책정하는 것이다.
⑤ Detention Charge(지체료) : 화주가 반출해 간 컨테이너 또는 트레일러를 무료사용이 허용된 시간(Free Time) 이내에 지정 선사의 CY로 반환하지 않을 경우 선박회사에 지불하는 비용이다.

26 정답 ④

비례운임(Pro Rate Freight)은 선박이 항해 중 불가항력 등의 이유로 항해를 계속할 수 없을 때 중도에서 화물을 화주에게 인도하고 선주는 운송한 거리의 비율에 따라 부과하는 운임이다.

27 정답 ③

ㄱ. 단위탑재용기요금(BUC, Bulk Unitization Charge) : 항공운송 운임요율에 해당하는 단위탑재용기요금으로 파렛트, 컨테이너 등 단위탑재용기(ULD)별 중량을 기준으로 요금을 미리 정해 놓고 부과하는 방식이다.
ㄴ. 터미널화물처리비(THC, Terminal Handling Charge) : 화물이 컨테이너 터미널에 입고된 순간부터 본선의 선측까지, 반대로 본선 선측에서 CY의 게이트를 통과하기까지 화물의 이동 비용이다.
ㄷ. 유류할증료(BAF, Bunker Adjustment Factor) : 유류가격의 인상으로 발생하는 손실을 보전하기 위한 할증료
ㄹ. 부두사용료(Wharfage) : 항만 내 부두사용료이다. 해운항만청 고시에 의하여 부과된다.
ㅁ. PSS(Peak Season Surcharge) : 성수기 물량 증가로 컨테이너 수급불균형 및 항만의 혼잡 심화에 따른 비용 상승에 대한 할증료이다.
따라서, ㄴ, ㄹ이 항만 내에서 발생하는 서비스의 대가로 화주가 부담하는 비용이 된다.

28 정답 ②

중량과 용적(부피가 기준이 됨)의 두 가지 중 어느 쪽이든 큰 쪽의 톤수가 운임산정의 기준이 되며, 이때 운임산정의 기준이 된 톤수를 운임톤이라 한다.
실제중량 : 1.5톤

용적중량 : 4.608톤(용적계산 : 1.8×1.6×1.6)

29 정답 ④

Rotterdam Rules(2008) 협약의 경우 포장당 875 SDR 또는 3 SDR/kg 중 큰 금액을 손해배상 한도로 한다.

30 정답 ②

ㄱ. Hague Rules(1924) (해상운송)
ㄴ. Warsaw Convention(1929) (항공운송)
ㄷ. CMR Convention(1956) (도로운송)
ㄹ. CIM Convention(1970) (철도운송)
ㅁ. Hamburg Rules(1978) (해상운송)
ㅂ. Rotterdam Rules(2008) (해상운송)

31 정답 ①

ㄱ은 선하증권의 요식증권성, ㄴ은 지시증권성, ㄷ은 채권증권성을 의미한다. 이외에도 선화증권은 권리증권성 및 유통증권성을 가지고 있다.

32 정답 ②

해상화물운송장을 이용한 화물의 전매는 불가능하다.

33 정답 ①

ㄱ. 수하인이 기재된 Straight B/L(기명식 선하증권)을 의미한다.
ㄴ. 권리증권 기능을 포기한 B/L은 Surrendered B/L이다.
ㄷ. Third Party B/L(제3자 선하증권)에 대한 설명이다.

34 정답 ①

① 수입화물선취보증장(Letter of Guarantee) : 선하증권보다 수입화물이 목적항에 먼저 도착하여 화물 인수 지연에 따른 통관이 지연되어 화물 변질, 보관료 증가, 판매기회 상실 등의 부담이 발생할 우려가 있을 때, 이러한 불편을 해소하기 위해 수하인이 사용할 수 있는 서류로 신용장거래 시 수입국에서 발행된다.
② 파손화물보상장(Letter of Indemnity) : 은행은 Foul B/L을 수리하지 않기 때문에 화주가 실제로는 Foul B/L임에도 불구하고 Clean B/L으로 바꾸어 받을 경우 선박회사에게 제시하는 보상장을 말한다.

35 정답 ⑤

국제해사법위원회(CMI, Committee Maritime Internationa)는 해상법·해사 관련 관습·관행 및 해상실무의 통일화에 기여하기 위하여 1897년 벨기에 앤트워프에서 창설된 민간국제기구이다.

36 정답 ②

지시식 선하증권(Order B/L)

선하증권의 수하인으로 "Order", "Order of Shipper", "Order of …. (Buyer)", "Order of Negotiation Bank"로 표시하여 발행되는 선하증권이다. 수화인란에 특정인을 기재하고 있는 선하증권은 Straight B/L(기명식 선하증권)이다.

37 정답 ③

ㄴ. BIMCO(발틱국제해사협의회)는 순수한 민간단체로 국제 해운의 경제적, 상업개입 협조에 주력하는 기구이다.

ㄷ. 국제해운회의소(ICS, International Chamber of Shipping) 는 각국의 선주협회들이 선주들의 권익옹호 및 상호협조를 목적으로 설립된 국제 민간기구이다.

ㄱ. FIATA는 국제적인 대리업의 확장에 따른 제반 문제점을 다루기 위해 설립된 운송주선인의 민간기구이다.
IACS는 국제선급연합으로 각국의 선급에 대한 검사를 하고 있으며 이 검사 결과에 따라 그 선급의 위상이 정하여진다.

ㄹ. UNCTAD(UN무역개발회의)는 국제무역과 경제발전을 촉진할 목적으로 설립된 국제연합의 전문기구이다.
IMO(국제해사기구)는 정부 간 해사기술의 상호협력, 해사안전 및 해양오염방지대책 수립 등을 목적으로 설립되었다.

38 정답 ③

로테르담 규칙에는 화물 관련 운송인의 의무에 수령 및 인도가 추가되었으며, 당사자 간의 합의된 기간 내에 인도가 되지 않은 경우 운임의 2.5배를 최고한도로 보상이 가능하다.

39 정답 ④

ㄷ. Sea waybill : 유통성이 없는 해상화물운송장으로 물품이 운송서류보다 먼저 도착지에 도착하는 경우 수입화주가 화물을 조기에 인수할 수 있다.

ㅂ. Surrender B/L : B/L의 유통성이 소멸된 선하증권이므로 물품이 운송서류보다 먼저 도착지에 도착하는 경우 수입화주가 화물을 조기에 인수할 수 있다.

40 정답 ③

부지조항(Unknown Clause)에 대한 설명이다. 이 증권 전면에 나와 있는 기호, 번호, 명세, 품질, 수량, 치수, 중량, 부피, 성질, 종류, 가액 및 기타 물품의 명세는 화주가 신고한 대로이며, 운송인은 그것의 정확성에 대해서 책임을 지지 않는다. 화주는 그가 신고한 상세 명세가 정확하다는 것을 운송인에게 담보하며, 그것의 부정확성으로 인하여 발생하는 모든 멸실, 손해, 비용, 책임, 벌과금, 과태료에 대해서 운송인에게 보상한다.

41 정답 ①

B/L보다 화물이 목적항에 도착했을 경우 개설은행이 연대보증을 하면서 발행해 주는 서류인 L/G에 대한 설명이다.

② D/O(Delivery Order) : 화물인도지시서
③ S/R(Shipping Request) : 선적의뢰서
④ M/R(Mate's Receipt) : 본선수취증
⑤ L/I(Letter of Indemnity) : 파손화물보상장

42 정답 ⑤

Hague Rules에서는 운송인의 항해과실만 면책으로 규정하고 상업과실은 면책사항이 아니다. Hamburg Rules에서는 운송인의 항해과실면책, 선박취급상의 과실면책, 선박에 있어서 화재의 면책조항 등을 폐지하여 운송인의 책임을 더욱 강화하였다.

43 정답 ①

주로 중계무역에 사용되며, 중개무역업자가 실제 수출자와 실제 수입자를 서로 모르게 하기 위하여 사용되는 B/L은 Switch B/L이다.

01 정답 ⑤

⑤ 잔존물이 있는 경우에만 위부를 하고 전손으로 추정한다.

02 정답 ④

① 보험금액은 실제 보험계약자가 보험에 가입한 금액으로서 손해가 발생할 경우 보험자가 피보험자에게 지급하기로 약정한 최고금액이다.
보험가액은 보험사고 발생 시 피보험자가 입게 되는 손해액의 최고 한도액이며 보상받을 수 있는 최고 한도액이다.

② 피보험이익은 손해보험에서 보험사고의 발생에 의하여 손해를 입을 우려가 있는 피보험자의 경제적 이익이므로 보험계약 체결 시 반드시 확정되어 있어야 하는 것은 아니고, 보험사고 시에는 반드시 확정되어 있어야 한다.

③ 동일한 해상사업과 이익 또는 그 일부에 관하여 둘 이상의 보험계약이 피보험자에 의해서 또는 피보험자를 대리하여 체결되고 보험금액이 MIA에서 허용된 손해보상액을 초과하는 경우 중복보험에 해당한다. 공동보험은 여러 명의 보험자가 보험가입자의 위험에 대해 공동으로 책임을 지는 것이다.

⑤ 기평가보험증권은 다툼을 미연에 방지하고 보험가액 평가에 소요되는 시간과 경비를 절약하여 신속한 보상을 하기 위해 사용되는 것으로 보험목적물의 협정보험가액이 기재된 보험증권이다.

03 정답 ②

① 추심통일규칙에 대한 내용이다.

③ 스탠드바이 신용장에 관한 통일규칙(ISP98)에 대한 내용이다.

④ 로테르담 규칙 : 국제해상물건운송계약에 관한 UNCITRAL 조약으로 복합운송(Door to Door)에 부응하는 해결책 제공과 운송인의 운송물에 대한 책임을 강화한 규칙이다.

⑤ ICC 청구보증통일규칙(URDG)에 대한 내용이다.

04 정답 ③

ㄱ : 구조료(Salvage Charge)은 해난에 봉착한 재산에 발생할 가능성이 있는 손해를 방지하기 위하여 자발적으로 화물을 구조한 자에게 해상법에 의하여 지불하는 보수이다.

ㄴ : 특별비용(Particular Charge)은 안전 또는 보존을 위해 피보험자에 의하여 또는 피보험자를 위하여 소요되는 비용으로서 공동해손비용과 구조료 이외의 비용이다.

05 정답 ③

물적손해는 전손(현실전손, 추정전손)과 분손(단독해손, 공동해손)으로 이루어진다.
③의 경우 물적손해가 아닌 비용손해이다.
① 현실전손
② 단독해손
③ 손해방지비용(비용손해)
④ 공동해손
⑤ 추정전손

06 정답 ⑤

① 특별비용(Particular Charge)은 피보험 목적물의 안전 보존을 위하여 피보험자 또는 대리인에 의하여, 지출된 비용으로 공동해손비용과 구조비 이외의 비용이다.

② 보험자가 아닌 피보험자(또는 그 대리인)가 손해방지행위를 했다면 그 비용은 손해방지비용으로 보상될 수 있다.

③ 특별비용은 피보험목적물에 안전과 보존을 위하여 지출된 경우에만 보험자로부터 보상받을 수 있다.

④ 보험자의 손해를 방지하기 위해 지출한 비용은 손해방지비용이다.

07 정답 ③

• 피보험이익의 전멸, 피보험사고로 피보험이익이 전부 상실되어 피보험자가 다시 회복할 수 없는 경우에 성립되는 것은 현실전손이다.

• 이례적이지 않은 희생이나 비용이 자발적, 의도적으로 발생했어야 하고, 위험에 처한 기간 동안 공동항해 중 공동위험에 처한 재산을 보호하기 위해 인위적이고 합리적인 희생 및 비용이 발생하였을 때 공동해손처리를 한다.

08 정답 ⑤

ICC(A)에서 제3자의 불법행위에 의한 전체 또는 일부의 의도적인 손상 또는 파괴는 면책위험에 해당하지 않는다.

09 정답 ⑤

냉동화물약관(Refrigerating Machinery Clause) : 육류 및 생선 등의 화물을 운송하는 중에 냉동기의 고장에 의해서 생기는 모든 멸실이나 손상을 담보하는 부가조건이다.

10 정답 ①

ICC(C)는 ICC(B)에서 열거된 위험 중 지진, 화산의 분화, 낙뢰·갑판유실, 선박, 부선, 선창, 운송용구, 컨테이너, 지게차 또는 보관장소에 해수 또는 호수, 강물의 유입, 추락손 등은 담보되지 않는다.

CHAPTER 05 항공운송

01 정답 ⑤

탑재 및 하기, 화물인수, 타 항공사 인계 시에 분실된 경우는 지연(Delay)이 아닌 분실(Missing)의 사고유형이라 볼 수 있다. MSCN(Miss-connected)은 다른 목적지로 화물이 잘못 보내진 경우를 의미한다.

02 정답 ④

① 항공화물운송은 항공여객운송에 비해 왕복운송의 비중이 낮고 편도운송이 많다.
② 항공화물운송은 항공여객운송과 달리 지상조업(Ground Handling)이 필요하다.
③ 항공화물전용기에 의한 운송은 주로 야간에 이루어진다.
⑤ AWB는 일반적으로 기명식으로 발행되어 유통성이 없다.

03 정답 ④

① 화주의 손해를 보호하기 위해 드는 보험을 항공적하보험이라 한다.
② 항공시장의 자유화로 인해 항공사 간 전략적 제휴는 점차 증가하는 추세이다.
③ 철도 및 해상운송이 석탄이나 철광석과 같은 벌크화물을 운송하는 데 적합하다.
⑤ 항공운송서류에는 서류의 발행일이 표시되어 있어야 한다.

04 정답 ⑤

구분	항공화물운송장 (AWB)	선하증권(B/L)
유통성	비유통성	유통성
수하인	기명식	통상 지시식
작성주체	송화인이 작성	운송인(선사)가 작성
성격	화물수령증	권리증권
발행시기	화물인도시점 (수취식)	선적 후 발행 (선적식)

05 정답 ⑤

항공화물운송장은 운임이나 요금 등의 회계처리를 위하여 사용되고 운송인과 운송계약 체결의 증거가 되므로 작성한 내용에 대하여 책임의무가 있다.

06 정답 ①

② B/L은 일반적으로 본선 선적 후 발행하는 선적선하증권(On board B/L)으로 발행된다.
③ AWB는 유통성이 없다.

④ AWB는 송화인이 작성하여 운송인에게 교부한다.
⑤ AWB는 상환증권의 성격을 갖지 않는다.

07 정답 ①

Disbursement fee(입체지불수수료)에 대한 설명이다. 입체지불수수료(Disbursement)란 출발지로부터 항공운송이 이루어지기 전까지 발생된 비용들(트럭운송비, 취급수수료, 서류발급수수료, 항공화물화주보험료 등) 중에서 수하인이 부담해야 할 비용을 송하인 또는 항공운송인이 선지급한 경우, 항공사가 수하인에게 징수하는 금액을 말하며, 이것은 항공화물운송장에 명기된다
② Dangerous goods handling fee(위험물취급수수료) : 위험화물 접수 시 포장상태, 관계 서류, 당국의 검사에 따라 부과하는 수수료이다.
③ Charges collect fee(CCF) : 착불 수수료를 의미하며, 항공운송에서 수입화물의 운임이 착지불될 때 수입자에게 청구하는 비용이다.
④ Handling charge(화물취급수수료) : 화물취급수수료는 항공화물운송대점 또는 항공운송주선인(혼재업자)이 수출입화물의 취급에 따른 서류발급비용, 화물도착통지(Arrival Notice), 해외 파트너와의 교신 등에 소요되는 통신비용 등 제반 서비스 제공에 대한 대가로서 징수하는 수수료이다.
⑤ Pick up service charge(집화수수료) : 항공화물운송대리점 또는 항공운송주선인이 송하인이 지정한 장소로부터 화물을 집화하는 경우에 발생한 차량운송비용을 말하며, 화물인수지연으로 차량이 대기할 경우 대기비용을 부가하여 실비로 정산한다.

08 정답 ④

단위탑재용기요금이란 항공사가 송화인 또는 대리점에 컨테이너나 파렛트 단위로 판매 시 적용되는 요금으로 중량화물은 BUC 사용가능하다.

09 정답 ③

품목분류요율(CCR, Commodity Classification Rate)
특정 구간의 특정품목에 대하여 적용되는 요율로서 보통 일반화물요율에 대한 백분율로 할증(S) 또는 할인(R)되어 결정된다.
• **할인운임**(R) : 신문, 점자책, 잡지, 정기간행물, 서류, 카탈로그, 비동반 수하물 등
• **할증운임**(S) : 생동물, 귀중화물, 자동차, 시체, 금, 보석, 화폐, 증권 등

10 정답 ⑤

① 일반화물요율(GCR)은 항공화물운송 요금 산정 시 가장 기본이 되는 요율이다.

대표
기출

1
2
3 국제물류론
4
5

② 특정품목 할인요율(SCR)은 특정의 대형화물에 대해서 운송구간 및 최저중량을 지정하여 적용하는 할인운임이다.
③ IATA Tariff Co-Ordinating Conference에서 결의하는 각 구간별 요율은 해당 정부의 승인을 얻은 후에야 유효한 것으로 이용 가능하다.
④ 항공화물요율은 공항에서 공항까지의 운송을 기준으로 계산하여 설정된다.

11 정답 ②

ㄱ. Hague Protocol(1955, 헤이그의정서) : 바르샤바협약의 내용을 일부 수정한 의정서로서 1955년에 채택된 Hague Protocol에서는 여객에 대한 운송인의 보상 책임한도액을 인상했다.
ㅁ. Montreal Convention(1999) : 미국이 항공운송 사고 시 운송인의 책임한도액이 너무 적다는 이유로 바르샤바 조약을 탈퇴하였다. 이에 따라 IATA가 미국정부와 직접 교섭은 하지 않고 미국을 출발, 도착, 경유하는 항공회사들 간의 회의에서 운송인의 책임한도액을 인상하기로 합의한 협정이다.
ㄴ. CMR Convention(1956) : 국제도로물품운송계약에 관한 협약
ㄷ. CIM Convention(1970) : 철도화물운송에 관한 국제조약
ㄹ. CMI Uniform Rules for Electronic Bills of Lading(1990) : 전자선하증권의 CMI통일규칙
ㅂ. Rotterdam Rules(2008) : 국제해상물건운송계약에 관한 UNCITRAL조약

12 정답 ②

② FAI(1905)는 국제항공연맹, IATA(1945)는 국제항공운송협회, ICAO(1947)는 국제민간항공기구를 의미한다.
① Hague규칙(1924)은 선하증권통일조약으로서 해상운송에 관한 조약이다.
③, ⑤ ICAO는 시카고조약에 의거하여 국제항공의 안전성 확보와 항공질서 감시를 위한 관리를 목적으로 설립된 UN산하 항공전문기구이며, IATA는 항공사들이 설립한 순수 민간단체로 여객운임 및 화물요율 등을 결정하는 국제기구이다.
④ 바르샤바협약은 국제 간 항공운송으로서 운송계약상 발송지 및 목적지가 모두 체약국에 있는 경우 적용되며, 유상인 경우에 적용된다.

13 정답 ②

① IATA는 국제항공운송협회로 1945년 쿠바의 하바나에서 세계항공사회의를 개최함으로써 설립되었다.
ACI는 국제항공협회로 1991년 1월 1일 국제공항운영협

회와 공항협의조정위원회, 국제민간공항협회 등 공항 관련 3개 단체를 통해 설립되었으며, 전 세계 공항의 안전과 발전, 공항 간 협력을 위해 결성된 비영리단체이다.
③ IATA는 세계항공운송에 관한 각종 절차와 규정을 심의하고 제정·결정하는 민간의 국제협력단체로 캐나다 몬트리올과 스위스 제네바에 본부를 두고 있다.
④ FAI는 항공스포츠를 통한 각국의 정치, 인종 초월, 인류 이해, 친선도모, 참된 국제정신 고양을 위해 설립되었다. FIATA는 1926년 설립된 국가별 운송주선인협회와 개별운송주선인으로 구성된 국제민간기구로서 전 세계적인 운송주선인의 연합체이다.
⑤ ICAO는 국제연합 산하 전문기구로 국제항공운송에 필요한 원칙과 기술 및 안전에 대해 연구하며 캐나다의 몬트리올에 본부를 두고 있다.

14 정답 ③

① 항공화물운송장은 송하인이 원본 3통을 작성하여 제1의 원본에는 '운송인용'이라고 기재하고 송하인이 서명한다.
② 항공운송서류가 분실되거나 잘못 작성된 경우 기재 책임이 있는 당사자가 불이익을 받을 수 있겠지만 항공운송계약이 취소되지는 않는다.
④ 화물에 관한 내용이 운송서류에 잘못 기입된 경우, 이는 송하인의 책임이다.
⑤ 수하인용 원본에는 송하인 및 운송인이 서명하고 이 원본을 화물과 함께 송부한다.

CHAPTER 06 컨테이너운송

01 정답 ②

RO/RO선

경사판(ramp)을 통하여 하역할 수 있는 선박으로, 선박의 선수미나 선측에 설치되어 있는 입구를 통해 트럭이나 지게차를 이용하여 컨테이너를 양륙하거나, 자동차 등을 램프를 통하여 바로 선적할 수 있도록 건조된 선박이다.

02 정답 ③

해당 물품은 길이가 9.1m이므로 40' DRY CONTAINER에 적재하는 것이 적합하다.
- **20피트 컨테이너** : 높이 2.4m × 폭 2.4m × 길이 6m
- **40피트 컨테이너** : 높이 2.4m × 폭 2.4m × 길이 12m
- **45피트 컨테이너** : 높이 2.4m × 폭 2.4m × 길이 13m

03 정답 ⑤

- 20피트 컨테이너 = 1TEU
- 40피트 컨테이너 = 2TEU
- 45피트 컨테이너 = 2.25TEU
- ※ 4,225TEU(1TEU × 2,000＋2TEU × 1,000＋2.25TEU × 100)

04 정답 ⑤

CY/CFS 운송은 하나의 수출자(송화인)가 둘 이상의 수입자(수화인)의 화물을 한 컨테이너에 적입한 경우에 이용된다.

05 정답 ①

관세법 제2조 제5호(내국물품)

"내국물품"이란 다음 각 목의 어느 하나에 해당하는 물품을 말한다.
가. 우리나라에 있는 물품으로서 외국물품이 아닌 것
나. 우리나라의 선박 등이 공해에서 채집하거나 포획한 수산물 등
다. 입항전수입신고가 수리된 물품
라. 수입신고수리 전 반출승인을 받아 반출된 물품
마. 수입신고 전 즉시반출신고를 하고 반출된 물품
①의 경우 외국물품이다.

06 정답 ①

② 보세창고의 경우 장치기간이 지난 내국물품은 그 기간이 지난 후 10일 내에 그 운영인의 책임으로 반출하여야 한다.
③ 외국물품 또는 외국물품과 내국물품을 원료로 하거나 재료로 하여 수출하는 물품을 제조·가공하거나 수리·조립·검사·포장 기타 이와 유사한 작업을 하는 것을 목적

으로 한다.
④ 운영인은 보세건설장에서 건설된 시설을 수입신고가 수리되기 전에 가동하여서는 아니 된다.
⑤ 보세판매장에서 판매할 수 있는 물품의 종류, 판매한도는 기획재정부령으로 정한다.

07 정답 ①

① 보세운송을 하려는 자는 관세청장이 정하는 바에 따라 세관장에게 보세운송의 신고를 하여야 한다. 다만, 물품의 감시 등을 위하여 필요하다고 인정하여 대통령령으로 정하는 경우에는 세관장의 승인을 받아야 한다. [관세법 제213조]

08 정답 ③

① Dock Receipt : 화물을 선사가 지정하는 장소(Dock)에 인도했을 경우 선박회사가 화물의 수취를 증명하여 화주에게 주는 화물수취증을 의미한다.
② Equipment Interchange Receipt(기기인수도증) : 수출자가 물품을 컨테이너에 적입하여 수출하고자 할 때 컨테이너를 임대할 때 발생하는 서류이다.
④ Cargo Delivery Order(화물인도지시서) : 물품의 보관자에 대하여 그 물품을 선하증권의 정당한 소지인에게 인도하라고 지시하는 서류이다.
⑤ Letter of Indemnity(파손화물보상장) : 화주가 Foul B/L을 Clean B/L로 바꾸어 받을 경우 선사에게 제시하는 서류를 의미한다.

09 정답 ①

수출선적절차
선적요청서(shipping request) → 선적예약서(booking list) → 기기수도증(equipment receipt) → 부두수취증(dock receipt) → 선하증권(bill of lading)

10 정답 ④

Ocean Freight(해상운임비용)는 화물의 운송 대가이다.
① Terminal Handling Charge(터미널화물처리비)
② Wharfage(부두사용료)
③ CFS Charge(화물조작장 처리비용)
⑤ Container Demurrage(체선료)

11 정답 ④

우리나라에 도착한 물품이 수입신고 수리되지 않고 베트남으로 바로 선적하였으므로 반송통관을 적용한다.

12) 정답 ⑤

Gantry Crane은 CY가 아닌 Apron에 부설된 레일을 따라 움직이거나 레일 위에서 움직이기 때문에 자유로운 이동은 불가능하다.

13) 정답 ②

ICD에 선박 적하, 양하, 마샬링기능은 없다.

14) 정답 ②

① 항로(Access Channel)는 바람과 파랑의 방향에 대해 30˚~60˚의 각도를 갖는 것이 좋다.
③ 비트(bitt)는 선박의 접안과 화물의 하역을 위해 목재 및 철재 등의 기둥을 육상에 박아 윗부분을 콘크리트로 굳힌 선박의 계류시설이다.
  잔교는 해안선과 직각의 형태로 돌출된 교량형 간이구조물로서 선박의 접안과 화물의 적양하 작업, 선원 및 여객의 승하선에 이용되며 목재, 철재, 석재로 된 기둥을 해저에 박은 뒤 기둥의 윗부분을 콘크리트로 굳힌 후 이 위에 교량형 구조물을 설치하여 육지와 연결한 형태이다.
④ 박지는 접안을 앞둔 선박이 일시적으로 닻을 내리고 대기하는 수역으로 수면이 잔잔하고 닻을 내리기 좋은 지반이어야 하며, 사용목적에 따라 차이가 있다. (예 정박지, 묘박지 등)
⑤ 선회장은 선박이 방향을 전환할 수 있는 장소로서 대개 자선의 경우 대상선박 길이의 3배를 직경으로 하는 원이며, 예선이 있을 경우에는 대상선박 길이의 2배를 직경으로 하는 원으로 한다.

15) 정답 ②

② 선석(Berth)은 선박의 접안장소로 화물의 하역작업이 이루어질 수 있도록 구축된 구조물을 말한다.

16) 정답 ③

CSC(컨테이너안전협약)에 대한 설명이다.
① ITI(국제통과화물 통관협약) : 관세협력이사회가 1971년 신국제도로운송 통관조약 작성과 병행하여 새로 채택한 조약으로 국제도로운송통관조약이 도로주행차량 또는 적재된 컨테이너의 도로운송을 대상으로 하고 있는 데 비해, 본 조약은 각종 운송기기에 의한 육해공 모든 운송수단을 대상으로 하고 있다.
② CCC(Customs Convention on Container, 1956) : 컨테이너 자체가 국경을 통과함에 따라 당사국 간의 관세 및 통관 방법 등을 협약·시행할 필요성이 있어, 1956년 유럽경제위원회에 의해 채택되었다.
④ TIR(Transport International Routiere, 1959) : 1959년 유럽경제위원회가 도로운송차량에 의한 화물의 국제운송을 용이하게 하기 위한 목적으로 채택하였다.

17) 정답 ⑤

ㄱ : ITI협약, ㄴ : CSC협약, ㄷ : TIR협약, ㄹ : CCC협약이다.

CHAPTER 07 복합운송

01 정답 ②

무과실책임원칙은 과실의 유무를 묻지 않고 운송인이 결과를 책임지는 것이지만, 불가항력 등의 면책을 인정한다.

02 정답 ①

- Actual carrier : 실제운송인형 복합운송인은 자신이 직접 운송수단을 보유하여 운송서비스를 제공하기도 하며 직접 운송수단을 보유하고 있는 선사, 항공사, 철도회사를 의미한다.
- NVOCC : 계약운송인형 국제물류주선업자는 운송수단을 직접 보유하지 않으면서 운송의 주체자로서의 역할과 책임을 다하는 운송인을 말한다.

03 정답 ③

network liability system(이종책임체계)에 대한 설명이다. 복합운송인의 책임체계는 Uniform liability system(단일책임체계), Network liability system(이종책임체계), Modified Uniform liability system(수정단일책임체계)으로 구분할 수 있으며, 이종책임체계에서는 복합운송인이 운송구간 전체에 대하여 책임을 지지만 책임 내용은 손해발생구간의 판명 여부에 따라 달라진다.

04 정답 ④

① 바르샤바조약(1929)은 항공운송에서 사용되는 협약이다.
②, ③ 복합운송은 서로 다른 2가지 이상의 운송수단에 의해 운송된다.
⑤ 복합운송증권은 비유통성, 기명식으로 발행되는 것이 일반적인 것은 아니다. (유통성, 지시식으로 발행도 충분히 가능)

05 정답 ③

포워더는 자체 운송수단을 보유하지 않지만 집화, 분배, 혼재 등의 업무를 수행하는 운송의 주체자로서의 기능을 수행하는 자로서 운송주선인, 국제운송주선인, 복합운송인, 복합운송주선인 등으로 용어를 혼용하여 사용하고 있다. 포워더는 운송주체로서의 역할과 기능을 하며 운송수단을 수배하고 운송계약의 체결과 선복의 예약 또한 할 수 있다.

06 정답 ②

국제복합운송의 특징은 일관선하증권(through B/L), 일관운임(through rate), 단일운송인책임(single carrier's liability)이다.

07 정답 ④

복합운송은 두 가지 이상의 서로 다른 운송수단을 이용하여 운송하는 것을 말하며, 컨테이너운송은 컨테이너라는 하나의 용기에 적재시켜 운송하는 방식이다.

08 정답 ③

적용화물(Goods)이란 송하인에 의해 공급된 경우에는 컨테이너, 파렛트 또는 유사한 운송용구와 포장용구를 포함한다.
(원문) "Goods" includes any container, pallet or similar article of transport or packaging, if supplied by the consignor (UN국제물품복합운송조약 PART Ⅰ. GENERAL PROVISIONS Article 1 Definitions 7p)

09 정답 ③

① 운송주선인의 책임 : FIATA FBL에서는 인도일 경과 후 90일 이내에 인도되지 않을 경우 물품이 멸실된 것으로 간주한다.
② 물품의 명세 : FIATA FBL에서는 물품의 명세에 대해 운송주선인이 책임지지 않는다
④ 운송주선인의 책임 : 운송주선인의 이행보조자에 대해서도 FIATA FBL의 이면약관이 적용된다.
⑤ 제소기한 : FIATA FBL에 따르면 제소기한은 물품이 멸실된 것으로 간주할 수 있는 날로부터 9개월 이내로 규정되어 있다.

10 정답 ⑤

UNCTAD/ICC규칙(1991)상 복합운송서류(MTD)는 유통가능한 형식 또는 특정 수하인이 지정된 유통 불가능한 형식으로 발행된 복합운송계약을 증명하는 증권이다.

11 정답 ①

② 복합운송증권은 실질적인 운송인(Actual Carrier)에 의해서만 발행되는 선하증권과는 달리 운송주선인도 발행할 수 있다.
③, ④ 복합운송증권은 전 운송구간에 걸쳐 화주에게 단일책임을 진다.
⑤ 복합운송증권은 양도가능/양도불가능 형식으로 선택적으로 발행된다.

12 정답 ④

지상약관(Paramount Clause)에 대한 설명이다.
① Limitation of Freight Forwarder's Liability(복합운송인의 책임제한)
② Partial Invalidity(일부 무효)
③ Lien(유치권)
⑤ Jurisdiction and Applicable Law(준거법)

대표기출

1
2
3 국제물류론
4
5

13 정답 ⑤

국제물류주선업자가 보험을 수배(또는 가입대행)하는 것은 맞지만 보험증명서를 발행하진 않는다. 보험증명서는 보험사에서 발행한다.

14 정답 ①

- 손실이나 손상이 명확하지 않을 때, 물품이 수취인에게 넘겨진 날로부터 6일 이내 서면으로 통지가 없으면 물품이 손상이 없고 완전한 것으로 적용한다.
- MTO(복합운송인)는 명확히 합의되지 않았을 때 물품이 인도되어야 하는 날짜나 5.3 규정에 따른 날짜(최종손실 지연의 환산)로부터 9개월 이내에 소송이 제기되지 않으면 이 규정에 따라 모든 법적인 책임으로부터 벗어나고, 물건인수의 실패는 수취인에게 물건을 분실로 취급할 수 있는 권한을 부여해 준다.

15 정답 ⑤

Reverse Interior Point Intermodal(RIPI)에 대한 설명이다. 이는 한국, 일본 등 극동지역에서 파나마 운하를 통과하여 미국 동부지역으로 해상운송한 후 미국 내륙지점까지 운송하는 복합운송방식이다.

① Micro Land Bridge : 극동지역의 항만에서 북미의 서해안 항만까지 해상운송한 후, 북미대륙의 횡단철도를 이용하여 화물을 인도하는 경로
② Overland Common Point : 극동에서 미주대륙으로 운송되는 화물에 공통운임이 부과되는 지역으로서 로키산맥 동쪽지역을 말한다.
③ Mini Land Bridge : 극동아시아에서 미국 태평양 연안까지 해상운송하고, 태평양 연안의 항구로부터 미국 동안까지 철도운송하는 방식이다.
④ Canada Land Bridge : 극동지역에서 캐나다의 밴쿠버나 미국의 시애틀까지 해상운송한 후에, 육상운송으로 대륙을 횡단하고, 다시 해상운송으로 유럽의 항구에 이르는 운송경로이다.

16 정답 ①

RIPI(Reversed Interior Point Intermodal)에 대한 설명이다.

② Overland Common Point : 극동에서 미주대륙으로 운송되는 화물에 공통운임이 부과되는 지역으로서 로키산맥 동쪽지역을 말한다.
③ Canada Land Bridge : 1979년 일본의 포워더에 의해 개발된 운송루트로 포워더 주도형의 서비스이다.
④ American Land Bridge : 유럽, 북미행 화물의 루트로 개발한 것으로 극동, 일본에서 유럽행 화물을 운반한다.
⑤ Mini Land Bridge : 1972년 Seatrain이 찰스톤을 경유해 유럽에서 캘리포니아로의 수송을 개시하였고, 이 수송의

귀항로를 이용해서 극동에서 미국 동쪽 해안으로 화물을 운반한 것이 미국과 극동 간의 복합운수송의 발단이 되었다.

17 정답 ③

TSR은 시베리아 횡단 철도로 러시아의 우랄산맥 동부의 첼랴빈스크와 블라디보스토크를 연결하는 약 9,288km의 대륙횡단철도이다. Sea(해상) & Air(항공) 복합운송시스템과는 관련이 없다.

제4과목 **보관하역론**

대표기출문제

01 보관의 기능으로 옳지 않은 것은?

① Link와 Link를 연결하는 기능
② 고객서비스의 접점 기능
③ 집산, 분류, 구분, 조합, 검사 장소의 기능
④ 재화의 물리적 보존과 관리 기능
⑤ 제품에 대한 장소적 효용 창출 기능

02 보관의 원칙에 관한 설명으로 옳지 않은 것을 모두 고른 것은?

ㄱ. 네트워크 보관의 원칙 : 관련 품목을 한 장소에 모아서 계통적으로 분리하고 보관하여 출하의 효율성을 증대시키는 원칙을 말한다.
ㄴ. 회전대응 보관의 원칙 : 입출고 빈도의 정도에 따라 제품의 보관장소를 결정하는 것으로 입출고 빈도가 낮은 제품을 출입구에서 가까운 장소에 보관하는 원칙을 말한다.
ㄷ. 동일성·유사성의 원칙 : 제품의 입출고를 용이하게 하고 효율적으로 보관하기 위해 통로면에 보관하여 작업의 접근성을 강조하는 원칙을 말한다.
ㄹ. 위치표시의 원칙 : 보관품의 장소, 선반 번호 등의 위치를 표시하여 입출고 업무를 효율화시키는 원칙을 말한다.
ㅁ. 선입선출의 원칙 : 형상의 특성에 따라 보관방법을 변경하는 것으로 보관 시 파손이나 분실이 생기기 쉬운 제품에 적용되는 원칙을 말한다.

① ㄱ, ㄴ, ㄹ
② ㄱ, ㄴ, ㅁ
③ ㄱ, ㄷ, ㄹ
④ ㄴ, ㄷ, ㅁ
⑤ ㄴ, ㄹ, ㅁ

03 다음에서 설명하는 물류시설은?

ㄱ. LCL(Less than Container Load)화물을 특정 장소에 집적하였다가 목적지별로 선별하여 하나의 컨테이너에 적입하는 장소
ㄴ. 복수의 운송수단 간 연계를 할 수 있는 규모 및 시설을 갖춘 장소
ㄷ. 재고품의 임시보관거점으로 상품의 배송거점인 동시에 예상 수요에 대한 보관장소

① ㄱ : CY(Container Yard)
　　ㄴ : 복합물류터미널
　　ㄷ : 스톡 포인트(Stock Point)
② ㄱ : CY(Container Yard)
　　ㄴ : 복합물류터미널
　　ㄷ : 데포(Depot)
③ ㄱ : CFS(Container Freight Station)
　　ㄴ : 복합물류터미널
　　ㄷ : 스톡 포인트(Stock Point)
④ ㄱ : CFS(Container Freight Station)
　　ㄴ : 공동집배송단지
　　ㄷ : 스톡 포인트(Stock Point)
⑤ ㄱ : CFS(Container Freight Station)
　　ㄴ : 공동집배송단지
　　ㄷ : 데포(Depot)

정답 **01** ⑤ **02** ④ **03** ③

04 복합화물터미널에 관한 설명으로 옳은 것을 모두 고른 것은?

ㄱ. 창고단지, 유통가공시설, 물류사업자의 업무용 시설 등을 결합하여 종합물류기지 역할을 수행한다.
ㄴ. 두 종류 이상의 운송수단을 연계하여 운송할 수 있는 규모 및 시설을 갖춘 화물터미널이다.
ㄷ. 최종 소비자에 대한 배송, 개별 기업의 배송센터 기능도 수행하지만, 정보센터 기능은 수행하지 않는다.
ㄹ. 환적기능보다는 보관기능 위주로 운영되는 물류시설이다.
ㅁ. 협의로는 운송수단 간의 연계시설, 화물취급장, 창고시설 및 관련 편의시설 등을 의미한다.

① ㄱ, ㄴ, ㄹ
② ㄱ, ㄴ, ㅁ
③ ㄱ, ㄷ, ㅁ
④ ㄴ, ㄷ, ㄹ
⑤ ㄷ, ㄹ, ㅁ

05 물류센터 입지선정 단계에서 우선적으로 고려해야 할 사항이 아닌 것은?

① 지가
② 운송비
③ 시장 규모
④ 각종 법적 규제 사항
⑤ 제품의 보관위치 할당

06 창고의 입지선정 시 고려해야 할 사항으로 옳지 않은 것은?

① 물품(Product)
② 품질(Quality)
③ 경로(Route)
④ 서비스(Service)
⑤ 시간(Time)

07 공동집배송단지의 도입효과에 관한 설명으로 옳은 것을 모두 고른 것은?

ㄱ. 배송물량을 통합하여 계획 배송함으로써 차량의 적재효율을 높일 수 있다.
ㄴ. 혼합배송이 가능하여 차량의 공차율이 증가한다.
ㄷ. 공동집배송단지를 사용하는 업체들의 공동 참여를 통해 대량 구매 및 계획 매입이 가능하다.
ㄹ. 보관 수요를 통합 관리함으로써 업체별 보관공간 및 관리비용이 증가한다.
ㅁ. 물류작업의 공동화를 통해 물류비 절감 효과가 있다.

① ㄱ, ㄴ, ㄹ
② ㄱ, ㄴ, ㅁ
③ ㄱ, ㄷ, ㅁ
④ ㄴ, ㄷ, ㄹ
⑤ ㄷ, ㄹ, ㅁ

08 창고에 관한 설명으로 옳은 것은?

① 보세창고는 지방자치단체장의 허가를 받은 경우에는 통관되지 않은 내국물품도 장치할 수 있다.
② 영업창고는 임대료를 획득하기 위해 건립되므로 자가창고에 비해 화주 입장의 창고 설계 최적화가 가능하다.
③ 자가창고는 영업창고에 비해 창고 확보와 운영에 소요되는 비용 및 인력문제와 화물량 변동에 탄력적으로 대응할 수 있다.
④ 임대창고는 특정 보관시설을 임대하거나 리스(Lease)하여 물품을 보관하는 창고형태이다.
⑤ 공공창고는 특정 보관시설을 임대하여 물품을 보관하는 창고형태로 민간이 설치 및 운영한다.

 04 ② **05** ⑤ **06** ② **07** ③ **08** ④

09) 창고 유형과 특징에 관한 설명으로 옳지 않은 것은?

① 자가창고는 창고의 입지, 시설, 장비를 자사의 물류시스템에 적합하도록 설계, 운영할 수 있다.

② 영업창고 이용자는 초기에 창고건설 및 설비투자와 관련하여 고정비용이 발생한다.

③ 임대창고는 시장환경의 변화에 따라 보관장소를 탄력적으로 운영하기 어렵다.

④ 유통창고는 생산된 제품의 집하 및 배송 기능을 갖춘 창고로 화물의 보관, 가공, 재포장 등의 활동을 수행한다.

⑤ 보세창고는 관세법에 근거하여 세관장의 허가를 얻어 수출입화물을 취급하는 창고를 의미한다.

10) 유통창고에 관한 설명으로 옳지 않은 것은?

① 유통창고는 원자재와 중간재가 주요 대상 화물이다.

② 유통창고는 자가창고에서 시작하여 공동창고나 배송센터로 발전하고 있다.

③ 유통창고는 수송 면에서 정형적 계획수송이 가능하다.

④ 유통창고는 도매업 및 대중 양판점의 창고가 대표적이다.

⑤ 유통창고는 신속한 배송과 대량생산체제에 대응할 수 있다.

11) 일반적인 물류센터의 작업공정 순서는?

① 입하 → 피킹 → 검품 → 보관 → 격납 → 포장 → 출하

② 입하 → 피킹 → 보관 → 격납 → 검품 → 포장 → 출하

③ 입하 → 격납 → 보관 → 피킹 → 검품 → 포장 → 출하

④ 입하 → 격납 → 포장 → 보관 → 피킹 → 검품 → 출하

⑤ 입하 → 포장 → 격납 → 보관 → 피킹 → 검품 → 출하

12) 다음이 설명하는 물류시설의 민간투자사업 방식이 올바르게 연결된 것은?

ㄱ. 민간 사업자가 도로, 철도, 항만 등의 공공 물류시설 건설 후, 소유권을 먼저 국가 또는 지방자치단체에 이전하고 일정 기간 그 시설물을 운영한 수익으로 투자비를 회수하는 투자방식

ㄴ. 민간 사업자가 도로, 철도, 항만 등의 공공 물류시설 건설 후, 소유권을 먼저 국가 또는 지방자치단체에 이전하고 일정 기간 국가 또는 지방자치단체로부터 임대료를 받아 투자비를 회수하는 투자방식

① ㄱ : BTL(Build Transfer Lease)
  ㄴ : BTO(Build Transfer Operate)

② ㄱ : BTO(Build Transfer Operate)
  ㄴ : BOO(Build Own Operate)

③ ㄱ : BOT(Build Operate Transfer)
  ㄴ : BTL(Build Transfer Lease)

④ ㄱ : BOO(Build Own Operate)
  ㄴ : BTL(Build Transfer Lease)

⑤ ㄱ : BTO(Build Transfer Operate)
  ㄴ : BTL(Build Transfer Lease)

13) 물류센터의 기능 및 역할에 관한 설명으로 옳지 않은 것은?

① 공급자와 수요자의 중간에 위치하여 수요와 공급을 통합하고 계획하여 효율화를 높이는 시설이다.

② 물류센터의 규모는 목표 재고량을 우선 산정한 후 서비스 수준에 따라서 결정된다.

③ 물류센터의 설계 시 제품의 특성, 주문 특성, 설비 특성 등이 고려되어야 한다.

④ 물류센터의 입지선정 시 경제적, 자연적, 입지적 요인 등을 고려해야 한다.

⑤ 물류센터 입지의 결정에 있어서 관련 비용의 최소화를 고려해야 한다.

 정답 **09** ② **10** ① **11** ③ **12** ⑤ **13** ②

14) 물류센터의 설계 특성별 고려사항으로 옳은 것을 모두 고른 것은?

> ㄱ. 운영 특성 : 지리적 위치, 입지 제약, 인구 등
> ㄴ. 주문 특성 : 주문건수, 주문빈도, 주문의 크기 등
> ㄷ. 제품 특성 : 크기, 무게, 가격 등
> ㄹ. 환경 특성 : 입고 방법, 보관 방법, 피킹 방법 등
> ㅁ. 설비 특성 : 자동화 수준, 설비 종류 등

① ㄱ, ㄴ, ㄹ   ② ㄱ, ㄴ, ㅁ
③ ㄱ, ㄷ, ㄹ   ④ ㄴ, ㄷ, ㅁ
⑤ ㄴ, ㄹ, ㅁ

15) 물류센터를 설계할 때 고려할 요인을 모두 고른 것은?

> ㄱ. 입하능력   ㄴ. 출하시간
> ㄷ. 물품 취급횟수   ㄹ. 보관면적

① ㄱ, ㄴ   ② ㄱ, ㄷ
③ ㄷ, ㄹ   ④ ㄴ, ㄷ, ㄹ
⑤ ㄱ, ㄴ, ㄷ, ㄹ

16) 다음이 설명하는 물류 관련 용어는?

> • 물류센터 입고 상품의 수량과 내역이 사전에 물류센터로 송달되어 오는 정보를 말한다.
> • 물류센터에서는 이 정보를 활용하여 신속하고 정확하게 검품 및 적재업무를 수행할 수 있다.

① ASN(Advanced Shipping Notification)
② ATP(Available To Promise)
③ EOQ(Economic Order Quantity)
④ BOM(Bill Of Material)
⑤ POS(Point Of Sale)

17) 크로스도킹(Cross Docking)에 관한 내용으로 옳은 것을 모두 고른 것은?

> ㄱ. 수요가 일정하고 안정적이며, 재고품절비용이 낮을 경우 효율적으로 운영될 수 있다.
> ㄴ. 대량고객화(Mass Customization) 전략과 연계하여 서비스 차별화를 도모한다.
> ㄷ. 물류센터로 입고되는 상품을 보관 대신 즉시 배송할 준비를 목적으로 하는 시스템이다.
> ㄹ. POS(Point of Sale) 시스템 등 다양한 정보시스템, 대규모 물류센터, 자체 트럭수송단을 운영한다.
> ㅁ. 물류센터의 회전율 감소, 재고수준 증대, 리드타임 감소 등의 효과가 있다.

① ㄱ, ㄴ, ㄹ   ② ㄱ, ㄴ, ㅁ
③ ㄱ, ㄷ, ㄹ   ④ ㄴ, ㄷ, ㅁ
⑤ ㄴ, ㄹ, ㅁ

18) 크로스도킹(Cross Docking)에 관한 설명으로 옳지 않은 것은?

① 파렛트 크로스도킹은 일일 처리량이 적을 때 적합한 방식이다.
② 파렛트 크로스도킹은 기계설비와 정보기술의 도입이 필요하다.
③ 효율적인 크로스도킹을 위해서는 공급처와 수요처의 정보공유가 필요하다.
④ 크로스도킹은 창고관리시스템 영역 중 입출고 관련 기능에 해당한다.
⑤ 크로스도킹의 목적은 유통업체에서 발생할 수 있는 불필요한 재고를 제거하는 것이다.

 정답   **14** ④   **15** ⑤   **16** ①   **17** ③   **18** ①

대표
기출
1
2
3
4
보관하역론
5

19 다음에서 설명한 물류단지의 입지결정 방법은?

> • 일정한 물동량(입고량 또는 출고량)의 고정비와 변동비를 산출한다.
> • 물동량에 따른 총비용을 비교하여 대안을 선택하는 방법이다.

① 체크리스트법
② 톤-킬로법
③ 무게중심법
④ 손익분기 도표법
⑤ 브라운 & 깁슨법

20 다음에서 설명한 물류센터 입지결정의 방법은?

> 양적 요인과 질적 요인을 모두 고려할 수 있도록 평가기준을 필수적 기준, 객관적 기준, 주관적 기준으로 구분하여 입지평가 지표를 계산 후 평가하는 방법이다.

① 총비용 비교법
② 톤-킬로법
③ 브라운 & 깁슨법
④ 무게중심법
⑤ 요소분석법

21 수요지에 제품을 공급하기 위한 물류센터와 각 수요지의 위치좌표(X, Y), 그리고 일별 배송횟수가 다음의 표와 같이 주어져 있다. 물류센터와 수요지 간 일별 총 이동거리를 계산한 결과는? (단, 이동거리는 직각거리(rectilinear distance)로 계산한다.)

구분	위치좌표(단위 : km)		배송횟수 (회/일)
	X	Y	
물류센터	6	4	
수요지 1	3	8	2
수요지 2	8	2	3
수요지 3	2	5	2

① 28km
② 36km
③ 38km
④ 42km
⑤ 46km

22 A사는 현재 2곳의 공장에서 다른 제품을 생산하여 3곳의 수요처에 각각 제품을 공급하고 있다. 물류센터 한 곳을 신축하여 각 공장에서는 물류센터로 운송을 하고, 물류센터에서 3곳의 수요처로 운송할 계획이다. 물류센터와 기존시설과의 예상되는 1일 운송빈도는 아래 표와 같으며, 거리는 직각거리(Rectilinear Distance)로 가정한다. 총 이동거리($\sum_{i=1}^{n} W_i \times | x - a_i | + | y - b_i |$)를 최소화시키는 신규 물류센터의 최적 위치는?

물류 센터의 위치	기존시설			
	i	시설명	위치 (a_i, b_i)	물류센터와의 1일 운송빈도 (W_i)
(x, y)	1	공장 1	(2, 1)	6
	2	공장 2	(12, 7)	5
	3	수요처 1	(4, 5)	2
	4	수요처 2	(7, 8)	4
	5	수요처 3	(10, 2)	6

① $(x, y) = (6.0, 4.0)$
② $(x, y) = (6.2, 3.6)$
③ $(x, y) = (7.0, 2.0)$
④ $(x, y) = (7.0, 5.0)$
⑤ $(x, y) = (7.8, 3.7)$

정답 **19** ④ **20** ③ **21** ② **22** ③

23 다음 표는 A회사의 공장들과 주요 수요지들의 위치 좌표를 나타낸 것이다. 수요지 1의 월별 수요는 200톤이며 수요지 2의 월별 수요는 300톤, 수요지 3의 월별 수요는 200톤이다. 공장 1의 월별 공급량은 200톤이며 공장 2의 월별 공급량은 500톤이다. 새롭게 건설할 A회사 물류센터의 최적 입지좌표를 무게중심법으로 구하라. (단, 소수점 둘째 자리에서 반올림함)

구분	X좌표	Y좌표
공장 1	10	70
공장 2	40	40
수요지 1	20	50
수요지 2	30	20
수요지 3	50	30

① X : 24.2, Y : 32.1
② X : 28.6, Y : 40.0
③ X : 28.6, Y : 40.7
④ X : 32.1, Y : 40.0
⑤ X : 32.1, Y : 42.6

24 다음의 내용에 맞는 물류기기는?

- 랙에 화물을 입출고시키는 주행장치, 승강장치, 포크장치로 구분된 창고 입출고기기이다.
- 수동, 반자동, 자동식으로 입출고 작업을 수행한다.
- 아래에 주행 레일이 있고 위에 가이드레일이 있는 통로 안에서 주행장치로 주행하며, 승강 및 포크 장치를 이용한다.

① 오버헤드 크레인(Overhead Crane)
② 트래버서(Traverser)
③ 스태커 크레인(Stacker Crane)
④ 데릭(Derrick)
⑤ 갠트리 크레인(Gantry Crane)

25 자동창고(AS/RS)에 관한 설명으로 옳은 것은?

① 스태커 크레인(Stacker Crane) : 창고의 통로 공간을 수평 방향으로만 움직이는 저장/반출 기기이다.
② 단일명령(Single Command)방식 : 1회 운행으로 저장과 반출 작업을 동시에 수행하는 방식이다.
③ 이중명령(Dual Command)방식 : 2회 운행으로 저장과 반출 작업을 순차적으로 모두 수행하는 방식이다.
④ 임의위치저장(Randomized Storage)방식 : 물품의 입출고 빈도에 상관없이 저장위치를 임의로 결정하는 방식이다.
⑤ 지정위치저장(Dedicated Storage)방식 : 물품의 입출고 빈도를 기준으로 저장위치를 등급(Class)으로 나누고 등급별로 저장위치를 결정하는 방식이다.

26 자동창고시스템(AS/RS : Automated Storage and Retrieval System)의 S/R(Storage and Retrieval) 장비는 단일명령(Single Command)과 이중명령(Dual Command) 처리방식으로 수행된다. 다음의 운영조건에서 S/R장비의 이중명령 횟수(A) 및 평균 가동률(B)은?

- 시간당 처리해야 할 반입명령건수와 반출명령건수는 각각 15건
- 단일명령은 1회당 수행시간이 2분으로 전체 작업건수의 60% 처리
- 이중명령은 1회당 수행시간이 3분으로 나머지 작업건수 처리

① A : 3회, B : 60%
② A : 6회, B : 60%
③ A : 6회, B : 90%
④ A : 12회, B : 60%
⑤ A : 12회, B : 90%

 정답

23 ④ **24** ③ **25** ④ **26** ③

대표
기출

1
2
3
4
보관하역론
5

27 자동창고시스템이 시간당 300번의 저장 및 출고 작업을 수행할 수 있다. 10개의 통로와 각 통로에는 한 대씩의 S/R(Storage and Retrieval)기계가 작업을 수행한다. 수행작업 40%는 단일명령에 의해서 수행되며 나머지는 이중명령에 의해서 수행된다. S/R기계의 평균이용률은? (단, 단일명령수행 주기시간 : 2분, 이중명령수행 주기시간 : 3분)

① 65%   ② 82.5%

③ 85%   ④ 90%

⑤ 95%

28 3개의 제품(A~C)을 취급하는 1개의 창고에서 기간별 사용공간이 다음 표와 같다. (ㄱ) 임의위치저장(Randomized Storage)방식과 (ㄴ) 지정위치저장(Dedicated Storage)방식으로 각각 산정된 창고의 저장소요공간(m^2)은?

기간	제품별 사용공간(m^2)		
	A	B	C
1주	14	17	20
2주	15	23	35
3주	34	25	17
4주	18	19	20
5주	15	17	21
6주	34	21	34

① ㄱ : 51, ㄴ : 51

② ㄱ : 51, ㄴ : 67

③ ㄱ : 67, ㄴ : 89

④ ㄱ : 89, ㄴ : 94

⑤ ㄱ : 94, ㄴ : 89

29 창고관리시스템(WMS : Warehouse Management System)의 특성에 관한 설명으로 옳지 않은 것은?

① 물품의 입하, 격납, 피킹, 출하 및 재고사이클카운트의 창고활동을 효율적으로 관리하는 시스템이다.

② RFID, 바코드시스템 및 무선자동인식시스템을 통해 물품취급을 최소화한다.

③ 재고정확도, 설비활용도, 고객서비스율이 향상된다.

④ 피킹관리, 주문진척관리 및 자동발주시스템과 같은 주문 관련 기능을 수행한다.

⑤ 출고관리, 선입선출관리, 수·배송 관리, 크로스도킹과 같은 출고 관련 기능을 수행한다.

30 다음의 보관시스템의 주요 형태를 순서대로 옳게 나열한 것은?

〈보관점(item)수〉　〈보관수량〉　〈회전수〉

• 보관점(Item)수와 보관수량이 많고, 회전수가 높으며, 관리가 복잡하여 고층 랙, 모노레일 또는 스태커 크레인의 조합으로 컴퓨터 방식의 운영에 효율적이다.

• 보관점수는 많으나, 보관량은 적고, 입출고 빈도가 높아 고층 랙을 이용하고, 개별출고방식에서 피킹은 머신(오더피킹)과 수동으로 한다.

① A－C－A, C－A－A

② A－C－A, C－C－A

③ C－A－A, C－C－A

④ C－A－A, C－C－C

⑤ C－A－A, B－B－B

정답 **27** ③ **28** ④ **29** ⑤ **30** ③

31 〕 물류센터 설계 시에는 랙(Rack)의 1개 선반당 적재 하중기준을 고려해야 한다. 이 기준에 맞게 화물을 적재한 것은?

	중량 랙	중간 랙	경량 랙
①	700kg	400kg	180kg
②	600kg	350kg	140kg
③	500kg	200kg	160kg
④	400kg	300kg	200kg
⑤	300kg	200kg	170kg

32 〕 다음 설명과 일치하는 랙(Rack)의 종류로 옳은 것은?

ㄱ. 수동식, 자동식 등이 있으며 다품종 소량 물품 보관에 적합하고 통로공간을 활용하므로 보관 효율이 높다.

ㄴ. 천장이 높은 창고에서 복층구조로 겹쳐 쌓는 방식으로 물품의 보관효율과 공간활용도가 높다.

ㄷ. 소품종 다량 물품 보관에 적합하고 적재공간을 지게차 통로로 활용하여 적재효율은 높으나 선입후출(先入後出)해야 하는 단점이 있다.

ㄹ. 피킹 시 피커는 고정되어 있고 랙 자체가 회전하며 중량이 가볍고 다품종 소량의 물품 입출 고에 적합하다.

① ㄱ : 적층 랙, ㄴ : 모빌 랙, ㄷ : 드라이브 인 랙, ㄹ : 캐러셀 랙

② ㄱ : 모빌 랙, ㄴ : 적층 랙, ㄷ : 드라이브 스루 랙, ㄹ : 캐러셀 랙

③ ㄱ : 모빌 랙, ㄴ : 캐러셀 랙, ㄷ : 적층 랙, ㄹ : 드라이브 인 랙

④ ㄱ : 모빌 랙, ㄴ : 적층 랙, ㄷ : 드라이브 인 랙, ㄹ : 캐러셀 랙

⑤ ㄱ : 적층 랙, ㄴ : 캐러셀 랙, ㄷ : 모빌 랙, ㄹ : 드라이브 인 랙

33 〕 랙(Rack)에 관한 설명으로 옳은 것은?

① 적층 랙(Mezzanine Rack) : 소품종 대량 입출고 될 수 있는 물품 보관에 적합하고 적재공간을 지게차 통로로 활용하여 적재효율은 높으나 선입후출(先入後出)해야 하는 단점이 있다.

② 모빌 랙(Mobile Rack) : 레일을 이용하여 직선적으로 수평 이동되는 랙으로 통로를 대폭 절약할 수 있어 다품종 소량의 보관에 적합하다.

③ 플로 랙(Flow Rack) : 피킹 시 피커를 고정하고 랙 자체가 회전하는 형태로 다품종 소량 물품과 가벼운 물품에 많이 이용된다.

④ 회전 랙(Carousel Rack) : 외팔지주걸이 구조로 기본 프레임에 암(Arm)을 결착하여 물품을 보관하는 랙으로 파이프, 가구, 목재 등의 장척물 보관에 적합하다.

⑤ 드라이브 인 랙(Drive-in Rack) : 천장이 높은 창고에서 복층구조로 겹쳐 쌓는 방식으로 물품의 보관효율과 공간효용도가 높다.

34 〕 랙(Rack)에 관한 설명으로 옳지 않은 것은?

① 파렛트 랙(Pallet Rack)은 주로 파렛트에 쌓아 올린 물품의 보관에 이용한다.

② 캔틸레버 랙(Cantilever Rack)은 외팔지주걸이 구조로 기본 프레임에 암(Arm)을 결착하여 화물을 보관하는 랙으로 파이프, 목재 등 장척물 보관에 적합하다.

③ 유동 랙(Flow Rack)은 화물을 한쪽 방향에서 넣으면 중력을 이용하여 순서대로 쌓이며, 인출할 때는 반대방향에서 화물을 출고하는 랙으로서 선입선출에 유용하다.

④ 드라이브 인 랙(Drive-in Rack)은 선반을 다층식으로 겹쳐 쌓고, 현재 사용하고 있는 높이에서 천장까지의 사이를 이용하는 보관설비로서 보관효율과 공간활용도가 높다.

⑤ 모빌 랙(Mobile Rack)은 레일을 이용하여 직선적으로 수평 이동되는 랙으로 통로를 대폭 절약할 수 있어 다품종 소량의 보관에 적합하다.

 정답 **31** ② **32** ④ **33** ② **34** ④

대표 기출

1
2
3
4 보관하역론
5

35) STO(Stock To Operator)에 해당되는 설비(또는 장비)가 아닌 것은?

① Carousel ② Kiva System
③ Mini—load AS/RS ④ Mobile Rack
⑤ Automatic Dispenser

36) 피킹 방식에 관한 설명으로 옳지 않은 것은?

① 디지털 피킹(Digital Picking) : 피킹 물품을 전표 없이 피킹하는 방식으로 다품종 소량, 다빈도 피킹작업에 효과적이다.
② 차량탑승피킹 : 파렛트 단위로 피킹하는 유닛로드 시스템(Unit Load System)이며, 피킹트럭에 탑승하여 피킹함으로써 보관시설의 공간활용도가 낮다.
③ 존 피킹(Zone Picking) : 여러 피커가 피킹 작업 범위를 정해두고, 본인 담당구역의 물품을 골라서 피킹하는 방식이다.
④ 일괄피킹 : 여러 건의 주문을 모아서 일괄적으로 피킹하는 방식이다.
⑤ 릴레이 피킹(Relay Picking) : 피킹 전표에서 해당 피커가 담당하는 품목만을 피킹하고, 다음 피커에게 넘겨주는 방식이다.

37) 분산구매방식과 비교한 집중구매방식(Centralized Purchasing Method)에 관한 설명으로 옳은 것은?

① 일반적으로 대량 구매가 이루어지기 때문에 수요량이 많은 품목에 적합하다.
② 사업장별 다양한 요구를 반영하여 구매하기에 용이하다.
③ 사업장별 독립적 구매에 유리하나 수량할인이 있는 품목에는 불리하다.
④ 전사적으로 집중구매하기 때문에 가격 및 거래조건이 불리하다.
⑤ 구매절차의 표준화가 가능하여 긴급조달이 필요한 자재의 구매에 유리하다.

38) 재고에 관한 설명으로 옳지 않은 것은?

① 고객으로부터 발생하는 제품이나 서비스의 요구에 적절히 대응할 수 있게 한다.
② 안전재고는 재고를 품목별로 일정한 로트(Lot) 단위로 조달하기 때문에 발생한다.
③ 공급사슬에서 발생하는 수요나 공급의 다양한 변동과 불확실성에 대한 완충역할을 수행한다.
④ 재고를 필요 이상으로 보유하게 되면 과도한 재고비용이 발생하게 된다.
⑤ 재고관리는 제품, 반제품, 원재료, 상품 등의 재화를 합리적·경제적으로 유지하기 위한 활동이다.

39) 다음 재고관리법의 기본이론에 관한 설명으로 옳은 것은? (단, 수요와 공급은 불확실하다.)

• 정량발주법 : 주문량(A)과 주문 간격(B)
• 정기발주법 : 주문량(C)과 주문 간격(D)

① A는 변동이고, B는 고정이다.
② A는 변동이고, C는 변동이다.
③ A는 고정이고, D는 고정이다.
④ B는 변동이고, C는 고정이다.
⑤ C는 변동이고, D는 변동이다.

40) 재고관리에서 재고 품목수와 매출액에 따라 품목을 특정 그룹별로 구분하여 집중적으로 관리한다면 업무효율화가 보다 더 용이하다는 전제로 기업에서 보편적으로 사용되고 있는 분석기법은?

① ABC분석 ② PQ분석
③ DEA분석 ④ VE분석
⑤ AHP분석

41. 재고관리 지표에 관한 설명으로 옳지 않은 것은?

① 서비스율은 전체 수주량에 대한 납기 내 납품량의 비율을 나타낸다.

② 백오더율은 전체 수주량에 대한 납기 내 결품량의 비율을 나타낸다.

③ 재고회전율은 연간 매출액을 평균재고액으로 나눈 비율을 나타낸다.

④ 재고회전기간은 수요대상 기간을 재고 회전율로 나눈 값이다.

⑤ 평균재고액은 기말재고액에서 기초재고액을 뺀 값이다.

42. A소매점에서의 제품판매에 관한 정보가 아래와 같을 때 가장 합리적인 안전재고 수준은? (단, Z(0.90)= 1.282, Z(0.95)=1.645이며, 답은 소수점 둘째 자리에서 반올림함)

- 연간 수요 : 6,000개
- 연간 최대 허용 품절량 : 300개
- 제품 판매량의 표준편차 : 20
- 제품 조달기간 : 4일
- 연간 판매일 : 300일

① 51.3　　　　② 65.8

③ 84.8　　　　④ 102.6

⑤ 131.6

43. 연간 영업일이 300일인 K도매상은 A제품의 안전재고를 250개에서 400개로 늘리면서 새로운 재주문점을 고려하고 있다. A제품의 연간 수요는 60,000개이며 주문 리드타임은 3일이었다. 이때 새롭게 설정된 재주문점은?

① 400　　　　② 600

③ 900　　　　④ 1,000

⑤ 1,200

44. C도매상의 제품판매정보가 아래와 같을 때 최적의 재주문점은? (단, 소수점 첫째 자리에서 반올림한다.)

- 연간 수요 : 14,000Box
- 서비스 수준 : 90%, Z(0.90)=1.282
- 제품 판매량의 표준편차 : 20
- 제품 조달기간 : 9일
- 연간 판매일 : 350일

① 77　　　　② 360

③ 386　　　　④ 437

⑤ 590

45. 물류업체 A회사 창고의 일일 제품출하량은 평균 4개, 표준편차 1개인 정규분포를 따른다. 제품 주문 후 창고에 보충되는 조달기간은 2일, 안전계수는 2이다. 만약, 일일 제품출하량이 평균 2배, 표준편차 2배로 늘었을 경우 재주문점은 기존 재주문점에 비해 어떻게 변하는가? (단, $\sqrt{2}$ 는 1.414이다.)

① 50% 감소　　　　② 41% 감소

③ 변화 없음　　　　④ 41% 증가

⑤ 100% 증가

46. K기업의 A제품 생산을 위해 소모되는 B부품의 연간 수요량이 20,000개이고 주문비용이 80,000원, 단위당 단가가 4,000원, 재고유지비율이 20%라고 할 때, 경제적 주문량(EOQ)은?

① 2,000개　　　　② 4,000개

③ 6,000개　　　　④ 8,000개

⑤ 10,000개

 정답　**41** ⑤　**42** ②　**43** ④　**44** ④　**45** ⑤　**46** ①

47) 커피머신을 구매하여 공급하는 도매상은 올해의 구매전략으로 경제적 주문량(EOQ : Economic Order Quantity) 적용을 고려하고 있다. 연간 예상판매량을 10,000대, 대당 가격은 100만원, 대당 연간 재고유지에 소요되는 비용을 구매비용의 25%, 1회 발주에 소요되는 비용이 50만원이라고 할 때 경제적 주문량과 적정 주문횟수는?

① 100대, 100회 ② 200대, 50회
③ 200대, 100회 ④ 400대, 25회
⑤ 400대, 50회

48) A업체는 경제적 주문량(EOQ : Economic Order Quantity) 모형을 이용하여 아래와 같은 조건으로 발주량을 결정하고자 한다. 연간 수요량이 170% 증가하고 연간 단위당 재고유지비용이 10% 감소한다고 할 때, 증감하기 전과 비교하면 EOQ는 얼마나 변동되는가?

- 연간 수요량 : 3,000개
- 1회 주문비용 : 100원
- 연간 단위당 재고유지비용 : 50원

① 14% 증가 ② 17% 증가
③ 22% 증가 ④ 62% 증가
⑤ 73% 증가

49) 생산업체 A공장의 제품생산능력은 수요량의 2배이다. 자동화 라인 도입으로 제품생산능력이 수요량의 4배가 될 경우 경제적 생산량(EPQ : Economic Production Quantity)은 기존 EPQ에 비해 어떻게 변하는가? (단, 나머지 조건은 모두 동일하다고 가정하고, $\sqrt{2}=1.4141$, $\sqrt{3}=1.732$이며, 답은 소수점 셋째 자리에서 반올림한다.)

① 18% 감소 ② 변화 없음
③ 18% 증가 ④ 41% 증가
⑤ 100% 증가

50) 재고의사결정과 관련된 비용 중 재고유지비용에 해당되는 항목의 개수는?

- 자본비용
- 저장비용
- 진부화비용
- 품절비용
- 도난 및 파손 비용
- 주문비용

① 2개 ② 3개
③ 4개 ④ 5개
⑤ 6개

51) A상품의 연간 평균재고는 10,000개, 구매단가는 5,000원, 단위당 재고유지비는 구매단가의 5%를 차지한다고 할 때, A상품의 연간 재고유지비는? (단, 수요는 일정하고, 재고 보충은 없음)

① 12,500원 ② 25,000원
③ 1,000,000원 ④ 2,500,000원
⑤ 10,000,000원

52) A제품을 취급하는 K상점은 경제적 주문량(EOQ)에 의한 제품발주를 통해 합리적인 재고관리를 추구하고 있다. A제품의 연간 수요량이 40,000개, 개당 가격은 2,000원, 연간 재고유지비용은 제품단가의 20%, 1회 주문비용이 20,000원일 때 경제적 주문량(EOQ)과 연간 최적 발주횟수는 각각 얼마인가?

① 1,600개, 20회 ② 1,600개, 25회
③ 2,000개, 20회 ④ 2,000개, 40회
⑤ 4,000개, 10회

정답 47 ② 48 ⑤ 49 ① 50 ③ 51 ④ 52 ③

53 어느 도매상점의 제품 A의 연간 수요량이 2,000개이고 제품당 단가는 1,000원이며, 연간 재고유지비용은 제품단가의 10%이다. 1회 주문비용이 4,000원일 때 경제적 주문량을 고려한 연간 총 재고비용은? (단, 총 재고비용은 재고유지비용과 주문비용만을 고려함)

① 40,000원
② 50,000원
③ 60,000원
④ 70,000원
⑤ 80,000원

54 자재소요계획(MRP : Material Requirement Planning)의 특성에 해당하는 것을 모두 고른 것은?

> ㄱ. MRP는 원자재, 부품 등 모든 자재의 소요량 및 소요시기를 역산하여 조달계획을 수립하는 것이다.
> ㄴ. MRP는 제조준비비용과 재고유지비용의 균형이 이루어지도록 로트(Lot) 크기를 결정한다.
> ㄷ. MRP의 제1단계는 직장 개선풍토를 위한 5S (정리, 정돈, 청소, 청결, 습관화)를 추진하는 것이다.
> ㄹ. MRP는 로트 크기가 작아서 유휴재고와 창고 공간의 감소를 초래한다.
> ㅁ. MRP의 우선순위계획은 착수순서와 실시시기를 정하는 것이다.

① ㄱ, ㄴ, ㄷ
② ㄱ, ㄴ, ㅁ
③ ㄱ, ㄷ, ㄹ
④ ㄴ, ㄹ, ㅁ
⑤ ㄷ, ㄹ, ㅁ

55 자재소요량계획(MRP : Material Requirement Planning)에서 A제품은 3개의 부품 X와 2개의 부품 Y로 구성되어 있으며 순소요량은 50개이다. 부품 X의 가용재고는 45개이며 입고예정량은 없으며, 부품 Y의 가용재고는 50개이며 15개의 입고예정량이 계획되어 있다면 부품 X, Y의 순소요량은?

① X=105개, Y=35개
② X=105개, Y=45개
③ X=105개, Y=105개
④ X=150개, Y=45개
⑤ X=150개, Y=105개

56 K사의 B자재에 대한 소요량을 MRP 시스템에 의해 산출한 결과, 필요량이 12개로 계산되었다. 주문 Lot Size가 10개이고 불량률을 20%로 가정할 때, 순소요량(Net Requirement)과 계획오더량(Planned Order)은 각각 얼마인가?

① 12개, 12개
② 12개, 20개
③ 15개, 15개
④ 15개, 20개
⑤ 15개, 30개

57 JIT시스템의 도입 목표 및 효과가 아닌 것은?

① 제조준비시간의 단축
② 재고량의 감축
③ 리드타임의 단축
④ 불량품의 최소화
⑤ 가격의 안정화

대표
기출

1
2
3
4
보관하역론
5

58 JIT(Just In Time) 시스템에 관한 설명으로 옳은 것은?

① 한 작업자에게 업무가 할당되는 단일 기능공 양성이 필수적이다.

② 효과적인 Push 시스템을 구현할 수 있다.

③ 비반복적 생산시스템에 적합하다.

④ 불필요한 부품 및 재공품재고를 없애는 것을 목표로 한다.

⑤ 제조준비시간이 길어진다.

59 수요예측방법에 관한 설명으로 옳지 않은 것은?

① 정성적 수요예측방법에는 경영자판단법, 판매원 이용법 등이 있다.

② 정량적 수요예측방법에는 이동평균법, 지수평활법 등이 있다.

③ 델파이법(Delphi Method)은 원인과 결과 관계를 가지는 두 요소의 과거 변화량에 대한 인과관계를 분석한 방법으로 정량적 수요예측방법에 해당한다.

④ 가중이동평균법은 예측 기간별 가중치를 부여한 예측방법으로 일반적으로 예측대상 기간에 가까울수록 더 큰 가중치를 주어 예측하는 방법이다.

⑤ 라이프사이클(Life-cycle) 유추법은 상품의 수명주기 기간별 과거 매출 증감 폭을 기준으로 수요량을 유추하여 예측하는 방법이다.

60 정성적 수요예측기법이 아닌 것은?

① 델파이법   ② 시장조사법

③ 회귀분석법   ④ 역사적 유추법

⑤ 패널조사법

61 시계열 예측기법은 수요를 평균(혹은 수평), 추세, 계절, 주기, 우연변동 등의 요소로 분해할 수 있다. 다음의 시계열 자료를 분해할 때, ㄱ~ㄹ에 적합한 내용을 순서대로 옳게 나열한 것은?

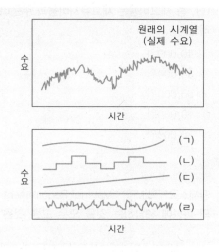

① 주기-계절적 패턴-추세-우연변동

② 추세-계절적 패턴-주기-우연변동

③ 추세-우연변동-주기-계절적 패턴

④ 주기-우연변동-추세-계절적 패턴

⑤ 계절적 패턴-주기-추세-우연변동

62 생수를 판매하는 P사는 지수평활법을 이용하여 8월 판매량을 55,400병으로 예측하였으나, 실제 판매량은 56,900병이었다. 지수평활법에 의한 9월의 생수 판매량 예측치는? (단, 평활상수(α)는 0.6을 적용한다.)

① 54,200병   ② 54,900병

③ 55,400병   ④ 55,800병

⑤ 56,300병

63 다음은 K사의 월별 스마트폰 판매량을 나타낸 것이다. 4월의 수요를 예측한 값으로 옳은 것은? (단, 이동평균법의 경우 이동기간 $n=3$, 가중이동평균법의 경우 가중치는 최근기간으로부터 0.5, 0.3, 0.2 적용, 지수평활법의 경우 전월 예측치는 45만 대였으며, 평활계수(α)는 0.8을 적용, 예측치는 소수점 둘째 자리에서 반올림한다.)

월	실제 수요 (만 대)	예측치(만 대)		
		이동 평균법	가중 이동 평균법	지수 평활법
1	40			
2	43			
3	42			45
4	44	(ㄱ)	(ㄴ)	(ㄷ)

① ㄱ : 41.7, ㄴ : 41.9, ㄷ : 42.6
② ㄱ : 41.7, ㄴ : 43.2, ㄷ : 44.2
③ ㄱ : 43.0, ㄴ : 43.2, ㄷ : 42.6
④ ㄱ : 43.0, ㄴ : 41.9, ㄷ : 44.2
⑤ ㄱ : 43.0, ㄴ : 43.2, ㄷ : 44.2

64 다음과 같은 A회사의 연도별 물동량 처리실적과 예측치가 있다고 할 때, 2018년의 처리실적에 가장 근접한 예측치를 제시할 수 있는 수요예측기법은?

	2012년	2013년	2014년	2015년	2016년	2017년	2018년
실적치 (만 톤)	44.1	43.1	46.9	45.5	45.2	44.4	49.0
예측치 (만 톤)						46.6	
가중치				0.1	0.3	0.6	

① 4년간 이동평균법
② 5년간 이동평균법
③ 3년간 가중이동평균법
④ 평활상수(α) 0.2인 지수평활법
⑤ 평활상수(α) 0.4인 지수평활법

65 2010년부터 2018년까지 A지역의 인구수와 B제품 보관량이 다음과 같을 때, 인구수 변화에 따른 보관량을 예측하고자 한다. 2019년 A지역 인구수가 6.3 천 명으로 예측되었을 때, 단순선형회귀분석법을 통해 2019년 B제품 보관량을 예측한 것은? (단, 2010년부터 2018년까지 인구수와 보관량의 회귀식은 $y = 0.9886x - 0.8295$이며, 결정계수(R^2)는 0.9557로 매우 높은 설명력을 보인다. 계산한 값은 소수점 둘째 자리에서 반올림함)

연도	A지역 인구수 (천 명)	B제품 보관량 (천 대)
2010	3	2
2011	4	3
2012	4	3
2013	5	4
2014	5	5
2015	5	4
2016	6	5
2017	7	6
2018	8	7
2019(예측)	6.3	?

① 5.1
② 5.2
③ 5.3
④ 5.4
⑤ 5.5

정답 **63** ① **64** ④ **65** ④

01 하역에 관한 설명으로 옳은 것은?

① 제품에 대한 형태효용을 창출한다.
② 운반활성화 지수를 최소화해야 한다.
③ 적하, 운반, 적재, 반출 및 분류로 구성된다.
④ 화물에 대한 제조공정과 검사공정을 포함한다.
⑤ 기계화와 자동화를 통한 하역생산성 향상이 어렵다.

02 선박에 화물을 싣고 내리는 작업으로 작업방식에 따라 접안하역과 해상하역으로 나눌 수 있는 작업은?

① Assembling ② Discharging
③ Devanning ④ Lashing
⑤ Packing

03 하역의 원칙과 그에 관한 설명으로 옳지 않은 것을 모두 고른 것은?

ㄱ. 최소취급의 원칙 : 취급하는 화물유형을 최소화하여 특정 화물만 집중 관리한다.
ㄴ. 이동거리 및 시간의 최소화 원칙 : 하역 이동거리를 최소화하여 비용을 절감한다.
ㄷ. 호환성의 원칙 : 하역작업 공정 간의 연계를 원활하게 한다.
ㄹ. 활성화의 원칙 : 운반활성지수를 최소화하는 원칙으로 지표와 접점이 작을수록 활성지수는 낮아지며, 하역작업의 효율이 증가한다.
ㅁ. 취급균형의 원칙 : 하역작업의 공정능력을 파악하여 작업 흐름을 비평준화함으로써 효과를 극대화한다.

① ㄱ, ㄴ, ㄷ ② ㄱ, ㄷ, ㄹ
③ ㄱ, ㄹ, ㅁ ④ ㄴ, ㄷ, ㄹ
⑤ ㄴ, ㄹ, ㅁ

04 하역 원칙에 관한 설명으로 옳은 것은?

① 운반거리를 최대한 길게 해야 한다.
② 운반활성화 지수를 최소화하여야 한다.
③ 화물을 즉시 피킹할 수 있도록 낱개 화물로 운반해야 한다.
④ 화물은 유연하게 작업될 수 있도록 작업자가 직접 손으로 하역할 수 있어야 한다.
⑤ 각 하역활동을 시스템 전체 균형에 맞도록 고려하여야 한다.

05 하역의 기계화와 표준화를 위해 고려해야 할 사항이 아닌 것은?

① 환경영향을 고려해야 한다.
② 물류합리화의 관점에서 추진되어야 한다.
③ 안전성을 고려하여 추진되어야 한다.
④ 특정 화주의 화물을 대상으로 추진되어야 한다.
⑤ 생산자, 제조업자, 물류업자와 관련 당사자의 상호협력을 고려하여야 한다.

06 하역의 기계화가 필요한 화물에 해당하는 것은 몇 개인가?

• 액체 및 분립체로 인하여 인력으로 취급하기 곤란한 화물
• 많은 인적 노력이 요구되는 화물
• 작업장의 위치가 높고 낮음으로 인해 상하차작업이 곤란한 화물
• 인력으로는 시간(Timing)을 맞추기 어려운 화물

① 0개 ② 1개
③ 2개 ④ 3개
⑤ 4개

 01 ③ **02** ② **03** ③ **04** ⑤ **05** ④ **06** ⑤

07 다음이 설명하는 컨테이너 하역작업 용어는?

> 운송장비에 실려진 화물이 손상 및 파손되지 않도록 화물의 밑바닥이나 틈 사이에 물건을 깔거나 끼우는 작업

① 배닝(Vanning)
② 래싱(Lashing)
③ 디배닝(Devanning)
④ 더니징(Dunnaging)
⑤ 스태킹(Stacking)

08 하역합리화 기본원칙 중 활성화의 원칙에서 활성지수가 '2'인 화물의 상태는? (단, 활성지수는 0~4이다.)

① 컨베이어 위에 놓여 있는 상태
② 상자 속에 집어넣은 상태
③ 개품이 바닥에 놓여 있는 상태
④ 파렛트 및 스키드에 쌓은 상태
⑤ 대차에 실어 놓은 상태

09 하역합리화의 수평직선 원칙에 해당하는 것은?

① 하역기기를 탄력적으로 운영하여야 한다.
② 운반의 혼잡을 초래하는 요인을 제거하여 하역작업의 톤・킬로를 최소화하여야 한다.
③ 불필요한 물품의 취급을 최소화하여야 한다.
④ 하역작업을 표준화하여 효율성을 추구하여야 한다.
⑤ 복잡한 시설과 하역체계를 단순화하여야 한다.

10 오더피킹의 출고형태 중 파렛트 단위로 보관하다가 파렛트 단위로 출고되는 제1형태(P → P)의 적재방식에 활용되는 장비가 아닌 것은?

① 트랜스 로보 시스템(Trans Robo System)
② 암 랙(Arm Rack)
③ 파렛트 랙(Pallet Rack)
④ 드라이브 인 랙(Drive in Rack)
⑤ 고층 랙(High Rack)

11 하역기기 선정기준으로 옳지 않은 것은?

① 에너지 효율성
② 하역기기의 안전성
③ 작업량과 작업 특성
④ 하역물품의 원산지
⑤ 취급 품목의 종류

12 무인운반기기의 제어방식에 따른 유형으로 옳은 것은?

① 자기 인도방식(Magnetic Guidance Method)은 자동 주행하는 운반기기의 경로를 제어하는 방식으로 바닥에 테이프나 페인트 선을 그려 페인트와 테이프를 광학센서로 식별하여 진로를 결정하는 방식이다.
② 광학식 인도방식(Optical Guidance Method)은 인도용 동선이 바닥에 매설되어 있어서 저주파가 흐르는 동선을 따라 2개의 탐지용 코일로 탐지하여 자동 주행하는 방식이다.
③ 전자기계 코딩방식(Electro Mechanical Coding Method)은 트레이에 자기로 코드화한 철판을 붙이고 이를 자기 판독 헤드로 읽게 함으로써 컴퓨터에 정보를 전달하여 제어하는 방식이다.
④ 레이저 스캐닝방식(Laser Scanning Method)은 상자에 붙어 있는 바코드 라벨을 정위치에서 스캐너로 판독하고 컴퓨터에 정보를 전달하여 제어하는 방식이다.
⑤ 자기 코딩방식(Magnetic Coding Method)은 카드 삽입구에 행동지시용 카드를 먼저 삽입, 컴퓨터에 정보를 제공하여 제어하는 방식이다.

 07 ④ **08** ④ **09** ② **10** ② **11** ④ **12** ④

13〉 하역장비에 관한 설명으로 옳지 않은 것은?

① 언로더(Unloader) : 철광석, 석탄 및 석회석과 같은 벌크(Bulk)화물을 하역하는 데 사용된다.

② 탑 핸들러(Top Handler) : 공(empty)컨테이너를 적치하는 데 사용된다.

③ 스트래들 캐리어(Straddle Carrier) : 부두의 안벽에 설치되어 선박에 컨테이너를 선적하거나 하역하는 데 사용된다.

④ 트랜스퍼 크레인(Transfer Crane) : 컨테이너를 적재하거나 다른 장소로 이송 및 반출하는 데 사용된다.

⑤ 천정 크레인(Overhead Travelling Crane) : 크레인 본체가 천장을 주행하며 화물을 상하로 들어 올려 수평 이동하는 데 사용된다.

14〉 하역기기에 관한 설명으로 옳은 것은?

① 탑 핸들러(Top Handler) : 본선과 터미널 간 액체화물 이송 작업 시 연결되는 육상터미널 측 이송장비

② 로딩 암(Loading Arm) : 부두에서 본선으로 석탄, 광석의 벌크화물을 선적하는 데 사용하는 장비

③ 돌리(Dolly) : 해상 컨테이너를 적재하거나 다른 장소로 이송, 반출하는 데 사용하는 장비

④ 호퍼(Hopper) : 원료나 연료, 화물을 컨베이어나 기계로 이송하는 깔때기 모양의 장비

⑤ 스트래들 캐리어(Straddle Carrier) : 부두의 안벽에 설치되어 선박에 컨테이너를 선적하거나 하역하는 데 사용하는 장비

15〉 자동창고시스템에서 수직과 수평 방향으로 동시에 이동 가능하고, 수평으로 초당 2m, 수직으로 초당 1m의 속도로 움직이는 스태커 크레인(Stacker Crane)을 활용한다. 이 스태커 크레인이 지점 A(60, 15)에서 지점 B(20, 25)로 이동할 때 소요되는 시간은? (단, (X, Y)는 원점으로부터의 거리(m)를 나타낸다.)

① 10초　　　　　② 15초

③ 20초　　　　　④ 25초

⑤ 30초

16〉 다음 조건에 맞는 물류센터의 효율적인 하역작업에 필요한 최소 지게차 수는?

- 연간 목표 처리량 : 500,000 파렛트
- 연간 작업일 : 300일
- 일일 작업 가능시간 : 10시간
- 지게차 가동률 : 80%
- 시간당 작업량 : 12 파렛트

① 14대　　　　　② 16대

③ 18대　　　　　④ 20대

⑤ 22대

17〉 컨베이어에 관한 설명으로 옳지 않은 것은?

① 벨트(Belt) 컨베이어 : 연속적으로 움직이는 벨트를 사용하여 벨트 위에 화물을 싣고 운반하는 기기

② 롤러(Roller) 컨베이어 : 롤러 및 휠을 운반 방향으로 병렬시켜 화물을 운반하는 기기

③ 진동(Vibrating) 컨베이어 : 철판의 진동을 통해 부품 등을 운반하는 기기

④ 스크루(Screw) 컨베이어 : 스크루 상에 철판을 삽입하고 이를 회전시켜 액체화물 종류를 운반하는 기기

⑤ 플로(Flow) 컨베이어 : 파이프 속 공기나 물의 흐름을 이용하여 화물을 운반하는 기기

 정답　　13 ③　14 ④　15 ③　16 ③　17 ⑤

18 크로스벨트(Cross-belt) 소팅 컨베이어에 관한 설명으로 옳지 않은 것은?

① 레일 위를 주행하는 연속된 캐리어를 지니고 있다.
② 각 캐리어는 소형 컨베이어를 장착하고 있다.
③ 캐리어를 경사지게 하여 화물을 분류한다.
④ 어패럴, 화장품, 의약품, 서적 등의 분류에 이용한다.
⑤ 고속 분류기의 일종이다.

19 자동분류시스템의 소팅방식에 관한 설명으로 옳은 것은?

① 크로스벨트(Cross belt) 방식 : 컨베이어 반송면의 아래 방향에서 벨트 등의 분기장치가 나오는 방식으로 하부면의 손상 및 충격에 취약한 화물에는 적합하지 않다.
② 팝업(Pop-up) 방식 : 레일을 주행하는 연속된 캐리어 상의 소형 벨트 컨베이어를 레일과 교차하는 방향으로 구동시켜 단위화물을 내보내는 방식이다.
③ 틸팅(Tilting) 방식 : 반송면에 튀어나온 기구를 넣어 단위화물을 함께 이동시키면서 압출하는 방식이다.
④ 슬라이딩슈(Sliding-shoe) 방식 : 여러 형상의 화물을 수직으로 나누어 강제적으로 분류하므로 충격에 취약한 정밀기기나 깨지기 쉬운 물건은 피해야 한다.
⑤ 다이버터(Diverter) 방식 : 외부에 설치된 안내판을 회전시켜 반송경로 상에 가이드벽을 만들어 단위화물을 가이드벽에 따라 이동시키므로 다양한 형상의 화물 분류가 가능하다.

20 다음 중 자동분류장치의 종류에 관한 설명으로 옳은 것을 모두 고른 것은?

ㄱ. 팝업 방식(Pop-up Type) : 화물을 컨베이어의 흐르는 방향에 대해서 직각 암(Arm)으로 밀어내는 방식이다.
ㄴ. 슬라이딩슈 방식(Sliding-shoe Type) : 컨베이어 반송면의 아래 방향에서 벨트, 롤러, 휠, 핀 등의 분류장치가 튀어나와 화물을 내보내는 방식이다.
ㄷ. 다이버터 방식(Diverter Type) : 레일을 주행하는 연속된 소형 벨트 컨베이어를 레일과 교차하는 방향에서 구동시켜 화물을 내보내는 방식이다.
ㄹ. 틸팅 방식(Tilting Type) : 레일을 주행하는 트레이(Tray), 슬라이드(Slide)의 일부 등을 경사지게 하여 화물을 떨어뜨려 분류하는 방식이다.
ㅁ. 밀어내는 방식(Pusher Type) : 컨베이어 아래 방향에서 벨트, 롤러, 휠, 핀 등의 분기장치가 튀어나와서 분류하는 방식이다.

① ㄱ, ㄷ
② ㄴ, ㄹ
③ ㄱ, ㄹ, ㅁ
④ ㄴ, ㄷ, ㄹ
⑤ ㄴ, ㄷ, ㄹ, ㅁ

21 파렛트(Pallet)의 종류에 관한 설명으로 옳은 것은?

① 롤 파렛트(Roll Pallet)는 파렛트 바닥면에 바퀴가 달려 있어 자체적으로 밀어서 움직일 수 있다.
② 시트 파렛트(Sheet Pallet)는 핸드리프트 등으로 움직일 수 있도록 만들어진 상자형 파렛트이다.
③ 스키드 파렛트(Skid Pallet)는 상부구조물이 적어도 3면의 수직측판을 가진 상자형 파렛트이다.
④ 사일로 파렛트(Silo Pallet)는 파렛트 상단에 기둥이 설치된 형태로 기둥을 접거나 연결하는 방식으로 사용한다.
⑤ 탱크 파렛트는(Tank Pallet)는 주로 분말체의 보관과 운송에 이용하는 1회용 파렛트이다.

 18 ③ **19** ⑤ **20** ② **21** ①

22] ISO의 국제표준규격 20ft와 40ft 컨테이너 내부에 각 1단으로 적재할 수 있는 T-11형 표준 파렛트 최대 개수의 합은?

① 24매   ② 30매
③ 36매   ④ 42매
⑤ 48매

23] 1,100mm×1,100mm의 표준 파렛트에 가로 20cm, 세로 30cm, 높이 15cm의 동일한 종이박스를 적재하려고 한다. 만일 파렛트의 적재 높이를 17cm 이하로 유지해야 한다고 할 때, 최대 몇 개의 종이박스를 적재할 수 있는가?

① 18개   ② 19개
③ 20개   ④ 21개
⑤ 22개

24] 국가별 파렛트 표준규격의 연결이 옳은 것은?

국가	파렛트 규격
ㄱ. 한국	A. 800 × 1,200mm
ㄴ. 일본	B. 1,100 × 1,100mm
ㄷ. 영국	C. 1,100 × 1,200mm
ㄹ. 미국	D. 1,219 × 1,016mm

① ㄱ-B, ㄴ-A, ㄷ-C, ㄹ-D
② ㄱ-B, ㄴ-B, ㄷ-A, ㄹ-D
③ ㄱ-B, ㄴ-C, ㄷ-C, ㄹ-A
④ ㄱ-C, ㄴ-A, ㄷ-B, ㄹ-B
⑤ ㄱ-C, ㄴ-B, ㄷ-D, ㄹ-A

25] 크레인에 관한 설명으로 옳지 않은 것은?

① 크레인은 천정 크레인(Ceiling Crane), 갠트리 크레인(Gantry Crane), 지브 크레인(Jib Crane), 기타 크레인 등으로 구분된다.
② 갠트리 크레인은 레일 위를 주행하는 방식이 일반적이나, 레일 대신 타이어로 주행하는 크레인도 있다.
③ 스태커 크레인(Stacker Crane)은 고층 랙 창고 선반에 화물을 넣고 꺼내는 크레인의 총칭이다.
④ 언로더(Unloader)는 천장에 설치된 에이치빔(H-beam)의 밑 플랜지에 전동 체인블록 등을 매단 구조이며, 소규모 하역작업에 널리 이용되고 있다.
⑤ 지브 크레인은 고정식과 주행식이 있으며, 아파트 등의 건설공사에도 많이 쓰이고 수평 방향으로 더 넓은 범위 안에서 작업할 수 있다.

26] 컨테이너 터미널에서 사용되는 하역장비에 관한 설명으로 옳지 않은 것은?

① 리치 스태커(Reach Stacker)는 장비의 회전 없이 붐에 달린 스프레더만을 회전하여 컨테이너를 이적 또는 하역하는 장비이다.
② 무인운반차량(Automated Guided Vehicle)은 무인으로 컨테이너를 이송하는 장비이다.
③ 야드 트랙터(Yard Tractor, Y/T)는 야드에서 컨테이너를 이동·운송하는 데 사용되는 이동장비로서 일반 도로 운행이 가능한 장비이다.
④ 스트래들 캐리어(Straddle Carrier)는 컨테이너 터미널에서 컨테이너를 마샬링 야드로부터 에이프런 또는 CY지역으로 운반 및 적재할 경우에 사용되는 장비이다.
⑤ 윈치 크레인(Winch Crane)은 차체를 이동 및 회전시키면서 컨테이너트럭이나 플랫 카(Flat Car)로부터 컨테이너를 하역하는 장비이다.

 정답   **22** ②   **23** ③   **24** ②   **25** ④   **26** ③

27 컨테이너 터미널 운영방식에 관한 설명으로 옳은 것을 모두 고른 것은?

> ㄱ. 섀시 방식(Chassis System) : 컨테이너를 섀시 위에 적재한 상태로, 필요할 때 이송하는 방식이다.
> ㄴ. 트랜스테이너 방식(Transtainer System) : 트랜스퍼 크레인(Transfer Crane)을 활용하여 컨테이너를 이동하는 방식으로 자동화가 어렵다.
> ㄷ. 스트래들 캐리어 방식(Straddle Carrier System) : 컨테이너를 스트래들 캐리어의 양다리 사이에 끼우고 자유로이 운반하는 방식이다.

① ㄱ
② ㄴ
③ ㄱ, ㄴ
④ ㄱ, ㄷ
⑤ ㄱ, ㄴ, ㄷ

28 다음에서 설명하는 항만하역 작업방식은?

> 선측이나 선미의 경사판을 거쳐 견인차를 이용하여 수평으로 적재, 양륙하는 방식으로 페리(Ferry) 선박에서 전통적으로 사용해 온 방식이다.

① LO-LO(Lift on-Lift off) 방식
② RO-RO(Roll on-Roll off) 방식
③ FO-FO(Float on-Float off) 방식
④ FI-FO(Free in-Free out) 방식
⑤ LASH(Lighter Aboard Ship) 방식

29 컨테이너 터미널이 연간 100,000 TEU의 물동량을 처리하고 있다. 평균 장치일수는 10일, 피크 및 분리계수는 각각 1.5, 평균장치단수는 4단일 경우 소요되는 TGS(Twenty-feet Ground Slot) 수는? (단, 연간영업일수는 365일이다.)

① 771
② 1,460
③ 1,541
④ 2,920
⑤ 3,082

30 항공화물하역의 파렛트 탑재, 운반 및 하역 장비에 해당하지 않는 것은?

① 트랜스포터(Transporter)
② 터그 카(Tug Car)
③ 에이프런 컨베이어(Apron Conveyor)
④ 돌리(Dolly)
⑤ 리프트 로더(Lift Loader)

31 철도하역 방식에 관한 설명으로 옳지 않은 것은?

① TOFC(Trailer on Flat Car) 방식 : 컨테이너가 적재된 트레일러를 철도화차 위에 적재하여 운송하는 방식
② COFC(Container on Flat Car) 방식 : 철도화차 위에 컨테이너만을 적재하여 운송하는 방식
③ Piggy Back 방식 : 화물열차의 대차 위에 트레일러나 트럭을 컨테이너 등의 화물과 함께 실어 운송하는 방식
④ Kangaroo 방식 : 철도화차에 트레일러 차량의 바퀴가 들어갈 수 있는 홈이 있어 적재높이를 낮게 하여 운송할 수 있는 방식
⑤ Freight Liner 방식 : 트럭이 화물열차에 대해 직각으로 후진하여 무개화차에 컨테이너를 바로 실어 운송하는 방식

32 유닛로드시스템(Unit Load System)의 선결과제에 해당하는 것을 모두 고른 것은?

> ㄱ. 운송 표준화
> ㄴ. 장비 표준화
> ㄷ. 생산 자동화
> ㄹ. 하역 기계화
> ㅁ. 무인 자동화

① ㄱ, ㄴ, ㄹ
② ㄱ, ㄴ, ㅁ
③ ㄱ, ㄷ, ㅁ
④ ㄴ, ㄷ, ㄹ
⑤ ㄴ, ㄹ, ㅁ

 27 ④ **28** ② **29** ③ **30** ③ **31** ⑤ **32** ①

33. 유닛로드의 종류 또는 크기를 결정하기 위해 고려해야 할 요인이 아닌 것은?

① 적재화물의 형태, 무게
② 적재화물의 적재형태
③ 유닛로드의 운송수단
④ 창고 조명의 밝기
⑤ 하역장비의 종류와 특성

34. 유닛로드시스템(ULS : Unit Load System)의 효과로 옳지 않은 것은?

① 하역의 기계화
② 화물의 파손 방지
③ 신속한 적재
④ 운송수단의 회전율 향상
⑤ 경제적 재고량 유지

35. 일관파렛트화의 효과에 관한 설명으로 옳지 않은 것은?

① 물류비용이 저렴해진다.
② 운송과 하역 작업시간이 단축된다.
③ 기업 간 물류 시스템의 제휴가 가능해진다.
④ 작업의 기계화가 진행되어 노동환경이 개선된다.
⑤ 과잉생산 방지, 안정된 가동률 유지가 가능해진다.

36. 임대 파렛트에 관한 설명으로 옳지 않은 것은?

① 표준 파렛트 도입이 가능하다.
② 초기 고정투자비가 적게 든다.
③ 비수기의 양적 조절이 가능하다.
④ 파렛트 풀 시스템 도입을 고려할 수 있다.
⑤ 업체 간 이동 시 회수가 용이하다.

37. 다음은 파렛트 풀 시스템 운영방식에 관한 내용이다. 다음 ( )에 들어갈 용어로 옳은 것은?

- (ㄱ) : 유럽 각국의 국영철도역에서 파렛트 적재형태로 운송하며, 파렛트를 동시에 교환하여 사용하는 것으로 언제나 교환에 응할 수 있도록 파렛트를 준비해 놓는 방식이다.
- (ㄴ) : 개별 기업에서 파렛트를 보유하지 않고, 파렛트 풀 회사에서 일정 기간 동안 임차하는 방식이다.

① ㄱ : 즉시교환방식,　　 ㄴ : 리스·렌탈방식
② ㄱ : 대차결제교환방식, ㄴ : 즉시교환방식
③ ㄱ : 리스·렌탈방식,　 ㄴ : 교환·리스병용방식
④ ㄱ : 교환·리스병용방식, ㄴ : 대차결제교환방식
⑤ ㄱ : 리스·렌탈방식,　 ㄴ : 즉시교환방식

38. 파렛트 풀 시스템(PPS : Pallet Pool System)에 관한 설명으로 옳지 않은 것은?

① 운영방식으로 TOFC(Trailer On Flat Car) 방식과 COFC(Container On Flat Car) 방식이 있다.
② 운송형태로 기업단위 PPS, 업계단위 PPS, 개방적 PPS가 있다.
③ 전체적인 파렛트 수량이 줄어들어 사회자본이 줄고 물류기기, 시설의 규격화 및 표준화가 촉진된다.
④ 표준화된 파렛트를 화주, 물류업자들이 공동으로 이용하는 제도로서 풀(Pool)조직이 파렛트에 대한 납품, 회수관리, 수리를 담당한다.
⑤ 지역 간 수급해결, 계절적 수요대응, 설비자금 절감을 위하여 필요한 시스템이다.

 정답

33 ④　**34** ⑤　**35** ⑤　**36** ⑤　**37** ①　**38** ①

39 포장에 관한 설명으로 옳지 않은 것은?

① 소비자들의 관심을 유발시키는 판매물류의 시작이다.

② 물품의 가치를 높이거나 보호한다.

③ 공업포장은 물품 개개의 단위포장으로 판매촉진이 주목적이다.

④ 겉포장은 화물 외부의 포장을 말한다.

⑤ 기능에 따라 공업포장과 상업포장으로 분류한다.

40 화인(Shipping Mark)에 관한 설명으로 옳지 않은 것은?

① 기본화인, 정보화인, 취급주의 화인으로 구성되며, 포장화물의 외장에 표시한다.

② 주화인표시(Main Mark)는 타상품과 식별을 용이하게 하는 기호이다.

③ 부화인표시(Counter Mark)는 유통업자나 수입대행사의 약호를 표시하는 기호이다.

④ 품질표시(Quality Mark)는 내용물품의 품질이나 등급을 표시하는 기호이다.

⑤ 취급주의표시(Care Mark)는 내용물품의 취급, 운송, 적재요령을 나타내는 기호이다.

41 화인(Mark)에 관한 설명으로 옳은 것을 모두 고른 것은?

ㄱ. 주화인(Main Mark) : 다른 화물과의 식별을 용이하게 하기 위하여 외장에 특정의 기호(Symbol)를 표시

ㄴ. 포장번호(Case Number) : 주화인만으로 다른 화물과 식별이 어려울 때 생산자 또는 공급자의 약자를 보조적으로 표시

ㄷ. 항구표시(Port Mark) : 선적과 양하작업이 용이하도록 도착항을 표시

ㄹ. 원산지표시(Origin Mark) : 당해 물품의 원자재까지 모두 원산지를 표시

① ㄱ, ㄴ　　　　　② ㄱ, ㄷ
③ ㄴ, ㄷ　　　　　④ ㄴ, ㄹ
⑤ ㄷ, ㄹ

42 다음의 화인 표시방법에 관한 설명으로 옳지 않은 것을 모두 고른 것은?

구분	화인 표시에 대한 설명
ㄱ	스탬핑(Stamping) : 금속제품에 사용하는 방법으로 주물을 주입할 때 미리 화인을 해 두어 제품 완성 시 화인이 나타나도록 하는 방법이다.
ㄴ	스텐실(Stencil) : 기름기가 많은 무거운 종이나 셀룰로이드판, 플라스틱판 등의 시트에 문자를 파 두었다가 붓이나 스프레이를 사용하여 칠하는 방법이다.
ㄷ	카빙(Carving) : 화인할 부분을 고무인이나 프레스기 등을 사용하여 찍는 것으로 종이상자, 골판지 상자 등에 적용하는 방법이다.
ㄹ	태그(Tag) : 종이나 직포 등에 필요한 내용을 미리 인쇄해 두었다가 일정한 장소에 붙이는 방법이다.
ㅁ	스티커(Sticker) : 일정한 표시내용을 기재한 것을 못으로 박거나 혹은 특정 방법에 의해 고정시키는 방법이다.
ㅂ	레이블링(Labeling) : 종이, 알루미늄, 플라스틱 판 등에 일정한 표시내용을 기재한 다음 철사나 기타 끈 등으로 적절히 매는 방법이다.

① ㄱ, ㄷ　　　　　② ㄷ, ㄹ
③ ㄱ, ㄹ, ㅁ　　　④ ㄴ, ㄷ, ㄹ
⑤ ㄱ, ㄷ, ㄹ, ㅂ

 정답

39 ③　**40** ③　**41** ②　**42** ⑤

43〕 포장기법에 관한 설명으로 옳은 것을 모두 고른 것은?

> ㄱ. 방수방습포장 : 식품원료의 생리적 대사과정
>   을 지연시키고 취급과정 중 미생물에 의한 오
>   염을 줄이는 포장기법이다.
> ㄴ. 가스치환포장 : 내용물의 활성화를 정지시키
>   기 위하여 내부를 진공으로 밀봉하는 포장기
>   법이다.
> ㄷ. 완충포장 : 생산 공장에서 최종 소비자까지 전
>   달되는 유통과정에서 받는 외력에서 포장되어
>   있는 제품의 파손을 방지하고 안전하게 보호
>   하는 포장기법이다.
> ㄹ. 방청포장 : 운송 중이나 보관 중에 제품을 발
>   청이나 부식으로부터 방지하기 위한 포장기법
>   이다.

① ㄱ, ㄴ   ② ㄴ, ㄷ
③ ㄷ, ㄹ   ④ ㄱ, ㄴ, ㄹ
⑤ ㄱ, ㄷ, ㄹ

44〕 포장 결속 방법으로 옳지 않은 것은?

① 밴드결속 – 플라스틱, 나일론, 금속 등의 재질로
  된 밴드를 사용한다.
② 꺾쇠 · 물림쇠 – 주로 칸막이 상자 등에서 상자가
  고정되도록 사용하는 방법이다.
③ 테이핑 – 용기의 견고성을 유지하기 위해 접착테
  이프를 사용한다.
④ 대형 골판지 상자 – 작은 부품 등을 꾸러미로 묶지
  않고 담을 때 사용한다.
⑤ 슬리브 – 열수축성 플라스틱 필름을 화물에 씌우
  고 터널을 통과시킬 때 가열하여 필름을 수축시키
  는 방법이다.

45〕 하역의 표준화에 관한 설명으로 옳지 않은 것은?

① 생산의 마지막 단계로 치수, 강도, 재질, 기법 등
  의 표준화로 구성된다.
② 운송, 보관, 포장, 정보 등 물류활동 간의 상호 호
  환성과 연계성을 고려하여 추진되어야 한다.
③ 환경과 안전을 고려하여야 한다.
④ 유닛로드 시스템에 적합한 하역 · 운반 장비의 표
  준화가 필요하다.
⑤ 표준규격을 만들고 일관성 있게 추진되어야 한다.

46〕 파렛트의 적재방법 중에서 동일한 단에서는 물품을
  가로 · 세로로 조합해 쌓으며, 다음 단에서는 방향을
  180° 바꾸어 교대로 겹쳐 쌓는 방법은?

① 블록(Block)형 적재
② 벽돌(Brick)형 적재
③ 핀휠(Pinwheel) 적재
④ 스플릿(Split) 적재
⑤ 교호(Alternative)열 적재

정답   **43** ③   **44** ⑤   **45** ①   **46** ②

제4과목

보관하역론

· ·

대표기출문제
정답 & 해설

CHAPTER 01 보관론

01 정답 ⑤

장소적 효용을 창출시키는 것은 운송의 기능이다. 보관의 기능은 주로 시간적 효용을 가지고 있다.

02 정답 ④

ㄴ. 회전대응 보관의 원칙은 입출고 빈도의 정도에 따라 제품의 보관장소를 결정하는 것으로 입출고 빈도가 높은 제품을 출입구에서 가까운 장소에 보관하는 원칙을 말한다.
ㄷ. 통로대면 보관의 원칙에 대한 설명이다.
동일성·유사성의 원칙은 동일 품종은 동일 장소에 보관하고, 유사품은 근처 가까운 장소에 보관해야 한다는 것이다.
ㅁ. 형상특성의 원칙에 대한 설명이다.
선입선출의 원칙은 먼저 보관한 물품을 먼저 출고하는 것이다(상품형식변경이 잦은 것, 상품수명주기가 짧은 것, 파손·감모가 생기기 쉬운 것).

03 정답 ③

* **물류시설의 개념**
1. **CFS** : LCL화물을 특정 장소에 집적하였다가 목적지별로 선별하여 하나의 컨테이너에 적입하는 장소
2. **복합물류터미널** : 복수의 운송수단 간 연계를 할 수 있는 규모 및 시설을 갖춘 장소
3. **스톡 포인트** : 재고품의 임시보관거점으로 상품의 배송거점인 동시에 예상 수요에 대한 보관장소이며 대도시, 지방 중소도시에 합리적인 배송을 실시할 목적으로 설립된 유통의 중계기지이다.
4. **CY** : 공컨테이너 또는 풀컨테이너를 보관할 수 있는 넓은 장소를 말하며 넓게는 CFS, Marshalling Yard, Apron까지도 포함
5. **Depot, 데포** : 스톡 포인트보다 작은 국내용 2차 창고 또는 수출상품을 집화·분류·수송하기 위한 내륙 CFS를 데포라고 하며 단말배송소라고도 한다. 효율적인 수송을 위해 갖추어진 집배중계 및 배송처에 컨테이너가 CY에 반입되기 전 야적된 상태에서 컨테이너를 적재시키는 장소이다.
6. **공동집배송단지** : 공동집배송센터는 여러 유통사업자 또는 제조업자가 공동으로 사용할 수 있도록 집배송시설 및 부대업무시설이 설치되어 있는 시설이다.

04 정답 ②

ㄷ. 최종 소비자에 대한 배송, 개별 기업의 배송센터 기능도 수행하며 정보센터 기능도 수행한다.
ㄹ. 보관기능보다는 환적기능 위주로 운영되는 물류시설이다.

05 정답 ⑤

* **물류센터 입지결정 시 고려사항**
• 토지 구입가격(지가)
• 해당 지역의 세금정책 및 유틸리티(전기, 상하수도, 가스 등) 비용
• 해당 지역의 가용노동인구 및 평균 임금수준
• 각종 법적 규제 사항
• 운송비, 시장 규모

06 정답 ②

② 품질보다는 수량이 적절한 고려사항이다.
* **창고의 입지결정 사항** : 화물, 수량, 경로, 서비스, 시간

07 정답 ③

ㄴ. 배송물량의 혼합배송에 의해 차량 적재율의 증가, 횟수의 감소 및 운송거리의 단축을 통하여 공차율이 감소한다.
ㄹ. 보관 수요를 통합 관리함으로써 업체별 보관공간 및 관리비용의 절감이 가능하다.

08 정답 ④

① 보세창고의 운영인은 미리 세관장에게 신고를 하고 외국물품의 장치에 방해되지 아니하는 범위에서 보세창고에 내국물품을 장치할 수 있다.
② 자가창고는 영업창고에 비해 자사의 특수 물품에 적합한 구조와 하역설비를 갖추는 등 창고 설계 최적화가 가능하다.
③ 영업창고는 자가창고에 비해 창고 확보와 운영에 소요되는 비용 및 인력문제와 화물량 변동에 탄력적으로 대응할 수 있다.
⑤ 임대창고에 대한 설명이다.

09 정답 ②

영업창고 이용자(화주)는 자가창고가 아니기 때문에 초기에 창고건설 및 설비투자와 관련하여 고정비용이 필요치 않다. 영업창고는 화주의 측면에서 설비투자, 고정투자가 불필요한 장점이 있는 반면 자사품목에만 적합한 창고 설계는 어렵다.

10 정답 ①

유통창고는 다 만들어진 제품을 시장(소비지)에 배급하기 위한 저장창고이므로 완제품(최종재)이 주요 대상 화물이다. 원자재와 중간재가 주요 대상 화물이 되는 창고는 물류창고이다.

11 정답 ③

✽ **물류센터 내의 작업 흐름**

입차 및 입하 → 격납(보관공간에 밀어 넣는 행위) → 보관 및 보충 → 피킹 → 유통가공 → 검수(검품) → 포장 → 방향별 분류 → 상차 및 출하

12 정답 ⑤

ㄱ. BTO(Build Transfer Operate)는 수익형 민간투자사업방식을 의미하며 건설(Build) → 이전(Transfer) → 운영(Operate) 방식으로 진행된다. 민간 사업자가 직접 시설을 건설해 정부, 지방자치단체 등에 기부채납하는 대신 일정 기간 사업을 위탁경영해 투자금을 회수하는 방식으로 민간자본은 일정 기간 사회기반시설의 운영권을 갖고, 소유권은 정부나 지방자치단체가 갖는 것이다. 해당 문제에서는 '건설 후'(Build), '소유권을 먼저 국가 등에 이전'(Transfer), '운영한 수익'(Operate)의 표현을 통해 BTO임을 알 수 있다.

ㄴ. BTL(Build Transfer Lease)은 임대형 민간투자사업 방식을 의미하며 사회기반시설의 준공(Build)과 동시에 당해 시설의 소유권은 국가 또는 지방자치단체에 이전(Transfer)되지만 사업시행자에게 시설사용권을 인정하여 국가 또는 지방자치단체 등이 협약에서 정한 기간 동안 다시 임차(Lease)하여 사용, 수익하는 방식이다. 해당 문제에서는 '건설 후'(Build), '소유권을 먼저 국가 등에 이전'(Transfer), '임대료를 받아'(Lease)의 표현을 통해 BTL임을 알 수 있다.

• BOT(Build Operate Transfer)는 사업자가 자금을 조달하고 건설한 후 일정 기간 운영까지 맡는 수주 방식을 말한다. 초기 투자가 필요하지만 직접 사업을 기획하기 때문에 수익성이 높고 오랜 기간 고정적으로 수입을 올릴 수 있다.

✽ **민자유치방식**

BOO	Build (민간건설)	Own (민간소유)	Operate (민간운영)
BOT	Build (민간건설)	Operate (민간운영)	Transfer (소유권이전)
BTO	Build (민간건설)	Transfer (소유권이전)	Operate (민간운영)
BLT	Build (민간건설)	Lease (정부운영)	Transfer (소유권이전)
BTL	Build (민간건설)	Transfer (소유권이전)	Lease (정부운영)

13 정답 ②

물류센터의 규모는 서비스 수준을 결정하고 목표 재고량을 결정한다.

✽ **물류센터의 규모 산정** : 서비스 수준 결정 → 제품별 재고량 결정 → 보관량 및 보관용적의 산정 → 하역작업 방식과 설비 결정 → 총면적 산출

14 정답 ④

ㄱ. **운영 특성** : 입고 방법, 보관 방법, 피킹 방법 등
ㄹ. **환경 특성** : 지리적 위치, 입지 제약, 인구 등

15 정답 ⑤

✽ **물류센터 설계 시 고려사항**

• 제품의 특성, 주문 특성, 설비 특성, 보관면적
• 입하능력의 평준화
• 입하시간의 규제
• 출하시간의 단축
• 물품의 취급횟수 최소화

16 정답 ①

'사전에 물류센터로 송달되어 오는 정보' 표현으로 ASN(Advanced Shipping Notification)에 대한 설명임을 알 수 있다.
④ BOM(Bill Of Material)은 원자재명세서를 의미한다.

17 정답 ③

ㄴ. 대량생산과 고객화가 합쳐진 대량고객화는 재고수준을 최소한으로 하면서 상품회전율을 증가시키는 데 목적이 있는 크로스도킹과 연계하기 어렵다.
ㅁ. 물류센터의 회전율 증가, 재고수준 감소, 리드타임 감소 등의 효과가 있다.

18 정답 ①

파렛트 크로스도킹은 창고의 보관기능보다는 흐름기능을 중시하는 것으로 적재된 파렛트별로 입고되어 사전에 분류된 소매점포로 바로 배송되는 형태를 가지고 있다. 주로 물동량이 많고 꾸준히 있어야 적합한 방식이다(처리량이 적으면 크로스도킹이 불필요하다.).

19 정답 ④

고정비와 변동비를 바탕으로 입지결정하는 방법은 손익분기도표법이다.
① **체크리스트법** : 입지에 관련된 양적 요인과 질적 요인을 동시에 고려하여 중요도에 따라 가장 평가점수가 높은 입지를 선정하는 기법이다.

② **톤 – 킬로법** : 각 수요지에서 배송센터까지의 거리와 각 수요지까지의 운송량에 대해 평가하고 총계가 최소가 되는 입지를 선정하는 기법이다.

③ **무게중심법** : 공급지 및 수요지가 고정되어 있고, 각 공급지로부터 단일 배송센터로 반입되는 물량과 배송센터로부터 각 수요지로 반출되는 물동량이 정해져 있을 때 활용하는 기법이다.

⑤ **브라운 & 깁슨법** : 양적 요인과 질적 요인을 모두 고려할 수 있도록 평가기준을 필수적 기준(요인), 객관적 기준(요인), 주관적 기준(요인)으로 구분하여 입지평가 지표를 계산 후 평가하는 복수공장 입지분석모형이다.

20 정답 ③

양적 요인과 질적 요인을 모두 고려하는 방법은 체크리스트방법과 브라운 & 깁슨법이다. 이 중 필수적 기준, 객관적 기준, 주관적 기준으로 구분하는 방법은 브라운 & 깁슨법이다.

＊ 브라운 & 깁슨 요인 평가기준
• 필수적 기준 : 특정 시스템의 장소적 적합성 판정 시의 필수적 기준
• 객관적 기준 : 화폐가치로 평가될 수 있는 경제적 기준
• 주관적 기준 : 평가자의 주관에 의해 가름되는 기준

21 정답 ②

구분	위치좌표 (단위 : km)		배송 횟수 (회/일)	직교각의 거리 합	총 이동 거리
	X	Y			
물류센터	6	4			
수요지 1	3	8	2	$(6-3)+(8-4)=7$	14
수요지 2	8	2	3	$(8-6)+(4-2)=4$	12
수요지 3	2	5	2	$(6-2)+(5-4)=5$	10

일별 총 이동거리 $= 36km(14+12+10)$

22 정답 ③

각각의 (x, y) 값을 주어진 식에 대입한다.
① $(x, y) = (6.0, 4.0) = 149$
② $(x, y) = (6.2, 3.6) = 147.2$
③ $(x, y) = (7.0, 2.0) = 140$
④ $(x, y) = (7.0, 5.0) = 143$
⑤ $(x, y) = (7.8, 3.7) = 142.5$
총 이동거리를 최소화시키는 최적 위치는 ③이다.

23 정답 ④

구분	X좌표	Y좌표	상대적 가중치
공장 1	10	70	$\dfrac{200}{200+300+200+200+500}$ $=\dfrac{200}{1,400}=\dfrac{2}{14}$
공장 2	40	40	$\dfrac{500}{200+300+200+200+500}$ $=\dfrac{500}{1,400}=\dfrac{5}{14}$
수요지 1	20	50	$\dfrac{200}{200+300+200+200+500}$ $=\dfrac{200}{1,400}=\dfrac{2}{14}$
수요지 2	30	20	$\dfrac{300}{200+300+200+200+500}$ $=\dfrac{300}{1,400}=\dfrac{3}{14}$
수요지 3	50	30	$\dfrac{200}{200+300+200+200+500}$ $=\dfrac{200}{1,400}=\dfrac{2}{14}$

$$X = \frac{(10 \times 2) + (40 \times 5) + (20 \times 2) + (30 \times 3) + (50 \times 2)}{14}$$
$$= 32.14$$
$$Y = \frac{(70 \times 2) + (40 \times 5) + (50 \times 2) + (20 \times 3) + (30 \times 2)}{14}$$
$$= 40.0$$

24 정답 ③

'아래에 주행 레일이 있고 위에 가이드레일이 있는 통로 안에서 주행장치로 주행'하는 물류기기는 스태커 크레인뿐이다.
① **오버헤드 크레인**(Overhead Crane) : 야드에 교량형식의 구조물에 Crane을 설치하여 컨테이너를 적・양하하는 장비이다.
② **트래버서**(Traverser) : 스태커 크레인의 부속품이다. (스태커 크레인은 스태커와 트래버서로 이루어져 있다.)
④ **데릭**(Derrick) : 부선이라고 부르는 선박에 장착되어 있으며, 상단이 지지된 마스트를 가지며 마스트 또는 붐(Boom) 위 끝에서 화물을 달아 올리는 지브붙이 크레인

25 정답 ④

① **스태커 크레인**(Stacker Crane) : 창고의 통로 공간을 수평 방향(트래버서) 및 수직 방향(스태커)으로 움직일 수 있는 저장/반출 기기이다.
② **단일명령**(Single Command)방식 : 1회 운행으로 저장이

나 반출 작업을 1회 수행하는 방식이다.
③ **이중명령(Dual Command)방식** : 1회 운행으로 저장과 반출 작업을 동시에 순차적으로 모두 수행하는 방식이다.
⑤ **지정위치저장방식** : 일반적으로 품목별 보관소요공간과 단위시간당 평균 입출고 횟수를 고려하여 보관위치를 사전 지정하여 운영하며, 일반적으로 전체 보관소요공간을 많이 차지한다.
• 보관품목의 입출고 빈도 등을 기준으로 등급을 설정하고, 동일 등급 내에서는 임의보관하는 방식으로 보관위치를 결정하는 방식은 등급별저장(Class-based Storage)방식이다.

26 정답 ③

1. 시간당 처리해야 할 반입명령건수와 반출명령건수는 각각 15건 → 입고, 출고 총 30건
2. 단일명령은 1회당 수행시간이 2분으로 전체 작업건수의 60% 처리 → 30건×0.6=18건/(1건/1회)=18회
3. 이중명령은 1회당 수행시간이 3분으로 나머지 작업건수 (40%) 처리 → 30건×0.4=12건/(2건/1회)=6회
4. 평균가동률
   • 단일명령 : 18회×2분=36분
   • 이중명령 : 6회×3분=18분
   • 평균가동률 : $\frac{36분+18분}{60분}×100=90\%$

27 정답 ③

1. 단일명령작업 : 300번×40%=120번→120회 작업×2분
2. 이중명령작업 : 300번×60%=180번→90회 작업×3분
3. 기기 평균이용률 $=\frac{실제\ 가동시간}{총\ 가용시간}×100$

$=\frac{(120회×2분)+(90회×3분)}{60분×10개}×100=85\%$

28 정답 ④

• 임의위치저장방식은 임의로 저장위치를 정하며 기간별 저장소요공간 중 6주차에 최대 89이다.
  (A : 34, B : 21, C : 34=89)
• 지정위치저장방식은 특정 위치에 할당되므로 제품별 최대 저장소요공간을 계산하면 94이다.
  (A : 34, B : 25, C : 35=94)

29 정답 ⑤

선입선출관리와 크로스도킹은 출고 관련 기능보다는 보관관리 기능에 더욱 적합하며, 수배송관리의 경우에도 TMS(운송관리시스템)에 더 적합하다고 볼 수 있어 가장 옳지 않은 선지이다.

＊ **WMS의 주요 기능**
• 재고 관련 기능 : 입고관리, 보관관리, 재고관리
• 주문 관련 기능 : 피킹관리, 주문진척관리
• 출고 관련 기능 : 출고관리, 수배송관리
• 관리 관련 기능 : 인력관리, 물류센터 지표 관리
• Interface 기능 : 무선통신, 자동인식, 자동화 설비 제어

30 정답 ③

• 보관점(Item)수(C)와 보관수량(A)이 많고, 회전수가 높으며 (A), 관리가 복잡하여 고층 랙, 모노레일 또는 스태커 크레인의 조합으로 컴퓨터 방식의 운영에 효율적이다.
• 보관점수는 많으나(C), 보관량은 적고(C), 입출고 빈도가 높아(A) 고층 랙을 이용하고, 개별출고방식에서 피킹은 머신(오더피킹)과 수동으로 한다.

31 정답 ②

＊ **적재하중기준 랙의 구분**
1. **중량 랙** : 한 선반당 적재하중이 500kg을 초과하는 랙을 의미한다.
2. **중간 랙** : 한 선반당 적재하중이 500kg 이하인 랙을 의미한다.
3. **경량 랙** : 한 선반당 적재하중이 150kg 이하인 랙을 의미한다.

32 정답 ④

ㄱ. **모빌 랙** : 레일 등을 이용하여 직선적으로 수평 이동되는 랙으로서 '통로공간을 활용'할 수 있는 랙은 모빌 랙이다.
ㄴ. **적층 랙** : '천장이 높고' '겹쳐 쌓는 방식'의 랙은 적층 랙이다.
ㄷ. **드라이브 인 랙** : '적재공간을 지게차 통로로 활용하는' 랙으로서 파렛트에 적재된 물품의 보관에 이용되고 한쪽에 출입구를 두며 지게차를 이용하여 실어 나르는 데 사용하는 랙은 드라이브 랙이다. 드라이브 랙 중 출하작업장이 없어서 '선입후출'해야 하는 랙은 드라이브 인 랙이다.
ㄹ. **캐러셀 랙(Carousel Rack)** : '랙 자체가 회전'하는 랙으로서 사람은 고정되어 있고 물품이 피커의 장소로 이동하여 피킹하는 형태의 랙은 캐러셀 랙이다.

33 정답 ②

① 적재공간을 지게차 통로로 활용해야 하는 랙은 드라이브 랙이다. 이 중 선입후출해야 하는 단점이 있는 랙은 **드라이브 인 랙**(Drive-in Rack)이다(선입선출이 가능한 경우 드라이브 스루 랙이다.).
③ 회전 랙(Carousel Rack)에 대한 설명이다.
④ 암(Arm) 랙(외팔지주 랙)에 대한 설명이다.
⑤ 적층 랙(Mezzanine Rack)에 대한 설명이다.

34) 정답 ④

선반을 다층식으로 겹쳐 쌓고, 현재 사용하고 있는 높이에서 천장까지의 사이를 이용하는 보관설비로서 보관효율과 공간 활용도가 높은 것은 적층 랙(Mezzanine Rack)에 대한 설명이다.

드라이브 인 랙(Drive-in Rack)은 파렛트에 적재된 물품의 보관에 이용되고 한쪽에 출입구를 두며 지게차를 이용하여 실어 나르는 데 사용하는 랙으로 로드빔을 제거하여 지게차가 랙 안으로 진입할 수 있도록 한 것으로 지게차 통로면적이 절감되며 보관효율이 높다.

35) 정답 ④

STO란 창고에 저장된 화물이 작업자 앞으로 오게 만드는 것으로 작업자가 움직일 필요가 없다.

모빌 랙(Mobile Rack)은 창고 등에서 보관을 효율적으로 하기 위한 보관설비이다.

36) 정답 ②

차량탑승피킹 : 파렛트 단위로 피킹하는 유닛로드시스템 (Unit Load System)이며, 피킹트럭에 탑승하여 피킹함으로써 보관시설의 공간활용도가 높다.

37) 정답 ①

② 분산구매방식에 대한 설명이다.
③ 분산구매방식에 대한 설명이다.
④ 전사적으로 집중구매하기 때문에 가격 및 거래조건이 유리하다.
⑤ 구매절차의 표준화가 가능하나, 긴급조달의 어려움이 있다.

38) 정답 ②

② 재고가 일정한 로트(Lot) 단위로 조달된다면 수요의 표준 편차가 줄어드는 것이므로 안전재고에 대한 설명으로 적절하지 않다.

* 안전재고 = 수요의 표준편차 × 안전계수 × $\sqrt{\text{조달기간}}$

39) 정답 ③

• **정량발주법** : 발주시기는 일정하지 않으나 발주량은 정해져 있다.
• **정기발주법** : 주문기간의 사이가 일정하나 주문량은 변동한다.

40) 정답 ①

'재고'를 '그룹별로 구분'한다는 표현으로 보아 ABC분석에 대한 설명임을 알 수 있다.

* ABC분석

관리해야 할 대상을 A그룹(소수대형매출상품), B그룹(중간상품), C그룹(다수소형매출상품)으로 나눈 후 A그룹을 중점 관리대상으로 선정하여 집중 관리함으로써 관리효과를 높이려는 분석방법이다.

41) 정답 ⑤

평균재고량 = (기초재고 + 기말재고) ÷ 2

42) 정답 ②

1. 안전재고 = 수요의 표준편차 × 안전계수 × $\sqrt{\text{조달기간}}$
2. 목표서비스율 = 1 - 허용 결품률 = $1 - \frac{300개}{6,000개} = 95\%$

문제에서 안전계수 값은 Z(0.95) = 1.645이므로,
안전재고 = $20 \times 1.645 \times \sqrt{4} = 65.8$개

43) 정답 ④

1. 평균수요 = 연간 수요 / 영업일수 = 200개/일
   안전재고 = 400개
2. 안전재고를 고려한 재주문점
   = (평균수요 × 조달기간) + 안전재고
   = (200개 × 3일) + 400 = 1,000개

44) 정답 ④

1. 재주문점 = 일평균수요 × 조달기간
   = $\frac{\text{연간 수요}}{\text{연간 판매일}} \times \text{조달기간} = \frac{14,000}{350} \times 9 = 360$
2. 안전재고 = 수요의 표준편차 × 안전계수 × $\sqrt{\text{조달기간}}$
   = $20 \times 1.282 \times \sqrt{9} = 77$
3. 안전재고를 고려한 재주문점 = 재주문점 + 안전재고
   = 360 + 77 = 437

45) 정답 ⑤

• 안전재고 = 수요의 표준편차 × 안전계수 × $\sqrt{\text{조달기간}}$
• 재주문점(ROP) = (리드타임 × 일평균수요량) + 안전재고

1. 기존 안전재고 = $1 \times 2 \times \sqrt{2} = 2.828$
2. 기존 재주문점 = (2 × 4) + 2.828 = 10.828

일일 제품출하량이 평균 2배, 표준편차 2배로 늘었을 경우
1. 안전재고 = $2 \times 2 \times \sqrt{2} = 5.656$
2. 재주문점 = (2 × 8) + 5.656 = 21.656
→ 기존(10.828) 대비 100% 증가(21.656)

46 정답 ①

$$EOQ = \sqrt{\frac{2 \times 1회\ 주문비용 \times 연간\ 수요량}{연간\ 단위당\ 재고유지비}}$$

$$= \sqrt{\frac{2 \times 80,000 \times 20,000}{4,000 \times 0.2}} = 2,000개$$

47 정답 ②

1. 경제적 주문량(EOQ)

$$= \sqrt{\frac{2 \times 1회\ 주문비용 \times 연간\ 수요량}{연간\ 단위당\ 재고유지비}}$$

$$= \sqrt{\frac{2 \times 50만원 \times 10,000}{100 \times 0.25}} = 200개$$

2. 연간 적정 주문횟수 $= \dfrac{10,000}{200} = 50회$

48 정답 ⑤

$$EOQ = \sqrt{\frac{2 \times 1회\ 주문비용 \times 연간\ 수요량}{연간\ 단위당\ 재고유지비}}$$

1. 증감 전 EOQ $= \sqrt{\dfrac{2 \times 100 \times 3,000}{50}} = \sqrt{12,000} = 109.5$

2. 증감 후 EOQ $= \sqrt{\dfrac{2 \times 100 \times (3,000 + 3,000 \times 1.7)}{50 - (50 \times 0.1)}}$

$$= \sqrt{\frac{1,620,000}{45}} = \sqrt{36,000}$$
$$= 189.7$$

즉, (189.7 − 109.5 = 80.2)만큼 EOQ가 증가하였으므로,

$\dfrac{80.2}{109.5} \times 100 = 73.2(=73\%)$ 증가하였다.

49 정답 ①

$$EPQ = \sqrt{\frac{2 \times C_O \times D}{C_h}} \times \sqrt{\frac{P}{P-D}}$$

1. 제품생산능력이 수요량의 2배($P = 2D$)일 때는

$$EPQ = \sqrt{\frac{P}{P-D}} = \sqrt{\frac{2D}{2D-D}} = \sqrt{2} = 1.4141$$

2. 제품생산능력이 수요량의 4배가 될 경우에는

$$EPQ = \sqrt{\frac{P}{P-D}} = \sqrt{\frac{4D}{4D-D}} = \sqrt{\frac{4}{3}} = 1.1547$$

3. EPQ 변화량 $= 1 - \dfrac{1.1547}{1.4141} = 0.1835 \rightarrow 18.35\%$ 감소하였다.

50 정답 ③

재고유지비용은 재고를 유지하는 데 투입되는 비용으로 자본비용(자본 기회비용), 저장비용(광열비, 냉동비), 진부화비용, 도난 및 파손에 의한 손실비용, 보험료 등이 해당된다.
품절비용과 주문비용은 재고유지비용보다는 창고운영비용에 적합하다.

51 정답 ④

총비용 = 연간 재고유지비용 + 연간 주문비용
연간 재고유지비용 = 5,000원(구매단가) × 0.05(단위당 재고유지비) × 10,000개(연간 평균재고)
$$= 2,500,000원$$

52 정답 ③

1. 경제적 주문량(EOQ) $= \sqrt{\dfrac{2 \times 20,000 \times 40,000}{2,000 \times 0.2}}$

$$= \sqrt{4,000,000} = 2,000개$$

2. 연간 발주횟수 $= \dfrac{연간\ 수요}{EOQ} = \dfrac{40,000}{2,000} = 20회$

53 정답 ①

1. 경제적 주문량(EOQ) $= \sqrt{\dfrac{2 \times 4,000 \times 2,000}{1,000 \times 0.1}}$

$$= \sqrt{160,000} = 400개$$

2. 연간 총 재고비용
   (1) 재고유지비용 = 평균재고량 × 연간 단위당 재고유지비용(CH)

   $$= \frac{EOQ}{2} \times CH = \frac{400}{2} \times 100 = 20,000원$$

   (2) 주문비용 = 연간 주문횟수 × 1회 주문비용(CO)

   $$= \frac{D}{EOQ} \times CO = \frac{2,000}{400} \times 4,000 = 20,000원$$

   (3) 20,000 + 20,000 = 40,000원

54 정답 ②

ㄷ. MRP의 제1단계는 순소요량 결정이다. MRP는 제품생산수량 및 생산일정을 입력하여 원자재, 부품 등의 자재조달계획을 세우고 효율적인 재고관리를 도모하는 시스템으로 직장 개선풍토를 위한 5S와는 관련이 없다.
ㄹ. 로트 크기를 최소화하고 소량의 재고만을 유지하는 것은 JIT의 특징이다.

55 정답 ①

순소요량 = 총소요량 − 가용재고 − 입고예정량
1. A제품의 경우 X = 3A, Y = 2A로 구성되어 있다.
2. 부품 X = (50×3) − 45 = 105개(순소요량)
3. 부품 Y = (50×2) − 50 − 15 = 35개(순소요량)

56 정답 ④

1. 순소요량 × (1 − 불량률 0.2) = 필요량 12개
   → 순소요량 = 12/0.8 = 15
2. 순소요량은 15개지만 주문 Lot Size가 10개 단위이므로 20개를 계획오더량으로 산정하게 된다.

57 정답 ⑤

JIT에 가격을 통제하는 기능은 없다(부수적인 이유로 가격이 안정화가 될 수는 있으나 JIT 도입 목표 및 직접적인 효과는 아니다).
* **JIT의 목표**
  • 리드타임 단축과 수요변화에 대한 신속한 대응
  • 자재취급노력의 경감
  • 불량품의 최소화(수준 높은 품질기준 적용)와 품질 향상

58 정답 ④

① 한 작업자에게 여러 업무를 수행할 수 있는 다기능공 양성이 필수적이다.
② 효과적인 Pull 시스템을 구현할 수 있다.
③ 반복적 생산시스템에 적합하다.
⑤ 제조준비시간이 길어지면 수요발생 대응이 어려워지므로 적절하지 않은 설명이다.

59 정답 ③

델파이법은 수요의 정성적 예측기법으로 전문가들을 한자리에 모으지 않고 일련의 질의서를 통해 각자의 의견을 취합하여 중기 또는 장기 수요의 종합적인 예측결과를 도출해 내는 기법이다. 원인과 결과 관계를 가지는 두 요소의 과거 변화량에 대한 인과관계를 분석한 방법은 인과형 예측기법이다.

60 정답 ③

정량적 수요예측기법은 데이터를 기반으로 주로 단기예측에 활용된다. 인과형 예측기법은 정량적 수요예측기법으로 분류할 수 있으며, 인과형 모형에 속하는 기법으로는 회귀분석, 계량경제모형, 투입산출모형, 선도지표법 등이 있다.

61 정답 ①

* **시계열의 구성요소**
  • 주기(C) : 수요가 장기간에 걸쳐 점차적으로 증가 또는 감소함을 나타낸다.
  • 계절(S) : 수요가 시즌에 따라 급격한 증가와 감소를 나타낸다.
  • 추세(T) : 수요가 증가 또는 감소하는 경향을 나타낸다.
  • 우연변동(I) : 수요가 우연한 요인에 의해 발생되어 예측 및 통제가 불가능하다.

62 정답 ⑤

지수평활법(Exponential Smoothing)은 가장 최근의 값에 가장 많은 가중치를 두고 자료가 오래될수록 가중치를 지수적으로 감소시키면서 예측하는 방법으로 단기예측에 적합하다.
• 차기 예측치 = 당기 판매예측치 + α(당기 판매실적치 − 당기 판매예측치)
• 9월 예측치는 55,400 + 0.6(56,900 − 55,400) = 56,300병

63 정답 ①

1. 이동평균법 = $\frac{40+43+42}{3}$ = 41.7
2. 가중이동평균법 = (40×0.2) + (43×0.3) + (42×0.5)
   = 41.9
3. 지수평활법 = 전월 예측치 + α(실제치 − 전월 예측치)
   = 45 + 0.8(42 − 45) = 42.6

64 정답 ④

④ 평활상수(α) 0.2인 지수평활법
   = 46.6 + 0.2(44.4 − 46.6) = 46.16
① 4년간 이동평균법
   = (46.9 + 45.5 + 45.2 + 44.4)/4 = 45.5
② 5년간 이동평균법
   = (43.1 + 46.9 + 45.5 + 45.2 + 44.4)/5 = 45.02
③ 3년간 가중이동평균법
   = (0.1×45.5) + (0.3×45.2) + (0.6×44.4) = 44.75
⑤ 평활상수(α) 0.4인 지수평활법
   = 46.6 + 0.4(44.4 − 46.6) = 45.72
※ 평활상수(α) 0.2인 지수평활법이 46.16으로 2018년 실적치 49.0에 가장 근접한 예측치를 제시하였다.

65 정답 ④

[해설1]
1. 인구수와 보관량의 회귀식은 $y = 0.9886x − 0.82950$이므로 회귀방정식에 대입하여 풀면,

$a = -0.8295, \ b = 0.9886$

$-0.8295 = \overline{Y} - 0.9886\,\overline{X}$

2. A지역 인구수의 평균 $\overline{X} = 5.33$

3. B제품 보관량의 평균 $\overline{Y} = \dfrac{39 + y}{10}$ (y : 2019년 B제품 보관량)

4. $-0.8295 = \dfrac{39 + y}{10} - (0.9886 \times 5.33)$

$\dfrac{39 + y}{10} = (0.9886 \times 5.33) - 0.8295$

$= 5.27 - 0.8295$

$= 4.4405$

$39 + y = 44.4$

$y = 5.4$

[해설2]

1. 해당 회귀식($y = 0.9886x - 0.8295$)에서 x에 6.3천 명을 대입하면,
2. 답은 5.4이다(즉, 독립변수를 집어넣은 값을 묻는 문제이다).

CHAPTER 02 하역론

01 정답 ③

① 제조, 가공에 대한 설명이다.
② 운반활성화 지수를 최대화해야 한다.
④ 화물에 대한 제조공정과 검사공정을 포함하지 않는다.
⑤ 기계화와 자동화를 통한 하역생산성 향상이 쉽다.

02 정답 ②

Discharging(양륙, 양하)에 대한 설명이다.
③ 컨테이너에 물건을 내리는 것이다.
④ 운송기기에 실려진 화물을 움직이지 않도록 줄로 묶는 작업이다.

03 정답 ③

ㄱ. **최소취급의 원칙** : 취급을 최소화하는 것이지 취급 '화물'을 최소화하는 것과는 관련이 없다.
ㄹ. **활성화의 원칙** : 운반활성지수를 최대화하는 원칙으로 지표와 접점이 작을수록 활성지수는 높아진다.
ㅁ. **취급균형의 원칙** : 하역작업의 공정능력을 파악하여 작업 흐름을 평준화하는 것으로 전 과정들에 작업량을 균등하게 배분해야 한다는 의미이다.

04 정답 ⑤

① 운반거리를 짧게 해야 한다.
② 운반활성화 지수를 최대화하여야 한다.
③ 화물을 즉시 피킹할 수 있도록 집합화물 형태로 유닛화함으로써 운반상 편의를 도모해야 한다.
④ 인력작업이 아닌 기계화작업을 지향하여 효율성을 높여야 한다.

05 정답 ④

④ 개별 기업을 위해 표준화를 하는 것은 적절하지 않으며, 물류공동화를 위해 전반적인 산업을 고려하여 표준화하여야 한다.

06 정답 ⑤

모두 물류합리화 관점에서 하역의 기계화가 필요한 화물들이다.

07 정답 ④

물건을 깔거나 끼우는 작업은 더니징(Dunnaging)이다.
① 배닝(Vanning) : 컨테이너에 물품을 실어 넣는 작업이다.

② 래싱(Lashing) : 화물이 움직이지 않도록 줄로 묶는 작업이다.

③ 디배닝(Devanning) : 컨테이너에 물품을 내리는 작업이다.

⑤ 스태킹(Stacking) : 물품을 쌓아 올리는 작업이다.

08 정답 ④

상태	활성지수
바닥에 낱개의 상태로 놓여 있을 때	0
상자 속에 들어 있을 때	1
파렛트나 스키드 위에 놓여 있을 때	2
대차 위에 놓여 있을 때	3
컨베이어 위에 놓여 있을 때	4

09 정답 ②

② 수평직선의 원칙이다. 그 외 선지는 하역의 보조적인 원칙이다.

① 탄력성의 원칙
③ 최소취급의 원칙
④ 표준화의 원칙
⑤ 단순화의 원칙

10 정답 ②

암 랙(Arm Rack)은 외팔지주걸이 구조로 기본 프레임에 암(Arm)을 결착하여 물품을 보관하는 랙으로 파이프, 가구, 목재 등의 장척물 보관에 적합하며, 파렛트 단위로 보관 및 출고하는 방식에 활용되기 적합하지 않다.

11 정답 ④

＊ 하역기기의 선정기준

- 화물의 특성 : 화물의 형상, 크기, 중량 등을 감안하여 선정한다.
- 화물의 흐름, 시설의 배치 및 건물의 구조 등 작업환경 특성을 고려하여 선정한다.
- 작업의 특성 : 작업량, 취급 품목의 종류, 운반거리 및 범위, 통로의 크기 등 작업 특성을 고려하여 선정한다.
- 경제성(채산성) : 한 가지 방법보다는 복수의 대체안을 검토하여 선정한다.
- 하역기기 특성 : 안전성, 신뢰성, 성능, 에너지 효율성 등을 고려하여 선정한다.

12 정답 ④

① 광학식 인도방식(Optical Guidance Method)에 대한 설명이다.

② 자기 인도방식(Magnetic Guidance Method)에 대한 설명

이다

③ 자기 코딩방식(Magnetic Coding Method)에 대한 설명이다.

⑤ 전자기계 코딩방식(Electro Mechanical Coding Method)에 대한 설명이다.

13 정답 ③

스트래들 캐리어(Straddle Carrier)는 컨테이너 터미널에서 컨테이너를 마샬링 야드로부터 에이프런 또는 CY지역으로 운반 및 적재할 경우에 사용되는 장비이다.

부두의 안벽에 설치되어 선박에 컨테이너를 선적하거나 하역하는 데 사용되는 장비는 컨테이너 크레인, 갠트리 크레인이다.

14 정답 ④

① 로딩 암(Loading Arm)에 대한 설명이다.

탑 핸들러(Top Handler)는 항만 CY에서 주로 공컨테이너의 야적, 차량적재, 단거리 이송에 사용되며, 마스트에 스프레더 등을 장착하여 사용한다.

② 호퍼(Hopper)에 대한 설명이다.

로딩 암은 대량의 액체 및 기체 제품을 운반선에 선적 또는 하역할 때 사용하는 굴절형 팔 형태의 항만하역장비로 유류, 가스의 하역 · 선적에 사용한다.

③ 탑 핸들러, 스트래들 캐리어, 리치 스태커에 대한 설명이다.

돌리(Dolly)란 파렛트를 올려놓고 운반하기 위한 차대로서 자체구동력이 없으며 사방에 파렛트가 미끄럼 방지를 위해 스토퍼(Stopper)를 부착하고 있고, Tug Car에 연결되어 사용된다.

⑤ 컨테이너 크레인, 갠트리 크레인에 대한 설명이다.

15 정답 ③

좌표상의 차이가 이동거리를 의미한다.

1. 지점 A(60, 15)에서 지점 B(20, 25)까지 수평으로 60 − 20 = 40(m), 수직으로 25 − 15 = 10(m) 이동하였다.

2. 수평으로 40m/2 = 20초, 수직으로 10m/1 = 10초가 소요된다.

3. 스태커 크레인은 수직과 수평 방향으로 동시에 이동 가능하므로 더 오래 걸리는 20초가 소요된다. (즉, 수직 이동이 먼저 끝나도 수평 이동을 지속한다.)

16 정답 ③

장비소요량 = 목표 처리량(시간)/단위처리능력(시간)

1. 지게차의 1일 처리량 = 12 파렛트/시간 × 10시간 × 0.80
   = 96 파렛트

2. 지게차의 연간 처리량 = 96 파렛트/일 × 300일
   = 28,800 파렛트

3. 필요한 지게차 수＝500,000 파렛트/28,800 파렛트
＝17.36대＝18대

17 정답 ⑤

플로 컨베이어(흐름 컨베이어)의 대상은 액체가 아닌 분립체이다. 따라서 파이프 속 공기를 이용하여 화물을 운반할 수는 있으나 물의 흐름을 이용하여 화물을 운반할 수는 없다.

18 정답 ③

캐리어를 경사지게 하여 화물을 분류하는 것은 틸트 트레이, 슬랫 방식을 의미한다.
크로스벨트 소팅 컨베이어는 레일을 주행하는 연속된 캐리어 상의 소형 벨트 컨베이어를 레일과 교차하는 방향에 구동시켜 단위화물을 내보내는 방식이다.

19 정답 ⑤

① **팝업(Pop-up) 방식** : 컨베이어 반송면의 아래 방향에서 벨트 등의 분기장치가 나오는 방식으로 하부면의 손상 및 충격에 취약한 화물에는 적합하지 않다.
② **크로스벨트(Cross Belt) 방식** : 레일을 주행하는 연속된 캐리어 상의 소형 벨트 컨베이어를 레일과 교차하는 방향으로 구동시켜 단위화물을 내보내는 방식이다.
③ **슬라이딩슈(Sliding-shoe) 방식** : 반송면에 튀어나온 기구를 넣어 단위화물을 함께 이동시키면서 압출하는 방식이다.
④ **틸팅(Tilting) 방식** : 여러 형상의 화물을 수직으로 나누어 강제적으로 분류하므로 충격에 취약한 정밀기기나 깨지기 쉬운 물건은 피해야 한다.

20 정답 ②

ㄱ. **팝업 방식** : 컨베이어 아래 방향에서 벨트, 롤러, 휠, 핀 등의 분기장치가 튀어나와서 분류하는 방식이다.
푸셔 방식 : 화물을 컨베이어의 흐르는 방향에 대해서 직각 암(Arm)으로 밀어내는 방식이다.
ㄷ. **다이버터 방식** : 진행하는 방향에 대해서 컨베이어 위에 비스듬히 놓인 암(Arm)으로 물품을 분류하는 방식이다.
크로스벨트 방식 : 레일을 주행하는 연속된 소형 벨트 컨베이어를 레일과 교차하는 방향에서 구동시켜 화물을 내보내는 방식이다.
ㅁ. **밀어내는 방식** : 화물을 컨베이어에 흐르는 방향에 대해서 직각으로 암(Arm)으로 밀어내는 방식이다.

21 정답 ①

② 시트 파렛트(Sheet Pallet)는 1회용 파렛트로 목재나 플라스틱으로 제작되어 가격이 저렴하고 가벼우나 하역을 위하여 Push-pull 장치를 부착한 포크리프트가 필요하다.

③ 스키드 파렛트(Skid Pallet)는 파렛트의 경우에는 상단 및 하단 데크(deck)가 있으나, 스키드의 경우에는 바닥 데크가 없다. 그로 인해서 스키드는 마찰이 적어 화물을 적재 후 끌기에 적절하다. 따라서 파렛트에 비해 이동이 용이한 만큼 중장비에 주로 활용된다. 또한 바닥 데크가 없는 만큼 중첩 시 공간을 보다 더 활용할 수 있으며, 파렛트의 경우에는 이와 반대로 상단 및 하단에 데크가 있기 때문에 끌기에는 용이하지 않으나 보다 안정적인 포장형태이다.
④ 사일로 파렛트(Silo Pallet)는 주로 분말체를 담는 데 사용되며, 밀폐형의 측면과 뚜껑을 가지고 하부에 개폐장치가 있는 상자형 파렛트이다.
파렛트 상단에 기둥이 설치된 형태로 기둥을 접거나 연결하는 방식으로 사용하는 것은 기둥형 파렛트이다.
⑤ 탱크 파렛트는(Tank Pallet)는 주로 액체 취급 시 사용되고 밀폐를 위한 뚜껑을 가지며 상부 또는 하부에 개폐장치가 있다.

22 정답 ②

[해설1]
배수계열치수(PVS)에 따르면 20ft 컨테이너 한 대에 T-11형 10장을 적재할 수 있고 40ft 컨테이너 한 대에 T-11형 20장을 적재할 수 있다.

[해설2]
1. 20ft 컨테이너 길이는 5,896mm, 너비는 2,348mm이므로 길이상으로 5매, 너비상으로 2매, 즉 5매×2매＝10매 적재 가능
2. 40ft 컨테이너 길이는 12,034mm, 너비는 2,348mm이므로 길이상으로 10매, 너비상으로 2매, 즉 10매×2매＝20매 적재 가능
3. 10매＋20매＝30매

23 정답 ③

$$\frac{1,100 \times 1,100}{200 \times 300} = \frac{1,210,000}{60,000} = 20.16$$

1. 적재 높이가 실질적으로 17cm 이하로 유지해야 하는 제한이 있으므로 1단 적재해야 한다.
2. 즉, 최대 20개의 종이박스를 적재할 수 있다.

24 정답 ②

국가	파렛트 규격
영국	800 × 1,200mm
한국, 일본	1,100 × 1,100mm(T-11)
한국	1,000 × 1,200mm(T-12)
미국	1,219 × 1,016mm

25 정답 ④

천정(천장)크레인은 천장에 설치된 에이치빔(H-beam)의 밑 플랜지에 전동 체인블록 등을 매단 구조이며, 소규모 하역작업에 널리 이용되고 있다.
언로더는 항구에서 사용하는 기중기이다.

26 정답 ③

야드 트랙터는 CY 내에서 트레일러를 이동하는 데 쓰이는 견인차량으로 일반 도로에서 운행할 수 없고, 일반 도로에서 운행 가능한 차량은 로드 트랙터이다.

27 정답 ④

ㄴ. 트랜스테이너 방식이란 섀시에 탑재한 컨테이너를 마샬링 야드로 이동시켜 장치하는 방식으로 일정한 방향으로 이동하므로 전산화에 의한 자동화가 가능한 방식이며 좁은 면적의 야드를 가진 터미널에 가장 적합한 방식이다.

28 정답 ②

RO-RO(Roll on-Roll off) 방식에 대한 설명이다.
• **LO-LO(Lift on-Lift off) 방식** : 본선 또는 육상의 갠트리 크레인(Gantry crane)을 사용하여 컨테이너를 본선에 수직으로 하역하는 방식이다. LO-LO 하역기기로는 지브 크레인, 천장 크레인, 케이블 크레인, 컨테이너 크레인이 있다.
• **FO-FO(Float on-Float off) 방식** : 부선에 컨테이너(Container)를 적재하고 부선에 설치되어 있는 크레인 또는 엘리베이터를 이용하여 하역하는 방식

29 정답 ③

TSG(Twenty-feet Ground Slot, 장치장소요면적)

$$= \frac{\text{연간 수요(물동량)} \times \text{평균장치일수} \times \text{피크계수} \times \text{분리계수}}{\text{평균장치단수} \times \text{연간 영업일수}}$$

$$= \frac{100,000 \times 10 \times 1.5 \times 1.5}{4단 \times 365일} = 1,541$$

30 정답 ③

에이프런 컨베이어(Apron Conveyor) : 주로 산(Bulk)화물을 움직이는 컨베이어로 여러 줄의 체인에 에이프런을 겹쳐서 연속적으로 부착한 체인 컨베이어이다. 항공화물은 소량(경량)의 화물이 주된 운송대상이므로 에이프런 컨베이어의 사용은 적절하지 않다.

31 정답 ⑤

Freight Liner 방식 : 영국국철이 개발한 정기적 급행 컨테이너 열차로서 대형 컨테이너를 적재하고 터미널 사이를 고속의 고정편성을 통해 정기적으로 운행하는 방식이다.

트럭이 화물열차에 대해 직각으로 후진하여 무개화차에 컨테이너를 바로 실어 운송하는 방식은 플렉시 밴이다.

32 정답 ①

유닛로드시스템의 구축을 위해서 물류활동 간 접점에서의 표준화가 중요하다(운송 표준화, 장비 표준화, 하역 기계화).

33 정답 ④

유닛로드의 종류와 크기를 결정하기 위해서는 적재화물의 형태·무게·적재형태, 유닛로드의 운송수단, 하역장비의 종류와 특성 등을 고려해야 한다.
창고 조명의 밝기는 안전과 관련되는 요인이다.

34 정답 ⑤

유닛로드시스템에서는 ULD의 기본도구인 파렛트와 컨테이너를 사용하게 되는데 이에 따라 파렛트 단위와 컨테이너 단위를 빈 공간 없이 가득 채우기 위해 로트주문을 하게 된다. 이에 따라 불필요한 양이 추가주문되므로 경제적 재고량 유지는 어렵다.

35 정답 ⑤

일관파렛트화를 운영하는 경우 물류효율화를 위해 적정화물량을 유지해야 하므로 오히려 과잉생산을 유발시킬 수 있다.

36 정답 ⑤

회수가 용이한 것은 파렛트 풀 시스템에 대한 설명이다.
임대 파렛트는 단순히 파렛트를 빌려주는 것을 의미하므로 업체 간 이동 시 회수가 곤란하다.

37 정답 ①

*** 파렛트 풀 시스템 운영방식**
• **즉시교환방식** : 유럽 각국의 국영철도역에서 파렛트 적재 형태로 운송하며, 파렛트를 동시에 교환하여 사용하는 것으로 언제나 교환에 응할 수 있도록 파렛트를 준비해 놓는 방식이다.
• **리스·렌탈방식** : 개별 기업에서 파렛트를 보유하지 않고, 파렛트 풀 회사에서 일정 기간 동안 임차하는 방식이다.
• **대차결제교환방식** : 교환방식의 단점을 보완하기 위한 것으로 현장에서 즉시 파렛트를 교환하지 않고 일정 시간 이내에 파렛트를 운송사에 반환하는 방식이다.
• **교환·리스병용방식** : 교환방식과 렌탈방식의 결점을 보완한 방식으로 관리 운영상 어려움이 많아 활성화되지 못하고 있는 실정이다.

38 정답 ①

파렛트 풀 시스템의 운영방식은 즉시교환방식, 리스·렌탈방식, 교환·리스병용방식, 대차결제방식이 있다.
TOFC, COFC 방식은 철도 하역방법에 관한 내용이다.

39 정답 ③

공업포장은 상품의 파손을 방지하고, 물류비를 절감하는 데 초점을 두고 있다.
판매촉진이 기본기능인 것은 상업포장이다.

40 정답 ③

부(화인)표시(Counter Mark)는 대조번호 확인으로서 생산자나 수출대행사의 약호를 붙여야 하는 경우에 표기한다. 내용물품의 직접 생산자 또는 수출대행사 등이 주표시의 위쪽이나 밑쪽에 기재하며 생략하는 경우도 있다.

41 정답 ②

ㄴ. **포장번호**(Case Number) : 전체 포장수량 안내 및 해당 포장물품이 전체 포장수량에서 몇 번째인지 나타내는 번호
ㄹ. **원산지표시**(Origin Mark) : 당해 물품의 원산지를 표시

42 정답 ⑤

ㄱ. 카빙에 대한 설명이다.
ㄷ. 스탬핑에 대한 설명이다.
ㄹ. 레이블링에 대한 설명이다.
ㅂ. 태그에 대한 설명이다.

43 정답 ③

ㄱ. 식품원료의 생리적 대사과정을 지연시키고 취급과정 중 미생물에 의한 오염을 줄이는 포장기법은 가스치환포장이다. 방수방습포장은 습도에 민감한 화물에 적용하는 포장으로 습기가 상품에 스며들지 않도록 방지하는 포장기법으로 실리카 겔 등으로 습기를 방지한다.
ㄴ. 내용물의 활성화를 정지시키기 위하여 내부를 진공으로 밀봉하는 포장기법은 진공포장이다.

44 정답 ⑤

열수축성 플라스틱 필름을 화물에 씌우고 터널을 통과시킬 때 가열하여 필름을 수축시키는 방법은 쉬링크이다.
슬리브는 보통 필름으로 슬리브를 만들어 4개 측면을 감싸는 방법이다.

45 정답 ①

① 포장의 표준화에 대한 설명이다. 포장은 생산의 마지막 단계이며, 물류의 시작 단계에 해당한다.
＊ **포장표준화 4대 요소**
  • 치수의 표준화
  • 강도의 표준화
  • 기법의 표준화
  • 재료의 표준화

46 정답 ②

물품을 가로·세로로 조합해 쌓으며, 다음 단에서는 방향을 180° 바꾸어 교대로 겹쳐 쌓는 방법은 벽돌형 적재이다.
① **블록**(Block)**형 적재** : 물건을 홀수층과 짝수층 모두 같은 방향으로 적재하는 패턴이다.
③ **핀휠**(Pinwheel) **적재** : 파렛트 중간에 구멍이 뚫려 있는 형태로 이 공간을 감싸듯 풍차형으로 화물을 적재하는 패턴이다. 홀수층과 짝수층의 방향을 바꾸어 적재한다.
④ **스플릿**(Split) **적재** : 벽돌형 적재를 하는 경우에 화물과 파렛트의 치수가 일치하지 않는 경우 물건 사이에 일부 공간을 만드는 패턴이다.
⑤ **교호**(Alternative)**열 적재** : 한 단에는 블록형 적재와 같은 모양과 방향으로 물건을 나열하고, 다음 단에는 90° 방향을 바꾸어 홀수층과 짝수층을 교차적으로 적재하는 것이다.

제5과목 **물류관련법규**

대표기출문제

01] 다음 중 물류정책기본법령에 규정된 용어의 정의로 그 내용이 틀린 것은?

① 물류란 재화가 공급자로부터 조달·생산되어 수요자에게 전달되거나 소비자로부터 회수되어 폐기될 때까지 이루어지는 보관·운송·하역 등과 이에 부가되어 가치를 창출하는 가공·조립·분류·수리·포장·상표부착·제조·정보통신 등의 경제활동을 말한다.

② 물류사업이란 화주(貨主)의 수요에 따라 유상으로 물류활동을 영위하는 것을 업으로 하는 것으로 화물운송업, 물류시설운영업, 물류서비스업, 종합물류서비스업을 말한다.

③ 제3자물류란 화주가 그와 대통령령으로 정하는 특수관계에 있지 아니한 물류기업에 물류활동의 일부 또는 전부를 위탁하는 것을 말한다.

④ 국제물류주선업이란 타인의 수요에 따라 자기의 명의와 계산으로 타인의 물류시설·장비 등을 이용하여 수출입화물의 물류를 주선하는 사업을 말한다.

⑤ 단위물류정보망이란 기능별 또는 지역별로 관련 행정기관, 물류기업 및 그 거래처를 연결하는 일련의 물류정보체계를 말한다.

02] 물류정책기본법상 화주의 수요에 따라 유상으로 물류활동을 영위하는 것을 업으로 하는 물류사업으로 명시되지 않은 것은?

① 물류장비의 폐기물을 처리하는 물류서비스업
② 물류터미널을 운영하는 물류시설운영업
③ 물류컨설팅의 업무를 하는 물류서비스업
④ 파이프라인을 통하여 화물을 운송하는 화물운송업
⑤ 창고를 운영하는 물류시설운영업

03] 물류정책기본법령상 국토교통부장관이 물류현황조사를 요청하는 경우 물류현황조사지침을 작성하게 되는데, 물류현황조사지침에 포함되는 사항이 아닌 것은?

① 조사의 종류 및 항목
② 조사의 대상, 방법 및 절차
③ 조사의 시기 및 조사지역
④ 조사결과의 집계, 분석 및 관리
⑤ 조사기관 및 조사자의 배치

04] 물류정책기본법령상 물류현황조사에 대한 설명으로 옳은 것은?

① 물류현황조사는 「국가통합교통체계효율화법」 제12조의 국가교통조사를 준용한다.
② 국토교통부장관은 시·도지사에게 물류현황조사를 위하여 필요한 자료의 제출을 요청하거나 그 일부에 대하여 직접 조사하도록 요청할 수 있다.
③ 지역물류현황조사는 시장·군수·구청장이 수행한다.
④ 국토교통부장관은 시·도지사가 물류개선조치의 요청을 따르지 않을 경우 이를 직접 수행할 수 있다.
⑤ 시·도지사는 국토교통부장관의 물류개선조치 요청에 이의가 있는 경우 지역물류정책위원회에 조정을 요청할 수 있다.

 정답   01 ①   02 ①   03 ⑤   04 ②

05) 물류정책기본법상 물류계획에 관한 설명으로 옳지 않은 것은?

① 특별시장 및 광역시장은 지역물류정책의 기본방향을 설정하는 10년 단위의 지역물류기본계획을 5년마다 수립하여야 한다.

② 국가물류기본계획에는 국가물류정보화사업에 관한 사항이 포함되어야 한다.

③ 국가물류기본계획은「국토기본법」에 따라 수립된 국토종합계획 및「국가통합교통체계효율화법」에 따라 수립된 국가기간교통망계획과 조화를 이루어야 한다.

④ 지역물류기본계획은 국가물류기본계획에 배치되지 아니하여야 한다.

⑤ 해양수산부장관은 국가물류기본계획을 수립한 때에는 이를 관보에 고시하여야 한다.

06) 다음 중 물류정책기본법령상 지역물류기본계획에 포함되는 내용이 아닌 것은?

① 지역물류환경의 변화와 전망

② 지역물류정책의 목표·전략 및 단계별 추진계획

③ 운송·보관·하역·포장 등 물류기능별 지역물류정책 및 도로·철도·해운·항공 등 운송수단별 지역물류정책에 관한 사항

④ 국가물류정책의 목표와 전략 및 단계별 추진계획

⑤ 지역의 연계물류체계의 구축 및 개선에 관한 사항

07) 물류정책기본법령상 내용으로 옳은 것은?

① 국토교통부장관 또는 산업통상자원부장관은 물류현황조사에 필요한 자료의 제출을 요청하거나 그 일부에 대하여 직접 조사하도록 요청할 수 있다.

② 국토교통부장관은 물류현황조사지침을 작성하려는 경우에는 미리 시·도지사와 협의하여야 한다.

③ 국토교통부장관 및 해양수산부장관은 국가물류정책의 기본방향을 설정하는 10년 단위의 국가물류기본계획을 5년마다 공동으로 수립할 수 있다.

④ 국토교통부장관은 국가물류기본계획을 수립하거나 대통령령으로 정하는 중요한 사항을 변경하려는 경우에는 관계 중앙행정기관의 장 및 시·도지사와 협의한 후 국가물류정책위원회의 심의를 거쳐야 한다.

⑤ 국가물류정책위원회는 위원장을 포함한 23명 이내의 위원으로 구성되며, 위원장은 국토교통부장관이 된다.

08) 물류정책기본법령상 국가물류정책위원회의 심의사항이 아닌 것은?

① 국가물류체계의 표준화에 관한 중요 정책 사항

② 물류시설의 종합적인 개발계획의 수립에 관한 사항

③ 물류산업의 육성·발전에 관한 중요 정책 사항

④ 국제물류의 촉진·지원에 관한 중요 정책 사항

⑤ 물류보안에 관한 중요 정책 사항

09) 물류정책기본법령상 물류정책위원회에 관한 설명으로 옳지 않은 것은?

① 물류보안에 관한 중요 정책 사항은 국가물류정책위원회의 심의·조정 사항에 포함된다.

② 국가물류정책위원회의 분과위원회가 국가물류정책위원회에서 위임한 사항을 심의·조정한 때에는 분과위원회의 심의·조정을 국가물류정책위원회의 심의·조정으로 본다.

③ 국가물류정책위원회에 둘 수 있는 전문위원회는 녹색물류전문위원회와 생활물류전문위원회이다.

④ 지역물류정책에 관한 주요 사항을 심의하기 위하여 국토교통부장관 소속으로 지역물류정책위원회를 둘 수 있다.

⑤ 지역물류정책위원회는 위원장을 포함한 20명 이내의 위원으로 구성한다.

 05 ⑤ **06** ④ **07** ⑤ **08** ① **09** ④

10〕 물류정책기본법상 물류체계의 효율화에 관한 설명으로 옳지 않은 것은?

① 국토교통부장관·해양수산부장관 또는 산업통상자원부장관은 효율적인 물류활동을 위하여 필요한 물류시설 및 장비를 확충할 것을 물류기업에 권고할 수 있다.

② 국토교통부장관·해양수산부장관·산업통상자원부장관 또는 시·도지사는 물류공동화를 추진하는 물류기업이나 화주기업 또는 물류 관련 단체에 대하여 예산의 범위에서 필요한 자금을 지원할 수 있다.

③ 국토교통부장관·해양수산부장관 또는 산업통상자원부장관은 물류기업이 물류자동화를 위하여 물류시설 및 장비를 확충하거나 교체하려는 경우에는 필요한 자금을 지원할 수 있다.

④ 국토교통부장관 또는 해양수산부장관은 물류표준화에 관한 업무를 효과적으로 추진하기 위하여 필요하다고 인정하는 경우에는 통계청장에게 「산업표준화법」에 따른 한국산업표준의 제정·개정 또는 폐지를 요청하여야 한다.

⑤ 국토교통부장관·해양수산부장관·산업통상자원부장관 또는 관세청장은 물류정보화를 통한 물류체계의 효율화를 위하여 필요한 시책을 강구하여야 한다.

11〕 물류정책기본법령상 물류의 공동화를 위한 지원사항이 아닌 것은?

① 국토교통부장관·해양수산부장관·산업통상자원부장관 또는 시·도지사는 물류공동화를 추진하는 물류기업이나 화주기업 또는 물류 관련 단체에 대하여 필요한 자금의 전부 또는 일부를 지원할 수 있다.

② 국토교통부장관·해양수산부장관·산업통상자원부장관 또는 시·도지사는 화주기업이 물류공동화를 추진하는 경우에는 물류기업이나 물류 관련 단체와 공동으로 추진하도록 권고할 수 있으며, 권고를 이행하는 경우에 우선적으로 예산의 범위에서 필요한 자금을 지원할 수 있다.

③ 국토교통부장관·해양수산부장관·산업통상자원부장관 또는 시·도지사는 물류공동화를 확산하기 위하여 필요한 경우에는 시범지역을 지정하거나 시범사업을 선정하여 운영할 수 있다.

④ 국토교통부장관·해양수산부장관 또는 산업통상자원부장관은 물류기업이 물류자동화를 위하여 물류시설 및 장비를 확충하거나 교체하려는 경우에는 필요한 자금을 지원할 수 있다.

⑤ 시·도지사는 물류공동화 촉진을 위한 조치를 하려는 경우에는 중복을 방지하기 위하여 미리 협의하여야 한다.

12〕 물류 공동화·자동화 촉진을 위한 지원에 관한 설명으로 옳은 것은?

① 시·도지사는 물류공동화를 추진하는 물류 관련 단체에 대하여 예산의 범위에서 필요한 자금을 지원할 수 있다.

② 산업통상자원부장관은 물류기업이 물류공동화를 추진하는 경우 물류 관련 단체와 공동으로 추진하도록 명할 수 있다.

③ 시·도지사는 화주기업이 물류자동화를 위하여 물류시설 및 장비를 확충하려는 경우 필요한 자금을 지원하여야 한다.

④ 국토교통부장관·해양수산부장관·산업통상자원부장관은 물류공동화·물류자동화를 위하여 필요한 경우 협의 없이 지원조치를 마련할 수 있다.

⑤ 시·도지사가 물류공동화를 추진하는 물류기업이나 화주기업에 대하여 필요한 자금을 지원하려는 경우 그 내용을 국가물류기본계획에 반영하여야 한다.

 정답

10 ④ **11** ① **12** ①

13] 물류정책기본법령상 물류회계의 표준화를 위한 기업
물류비 산정지침에 포함되어야 하는 사항으로 명시
되지 않은 것은?

① 물류비 관련 용어 및 개념에 대한 정의
② 우수물류기업 선정을 위한 프로그램 개발비의 상한
③ 영역별·기능별 및 자가·위탁별 물류비의 분류
④ 물류비의 계산 기준 및 계산 방법
⑤ 물류비 계산서의 표준 서식

14] 물류정책기본법령에 의한 물류정보화에 대한 설명으
로 잘못된 것은?

① 국토교통부장관은 해양수산부장관·산업통상자원
부장관 및 관세청장과 협의하여 관계 행정기관,
물류관련기관 또는 물류기업 등이 구축한 단위물
류정보망으로부터 필요한 정보를 제공받거나 물
류현황조사에 따라 수집된 정보를 가공·분석하
여 물류 관련 자료를 총괄하는 국가물류통합데이
터베이스를 구축할 수 있다.
② 단위물류정보망 전담기관의 지정에 필요한 시설
장비와 인력 등의 기준과 지정절차는 대통령령으
로 정한다.
③ 국가물류통합정보센터운영자 또는 단위물류정보
망 전담기관은 수사기관이 수사목적상의 필요에
따라 신청하는 경우에는 이해관계인의 동의를 받
지 않고 전자문서·물류정보를 공개할 수 있다.
④ 관계 행정기관이 전담기관을 지정하여 단위물류정
보망을 구축·운영하는 경우에는 소요비용의 전부
또는 일부를 예산의 범위에서 지원할 수 있다.
⑤ 국가물류통합정보센터 또는 단위물류정보망에 의
하여 처리·보관 또는 전송되는 물류정보를 훼손
하거나 그 비밀을 침해·도용 또는 누설한 자는
5년 이하의 징역 또는 5천만원 이하의 벌금에 처
한다.

15] 물류정책기본법령상 단위물류정보망 전담기관으로
지정할 수 있도록 규정한 공공기관이 아닌 것은?

① 「인천국제공항공사법」에 따른 인천국제공항공사
② 「한국도로공사법」에 따른 한국도로공사
③ 「국가철도공단법」에 따른 국가철도공단
④ 「한국토지주택공사법」에 따른 한국토지주택공사
⑤ 「항만공사법」에 따른 항만공사

16] 물류정책기본법령상 국토교통부장관이 국가물류통
합정보센터의 운영자로 지정할 수 있는 자가 아닌 것
은?

① 대통령령으로 정하는 공공기관
② 「정부출연연구기관 등의 설립·운영 및 육성에
관한 법률」 또는 「과학기술분야 정부출연연구기
관 등의 설립·운영 및 육성에 관한 법률」에 따른
정부출연연구기관
③ 물류관련협회
④ 자본금 1억원 이상, 업무능력 등 대통령령으로 정
하는 자격을 갖춘 「상법」상의 주식회사
⑤ 중앙행정기관

17] 물류정책기본법상 물류기업에 대하여 물류정보화에
관련된 프로그램의 개발비용의 일부를 지원할 수 있
는 자가 아닌 것은? (단, 권한위임·위탁에 관한 규
정은 고려하지 않음)

① 국토교통부장관
② 해양수산부장관
③ 산업통상자원부장관
④ 시·도지사
⑤ 관세청장

 정답 13 ② 14 ③ 15 ③ 16 ④ 17 ④

18] **물류정책기본법령상 전자문서 및 물류정보에 관한 설명으로 옳은 것은?**

① 단위물류정보망 또는 전자문서를 변작(變作)하려는 자는 국토교통부장관의 허가를 받아야 한다.

② 국가물류통합정보센터운영자 또는 단위물류정보망 전담기관은 전자문서 및 물류정보를 3년간 보관하여야 한다.

③ 국토교통부장관은 해양수산부장관 및 산업통상자원부장관과 협의하여 표준전자문서의 개발·보급계획을 수립하여야 한다.

④ 국가물류통합정보센터운영자는 어떠한 경우에도 전자문서를 공개하여서는 아니 된다.

⑤ 단위물류정보망 전담기관은 물류정보에 대하여 직접적인 이해관계를 가진 자가 동의하는 경우에는 언제든지 물류정보를 공개할 수 있다.

19] **물류정책기본법령상 물류체계의 효율화에 관한 설명으로 옳은 것은?**

① 국토교통부장관은 물류표준화를 위해 필요하다고 인정하는 경우 「산업표준화법」에 따른 한국산업표준을 개정할 수 있다.

② 산업통상자원부장관은 물류비 산정기준을 표준화하기 위하여 기업물류비 산정지침을 작성·고시하여야 한다.

③ 산업통상자원부장관은 물류업무에 관한 표준전자문서의 개발·보급계획을 수립하여야 한다.

④ 국가물류통합정보센터운영자 또는 단위물류정보망 전담기관은 전자문서 및 정보처리장치의 파일에 기록되어 있는 물류정보를 2년 동안 보관하여야 한다.

⑤ 국가물류통합정보센터운영자는 물류체계의 효율화를 위해 필요하다고 판단한 경우 관련 물류정보를 공개하여야 한다.

20] **다음 중 물류보안과 관련된 행정적·재정적 지원사항이 아닌 것은?**

① 물류보안 관련 시설·장비의 개발·도입

② 물류보안 관련 제도·표준 등 국가 물류보안 시책의 준수

③ 물류보안 관련 교육 및 프로그램의 개발 및 판매

④ 물류보안 관련 시설·장비의 유지·관리

⑤ 물류보안 사고발생에 따른 사후복구조치

21] **다음 중 전자문서 및 물류정보의 보안과 관련된 내용으로 틀린 것은?**

① 단위물류정보망에 따른 전자문서를 위작 또는 변작하거나 위작 또는 변작된 전자문서를 행사하여서는 아니 된다.

② 국가물류통합정보센터 또는 단위물류정보망에 의하여 처리·보관 또는 전송되는 물류정보를 훼손하거나 그 비밀을 침해·도용 또는 누설해서는 아니 된다.

③ 단위물류정보망 전담기관 또는 국가물류통합정보센터운영자는 전자문서 및 물류정보의 보안에 필요한 보호조치를 강구하여야 한다.

④ 누구든지 불법 또는 부당한 방법으로 보호조치를 침해하거나 훼손하여서는 아니 된다.

⑤ 전자문서 및 물류정보의 보관기간은 3년이다.

정답 **18** ③ **19** ④ **20** ③ **21** ⑤

22] 물류정책기본법령상 물류신고센터에 관한 설명으로 옳은 것은?

① 물류신고센터는 신고 내용이 명백히 거짓인 경우 접수된 신고를 종결할 수 있으며, 이 경우 종결 사유를 신고자에게 통보할 필요가 없다.

② 물류신고센터의 장은 산업통상자원부장관이 지명하는 사람이 된다.

③ 화물운송의 단가를 인하하기 위한 고의적 재입찰 행위로 발생한 분쟁에 대해서는 물류신고센터에 신고할 수 없다.

④ 물류신고센터는 신고 내용이 이미 수사나 감사 중에 있다는 이유로 접수된 신고를 종결할 수 없다.

⑤ 물류신고센터가 조정을 권고하는 경우에는 신고의 주요 내용, 조정권고 내용, 조정권고에 대한 수락 여부 통보기한, 향후 신고 처리에 관한 사항을 명시하여 서면으로 통지해야 한다.

23] 다음 중 물류신고센터와 관련된 내용으로 맞지 않는 것은?

① 국토교통부장관 또는 해양수산부장관은 물류시장의 건전한 거래질서를 조성하기 위하여 물류신고센터를 설치·운영할 수 있다.

② 화물의 운송·보관·하역 등에 관하여 체결된 계약을 정당한 사유 없이 이행하지 아니하거나 일방적으로 계약을 변경하는 행위는 물류신고센터에 신고할 수 있다.

③ 화물의 운송·보관·하역 등의 단가를 인하하기 위하여 고의적으로 재입찰거나 계약단가 정보를 노출하는 행위는 신고 대상에 해당하지 않는다.

④ 물류신고센터는 신고의 접수, 신고 내용에 대한 사실관계 확인 및 조사를 수행한다.

⑤ 물류신고센터의 장은 국토교통부장관 또는 해양수산부장관이 지명하는 사람이 된다.

24] 물류정책기본법령상 우수물류기업의 인증에 관한 설명으로 옳지 않은 것은?

① 국토교통부장관 및 해양수산부장관은 물류기업의 육성과 물류산업 발전을 위하여 소관 물류기업을 각각 우수물류기업으로 인증할 수 있다.

② 국제물류주선기업에 대한 우수물류기업 인증의 주체는 해양수산부장관이다.

③ 인증우수물류기업은 우수물류기업의 인증이 취소된 경우에는 인증서를 반납하고, 인증마크의 사용을 중지하여야 한다.

④ 국가 또는 지방자치단체는 인증우수물류기업이 해외시장을 개척하는 경우에는 해외시장 개척에 소요되는 비용을 우선적으로 지원할 수 있다.

⑤ 국토교통부장관 및 해양수산부장관은 우수물류기업의 인증과 관련하여 우수물류기업 인증심사대행기관을 공동으로 지정하여 인증신청의 접수 업무를 하게 할 수 있다.

25] 물류정책기본법령상 국제물류주선업에 관한 설명으로 옳은 것은?

① 컨테이너장치장을 소유하고 있는 자가 국제물류주선업을 등록하려는 경우 1억원 이상의 보증보험에 가입하여야 한다.

② 국제물류주선업을 경영하려는 자는 해양수산부장관에게 등록하여야 한다.

③ 국제물류주선업자는 등록기준에 관한 사항을 5년이 경과할 때마다 신고하여야 한다.

④ 국제물류주선업자가 그 사업을 양도한 때에는 그 양수인은 국제물류주선업의 등록에 따른 권리·의무를 승계한다.

⑤ 해양수산부장관은 국제물류주선업자의 폐업 사실을 확인하기 위하여 필요한 경우에는 국세청장에게 폐업에 관한 과세정보의 제공을 요청할 수 있다.

 22 ⑤ 23 ③ 24 ② 25 ④

대표기출
1
2
3
4
5
물류관련법규

26] 물류정책기본법령상 국제물류주선업의 등록의 결격 사유가 아닌 것은?

① 국제물류주선업의 등록취소처분을 받은 후 2년이 지나지 아니한 자

② 국제물류주선업자가 외국인에 해당하는 경우

③ 「물류정책기본법」을 위반하여 금고 이상의 형의 선고를 받고 그 집행이 종료(집행이 종료된 것으로 보는 경우를 포함한다)되거나 집행이 면제된 날부터 2년이 지나지 아니한 자

④ 「화물자동차 운수사업법」을 위반하여 금고 이상의 형의 집행유예를 선고받고 그 유예기간 중에 있는 자

⑤ 「항공사업법」 또는 「해운법」을 위반하여 벌금형을 선고받고 2년이 지나지 아니한 자

27] 물류정책기본법령상 국제물류주선업의 사업승계 및 휴업·폐업에 관한 설명으로 옳은 것은?

① 사업의 전부 또는 일부를 휴업·폐업하려는 경우에는 미리 국토교통부장관에게 신고하여야 한다.

② 사업의 등록에 따른 권리·의무를 승계한 자는 국토교통부령으로 정하는 바에 따라 국토교통부장관에게 신고하여야 한다.

③ 국제물류주선업자가 사망한 때에는 그 피상속인이 국제물류주선업의 등록에 따른 권리·의무를 승계한다.

④ 사업승계를 받은 자의 결격사유에 관하여는 「민법」 규정을 준용한다.

⑤ 시·도지사는 국제물류주선업자의 휴업·폐업 사실을 확인하기 위하여 필요한 경우에는 관할 세무관서의 장에게 대통령령으로 정하는 바에 따라 휴업·폐업에 관한 과세정보의 제공을 요청할 수 있다.

28] 다음 중 물류정책기본법상 국제물류주선업자의 등록 취소에 대한 설명으로 틀린 것은?

① 시·도지사는 국제물류주선업자가 등록 취소사유에 해당하는 경우에는 등록을 취소하거나 6개월 이내의 기간을 정하여 사업의 전부 또는 일부의 정지를 명할 수 있다.

② 거짓이나 그 밖의 부정한 방법으로 등록을 한 경우 등록을 취소해야만 한다.

③ 다른 사람에게 자기의 성명 또는 상호를 사용하여 영업을 하게 하거나 등록증을 대여한 경우 사업정지를 명할 수 있다.

④ 국제물류주선업자에 대한 등록취소 전에는 청문을 하여야 한다.

⑤ 시·도지사는 등록을 취소하는 경우에는 그 내용을 공보 또는 인터넷 홈페이지에 20일 이상 공고하여야 한다.

29] 다음 중 물류관리사 제도에 대한 설명으로 틀린 것은?

① 시험에 응시하여 부정행위를 한 자에 대하여는 그 시험을 무효로 한다.

② 시험 무효처분을 받은 자와 자격이 취소된 자는 그 처분을 받은 날 또는 자격이 취소된 날부터 3년간 시험에 응시할 수 없다.

③ 국토교통부장관은 시험의 관리 및 자격증 발급 등에 관한 업무를 대통령령에 따라 능력이 있다고 인정되는 관계 전문기관 및 단체에 위탁할 수 있다.

④ 물류관리사는 물류활동과 관련하여 전문지식이 필요한 사항에 대하여 계획·조사·연구·진단 및 평가 또는 이에 관한 상담·자문, 그 밖에 물류관리에 필요한 직무를 수행한다.

⑤ 국토교통부장관은 물류관리사가 다른 사람에게 자기의 성명을 사용하여 영업을 하게 하거나 자격증을 대여한 때 그 자격을 취소할 수 있다.

 26 ② **27** ⑤ **28** ③ **29** ⑤

30) **물류정책기본법령상 물류관련협회에 관한 설명으로 옳은 것은?**

① 물류관련협회를 설립하려는 경우 해당 협회의 회원 1/5 이상이 발기인으로 정관을 작성하여 해당 협회의 회원 1/3 이상이 참여한 창립총회의 의결을 거쳐야 한다.

② 물류관련협회는 국토교통부장관 또는 해양수산부장관의 설립인가를 받음으로써 성립한다.

③ 물류관련협회의 설립인가 신청서에는 자본금 또는 자산평가액을 증명하는 서류를 첨부하여야 한다.

④ 시·도지사는 물류관련협회의 발전을 위해 필요한 경우 행정적·재정적으로 지원할 수 있다.

⑤ 해당사업의 진흥·발전에 필요한 통계의 작성·관리와 외국자료의 수집·조사·연구사업은 물류관련협회의 업무에 속한다.

31) **다음 중 물류정책기본법령상 국토교통부장관 및 해양수산부장관이 물류기업 또는 화주기업의 환경친화적 물류활동을 위하여 행정적·재정적 지원을 할 수 있는 경우가 아닌 것은?**

① 환경친화적인 운송수단 또는 포장재료의 사용

② 기존 물류시설·장비의 환경친화적인 물류시설·장비로의 변경

③ 환경친화적인 물류시스템의 도입 및 개발

④ 물류활동에 따른 폐기물 감량

⑤ 서비스의 전문성, 국제업무 역량 등을 평가

32) **물류정책기본법령상 환경친화적 물류의 촉진에 관한 설명으로 옳지 않은 것은?**

① 국토교통부장관·해양수산부장관 또는 시·도지사는 물류활동이 환경친화적으로 추진될 수 있도록 관련 시책을 마련하여야 한다.

② 국토교통부장관·해양수산부장관 또는 시·도지사는 물류기업, 화주기업 등이 환경친화적인 운송수단 또는 포장재료의 사용하는 경우에는 행정적·재정적 지원을 할 수 있다.

③ 환경친화적인 연료를 사용하는 운송수단으로 전환 및 이를 위한 시설·장비투자를 하는 경우 환경친화적 운송수단으로의 전환 지원대상에 해당한다.

④ 국토교통부장관은 환경친화적 물류활동을 모범적으로 하는 물류기업과 화주기업을 우수기업으로 지정할 수 있다.

⑤ 국토교통부장관 및 해양수산부장관은 우수녹색물류실천기업에 지정증을 발급하고, 지정표시를 정하여 우수녹색물류실천기업이 사용하게 할 수 있다.

33) **물류정책기본법령상 국토교통부장관이 행정적·재정적 지원을 할 수 있도록 명시되어 있는 경우가 아닌 것은?**

① 물류기업의 환경친화적 운송수단의 사용

② 물류기업의 국제물류활동 촉진

③ 민·관 합동 물류지원센터의 효율적 운영

④ 우수녹색물류실천기업 심사대행기관의 지정

⑤ 물류기업에 물류관련 신기술·기법의 도입·적용

34) **다음 중 물류정책기본법령에 규정된 청문절차와 관련이 없는 것은?**

① 국제물류주선업자에 대한 등록의 취소

② 단위물류정보망 전담기관에 대한 지정의 취소

③ 인증우수물류기업에 대한 등록의 취소

④ 물류관리사 자격의 취소

⑤ 우수녹색물류실천기업의 지정취소

정답   **30** ⑤   **31** ⑤   **32** ⑤   **33** ④   **34** ③

35) 다음 중 물류정책기본법상 과징금 규정에 대한 설명으로 맞는 것은?

① 시·도지사는 국제물류주선업자에게 2천만원 이하의 과징금을 부과할 수 있다.

② 과징금을 기한 내에 납부하지 아니한 때에는 시·도지사는 국세 체납처분의 예에 따라 징수한다.

③ 시·도지사는 국제물류주선업자의 사업규모, 사업지역의 특수성, 위반행위의 정도 및 횟수 등을 고려하여 과징금액의 1/3 범위에서 이를 늘리거나 줄일 수 있다. 이 경우 과징금을 늘리더라도 과징금의 총액은 1천만원을 초과할 수 없다.

④ 과징금 통지를 받은 날부터 10일 이내에 시·도지사가 정하는 수납기관에 과징금을 내야 한다.

⑤ 과징금은 납부를 받은 수납기관은 그 납부자에게 영수증을 교부하여야 한다.

36) 물류정책기본법상 위반행위자에 대한 벌칙 혹은 과태료의 상한이 중한 것부터 경한 순서로 바르게 나열한 것은?

ㄱ. 국가물류통합정보센터 또는 단위물류정보망에 의하여 처리·보관 또는 전송되는 물류정보를 훼손한 자

ㄴ. 우수물류기업의 인증이 취소되었음에도 인증마크를 계속 사용한 자

ㄷ. 단말장치의 장착명령에 위반했음을 이유로 하여 내린 위험물질 운송차량의 운행중지 명령에 따르지 아니한 자

ㄹ. 국제물류주선업의 등록을 하지 아니하고 국제물류주선업을 경영한 자

① ㄱ - ㄷ - ㄴ - ㄹ　　② ㄱ - ㄹ - ㄷ - ㄴ

③ ㄷ - ㄱ - ㄹ - ㄴ　　④ ㄹ - ㄱ - ㄴ - ㄷ

⑤ ㄹ - ㄷ - ㄴ - ㄱ

정답　**35** ⑤　**36** ②

물류시설의 개발 및 운영에 관한 법률
≫ 대표기출문제

정답 및 해설 p. 260

01] 물류시설의 개발 및 운영에 관한 법령상 용어의 설명으로 옳지 않은 것은?

① 「철도사업법」에 따른 철도사업자가 그 사업에 사용하는 화물운송·하역 및 보관 시설은 일반물류단지 안에 설치하더라도 일반물류단지시설에 해당하지 않는다.
② 「유통산업발전법」에 따른 공동집배송센터를 경영하는 사업은 물류터미널 사업에서 제외된다.
③ 「주차장법」에 따른 주차장에서 자동차를 보관하는 사업은 물류창고업에서 제외된다.
④ 화물의 집화·하역과 관련된 가공·조립 시설의 전체 바닥면적 합계가 물류터미널의 전체 바닥면적 합계의 4분의 1을 넘는 경우에는 물류터미널에 해당하지 않는다.
⑤ 물류단지시설의 운영을 효율적으로 지원하기 위하여 물류단지 안에 설치되는 금융·보험·의료시설은 지원시설에 해당된다.

02] 물류시설의 개발 및 운영에 관한 법령상 물류시설개발종합계획에 관한 설명으로 옳지 않은 것은?

① 국토교통부장관은 물류시설개발종합계획을 5년 단위로 수립하여야 한다.
② 용수·에너지·통신시설 등 기반시설에 관한 사항도 물류시설개발종합계획에 포함되어야 한다.
③ 물류시설개발종합계획에서 물류시설별 물류시설 용지면적의 100분의 10 이상으로 물류시설의 수요·공급계획을 변경하려는 때에는 물류시설분과위원회의 심의를 거쳐야 한다.
④ 국토교통부장관은 물류시설개발종합계획을 수립한 때에는 이를 관보에 고시하여야 한다.
⑤ 시·도지사는 해양수산부장관에게 물류시설개발종합계획의 변경을 청구할 수 있다.

03] 물류시설의 개발 및 운영에 관한 법령상 물류터미널사업자가 물류터미널 공사시행인가를 받은 공사계획의 변경인가를 받아야 하는 경우에 해당하지 않는 것은?

① 공사의 기간을 변경하는 경우
② 공사비의 10분의 1 이상을 변경하는 경우
③ 물류터미널 부지 면적의 10분의 1 이상을 변경하는 경우
④ 물류터미널 안의 건축물의 연면적 10분의 1 이상을 변경하는 경우
⑤ 물류터미널 안의 공공시설 중 주차장, 상수도, 하수도, 유수지를 변경하는 경우

04] 물류시설의 개발 및 운영에 관한 법령상 물류터미널사업의 등록에 관한 설명으로 옳지 않은 것은?

① 복합물류터미널사업을 경영하려는 자는 국토교통부령으로 정하는 바에 따라 국토교통부장관에게 등록하여야 한다.
② 복합물류터미널사업의 등록을 하려는 자는 주차장, 화물취급장, 창고 또는 배송센터를 갖추어야 한다.
③ 복합물류터미널사업의 등록기준 중 부지 면적은 100만제곱미터 이상이어야 한다.
④ 복합물류터미널사업을 경영하려는 자는 물류시설개발종합계획 및 「물류정책기본법」의 국가물류기본계획상의 물류터미널의 개발 및 정비계획 등에 배치되지 않도록 등록기준을 갖추어야 한다.
⑤ 복합물류터미널사업 등록의 취소처분을 받은 후 2년이 지나지 아니한 자는 복합물류터미널사업의 등록을 할 수 없다.

 정답

01 ① **02** ⑤ **03** ② **04** ③

05 물류시설의 개발 및 운영에 관한 법률상 복합물류터미널사업의 등록을 할 수 없는 결격사유에 해당하는 것은?

① 「물류시설의 개발 및 운영에 관한 법률」을 위반하여 벌금형을 선고받은 후 3년이 된 자
② 「물류시설의 개발 및 운영에 관한 법률」을 위반하여 금고형을 선고받은 후 1년이 된 자
③ 「물류시설의 개발 및 운영에 관한 법률」을 위반하여 징역형을 선고받은 후 2년 6개월이 된 자
④ 법인으로서 그 임원이 아닌 직원 중에 파산선고를 받고 복권되지 아니한 자가 있는 경우
⑤ 법인으로서 그 임원 중에 「물류시설의 개발 및 운영에 관한 법률」을 위반하여 금고형의 집행유예를 선고받고 그 유예기간 종료 후 1년이 된 자가 있는 경우

06 물류시설의 개발 및 운영에 관한 법령상 복합물류터미널사업의 등록에 관한 설명으로 옳지 않은 것은?

① 「지방공기업법」에 따른 지방공사는 복합물류터미널사업의 등록을 할 수 있다.
② 복합물류터미널사업의 등록을 위해 갖추어야 할 부지 면적의 기준은 3만3천제곱미터 이상이다.
③ 복합물류터미널사업 등록이 취소된 후 2년이 지나면 등록의 결격사유가 소멸한다.
④ 국토교통부장관은 복합물류터미널사업의 변경 등록신청을 받고 결격사유의 심사 후 신청내용이 적합하다고 인정할 때에는 지체 없이 변경등록을 하여야 한다.
⑤ 복합물류터미널의 부지 및 설비의 배치를 표시한 축척 500분의 1 이상의 평면도는 복합물류터미널사업의 등록신청서에 첨부하여 국토교통부장관에게 제출하여야 할 서류이다.

07 물류시설의 개발 및 운영에 관한 법령상 복합물류터미널사업자의 등록을 취소하여야 하는 경우가 아닌 것은?

① 거짓이나 그 밖의 부정한 방법으로 등록을 한 때
② 복합물류터미널사업 등록의 취소처분을 받은 후 2년이 지나지 아니한 자에 해당하게 된 때
③ 다른 사람에게 자기의 성명 또는 상호를 사용하여 사업을 하게 하거나 등록증을 대여한 때
④ 사업정지명령을 위반하여 그 사업정지기간 중에 영업을 한 때
⑤ 사업의 전부 또는 일부를 휴업한 후 정당한 사유 없이 신고한 휴업기간이 지난 후에도 사업을 재개하지 아니한 때

08 물류시설의 개발 및 운영에 관한 법령상 복합물류터미널사업에 관한 설명으로 옳은 것은?

① 복합물류터미널사업이란 두 종류 이상의 운송수단 간의 연계운송을 할 수 있는 규모 및 시설을 갖춘 물류터미널사업을 말한다.
② 「항만공사법」에 따른 항만공사는 복합물류터미널사업의 등록을 할 수 있는 자에 해당하지 않는다.
③ 「물류시설의 개발 및 운영에 관한 법률」을 위반하여 벌금형을 선고받은 후 1년이 지난 자는 복합물류터미널사업의 등록을 할 수 있다.
④ 부지 면적이 3만제곱미터인 경우는 복합물류터미널사업의 등록기준 중 부지 면적 기준을 충족한다.
⑤ 복합물류터미널사업자가 그 등록한 사항 중 영업소의 명칭을 변경하려는 경우에는 변경등록을 하여야 한다.

 정답 **05** ② **06** ④ **07** ⑤ **08** ①

09 〕 물류시설의 개발 및 운영에 관한 법령상 물류터미널에 관한 설명으로 옳지 않은 것은?

① 가공·조립 시설이 있는 물류시설이 물류터미널에 해당하기 위해서는 그 가공·조립 시설의 전체 바닥면적 합계가 물류터미널의 전체 바닥면적 합계의 4분의 1 이하이어야 한다.

② 「민법」에 따라 설립된 법인도 복합물류터미널사업을 경영하기 위하여 등록을 할 수 있다.

③ 「유통산업발전법」에 따른 집배송시설 및 공동집배송센터를 경영하는 사업은 물류터미널사업에 해당한다.

④ 복합물류터미널사업을 경영하려는 법인은 그 임원 중에 파산선고를 받고 복권되지 아니한 자가 있는 경우 등록을 할 수 없다.

⑤ 「물류시설의 개발 및 운영에 관한 법률」을 위반하여 벌금형 이상을 선고받은 후 2년이 지나지 아니한 자는 복합물류터미널사업의 등록을 할 수 없다.

10 〕 물류시설의 개발 및 운영에 관한 법령상 물류터미널사업에 관한 설명으로 옳지 않은 것은?

① 「한국농어촌공사 및 농지관리기금법」에 따른 한국농어촌공사는 복합물류터미널사업의 등록을 할 수 있는 자에 해당한다.

② 일반물류터미널사업을 경영하려는 자는 물류터미널 건설에 관하여 필요한 경우 국토교통부장관의 공사시행인가를 받아야 한다.

③ 물류터미널 안의 공공시설 중 오·폐수시설 및 공동구를 변경하는 경우에는 인가권자의 변경인가를 받아야 한다.

④ 복합물류터미널사업자는 복합물류터미널사업의 일부를 휴업하려는 때에는 미리 국토교통부장관에게 신고하여야 하며, 그 휴업기간은 6개월을 초과할 수 없다.

⑤ 물류터미널을 건설하기 위한 부지 안에 있는 국가 또는 지방자치단체 소유의 토지로서 물류터미널 건설사업에 필요한 토지는 해당 물류터미널 건설사업 목적이 아닌 다른 목적으로 매각하거나 양도할 수 없다.

11 〕 물류시설의 개발 및 운영에 관한 법령상 물류터미널 사업자가 물류터미널 공사시행인가를 받은 공사계획에 대해 인가권자의 변경인가를 받아야 하는 경우를 모두 고른 것은?

ㄱ. 공사기간을 변경하는 경우
ㄴ. 물류터미널 부지 면적의 3분의 1을 변경하는 경우
ㄷ. 물류터미널 안의 건축물의 연면적(하나의 건축물의 각 층의 바닥면적의 합계)의 2분의 1을 변경하는 경우
ㄹ. 물류터미널 안의 공공시설 중 주차장, 상수도, 하수도, 유수지, 운하, 부두, 오·폐수시설 및 공동구를 변경하는 경우

① ㄱ, ㄴ
② ㄷ, ㄹ
③ ㄱ, ㄴ, ㄷ
④ ㄴ, ㄷ, ㄹ
⑤ ㄱ, ㄴ, ㄷ, ㄹ

12 〕 물류시설의 개발 및 운영에 관한 법률상 일반물류단지시설에 해당하지 않는 것은?

① 물류터미널 및 물류창고
② 의약품 도매상 창고, 「자동차관리법」에 따른 자동차경매장
③ 농수산물산지유통센터
④ 대규모점포·전문상가단지·공동집배송센터
⑤ 농수산물도매시장·농수산물공판장

 정답

09 ③ **10** ② **11** ⑤ **12** ③

13 물류시설의 개발 및 운영에 관한 법령상 물류단지를 지정하기 위한 실수요 검증에 대한 내용으로 가장 옳지 않은 것은?

① 물류단지를 지정하는 시·도지사 및 시장·군수·구청장은 무분별한 물류단지 개발을 방지하고 국토의 효율적 이용을 위하여 물류단지 지정 전에 물류단지 실수요 검증을 실시하여야 한다.

② 물류단지지정권자는 실수요 검증 대상사업에 대하여 관계 행정기관과 협의하여야 한다.

③ 물류단지지정권자는 실수요 검증을 실시하기 위하여 필요한 경우 실수요검증위원회를 구성·운영할 수 있다.

④ 국토교통부장관 또는 시·도지사는 심의·의결을 마친 날부터 14일 이내에 그 심의결과를 물류단지 지정요청자등에게 서면으로 알려야 한다.

⑤ 실수요검증위원회는 위원장 1명과 부위원장 1명을 포함하여 20명 이상 40명 이하의 위원으로 구성된다.

14 물류시설의 개발 및 운영에 관한 법령상 일반물류단지의 지정에 관한 설명으로 옳지 않은 것은?

① 일반물류단지는 국토교통부장관이 지정하지만, 100만제곱미터 이하의 일반물류단지는 관할 시·도지사가 지정한다.

② 시·도지사는 일반물류단지를 지정하려는 때에는 일반물류단지개발계획을 수립하여 관계 행정기관의 장과 협의한 후 지역물류정책위원회의 심의를 거쳐야 한다.

③ 시·도지사는 일반물류단지를 지정할 때에는 일반물류단지개발계획과 물류단지개발지침에 적합한 경우에만 일반물류단지를 지정하여야 한다.

④ 일반물류단지개발계획에는 일반물류단지의 개발을 위한 주요시설의 지원계획이 포함되어야 한다.

⑤ 일반물류단지개발계획에는 토지이용계획 및 주요 기반시설계획이 포함되어야 한다.

15 물류시설의 개발 및 운영에 관한 법령상 일반물류단지의 지정에 관한 설명으로 틀린 것은?

① 물류단지개발사업의 대상지역이 3개 이상의 시·도에 걸쳐 있는 경우 시·도지사가 지정한다.

② 국토교통부장관은 일반물류단지를 지정하려는 때에는 일반물류단지개발계획을 수립하여 관할 시·도지사의 의견을 듣고 관계 중앙행정기관의 장과 협의한 후 물류시설분과위원회의 심의를 거쳐야 한다.

③ 시·도지사는 일반물류단지를 지정하려는 때에는 일반물류단지개발계획을 수립하여 관계 행정기관의 장과 협의한 후 지역물류정책위원회의 심의를 거쳐야 한다.

④ 일반물류단지개발계획을 수립할 때까지 물류단지개발사업의 시행자가 확정되지 아니한 경우에는 물류단지의 지정 후에 이를 일반물류단지개발계획에 포함시킬 수 있다.

⑤ 일반물류단지개발계획에는 재원조달계획이 포함되어야 한다.

16 물류시설의 개발 및 운영에 관한 법령상 물류단지개발지침에 포함되어야 할 사항이 아닌 것은?

① 물류단지의 지정·개발·지원에 관한 사항

②「환경영향평가법」에 따른 전략환경영향평가, 소규모 환경영향평가 및 환경영향평가 등 환경보전에 관한 사항

③ 국가유산의 보존을 위하여 고려할 사항

④ 물류단지의 지역별·규모별·연도별 배치 및 우선순위에 관한 사항

⑤ 분양가격의 결정에 관한 사항

정답 **13** ① **14** ① **15** ① **16** ④

17 물류시설의 개발 및 운영에 관한 법령상 물류단지 안에서 시장·군수·구청장의 허가를 받아야 하는 행위가 아닌 것은?

① 건축물(가설건축물 포함)의 건축, 대수선 또는 용도변경
② 토지분할
③ 절토, 성토, 정지, 포장 등의 방법으로 토지의 형상을 변경하는 행위, 토지의 굴착 또는 공유수면의 매립
④ 경작을 위한 토지의 형질변경
⑤ 이동이 쉽지 아니한 물건을 1개월 이상 쌓아놓는 행위

18 다음 중 도시첨단물류단지에 관한 설명으로 틀린 것은?

① 도시첨단물류단지의 지정권자는 국토교통부장관 또는 시·도지사가 된다.
② 도시첨단물류단지는 국토교통부장관 또는 시·도지사가 노후화된 일반물류터미널 부지 및 인근 지역, 노후화된 유통업무설비 부지 및 인근 지역 등에 지정할 수 있다.
③ 시·도지사가 도시첨단물류단지를 지정하는 경우에는 산업통상자원부장관의 신청을 받아 지정할 수 있다.
④ 시장·군수·구청장은 시·도지사에게 도시첨단물류단지의 지정을 신청하려는 경우에는 도시첨단물류단지개발계획안을 작성하여 제출하여야 한다.
⑤ 도시첨단물류단지개발사업의 시행자는 대통령령으로 정하는 바에 따라 대상 부지 토지가액의 100분의 40의 범위에서 시설 또는 그 운영비용의 일부를 국가나 지방자치단체에 제공하여야 한다.

19 물류시설의 개발 및 운영에 관한 법령상 토지소유자에 대한 환지에 관한 설명으로 옳지 않은 것은?

① 환지의 대상이 되는 종전 토지의 가액은 보상공고 시 시행자가 제시한 협의를 위한 보상금액으로 하고, 환지의 가액은 해당 물류단지의 용지별 시장가격을 기준으로 한다.

② 환지를 받을 수 있는 토지소유자는 물류단지의 지정·고시일 현재 물류단지 안에 물류단지개발계획에서 정한 최소공급면적 이상의 토지를 소유한 자로서 해당 토지에 물류단지개발계획에서 정한 유치업종에 적합한 물류단지시설을 설치하려는 자로 한다.
③ 법령이 정하는 바에 따라 환지를 받으려는 자는 환지신청서에 시설설치계획서를 첨부하여 시행자에게 제출하여야 한다.
④ 환지신청은 시행자가 해당 물류단지에 관한 보상공고에서 정한 협의기간에 하여야 한다.
⑤ 시행자는 물류단지 안의 토지를 소유하고 있는 자가 물류단지개발계획에서 정한 물류단지시설을 운영하려는 경우에는 그 토지를 포함하여 물류단지개발사업을 시행할 수 있으며, 해당 사업이 완료된 후 대통령령이 정하는 바에 따라 해당 토지소유자에게 환지하여 줄 수 있다.

20 물류시설의 개발 및 운영에 관한 법령상 공공시설의 귀속에 관한 설명으로 옳지 않은 것은?

① 공공시설의 범위에는 도로, 공원, 광장, 주차장, 공동구 등이 포함된다.
② 물류단지개발사업의 시행으로 새로 설치된 공공시설은 그 시설을 관리할 국가 또는 지방자치단체에 무상으로 귀속된다.
③ 물류단지지정권자는 공공시설의 귀속 및 양도에 관한 사항이 포함된 실시계획을 승인하려는 때에는 미리 그 공공시설을 관리하는 기관의 의견을 들어야 한다.
④ 기존의 공공시설에 대체되는 공공시설을 설치한 경우에는 종래의 공공시설은 국가 또는 지방자치단체에 무상으로 귀속된다.
⑤ 시행자는 국가 또는 지방자치단체에 귀속될 공공시설과 시행자에게 귀속되거나 양도될 재산의 종류와 토지의 세부목록을 그 물류단지개발사업의 준공 전에 관리청에 통지하여야 한다.

 정답 **17** ④ **18** ③ **19** ① **20** ④

21〕 물류시설의 개발 및 운영에 관한 법령상 물류단지개발사업에 관한 설명으로 옳은 것은?

① 물류단지개발사업 시행자의 요청에 따라 전기간선시설을 땅속에 설치하는 경우 그 설치비용은 시행자가 전부를 부담한다.

② 물류단지 안에 있는 국가 또는 지방자치단체 소유의 재산을 시행자에게 수의계약으로 매각하는 것은 허용되지 않는다.

③ 국가 또는 지방자치단체는 물류단지개발사업에 필요한 비용 중 이주대책사업비는 보조하거나 융자할 수 없다.

④ 시행자는 물류단지의 건설을 위하여 필요한 때에는 다른 사람의 토지를 일시 사용할 수 있으나 나무, 토석, 그 밖의 장애물을 변경하거나 제거할 수 없다.

⑤ 물류단지개발실시계획에는 개발한 토지·시설 등의 처분에 관한 사항이 포함되어야 한다.

22〕 물류시설의 개발 및 운영에 관한 법령상 특별법에 따라 설립된 법인인 시행자가 물류단지개발사업의 시행으로 새로 공공시설을 설치한 경우에는 종래의 공공시설은 시행자에게 무상으로 귀속되고 새로 설치된 공공시설은 그 시설을 관리할 국가 또는 지방자치단체에 무상으로 귀속되는 바, 이러한 공공시설에 해당하지 않는 것은?

① 방풍설비   ② 공원

③ 철도   ④ 녹지

⑤ 공동구

23〕 물류시설의 개발 및 운영에 관한 법령상 물류단지의 원활한 개발을 위하여 국가나 지방자치단체가 설치를 우선적으로 지원하여야 하는 기반시설에 해당하지 않는 것은?

① 도로·철도 및 항만시설

② 용수공급시설 및 통신시설

③ 하수도시설 및 폐기물처리시설

④ 집단에너지공급시설

⑤ 주차장 및 공공공지

24〕 물류시설의 개발 및 운영에 관한 법령상 물류단지개발특별회계에 관한 내용으로 (   ) 안에 들어갈 사항이 순서대로 바르게 나열된 것은?

㉠ 「지방세법」 제112조 제1항(같은 항 제1호는 제외) 및 같은 조 제2항에 따라 부과·징수되는 재산세의 징수액 중 (   )퍼센트의 금액은 물류단지개발특별회계의 재원이 된다(해당 지방자치단체의 조례는 이에 관하여 법령과 동일하다고 가정한다).

㉡ 물류단지개발사업과 관련된 해당 지방자치단체의 장이 시행하는 「국토의 계획 및 이용에 관한 법률」에 따른 도시·군계획시설사업의 경우, 물류단지개발특별회계에서 물류단지개발사업의 시행자에게 융자할 수 있는 범위는 공사비의 (   ) 이하이다.

① 10, 3분의 1   ② 10, 2분의 1

③ 20, 3분의 1   ④ 20, 2분의 1

⑤ 30, 2분의 1

25〕 다음 중 물류단지개발특별회계의 재원조성부분이 아닌 것은?

① 해당 지방자치단체의 일반회계로부터의 전입금

② 정부의 보조금

③ 부과·징수된 과태료

④ 「국토의 계획 및 이용에 관한 법률」에 따른 수익금

⑤ 「물류정책기본법」상 징수된 이행강제금

정답   **21** ⑤   **22** ①   **23** ⑤   **24** ②   **25** ⑤

26〕 물류시설의 개발 및 운영에 관한 법령상 물류단지개발사업의 시행자가 「지방공기업법」에 따른 지방공사인 경우, 조성하는 용지를 이용하려는 자로부터 선수금을 받기 위하여 갖추어야 하는 요건은?

① 물류단지사업의 시행자는 실시계획 승인을 받을 것
② 분양하려는 토지에 대한 소유권을 확보하고 해당 토지에 설정된 저당권을 말소하였을 것
③ 분양하려는 토지에 대한 개발사업의 공사진척률이 100분의 10 이상에 달하였을 것
④ 분양계약을 이행하지 아니하는 경우 선수금의 환불을 담보하기 위하여 보증금액이 선수금에 그 금액에 대한 보증 또는 보험기간에 해당하는 약정이자 상당액을 더한 금액 이상으로 한다는 내용이 포함된 보증서 등을 물류단지지정권자에게 제출할 것
⑤ 분양계약을 이행하지 아니하는 경우 선수금의 환불을 담보하기 위하여 보증기간의 개시일은 선수금을 받은 날 이전이어야 하며, 종료일은 준공일부터 30일 이상 지난 날이라는 내용이 포함된 보증서 등을 물류단지지정권자에게 제출할 것

27〕 물류시설의 개발 및 운영에 관한 법령상 시행자가 수의계약으로 할 수 없는 행위는?

① 학교용지·공공청사용지 등을 국가·지방자치단체나 그 밖에 관계 법령에 따라 해당 공공시설을 설치할 수 있는 자에게 공급
② 토지상환채권에 따른 토지의 상환
③ 물류터미널을 건설하기 위한 부지 안의 국가 또는 지방자치단체의 소유재산을 물류터미널사업자에게 매각
④ 고시한 물류단지개발실시계획에 따라 존치하는 시설물의 유지·관리에 필요한 최소한의 토지의 공급
⑤ 1필지당 330제곱미터 초과 660제곱미터 이하의 범위에서 국토교통부장관이 정하여 고시하는 면적에 따른 토지의 공급

28〕 물류시설의 개발 및 운영에 관한 법령상 물류단지재정비사업에 관한 설명으로 옳지 않은 것은?

① 부분 재정비사업은 물류시설분과위원회 또는 지역물류정책위원회의 심의를 거치지 아니할 수 있다.
② 전부 재정비사업은 토지이용계획 및 주요 기반시설계획의 변경을 수반하는 경우로서 지정된 물류단지 면적의 50/100 이상을 재정비하는 사업이다.
③ 물류단지지정권자는 준공된 날부터 20년이 지나지 아니한 물류단지에 대하여도 업종의 재배치 등이 필요한 경우에는 물류단지재정비사업을 할 수 있다.
④ 지원시설의 확충계획은 재정비계획에 포함되어야 한다.
⑤ 물류단지지정권자가 재정비시행계획을 승인하려면 입주업체 및 관계 지방자치단체의 장과 협의하여야 한다.

29〕 물류시설의 개발 및 운영에 관한 법령상 입주기업체협의회에 관한 설명으로 옳지 않은 것은?

① 입주기업체협의회는 그 구성 당시에 해당 물류단지 입주기업체의 75퍼센트 이상이 회원으로 가입되어 있어야 한다.
② 입주기업체협의회의 회의는 정관에 다른 규정이 있는 경우를 제외하고는 회원 과반수의 출석과 출석회원 과반수의 찬성으로 의결한다.
③ 입주기업체협의회의 일반회원은 입주기업체의 대표자로 한다.
④ 입주기업체협의회의 특별회원은 일반회원 외의 자 중에서 정하되 회원자격은 입주기업체협의회의 정관으로 정하는 바에 따른다.
⑤ 입주기업체협의회는 매 사업연도 개시일부터 3개월 이내에 정기총회를 개최하여야 한다.

 26 ① **27** ⑤ **28** ⑤ **29** ⑤

30⟩ 물류시설의 개발 및 운영에 관한 법령상 물류단지의 관리기관에 관한 설명으로 옳은 것은?

① 물류단지는 입주기업체협의회가 관리한다.

② 입주기업체협의회가 구성되기 전에는 시행자가 물류단지를 관리할 수 있다.

③ 입주기업체협의회는 해당 물류단지 입주기업체 3분의 2 이상이 회원으로 가입되어 있어야 한다.

④ 물류단지지정권자는 효율적인 관리를 위하여 대통령령으로 정하는 관리기구 또는 입주기업체가 자율적으로 구성한 협의회에게 물류단지를 관리하도록 하여야 한다.

⑤ 입주기업체협의회의 회의는 정관에 다른 규정이 있는 경우를 제외하고는 회원 1/3의 출석과 출석회원 과반수의 찬성으로 의결한다.

31⟩ 다음 중 물류 교통·환경 정비지구에 대한 설명으로 틀린 것은?

① 시·도지사는 물류시설의 밀집으로 도로 등 기반시설의 정비와 소음·진동·미세먼지 저감 등 생활환경의 개선이 필요한 경우로서 대통령령으로 정하는 요건에 해당하는 경우 국토교통부장관에게 정비지구의 지정을 신청할 수 있다.

② 정비지구의 지정 또는 변경을 신청하려는 시장·군수·구청장은 정비계획을 수립하여 시·도지사에게 제출하여야 한다.

③ 소음·진동 방지, 대기오염 저감 등 환경정비계획은 정비계획에 포함되어야 한다.

④ 시장·군수·구청장은 정비지구의 지정을 신청하려는 경우에는 주민설명회를 열고, 그 내용을 14일 이상 주민에게 공람하여 의견을 들어야 한다.

⑤ 시·도지사는 정비지구의 지정을 신청받은 경우에는 관계 행정기관의 장과 협의하고 대통령령으로 정하는 바에 따라 물류단지계획심의위원회와 「국토의 계획 및 이용에 관한 법률」에 따른 지방도시계획위원회가 공동으로 하는 심의를 거쳐 정비지구를 지정한다.

32⟩ 물류시설의 개발 및 운영에 관한 법령상 국가 또는 지방자치단체는 창고업 관련하여 필요하다고 인정하면 사업을 위한 자금의 일부를 융자할 수 있다. 이에 포함되지 않는 것은?

① 물류창고 관련 기술의 개발

② 물류창고의 보수·개조 또는 개량

③ 물류창고의 건설

④ 물류창고시설의 임대

⑤ 물류창고 시설·장비의 효율적 개선에 관한 사항

33⟩ 물류시설의 개발 및 운영에 관한 법률상 물류창고업의 등록에 관한 설명이다. (   )에 들어갈 숫자를 바르게 나열한 것은?

> 보관시설의 전체 바닥면적의 합계가 (ㄱ)제곱미터 이상이거나 보관장소의 전체면적의 합계가 (ㄴ)제곱미터 이상인 물류창고를 소유 또는 임차하여 물류창고업을 경영하려는 자는 관할 행정청에게 등록하여야 한다.

① ㄱ : 500   ㄴ : 2,500

② ㄱ : 1,000   ㄴ : 2,500

③ ㄱ : 1,000   ㄴ : 4,500

④ ㄱ : 2,000   ㄴ : 2,500

⑤ ㄱ : 2,000   ㄴ : 4,500

정답 **30** ④   **31** ①   **32** ④   **33** ③

34 물류시설의 개발 및 운영에 관한 법령상 물류창고업의 등록에 관한 설명이다. ( )에 들어갈 내용은?

> 물류창고업의 등록을 한 자가 물류창고 면적의 (ㄱ) 이상을 증감하려는 경우에는 국토교통부와 해양수산부의 공동부령으로 정하는 바에 따라 변경등록의 사유가 발생한 날부터 (ㄴ)일 이내에 변경등록을 하여야 한다.

① ㄱ : 100분의 5, ㄴ : 10
② ㄱ : 100분의 5, ㄴ : 30
③ ㄱ : 100분의 10, ㄴ : 10
④ ㄱ : 100분의 10, ㄴ : 30
⑤ ㄱ : 100분의 10, ㄴ : 60

35 다음 중 스마트물류센터 인증에 대한 설명으로 틀린 것은?

① 국토교통부장관의 스마트물류센터 인증의 유효기간은 인증을 받은 날부터 3년으로 한다.
② 국토교통부장관은 스마트물류센터 인증기관을 지도·감독하고, 인증 및 점검업무에 소요되는 비용의 일부를 지원할 수 있다.
③ 인증의 전제나 근거가 되는 중대한 사실이 변경된 경우 인증을 취소해야만 한다.
④ 국가·지방자치단체 또는 공공기관은 스마트물류센터에 대하여 공공기관 등이 운영하는 기금·자금의 우대 조치 등 행정적·재정적으로 우선 지원할 수 있다.
⑤ 국토교통부장관은 스마트물류센터의 인증 및 점검업무를 수행하기 위하여 인증기관을 지정할 수 있다.

36 물류시설의 개발 및 운영에 관한 법률상 과징금 규정에 대한 설명으로 틀린 것은?

① 국토교통부장관은 복합물류터미널사업자가 거짓이나 그 밖의 부정한 방법으로 등록을 한 때에는 사업정지처분을 갈음하여 5천만원 이하의 과징금을 부과할 수 있다.
② 과징금 통지를 받은 자는 그 통지를 받은 날부터 20일 이내에 국토교통부장관이 정하는 수납기관에 과징금을 내야 한다.
③ 국토교통부장관은 과징금을 내야 할 자가 납부기한까지 과징금을 내지 아니하면 대통령령으로 정하는 바에 따라 국세강제징수의 예에 따라 징수한다.
④ 과징금의 수납기관은 과징금영수증을 내주었을 때에는 국토교통부장관에게 영수필통지서를 보내야 한다.
⑤ 과징금을 부과하는 위반행위의 종류와 위반 정도 등에 따른 과징금의 금액 등 부과기준은 시행령 [별표 1]에 따른다.

37 물류시설의 개발 및 운영에 관한 법률상 형사벌의 대상이 되는 경우를 모두 고른 것은?

> ㄱ. 공사시행인가를 받지 아니하고 공사를 시행한 복합물류터미널사업자
> ㄴ. 인증을 받지 않고 스마트물류센터임을 사칭한 자
> ㄷ. 등록을 하지 아니하고 복합물류터미널사업을 경영한 자
> ㄹ. 다른 사람에게 등록증을 대여한 복합물류터미널사업자

① ㄱ, ㄴ   ② ㄴ, ㄷ
③ ㄷ, ㄹ   ④ ㄱ, ㄴ, ㄹ
⑤ ㄱ, ㄴ, ㄷ, ㄹ

 34 ④ **35** ③ **36** ① **37** ⑤

유통산업발전법 » 대표기출문제

정답 및 해설 p. 264

01〕 유통산업발전법령상 행위주체의 연결이 틀린 것은?

① 전통상업보존구역의 지정 – 특별자치시장·시장·군수·구청장
② 유통연수기관의 지정 – 산업통상자원부장관
③ 유통산업의 실태조사 – 산업통상자원부장관
④ 공동집배송센터의 지정 – 시·도지사
⑤ 유통정보화시책의 수립 – 산업통상자원부장관

02〕 유통산업발전법의 적용이 배제되는 시장·사업장 및 매장이 아닌 것은?

① 「농수산물 유통 및 가격안정에 관한 법률」 제2조에 따른 농수산물도매시장
② 「전통시장 및 상점가 육성을 위한 특별법」 제2조에 따른 전통시장
③ 「축산법」 제34조에 따른 가축시장
④ 「농수산물 유통 및 가격안정에 관한 법률」 제2조에 따른 민영농수산물도매시장
⑤ 「농수산물 유통 및 가격안정에 관한 법률」 제2조에 따른 농수산물종합유통센터

03〕 유통산업발전상 정의에 관한 설명이다. ( )에 들어갈 내용을 바르게 나열한 것은?

> • (ㄱ) : 다수의 수요자와 공급자가 일정한 기간 동안 상품을 매매하거나 용역을 제공하는 일정한 장소
> • (ㄴ) 체인사업 : 체인본부의 계속적인 경영지도 및 체인본부와 가맹점 간의 협업에 의하여 가맹점의 취급품목·영업방식 등의 표준화사업과 공공구매·공동판매·공동시설활용 등 공동사업을 수행하는 형태의 체인사업

① ㄱ : 상점가, ㄴ : 조합형
② ㄱ : 상점가, ㄴ : 임의가맹점형
③ ㄱ : 임시시장, ㄴ : 조합형
④ ㄱ : 임시시장, ㄴ : 임의가맹점형
⑤ ㄱ : 임시시장, ㄴ : 프랜차이즈형

04〕 유통산업발전법령상 유통산업발전기본계획 및 시행계획에 관한 설명으로 옳은 것은?

① 산업통상자원부장관은 유통산업의 발전을 위하여 10년마다 유통산업발전기본계획을 관계 중앙행정기관의 장과의 협의를 거쳐 세우고 이를 시행하여야 한다.
② 산업통상자원부장관은 기본계획에 따라 5년마다 유통산업발전시행계획을 관계 중앙행정기관의 장과의 협의를 거쳐 세워야 한다.
③ 산업통상자원부장관은 기본계획을 국토교통부장관에게 알려야 한다.
④ 산업통상자원부장관은 관계 중앙행정기관의 장에게 유통산업발전시행계획의 수립을 위하여 필요한 자료를 매년 2월 말일까지 제출하여 줄 것을 요청할 수 있다.
⑤ 관계 중앙행정기관의 장은 유통산업발전시행계획의 집행실적을 다음 연도 2월 말일까지 산업통상자원부장관에게 제출하여야 한다.

05〕 유통산업발전법령상 유통산업발전기본계획에 포함되어야 할 사항이 아닌 것은?

① 유통산업의 국내외 여건 변화 전망
② 유통산업의 종류별 발전 방안
③ 산업별 유통기능의 고도화 방안
④ 중소유통기업의 구조개선 방안
⑤ 대규모점포의 규제 및 상호 간 경쟁제한 방안

정답 **01** ④ **02** ② **03** ④ **04** ⑤ **05** ⑤

06 유통산업발전법령상 유통업상생발전협의회(이하 '협의회'라 함)에 관한 설명으로 옳지 않은 것은?

① 대규모점포 및 준대규모점포와 지역중소유통기업의 균형발전을 협의하기 위하여 특별자치시장·시장·군수·구청장 소속으로 협의회를 둔다.

② 협의회의 회의는 재적위원 과반수의 출석으로 개의하고, 출석위원 3분의 2 이상의 찬성으로 의결한다.

③ 회장은 회의를 소집하려는 경우에는 긴급한 경우나 부득이한 사유가 있는 경우를 제외하고 회의 개최일 5일 전까지 회의의 날짜·시간·장소 및 심의 안건을 각 위원에게 통지하여야 한다.

④ 협의회의 사무를 처리하기 위하여 간사 1명을 두되, 간사는 유통업무를 담당하는 공무원으로 한다.

⑤ 협의회는 대형유통기업과 지역중소유통기업의 균형발전을 촉진하기 위하여 대규모점포 및 준대규모점포에 대한 영업시간의 제한 등에 관한 사항에 대해 특별자치시장·시장·군수·구청장에게 의견을 제시할 수 있다.

07 유통산업발전법령상 유통업상생발전협의회에 관한 설명으로 옳은 것은?

① 유통업상생발전협의회의 구성 및 운영 등에 필요한 사항은 해당 지방자치단체의 조례로 정한다.

② 유통업상생발전협의회 회장은 특별자치시장·시장·군수·구청장이 된다.

③ 유통업상생발전협의회 위원은 특별자치시장·시장·군수·구청장이 임명하거나 위촉한다.

④ 유통업상생발전협의회의 회의는 재적위원 2분의 1 이상의 출석으로 개의하고, 출석위원 2분의 1 이상의 찬성으로 의결한다.

⑤ 특별자치시장·시장·군수·구청장은 유통업상생발전협의회 위원이 금고 이상의 형을 선고받은 경우에는 해당 위원을 해촉하여야 한다.

08 다음 중 유통산업발전법령상 그 내용이 틀린 것은?

① 유통산업발전법은 유통산업의 효율적인 진흥과 균형 있는 발전을 꾀하고, 건전한 상거래질서를 세움으로써 소비자를 보호하고 국민경제의 발전에 이바지함을 목적으로 한다.

② 유통산업은 농산물·임산물·축산물·수산물 및 공산품의 도·소매 및 이를 경영하기 위한 보관·배송·포장과 이와 관련된 정보·용역의 제공 등을 목적으로 하는 산업을 말한다.

③ 특별자치시장·시장·군수·구청장은 기본계획 및 시행계획 등의 효율적인 수립·추진을 위하여 유통산업에 대한 실태조사를 할 수 있으며, 정기조사는 2년마다 실시한다.

④ 대규모점포 및 준대규모점포와 지역중소유통기업의 균형발전을 협의하기 위하여 특별자치시장·시장·군수·구청장 소속으로 유통업상생발전협의회를 둔다.

⑤ 유통정보화서비스를 제공하는 자는 유통표준전자문서를 3년 동안 보관하여야 한다.

09 유통산업발전법령상 대규모점포등에 관한 설명으로 옳은 것은?

① 대규모점포를 개설하려는 자는 영업을 개시하기 60일 전까지 개설 지역 및 시기 등을 포함한 개설계획을 예고하여야 한다.

② 대규모점포로서 대형마트는 용역의 제공장소를 포함하여 매장면적의 합계가 3천제곱미터 이상이어야 한다.

③ 「형법」을 위반하여 징역형의 집행유예선고를 받고 그 유예기간 중에 있는 자는 대규모점포의 등록을 할 수 없다.

④ 이 법을 위반하여 징역의 실형을 선고받고 그 집행이 끝나거나 집행이 면제된 날부터 2년이 지나지 아니한 사람은 대규모점포의 등록을 할 수 없다.

⑤ 개설등록을 하고자 하는 대규모점포의 위치가 전문상가단지에 있을 때에는 등록을 제한하거나 조건을 붙일 수 있다.

 06 ② **07** ③ **08** ③ **09** ①

10） 유통산업발전법령상 특별자치시장·시장·군수·구청장이 하는 대규모점포등의 개설등록의 취소사유로서 (   ) 안에 들어갈 내용으로 올바르게 나열된 것은?

- 대규모점포등개설자가 정당한 사유 없이 (   ) 이내에 영업을 개시하지 아니한 경우(이 경우 대규모점포등의 건축에 정상적으로 소요되는 기간은 산입하지 아니한다)
- 대규모점포등의 영업을 정당한 사유 없이 (   ) 이상 계속하여 휴업한 경우

① 6개월, 1년
② 1년, 6개월
③ 1년, 1년
④ 2년, 6개월
⑤ 2년, 1년

11） 유통산업발전법상 대규모점포등에 관한 설명으로 옳은 것은?

① 대규모점포를 개설하려는 자는 영업을 개시하기 30일 전까지 개설 지역 및 시기 등을 포함한 개설계획을 예고하여야 한다.
② 「유통산업발전법」을 위반하여 징역의 실형을 선고받고 그 집행이 면제된 날부터 6월이 지난 사람은 대규모점포등의 등록을 할 수 있다.
③ 대형마트의 영업시간을 제한하는 경우 조례로 달리 정하지 않는 한 오전 0시부터 오전 11시까지의 범위에서 영업시간을 제한할 수 있다.
④ 대규모점포등관리자는 대규모점포등의 관리 또는 사용에 관하여 입점상인의 3분의 2 이상의 동의를 얻어 관리규정을 제정하여야 한다.
⑤ 대규모점포등개설자가 대규모점포등을 폐업하려는 경우에는 특별자치시장·시장·군수·구청장의 허가를 받아야 한다.

12） 유통산업발전법령상 대규모점포에 대한 영업규제에 관한 설명으로 틀린 것은?

① 특별자치시장·시장·군수·구청장은 건전한 유통질서 확립, 근로자의 건강권 및 대규모점포등과 중소유통업의 상생발전을 위하여 필요하다고 인정하는 경우 대형마트에 대하여 영업시간 제한을 명하거나 의무휴업일을 지정하여 의무휴업을 명할 수 있다.
② 특별자치시장·시장·군수·구청장은 오전 0시부터 오전 10시까지의 범위에서 영업시간을 제한할 수 있다.
③ 특별자치시장·시장·군수·구청장은 매월 이틀을 의무휴업일로 지정해야 한다.
④ 영업시간 제한 및 의무휴업일 지정에 필요한 사항은 해당 지방자치단체의 조례로 정한다.
⑤ 연간 총매출액 중 「농수산물 유통 및 가격안정에 관한 법률」에 따른 농수산물의 매출액 비중이 51퍼센트 이상인 대규모점포등으로서 해당 지방자치단체의 조례로 정하는 대규모점포등에 대하여는 의무휴업 규정을 적용하지 아니한다.

13） 다음 중 유통산업발전법령상 대규모점포등의 개설등록이 제한되는 등록의 결격사유로 올바르지 않은 것은?

① 피성년후견인 또는 미성년자
② 파산선고를 받은 자로서 복권되지 아니한 자
③ 「유통산업발전법」을 위반하여 징역의 실형을 선고받고 그 집행이 끝나거나(집행이 끝난 것으로 보는 경우를 포함) 집행이 면제된 날부터 1년이 지나지 아니한 사람
④ 「유통산업발전법」을 위반하여 징역형의 집행유예 선고를 받고 그 유예기간 중에 있는 사람
⑤ 등록이 취소된 후 2년이 경과되지 아니한 자

10 ③ **11** ④ **12** ⑤ **13** ⑤

14) 유통산업발전법상 대규모점포등관리자의 회계감사에 관한 설명이다. (   )에 들어갈 내용을 바르게 나열한 것은?

> 대규모점포등관리자는 대통령령으로 정하는 바에 따라 「주식회사의 외부감사에 관한 법률」 제3조 제1항에 따른 감사인의 회계감사를 매년 (ㄱ)회 이상 받아야 한다. 다만, 입점상인의 (ㄴ)이(가) 서면으로 회계감사를 받지 아니하는 데 동의한 연도에는 회계감사를 받지 아니할 수 있다.

① ㄱ : 1, ㄴ : 과반수
② ㄱ : 1, ㄴ : 3분의 2 이상
③ ㄱ : 2, ㄴ : 과반수
④ ㄱ : 2, ㄴ : 3분의 2 이상
⑤ ㄱ : 2, ㄴ : 5분의 3 이상

15) 유통산업발전법상 지방자치단체의 장이 행정적·재정적 지원을 할 수 있는 대상으로 옳지 않은 것은?

① 재래시장의 활성화
② 전문상가단지의 건립
③ 비영리법인의 판매사업 활성화
④ 중소유통공동도매물류센터의 건립 및 운영
⑤ 중소유통기업의 창업 지원 등 중소유통기업의 구조개선 및 경쟁력 강화

16) 유통산업발전법상 유통산업의 경쟁력 강화에 관한 설명으로 옳은 것은?

① 체인사업자는 체인점포의 경영을 개선하기 위하여 유통관리사의 고용 촉진을 추진하여야 한다.
② 지방자치단체의 장은 자신이 건립한 중소유통공동도매물류센터의 운영을 중소유통기업자단체에 위탁할 수 없다.
③ 상점가진흥조합은 협동조합으로 설립하여야 하고 사업조합의 형식으로는 설립할 수 없다.
④ 지방자치단체의 장은 상점가진흥조합이 조합원의 판매촉진을 위한 공동사업을 하는 경우에는 필요한 자금을 지원할 수 없다.
⑤ 상점가진흥조합의 구역은 다른 상점가진흥조합 구역의 5분의 1 이하의 범위에서 그 다른 상점가진흥조합의 구역과 중복되어 지정할 수 있다.

17) 다음의 글상자에 알맞은 내용으로 짝지어진 것은?

> 산업통상자원부장관, (   ) 또는 지방자치단체의 장은 「중소기업기본법」에 따른 중소기업자 중 대통령령으로 정하는 소매업자 (   )인 또는 도매업자 10인 이상의 자가 공동으로 중소유통기업의 경쟁력 향상을 위하여 중소유통공동도매물류센터를 건립하거나 운영하는 경우에는 필요한 행정적·재정적 지원을 할 수 있다.

① 국토교통부장관 − 50
② 해양수산부장관 − 20
③ 중소벤처기업부장관 − 50
④ 기획재정부장관 − 10
⑤ 중소벤처기업부장관 − 10

 정답

14 ② **15** ③ **16** ① **17** ③

18〕 유통산업발전법령상 산업통상자원부장관, 관계 중앙행정기관의 장 또는 지방자치단체의 장이 전문상가단지를 세우고자 하는 자에게 하는 필요한 행정적·재정적 지원에 관한 설명이다. 다음 (   ) 안에 들어갈 내용으로 올바르게 나열된 것은?

• 도매업자 또는 소매업자로 구성되는 「중소기업협동조합법」 제3조 제1항 제1호부터 제4호까지에 규정된 협동조합·사업협동조합·협동조합연합회 또는 중소기업중앙회로서 (㉠)제곱미터 이상의 부지를 확보하고 있고, 단지 내에 입주하는 조합원이 (㉡)인 이상인 요건을 갖춘 자
• 위에 해당하는 자와 신탁계약을 체결한 「자본시장과 금융투자업에 관한 법률」에 따른 신탁업자로서 자본금 또는 연간 매출액이 (㉢)원 이상인 자

	㉠	㉡	㉢
①	3천	50	50억
②	3천	100	100억
③	5천	50	50억
④	5천	50	100억
⑤	5천	100	100억

19〕 유통산업발전법령상 지방자치단체의 장이 자금지원을 할 수 있는 상점가진흥조합의 사업에 해당하지 않는 것은?

① 점포시설의 표준화 및 현대화
② 상품의 매매·보관·수송·검사 등을 위한 공동시설의 설치
③ 조합원의 판매촉진을 위한 공동사업
④ 조합원과 그 종사자의 자질향상을 위한 연수사업 및 정보제공
⑤ 유통·물류정보시스템을 이용한 정보의 수집·가공·제공

20〕 유통산업발전법령상 산업통상자원부장관이 유통정보화의 촉진 및 유통부문의 전자거래기반을 넓히기 위하여 시행하는 유통정보화시책이 아닌 것은?

① 유통표준코드의 보급
② 판매시점 정보관리시스템의 보급
③ 점포관리의 효율화를 위한 재고관리시스템·매장관리시스템 등의 보급
④ 유통·물류의 효율적 관리를 위한 무선주파수 인식시스템의 적용 및 실용화 촉진
⑤ 유통정보의 교환 또는 중개시장의 개설

21〕 유통산업발전법상 공동집배송센터에 관한 설명으로 옳은 것은?

① 시·도지사는 물류공동화를 촉진하기 위하여 필요한 경우에는 시장·군수·구청장의 추천을 받아 산업통상자원부령으로 정하는 요건에 해당하는 지역 및 시설물을 공동집배송센터로 지정할 수 있다.
② 공동집배송센터사업자는 지정받은 사항 중 산업통상자원부령으로 정하는 중요 사항을 변경하려면 시·도지사의 변경지정을 받아야 한다.
③ 공동집배송센터의 지정을 받은 날부터 정당한 사유 없이 2년 이내에 시공을 하지 아니하는 경우에는 공동집배송센터의 지정이 취소될 수 있다.
④ 거짓으로 공동집배송센터의 지정을 받은 경우는 공동집배송센터의 지정을 취소할 수 있는 사유에 해당한다.
⑤ 시·도지사는 집배송시설의 집단적 설치를 촉진하고 집배송시설의 효율적 배치를 위하여 공동집배송센터 개발촉진지구의 지정을 산업통상자원부장관에게 요청할 수 있다.

정답 **18** ④ **19** ⑤ **20** ⑤ **21** ⑤

22 유통산업발전법령상 공동집배송센터의 지정 등에 관한 설명으로 옳은 것은?

① 공동집배송센터의 지정을 받고자 하는 자는 산업통상자원부장관에게 지정추천을 신청하여야 한다.
② 공동집배송센터의 지정을 받아 운영하는 사업자가 지정받은 공동집배송센터사업자를 변경하고자 하는 때에는 산업통상자원부장관에게 신고하여야 한다.
③ 정보 및 주문처리시설은 공동집배송센터가 갖추어야 하는 주요시설에 해당한다.
④ 공동집배송센터의 지정을 받은 날부터 정당한 사유없이 3년 이내에 시공을 하지 아니하는 경우에는 그 지정을 취소하여야 한다.
⑤ 산업통상자원부장관은 공동집배송센터를 지정하거나 변경지정하려면 미리 국토교통부장관과 협의하여야 한다.

23 유통산업발전법령상 공동집배송센터의 지정취소 사유에 해당하는 것을 모두 고른 것은?

ㄱ. 공동집배송센터의 지정을 받은 날부터 정당한 사유 없이 3년 이내에 시공을 하지 아니하는 경우
ㄴ. 공동집배송센터사업자가 파산한 경우
ㄷ. 공동집배송센터의 시공 후 공사가 6월 이상 중단된 경우
ㄹ. 공동집배송센터의 지정을 받은 날부터 5년 이내에 준공되지 아니한 경우

① ㄱ, ㄴ   ② ㄷ, ㄹ
③ ㄱ, ㄴ, ㄷ   ④ ㄴ, ㄷ, ㄹ
⑤ ㄱ, ㄴ, ㄷ, ㄹ

24 유통산업발전법령상 산업통상자원부장관이 공동집배송센터의 지정을 취소해야만 하는 경우에 해당하는 것은?

① 공동집배송센터의 지정을 받은 날부터 정당한 사유 없이 3년 이내에 시공을 하지 아니하는 경우
② 지정요건 및 시설·운영기준에 미달하는 경우에 하는 시정명령을 이행하지 아니하는 경우
③ 거짓 그 밖의 부정한 방법으로 공동집배송센터의 지정을 받은 경우
④ 공동집배송센터의 지정을 받은 날부터 3년이 되었으나 준공되지 아니한 경우
⑤ 공동집배송센터의 시공 후 공사가 1년 동안 중단된 경우

25 유통산업발전법령상 분쟁조정에 관한 설명으로 옳지 않은 것은?

① 유통분쟁조정위원회는 유통분쟁조정신청을 받은 경우 신청일부터 3일 이내에 신청인 외의 관련 당사자에게 분쟁의 조정신청에 관한 사실과 그 내용을 통보하여야 한다.
② 유통분쟁조정위원회가 작성한 조정안을 제시받은 당사자 및 이해관계인은 그 제시를 받은 날로부터 30일 이내에 그 수락 여부를 유통분쟁조정위원회에 통보하여야 한다.
③ 유통분쟁조정위원회의 위원 중 해당 지방자치단체의 장이 위촉한 소비자단체의 대표의 임기는 2년으로 한다.
④ 유통분쟁조정위원회는 분쟁의 성질상 위원회에서 조정함이 적합하지 아니하다고 인정하는 경우에는 조정을 거부할 수 있다.
⑤ 유통분쟁조정위원회는 동일한 시기에 동일한 사안에 대하여 다수의 분쟁조정이 신청된 경우에는 그 다수의 분쟁조정신청을 통합하여 조정할 수 있다.

 정답 **22** ③ **23** ⑤ **24** ③ **25** ②

26) 유통산업발전법령상 대규모점포와 관련된 분쟁의 조정에 관한 설명으로 틀린 것은?

① 시·군·구의 유통분쟁조정위원회는 조정신청을 받은 날부터 60일 이내에 조정안을 작성하여야 하며 부득이한 사정이 있는 경우에는 위원회의 의결로 그 기간을 연장할 수 있다.

② 시·도의 유통분쟁조정위원회는 시·군·구의 유통분쟁조정위원회의 조정안에 불복하는 자의 조정신청을 받은 날부터 30일 이내에 조정안을 작성하여야 하며 부득이한 사정이 있는 경우에는 위원회의 의결로 그 기간을 연장할 수 있다.

③ 시(특별자치시는 제외)·군·구의 유통분쟁조정위원회의 조정안에 불복하는 자는 조정안을 제시받은 날부터 15일 이내에 시·도의 위원회에 조정을 신청할 수 있다.

④ 조정안을 제시받은 당사자는 그 제시를 받은 날부터 15일 이내에 그 수락 여부를 유통분쟁조정위원회에 통보하여야 한다.

⑤ 유통분쟁조정위원회는 유통분쟁조정신청을 받은 경우 신청일부터 7일 이내에 신청인 외의 관련 당사자에게 분쟁의 조정신청에 관한 사실과 그 내용을 통보하여야 한다.

27) 유통산업발전법령상 청문을 필요로 하는 처분에 해당하지 않는 것은?

① 대규모점포 개설등록의 취소
② 전통상업보존구역 지정의 취소
③ 지정유통연수기관 지정의 취소
④ 유통관리사 자격의 취소
⑤ 공동집배송센터 지정의 취소

정답 **26** ⑤ **27** ②

CHAPTER 04

화물자동차 운수사업법 >> 대표기출문제

정답 및 해설 p. 267

01 화물자동차 운수사업법령상 화주가 밴형 화물자동차에 함께 탈 때의 화물은 여객자동차 운송사업용 자동차에 싣기 부적합한 것으로서 중량, 용적, 형상 등이 일정한 기준에 해당되어야 한다. 그 기준으로 옳지 않은 것은?

① 화주 1명당 화물의 중량이 10킬로그램 이상일 것
② 화주 1명당 화물의 용적이 4만 세제곱센티미터 이상일 것
③ 불결하거나 악취가 나는 농산물·수산물 또는 축산물일 것
④ 기계·기구류 등 공산품일 것
⑤ 폭발성·인화성 또는 부식성 물품일 것

02 화물자동차 운수사업법령상 화물자동차 운송사업의 허가에 관한 설명으로 옳지 않은 것은?

① 30대의 화물자동차를 사용하여 화물을 운송하는 사업을 경영하려는 자는 일반화물자동차 운송사업의 허가를 받아야 한다.
② 화물자동차 운송사업의 허가에는 조건을 붙일 수 있다.
③ 화물자동차 운송사업자가 법인인 경우 대표자를 변경하려면 변경허가를 받아야 한다.
④ 화물자동차 운송사업자가 운송약관의 변경명령을 받고 이를 이행하지 아니한 경우 증차를 수반하는 허가사항을 변경할 수 없다.
⑤ 운송사업자가 사업정지처분을 받은 경우에는 주사무소를 이전하는 변경허가를 받을 수 없다.

03 화물자동차 운수사업법령상 운송사업자에 관한 설명으로 옳은 것은?

① 운송사업자는 운임과 요금을 정하여 국토교통부장관에게 인가를 받아야 한다.
② 운송사업자는 운송약관을 정하여 국토교통부장관에게 신고하여야 한다.
③ 운송사업자가 상호를 변경하는 경우 국토교통부장관에게 변경허가를 받아야 한다.
④ 화물자동차 운송사업을 양도·양수하려는 경우 양도인은 국토교통부장관에게 신고하여야 한다.
⑤ 운송사업자가 화물자동차 운송사업의 일부를 폐업하려면 미리 국토교통부장관에게 신고하여야 한다.

04 화물자동차 운수사업법령상 화물자동차 운송사업자가 허가사항을 변경하고자 할 때 변경신고사항이 아닌 것은?

① 화물자동차의 증차
② 화물취급소의 설치
③ 화물자동차의 대폐차
④ 법인인 경우에 대표자의 변경
⑤ 관할관청의 행정구역 내에서 주사무소의 이전

정답 **01** ① **02** ③ **03** ② **04** ①

05] 화물자동차 운수사업법령상 사업 허가 또는 신고에 관한 설명으로 옳은 것은?

① 운송사업자는 관할관청의 행정구역 내에서 주사무소를 이전하려면 국토교통부장관에게 변경허가를 받아야 한다.

② 운송사업자는 허가받은 날부터 5년마다 허가기준에 관한 사항을 신고하여야 한다.

③ 국토교통부장관은 운송사업자가 사업정지처분을 받은 경우에도 주사무소를 이전하는 변경허가를 할 수 있다.

④ 운송주선사업자가 허가사항을 변경하려면 국토교통부장관의 변경허가를 받아야 한다.

⑤ 운송가맹사업자가 화물취급소를 설치하거나 폐지하려면 국토교통부장관의 변경허가를 받아야 한다.

06] 국토교통부장관은 운송사업자가 다음의 하나에 해당하면 그 허가를 취소하거나 6개월 이내의 기간을 정하여 그 사업의 전부 또는 일부의 정지를 명령하거나 감차 조치를 명할 수 있다. 다음 중 취소하여야 하는 사항에 해당하는 것은?

① 직접운송의무를 위반한 경우

② 허가를 받은 후 6개월간의 운송실적이 국토교통부령으로 정하는 기준에 미달한 경우

③ 화물자동차 운송사업의 허가 또는 증차를 수반하는 변경허가의 기준을 충족하지 못한 경우

④ 법 제11조에 따른 준수사항을 위반한 경우

⑤ 화물자동차 교통사고와 관련하여 거짓이나 그 밖의 부정한 방법으로 보험금을 청구하여 금고 이상의 형을 선고받고 그 형이 확정된 경우

07] 화물자동차 운수사업법령상 화물자동차 운송사업의 양도·양수 등에 관한 설명으로 옳지 않은 것은?

① 화물자동차 운송사업을 양도·양수하려는 경우에는 국토교통부령으로 정하는 바에 따라 양수인은 국토교통부장관에게 신고하여야 한다.

② 운송사업자인 법인이 서로 합병하려는 경우에는 국토교통부령으로 정하는 바에 따라 합병으로 존속하거나 신설되는 법인은 국토교통부장관에게 신고하여야 한다.

③ 운송사업자가 사망한 경우 상속인이 그 화물자동차 운송사업을 계속하려면 피상속인이 사망한 후 60일 이내에 국토교통부장관에게 신고하여야 한다.

④ 상속인이 신고를 하면 피상속인이 사망한 날부터 신고한 날까지 피상속인에 대한 화물자동차 운송사업의 허가는 상속인에 대한 허가로 본다.

⑤ 화물자동차 운송사업의 양도·양수를 위하여는 양도·양수 신고일로부터 2년의 기간이 지나야 한다.

08] 화물자동차 운수사업법령상 화물자동차 운송사업의 양도와 양수 및 상속에 관한 설명으로 옳은 것은?

① 화물자동차 운송사업을 양도·양수하려는 경우에는 국토교통부령으로 정하는 바에 따라 양수인은 시·도지사에게 신고하여야 한다.

② 운송사업자가 사망한 경우 상속인이 그 화물자동차 운송사업을 계속하려면 피상속인이 사망한 후 30일 이내에 시·도지사에게 신고하여야 한다.

③ 운송사업자인 법인이 서로 합병하려는 경우에는 국토교통부령으로 정하는 바에 따라 합병으로 존속하거나 신설되는 법인은 시·도지사에게 신고하여야 한다.

④ 운송사업자가 사망한 경우 상속인이 이 법령에 의한 신고를 하면 피상속인이 사망한 날부터 신고한 날까지 피상속인에 대한 화물자동차 운송사업의 허가는 상속인에 대한 허가로 본다.

⑤ 합병 이후에 존속되는 법인과 신규로 설립되는 법인은 합병으로 소멸되는 법인의 운송사업자로서의 지위를 승계한다.

정답 **05** ② **06** ⑤ **07** ③ **08** ④

09] 화물자동차 운수사업법령상 운임 및 요금에 관한 설명으로 옳지 않은 것은?

① 운송사업자는 운임과 요금을 정하여 미리 국토교통부장관에게 신고하여야 한다.

② 화물자동차 안전운임의 적용을 받는 화주와 운수사업자는 해당 화물자동차 안전운임을 게시하거나 그 밖에 적당한 방법으로 운수사업자와 화물차주에게 알려야 한다.

③ 국토교통부장관은 운임·요금의 신고를 받은 날로부터 14일 이내 신고수리 여부를 통지해야 한다.

④ 밴형 화물자동차를 사용하여 화주와 화물을 함께 운송하는 운송가맹업자는 운임·요금의 신고의무가 없다.

⑤ 화물자동차 운송사업의 운임 및 요금의 신고는 운송사업자로 구성된 협회가 설립한 연합회로 하여금 대리하게 할 수 있다.

10] 화물자동차 운수사업법령상 운송약관에 기재하여야 하는 사항이 아닌 것은?

① 운수사업의 종류

② 운임 및 요금의 환급에 관한 사항

③ 화물의 인도·인수에 관한 사항

④ 책임보험계약에 관한 사항

⑤ 손해배상 및 면책에 관한 사항

11] 화물자동차 운수사업법령상 운송약관에 관한 설명으로 옳은 것은?

① 운송약관을 신고할 때에는 신고서에 적재물배상보험계약서를 첨부하여야 한다.

② 운송사업자는 운송약관의 신고를 협회로 하여금 대리하게 할 수 없다.

③ 시·도지사가 화물자동차 운수사업법령에서 정한 기간 내에 신고수리 여부를 신고인에게 통지하지 아니하면 그 기간이 끝난 날에 신고를 수리한 것으로 본다.

④ 공정거래위원회는 표준약관을 작성하여 운송사업자에게 그 사용을 권장할 수 있다.

⑤ 운송사업자가 화물자동차 운송사업의 허가를 받는 때에 표준약관의 사용에 동의하면 운송약관을 신고한 것으로 본다.

12] 화물자동차 운수사업법상 운송사업자의 운임·요금, 운송약관에 관하여 (   )에 들어갈 내용으로 옳은 것은?

- 국토교통부장관은 운송사업자로부터 운임과 요금에 대한 신고 또는 변경신고를 받은 날부터 (ㄱ) 이내에 신고수리 여부를 신고인에게 통지하여야 한다.
- 국토교통부장관은 운송사업자로부터 운송약관에 대한 신고 또는 변경신고를 받은 날부터 (ㄴ) 이내에 신고수리 여부를 신고인에게 통지하여야 한다.
- 운송약관의 신고를 하지 아니한 자에게는 (ㄷ) 이하의 과태료를 부과한다.

① ㄱ : 14일, ㄴ : 3일, ㄷ : 500만원

② ㄱ : 21일, ㄴ : 3일, ㄷ : 1,000만원

③ ㄱ : 14일, ㄴ : 5일, ㄷ : 500만원

④ ㄱ : 21일, ㄴ : 5일, ㄷ : 1,000만원

⑤ ㄱ : 30일, ㄴ : 7일, ㄷ : 1,000만원

13] 화물자동차 운수사업법령상 손해배상에 대한 운송사업자의 책임이나 분쟁에 관한 설명으로 옳지 않은 것은?

① 국토교통부장관은 손해배상에 관하여 화주가 요청하면 국토교통부령으로 정하는 바에 따라 이에 관한 분쟁을 조정할 수 있다.

② 화물이 인도기한이 지난 후 1개월 이내에 인도되지 아니하면 그 화물은 멸실된 것으로 본다.

③ 당사자 쌍방이 조정안을 수락하면 당사자 간에 조정안과 동일한 합의가 성립된 것으로 본다.

④ 국토교통부장관은 화주가 분쟁조정을 요청하면 지체 없이 그 사실을 확인하고 손해내용을 조사한 후 조정안을 작성하여야 한다.

⑤ 화물의 멸실·훼손 또는 인도의 지연으로 발생한 운송사업자의 손해배상책임에 관하여는 「상법」을 준용한다.

 09 ④ **10** ④ **11** ⑤ **12** ① **13** ②

대표기출 2 3 4 5 물류관련법규

14〕 화물자동차 운수사업법령상 화물의 멸실이나 훼손 등으로 발생한 운송사업자의 책임에 관한 설명으로 옳지 않은 것은?

① 화물의 멸실로 발생한 운송사업자의 손해배상책임을 적용할 때 화물이 인도기한이 지난 후 3개월 이내에 인도되지 아니하면 그 화물은 멸실된 것으로 본다.

② 국토교통부장관은 멸실이나 훼손 등으로 발생한 운송사업자의 손해배상에 관하여 화주가 요청하면 이에 관한 분쟁을 조정할 수 있다.

③ 국토교통부장관은 분쟁조정업무를 「소비자기본법」에 따른 한국소비자원 또는 같은 법에 따라 등록한 소비자단체에 위탁할 수 있다.

④ 국토교통부장관은 화주가 분쟁조정을 요청하면 1개월 이내의 기간을 정하여 그 사실을 확인하고 손해내용을 조사한 후 조정안을 작성하여야 한다.

⑤ 화주와 운송사업자 쌍방이 조정안을 수락하면 당사자 간에 조정안과 동일한 합의가 성립된 것으로 본다.

15〕 화물자동차 운수사업법령상 운송사업자의 준수사항으로 옳지 않은 것은?

① 개인 화물자동차 운송사업자는 주사무소가 있는 특별시·광역시·특별자치시 또는 도와 이와 맞닿은 특별시·광역시·특별자치시 또는 도 외의 지역에 상주하여 화물자동차 운송사업을 경영하지 아니하여야 한다.

② 밤샘 주차하는 경우에는 화물자동차 휴게소에 주차할 수 없다.

③ 최대 적재량 1.5톤 이하의 화물자동차의 경우에는 주차장, 차고지 또는 지방자치단체의 조례로 정하는 시설 및 장소에서만 밤샘주차하여야 한다.

④ 화주로부터 부당한 운임 및 요금의 환급을 요구받았을 때에는 환급하여야 한다.

⑤ 개인 화물자동차 운송사업자는 자기 명의로 운송계약을 체결한 화물에 대하여 다른 운송사업자에게 수수료나 그 밖의 대가를 받고 그 운송을 위탁하거나 대행하게 할 수 없다.

16〕 화물자동차 운수사업법령상 운송사업자의 준수사항에 관한 설명으로 옳지 않은 것은?

① 운송사업자는 택시 요금미터기의 장착을 하여서는 아니 된다.

② 운송사업자는 화물자동차 운송사업을 양도·양수하는 경우에 양도·양수에 소요되는 비용을 위·수탁차주에게 부담시켜서는 아니 된다.

③ 최대 적재량 1.5톤을 초과하는 화물자동차를 밤샘주차하는 경우 차고지에서만 하여야 한다.

④ 화주로부터 부당한 운임 및 요금의 환급을 요구받았을 때에는 환급하여야 한다.

⑤ 밴형 화물자동차를 사용해서 화주와 화물을 함께 운송하는 사업자는 화물자동차 바깥쪽에 "화물"이라는 표기를 한국어 및 외국어(영어, 중국어 및 일어)로 표시하여야 한다.

17〕 다음 중 운송사업자의 직접운송의무 사항과 관련이 없는 것은?

① 일반화물자동차 운송사업자는 연간 운송계약화물의 100분의 50 이상을 직접 운송하여야 한다.

② 운송사업자가 운송주선사업을 동시에 영위하는 경우에는 연간 운송계약 및 운송주선계약화물의 100분의 20 이상을 직접 운송하여야 한다.

③ 직접운송의 인정기준은 위탁운송 화물의 100분의 80에서 100분의 100의 범위에서 국토교통부장관이 정하여 고시하는 기준에 따른다.

④ 다른 운송사업자나 운송주선사업자로부터 화물운송을 위탁받은 운송사업자와 운송가맹사업자로부터 화물운송을 위탁받은 운송사업자(운송가맹점인 운송사업자만 해당한다)는 해당 운송사업자에게 소속된 차량으로 직접 화물을 운송하여야 한다.

⑤ 운송사업자가 국토교통부령으로 정하는 바에 따라 운송가맹사업자의 화물정보망이나 인증받은 정보망을 이용하여 운송을 위탁하면 직접 운송한 것으로 본다.

 정답 **14** ④ **15** ② **16** ③ **17** ②

18 화물자동차 운수사업법령상 업무개시명령에 관한 설명으로 옳지 않은 것은?

① 국토교통부장관은 운송사업자나 운수종사자가 정당한 사유 없이 집단으로 화물운송을 거부하여 화물운송에 커다란 지장을 주어 국가경제에 매우 심각한 위기를 초래하거나 초래할 우려가 있다고 인정할 만한 상당한 이유가 있으면 그 운송사업자 또는 운수종사자에게 업무개시를 명할 수 있다.

② 국토교통부장관은 운송사업자 또는 운수종사자에게 업무개시를 명하려면 국무회의의 심의를 거쳐야 한다.

③ 국토교통부장관은 화물운송 종사자격을 취득한 자가 정당한 사유 없이 업무개시명령을 거부하면 그 자격을 취소하거나 6개월 이내의 기간을 정하여 그 자격의 효력을 정지시킬 수 있다.

④ 국토교통부장관은 운송사업자가 정당한 사유 없이 업무개시명령을 거부하면 그 허가를 취소하거나 6개월 이내의 기간을 정하여 그 사업의 전부 또는 일부의 정지를 명령하거나 감차조치를 명할 수 있다.

⑤ 운송사업자 또는 운수종사자가 정당한 사유 없이 업무개시명령을 거부하면 1년 이하의 징역 또는 1천만원 이하의 벌금에 처한다.

19 화물자동차 운수사업법령상 운송사업자에게 징수한 과징금을 사용(보조 또는 융자를 포함)할 수 있는 용도에 해당되지 않는 것은?

① 화물터미널의 건설과 확충
② 공동차고지의 건설과 확충
③ 경영개선이나 그 밖에 화물에 대한 정보제공사업 등 화물자동차 운수사업의 발전을 위하여 필요한 사업
④ 신고포상금의 지급
⑤ 운수종사자 영리운영사업

20 화물자동차 운수사업법령상 화물자동차 운수사업의 운전업무 종사자격에 관한 설명으로 옳은 것은?

① 여객자동차 운수사업용 자동차를 운전한 경력이 있는 자가 화물자동차 운수사업의 운전업무에 종사하려면 그 운전경력이 2년 이상이어야 한다.

② 파산선고를 받고 복권되지 아니한 자는 화물운송 종사자격을 취득할 수 없다.

③ 국토교통부장관은 운송종사자가 업무개시명령을 정당한 사유 없이 거부한 경우 자격을 취소하여야 한다.

④ 국토교통부장관은 화물운송 종사자격을 취득한 자가 화물운송 중에 고의나 과실로 교통사고를 일으켜 사람을 사망하게 한 경우 화물운송 종사자격을 취소하여야 한다.

⑤ 화물운송 종사자격의 효력정지 처분은 처분 대상자의 주소지를 관할하는 시·도지사가 관장한다.

21 화물자동차 운수사업법령상 화물자동차 운송주선사업에 관한 설명으로 옳지 않은 것은?

① 운송주선사업자는 운송주선사업의 허가를 받은 날부터 5년마다 법령상의 허가기준에 관한 사항을 신고하여야 한다.

② 운송주선사업자는 요금을 정하여 미리 신고하여야 한다.

③ 운송주선사업의 허가취소 처분을 하려면 청문을 하여야 한다.

④ 관할관청은 운송자선사업 허가증을 발급하였을 때에는 그 사실을 협회에 통지하여야 한다.

⑤ 관할관청은 운송주선산업의 허가취소 등의 사유에 해당하는 위반행위를 적발하였을 때에는 특별한 사유가 없으면 적발한 날부터 30일 이내에 처분하여야 한다.

 정답   **18** ⑤   **19** ⑤   **20** ⑤   **21** ②

22] 화물자동차 운수사업법령상 화물자동차 운송주선사업에 관한 설명으로 옳지 않은 것은?

① 화물자동차 운송가맹사업의 허가를 받은 자는 화물자동차 운송주선사업의 허가를 받을 필요가 없다.

② 화물자동차 운송주선사업의 허가를 받은 자는 2년마다 허가기준에 관한 사항을 국토교통부장관에게 신고하여야 한다.

③ 운송주선사업자는 자기 명의로 다른 사람에게 화물자동차 운송주선사업을 경영하게 할 수 없다.

④ 화물자동차 운송주선사업의 허가를 받은 자가 허가사항을 변경하려면 국토교통부장관에게 신고하여야 한다.

⑤ 국토교통부장관은 변경신고를 받은 날부터 5일 이내에 신고수리 여부를 신고인에게 통지하여야 한다.

23] 화물자동차 운수사업법상 화물자동차 운송주선사업의 허가를 반드시 취소하여야 하는 경우를 모두 고른 것은?

　ㄱ. 화물자동차 운송주선사업의 허가기준을 충족하지 못하게 된 경우
　ㄴ. 거짓이나 그 밖의 부정한 방법으로 운송주선사업 허가를 받은 경우
　ㄷ. 화물자동차 운수사업법 제27조(화물자동차 운송주선사업의 허가취소 등)에 따른 사업정지명령을 위반하여 그 사업정지기간 중에 사업을 한 경우

① ㄱ　　　　　　　　② ㄷ
③ ㄱ, ㄴ　　　　　　④ ㄴ, ㄷ
⑤ ㄱ, ㄴ, ㄷ

24] 화물자동차 운수사업법상 화물자동차 운송가맹사업에 관한 설명으로 옳지 않은 것은?

① 화물자동차 운송가맹사업의 허가를 받은 자는 화물자동차 운송주선사업의 허가를 받지 아니한다

② 다른 사람의 요구에 응하여 자기 화물자동차를 사용하여 유상으로 화물을 운송하는 사업은 화물자동차 운송가맹사업에 해당하지 않는다.

③ 화물자동차 운송가맹사업의 허가를 받은 자는 화물자동차 운송사업의 허가를 받지 아니한다.

④ 운송가맹사업자는 적재물배상 책임보험 또는 공제에 가입하여야 한다.

⑤ 운송가맹사업자의 화물정보망은 운송사업자가 다른 운송사업자나 다른 운송사업자에게 소속된 위·수탁차주에게 화물운송을 위탁하는 경우에도 이용될 수 있다.

25] 화물자동차 운수사업법령상 화물자동차 운송가맹사업에 관한 설명으로 옳지 않은 것은?

① 화물자동차 운송가맹사업의 허가를 받은 자가 화물자동차 운송사업을 경영하기 위해서는 화물자동차 운송사업의 허가를 받아야 한다.

② 화물자동차 운송가맹사업자가 대통령령으로 정한 경미한 사항의 허가사항을 변경하려면 국토교통부장관에게 신고하여야 한다.

③ 화물자동차를 직접 소유한 운송가맹사업자의 화물자동차 대폐차는 허가사항 변경신고 대상이다.

④ 운송가맹사업자는 주사무소 외의 장소에서 상주하여 영업하려면 국토교통부장관의 허가를 받아 영업소를 설치하여야 한다.

⑤ 화물자동차 운송가맹사업자는 화물의 원활한 운송을 위하여 화물정보망을 설치·운영하여야 한다.

 정답　　22 ②　23 ④　24 ②　25 ①

26〕 화물자동차 운수사업법령상 화물자동차 운송가맹사업
자가 허가받은 사항을 변경하는 경우 변경허가를 받지
않고 국토교통부장관에게 신고하는 경미한 사항에 해
당하는 것을 모두 고른 것은?

ㄱ 법인인 경우 대표자의 변경
ㄴ 운송가맹사업자가 직접 소유한 화물자동차의
대폐차
ㄷ 주사무소·영업소 및 화물취급소의 이전
ㄹ 화물자동차의 증차

① ㄱ, ㄴ   ② ㄴ, ㄷ
③ ㄱ, ㄴ, ㄷ   ④ ㄱ, ㄷ, ㄹ
⑤ ㄴ, ㄷ, ㄹ

27〕 화물자동차 운수사업법령상 안전운행의 확보, 운송질
서의 확립 및 화주의 편의를 도모하기 위하여 필요하다
고 인정될 경우 운송가맹사업자에 대하여 발령될 수
있는 개선명령에 해당하지 않는 것은?

① 감차 조치
② 화물자동차의 구조변경
③ 운송시설의 개선
④ 운송약관의 변경
⑤ 화물의 안전운송을 위한 조치

28〕 화물자동차 운수사업법령상 적재물배상보험 등에 관
한 설명으로 옳지 않은 것은?

① 최대 적재량이 5톤 이상이거나 총 중량이 10톤 이
상인 화물자동차 중 국토교통부령으로 정하는 화
물자동차를 소유하고 있는 운송사업자는 손해배
상책임을 이행하기 위하여 적재물배상 책임보험
또는 공제에 가입하여야 한다.
② 「보험업법」에 따른 보험회사는 적재물배상보험
등에 가입하여야 하는 자가 적재물배상보험 등에
가입하려고 하면 대통령령으로 정하는 사유가 있
는 경우 외에는 적재물배상보험 등의 계약의 체결
을 거부할 수 없다.

③ 운송가맹사업자는 손해배상책임을 이행하기 위하여
적재물배상책임보험 또는 공제에 가입하여야 한다.
④ 보험회사 등은 자기와 책임보험계약 등을 체결하고
있는 보험 등 의무가입자에게 그 계약종료일 30일
전까지 그 계약이 끝난다는 사실을 알려야 한다.
⑤ 운송사업자는 각 사업자별로 3천만원 이상의 금
액을 지급할 책임을 지는 적재물배상책임보험 또
는 공제에 가입하여야 한다.

29〕 화물자동차 운수사업법령상 책임보험계약 등의 해제
또는 해지의 사유가 아닌 것은?

① 화물자동차 운송사업의 허가사항의 변경(감차만
을 말한다)
② 화물자동차 운송사업의 감차 조치 명령
③ 화물자동차 운송가맹사업의 허가사항의 변경(감
차만을 말한다)
④ 화물자동차 운송사업의 허가취소
⑤ 화물자동차 운송주선사업의 감차 조치 명령

30〕 화물자동차 운수사업법령상 적재물배상보험 또는 공
제에 가입하여야 하는 자를 모두 고른 것은?

ㄱ. 건축폐기물·쓰레기 등 경제적 가치가 없는
화물을 운송하는 차량으로서 국토교통부장관
이 정하여 고시하는 화물자동차를 소유하고
있는 운송사업자
ㄴ. 「대기환경보전법」에 따른 배출가스저감장치를
차체에 부착함에 따라 총중량이 10톤 이상이
된 화물자동차 중 최대 적재량이 5톤 미만인
화물자동차를 소유하고 있는 운송사업자
ㄷ. 이사화물 운송주선사업자
ㄹ. 운송가맹사업자

① ㄱ, ㄴ   ② ㄱ, ㄷ
③ ㄴ, ㄷ   ④ ㄴ, ㄹ
⑤ ㄷ, ㄹ

 정답 26 ③ 27 ① 28 ⑤ 29 ⑤ 30 ⑤

31) 화물자동차 운수사업법령상 다음의 (   ) 안에 들어갈 행정행위로 올바르게 연결된 것은?

> 화물자동차 운수사업자가 설립한 협회의 연합회는 손해배상책임의 보장사업 및 적재물배상 공제사업을 추진하기 위하여 국토교통부장관의 (   )을/를 받아 공제사업을 할 수 있으며, 운수사업자는 공제사업을 하기 위하여 국토교통부장관의 (   )을/를 받아 공제조합을 설립할 수 있다.

① 승인 – 허가
② 허가 – 인가
③ 등록 – 승인
④ 인가 – 허가
⑤ 허가 – 허가

32) 화물자동차 운수사업법령상 경영의 합리화에 관한 설명으로 옳지 않은 것은?

① 운송사업자는 화물자동차 운송사업의 효율적인 수행을 위하여 경영의 일부를 다른 사람에게 위탁할 수 있다.
② 국토교통부장관은 화물자동차 운수사업의 경영개선 또는 운송서비스의 향상을 위하여 필요하다고 인정하면 화물자동차 운수사업의 경영에 관하여 운수사업자를 지도할 수 있다.
③ 국토교통부장관은 재무관리 및 사업관리 등 경영실태가 부실하다고 인정되는 운수사업자에게는 경영개선에 관한 권고를 할 수 있다.
④ 국토교통부장관은 필요하면 경영실태가 부실하다고 인정되는 운수사업자에게 경영개선에 관한 중·장기 또는 연차별 계획 등을 제출하게 할 수 있고, 제출한 경영개선에 관한 계획 등이 불합리하다고 인정되면 변경할 것을 권고할 수 있다.
⑤ 운송사업자는 파산선고를 받고 복권된 자에 대하여는 경영의 일부 또는 전부를 위탁할 수 없다.

33) 다음 중 화물자동차 운수사업법령상 경영의 합리화를 위한 위·수탁계약과 관련된 내용으로 틀린 것으로 묶인 것은?

> ㉠ 화물자동차 운송사업자는 사업의 효율적인 수행을 위하여 필요하면 다른 사람에게 차량과 그 경영의 일부를 위탁하거나 차량을 현물출자한 사람에게 그 경영의 일부를 위탁할 수 있다.
> ㉡ 국토교통부장관은 화물운송시장의 질서유지 및 사업자의 운송서비스 향상을 유도하기 위하여 필요한 경우에도 경영의 위탁을 제한할 수 없다.
> ㉢ 위·수탁계약의 기간은 3년 이상이어야 한다.
> ㉣ 운송사업자는 위·수탁계약을 해지하려는 경우에는 위·수탁차주에게 2개월 이상의 유예기간을 두고 계약의 위반사실을 구체적으로 밝히고, 이를 시정하지 아니하면 그 계약을 해지한다는 사실을 서면으로 1회 이상 통지하여야 한다.
> ㉤ 위·수탁차주는 운송사업자의 동의를 받아 위·수탁계약상의 지위를 타인에게 양도할 수 있다.
> ㉥ 운송계약의 형태·내용 등 관련된 모든 사정에 비추어 위·수탁계약체결 당시 예상하기 어려운 내용에 대해 상대방에게 책임을 떠넘기는 경우 그 부분에 한정하여 취소로 한다.
> ㉦ 위·수탁차주가 계약기간 동안 화물운송종사자격의 취소처분을 받은 경우는 위·수탁계약을 지속하기 어려운 중대한 사유에 해당한다.

① ㉠, ㉡, ㉣
② ㉡, ㉣, ㉥, ㉦
③ ㉠, ㉡, ㉢, ㉤
④ ㉡, ㉢, ㉣, ㉥
⑤ ㉠, ㉡, ㉢, ㉣, ㉦

정답 **31** ② **32** ⑤ **33** ④

34 화물자동차 운수사업법상 운수사업자 등이 국가로부터 재정지원을 받을 수 있는 사업에 해당하지 않는 것은?

① 공동차고지 및 공영차고지 건설
② 화물자동차 운수사업의 정보화
③ 낡은 차량의 대체
④ 화물자동차 휴게소의 건설
⑤ 화물자동차 운수사업에 대한 홍보

35 화물자동차 운수사업법령상 공영차고지를 설치하여 직접 운영할 수 있는 자가 아닌 것은?

① 도지사
② 자치구의 구청장
③ 「지방공기업법」에 따른 지방공사
④ 「한국토지주택공사법」에 따른 한국토지주택공사
⑤ 「한국농수산식품유통공사법」에 따른 한국농수산식품유통공사

36 화물자동차 운수사업법령상 운수사업자(개인 운송사업자는 제외)가 관리하고 신고하여야 하는 사항을 모두 고른 것은?

> ㄱ. 운수사업자가 직접 운송한 실적
> ㄴ. 운수사업자가 화주와 계약한 실적
> ㄷ. 운수사업자가 다른 운수사업자와 계약한 실적
> ㄹ. 운송가맹사업자가 소속 운송가맹점과 계약한 실적

① ㄱ, ㄴ
② ㄷ, ㄹ
③ ㄱ, ㄴ, ㄷ
④ ㄱ, ㄴ, ㄹ
⑤ ㄱ, ㄴ, ㄷ, ㄹ

37 화물자동차 운수사업법령상 화물자동차 휴게소에 관한 설명으로 옳은 것은?

① 국토교통부장관은 휴게소 종합계획을 10년 단위로 수립하여야 한다.
② 국토교통부장관은 휴게소 종합계획을 수립하는 경우 미리 시·도지사의 의견을 듣고 관계 중앙행정기관의 장과 협의하여야 한다.
③ 「한국공항공사법」에 따른 한국공항공사는 화물자동차 휴게소 건설사업을 할 수 있는 공공기관에 해당하지 않는다.
④ 휴게소 건설사업 시행자는 그 건설계획을 수립하면 이를 공고하고, 관계 서류의 사본을 10일 이상 일반인이 열람할 수 있도록 하여야 한다.
⑤ 「항만법」에 따른 항만이 위치한 지역으로서 화물자동차의 일일 평균 왕복 교통량이 1만5천대인 지역은 화물자동차 휴게소의 건설 대상지역에 해당하지 않는다.

38 화물자동차 운수사업자는 국토교통부령으로 정하는 바에 따라 운송 또는 주선 실적을 관리하고 이를 국토교통부장관에게 신고하여야 한다. 다음 중 그 신고 대상에 해당하지 않는 것은?

① 운수사업자가 화주와 계약한 실적
② 운수사업자가 다른 운송사업자 소속의 위·수탁차주와 계약한 실적
③ 운송가맹사업자가 소속 운송가맹점과 계약한 실적
④ 운수사업자가 직접 운송한 실적
⑤ 운수사업자가 소속 위·수탁사업자와 계약한 실적

정답 **34** ⑤ **35** ⑤ **36** ⑤ **37** ② **38** ⑤

39 화물자동차 운수사업법령상 사업자단체에 관한 설명으로 옳지 않은 것은?

① 공제조합을 설립하려면 공제조합의 조합원 자격이 있는 자의 10분의 1 이상이 발기하여야 한다.

② 파산선고를 받고 복권된 사람은 공제조합의 운영위원회의 위원이 될 수 없다.

③ 운송사업자로 구성된 협회, 운송주선사업자로 구성된 협회 및 운송가맹사업자로 구성된 협회는 각각 연합회를 설립할 수 있다.

④ 협회에 관하여는 이 법에 규정된 사항 외에는 「민법」 중 사단법인에 관한 규정을 준용한다.

⑤ 공제조합이 조합에 고용된 자의 업무상 재해로 인한 손실을 보상하기 위한 공제사업을 하려면 공제규정을 정하여 국토교통부장관의 인가를 받아야 한다.

40 화물자동차 운수사업법령상 국토교통부장관에게 신고하여야 하는 사항이 아닌 것은?

① 화물자동차 운송가맹사업의 허가기준에 관한 사항
② 화물자동차 운송주선사업의 법인의 합병
③ 화물자동차 공제조합의 설립
④ 화물자동차 운송사업자의 운송약관
⑤ 화물자동차 운송가맹사업의 요금과 운임

41 화물자동차 운수사업법령상 자가용 화물자동차의 사용에 관한 설명으로 옳은 것은?

① 자가용 화물자동차를 국토교통부령으로 정하는 특수자동차로 사용하려는 자는 시·도지사의 허가를 받아야 한다.

② 시·도지사는 자가용 화물자동차의 사용에 관한 허가 신청을 받은 날부터 10일 이내에 허가 여부를 신청인에게 통지하여야 한다.

③ 자가용 화물자동차의 소유자는 천재지변으로 인하여 수송력 공급을 긴급히 증가시킬 필요가 있는 경우에는 시·도지사의 허가를 받지 아니하여도 자가용 화물자동차를 유상으로 화물운송용으로 제공할 수 있다.

④ 자가용 화물자동차의 소유자가 시·도지사의 허가를 받지 아니하고 자가용 화물자동차를 유상으로 임대한 경우, 시·도지사는 12개월 이내의 기간을 정하여 그 자동차의 사용을 제한하여야 한다.

⑤ 시·도지사는 영농조합법인의 신청에 의하여 자가용 화물자동차에 대한 유상운송 허가기간의 연장을 허가할 수 있다.

42 화물자동차 운수사업법령상 영농조합법인에 대한 자가용 화물자동차의 유상운송 허가에 관한 설명으로 옳지 않은 것은?

① 「농어업경영체 육성 및 지원에 관한 법률」에 따라 설립된 영농조합법인이 그 사업을 위하여 화물자동차를 직접 소유·운영하는 경우로서 시·도지사의 허가를 받으면 화물운송용으로 제공하거나 임대할 수 있다.

② 영농조합법인에 대하여 자가용 화물자동차의 유상운송을 허가하려는 경우에는 차량안전점검과 정비를 철저히 하고 각종 교통 관련 법규를 성실히 준수할 것을 조건으로 한다.

③ 영농조합법인이 소유하는 자가용 화물자동차에 대한 유상운송 허가기간은 5년 이내로 하여야 한다.

④ 영농조합법인이 허가기간 만료일 30일 전까지 시·도지사에게 유상운송 허가기간의 연장을 신청하는 경우 시·도지사는 유상운송 허가기간의 연장을 허가할 수 있다.

⑤ 영농조합법인에 대하여 자가용 화물자동차의 유상운송을 허가하려는 경우에는 자동차의 운행으로 사람이 사망하거나 부상한 경우의 손해배상책임을 보장하는 보험에 계속 가입할 것을 조건으로 한다.

정답

39 ② **40** ③ **41** ⑤ **42** ③

43 화물자동차 운수사업법령상 자가용 화물자동차의 사용에 관한 설명으로 옳은 것은? (단, 조례는 고려하지 않음)

① 자가용 화물자동차의 소유자 또는 사용자는 자가용 화물자동차를 유상으로 화물운송용으로 제공하거나 임대하여서는 아니 된다.

② 천재지변으로 인하여 수송력 공급을 긴급히 증가시킬 필요가 있는 등의 경우 자가용 화물자동차의 소유자는 국토교통부장관의 허가를 받아 자가용 화물자동차를 유상으로 화물운송용으로 제공할 수 있다.

③ 영농조합법인이 소유하는 자가용 화물자동차에 대한 유상운송 허가기간은 2년 이내로 한다.

④ 자가용 화물자동차의 소유자가 자가용 화물자동차를 사용하여 화물자동차 운송사업을 경영한 경우 시·도지사는 1년 이내의 기간을 정하여 그 자동차의 사용을 제한하거나 금지할 수 있다.

⑤ 시·도지사는 자기용화물자동차로의 사용 신고 또는 변경신고를 받은 날부터 7일 이내에 신고수리 여부를 신고인에게 통지하여야 한다.

01] **철도사업법령상 철도사업에 관한 설명으로 옳지 않은 것은?**

① 철도사업자가 운임·요금을 변경하려는 경우에는 국토교통부장관에게 신고하여야 한다.

② 철도사업자가 여객열차의 운행구간을 변경하려는 경우에는 국토교통부장관의 인가를 받아야 한다.

③ 철도사업자가 다른 철도사업자와 합병하려는 경우에는 국토교통부장관의 인가를 받아야 한다.

④ 철도사업자가 그 사업의 일부를 폐업하려는 경우에는 국토교통부장관의 허가를 받아야 한다.

⑤ 철도사업자가 철도사업약관을 변경하려는 경우에는 국토교통부장관의 인가를 받아야 한다.

02] **철도사업법령상 철도사업의 면허에 관한 설명으로 옳지 않은 것은?**

① 철도사업을 경영하려는 자는 지정·고시된 사업용 철도노선을 정하여 국토교통부장관의 면허를 받아야 한다.

② 국토교통부장관은 면허를 하는 경우 철도의 공공성과 안전을 강화하고 이용자 편의를 증진시키기 위하여 필요한 부담을 붙일 수 있다.

③ 법인이 아닌 자도 철도사업의 면허를 받을 수 있다.

④ 철도사업의 면허를 받기 위한 사업계획서에는 사용할 철도차량의 대수·형식 및 확보계획이 포함되어야 한다.

⑤ 신청자가 해당 사업을 수행할 수 있는 재정적 능력이 있어야 한다는 것은 면허기준에 포함된다.

03] **철도사업법령상 철도사업자에 관한 설명으로 옳지 않은 것은?**

① 철도사업을 경영하려는 자는 지정·고시된 사업용 철도노선을 정하여 국토교통부장관의 면허를 받아야 한다.

② 천재지변으로 철도사업자가 국토교통부장관이 지정하는 날에 운송을 시작할 수 없는 경우에는 국토교통부장관의 승인을 받아 날짜를 연기할 수 있다.

③ 철도사업의 면허를 받을 수 있는 자는 법인으로 한다.

④ 철도사업자는 여객에 대한 운임을 변경하려는 경우 국토교통부장관의 허가를 받아야 한다.

⑤ 철도사업자는 사업계획 중 여객열차의 운행구간을 변경하려는 경우 국토교통부장관의 인가를 받아야 한다.

04] **철도사업법상 여객 운임에 관한 설명으로 옳지 않은 것은?**

① 철도사업자는 재해복구를 위한 긴급지원이 필요하다고 인정되는 경우에는 일정한 기간과 대상을 정하여 여객 운임·요금을 감면할 수 있다.

② 철도사업자는 여객 운임·요금을 감면하는 경우에는 그 시행 3일 이전에 감면사항을 인터넷 홈페이지 등 일반인이 잘 볼 수 있는 곳에 게시하여야 하며, 긴급한 경우에는 미리 게시하지 아니할 수 있다.

③ 철도사업자는 열차를 이용하는 여객이 정당한 운임·요금을 지급하지 아니하고 열차를 이용한 경우에는 승차구간에 해당하는 운임 외에 그의 50배의 범위에서 부가운임을 징수할 수 있다.

④ 철도사업자는 송하인이 운송장에 적은 화물의 품명·중량·용적 또는 개수에 따라 계산한 운임이 정당한 사유 없이 정상운임보다 적은 경우에는 송하인에게 그 부족 운임 외에 그 부족운임의 5배의 범위에서 부가운임을 징수할 수 있다.

⑤ 철도사업자는 부가운임을 징수하려는 경우에는 사전에 부가운임의 징수 대상 행위, 열차의 종류 및 운행구간 등에 따른 부가운임 산정기준을 정하고 철도사업약관에 포함하여 국토교통부장관에게 신고하여야 한다.

 정답   **01** ⑤   **02** ③   **03** ④   **04** ③

05) 철도사업법령상 철도사업자가 국토교통부장관의 인가를 받아야 하는 사업계획의 변경사항에 해당하지 않는 것은?

① 철도이용수요가 적어 수지균형의 확보가 극히 곤란한 벽지노선의 철도운송서비스의 종류를 변경하거나 다른 종류의 철도운송서비스를 추가하는 경우
② 여객열차의 운행구간을 변경하는 경우
③ 사업용철도노선별로 여객열차의 정차역을 신설 또는 폐지하거나 10분의 2 이상 변경하는 경우
④ 사업용철도노선별로 여객열차의 10분의 1 이상의 운행횟수를 변경하는 경우
⑤ 공휴일·방학기간 그 밖의 수송수요와 열차운행 계획상의 수송력과 현저한 차이가 있는 경우로서 3월 이내의 기간 동안 운행횟수를 변경하는 경우

06) 철도사업법령상 국토교통부장관의 인가를 받아야 하는 사항을 모두 고른 것은?

ㄱ. 철도사업약관의 변경
ㄴ. 철도사업자의 사업계획의 중요 사항의 변경
ㄷ. 철도사업자의 철도사업의 양도·양수
ㄹ. 공동운수협정의 경미한 사항의 변경

① ㄱ, ㄴ   ② ㄱ, ㄷ
③ ㄴ, ㄷ   ④ ㄷ, ㄹ
⑤ ㄱ, ㄴ, ㄹ

07) 철도사업법령상 철도사업약관 및 사업계획에 관한 설명으로 옳은 것은?

① 철도사업자는 철도사업약관을 정하여 국토교통부 장관의 허가를 받아야 한다.
② 국토교통부장관은 철도사업약관의 변경신고를 받은 날부터 10일 이내에 신고수리여부를 신고인에게 통지하여야 한다.

③ 철도사업자는 여객열차의 운행구간을 변경하려는 경우 국토교통부장관의 인가를 받아야 한다.
④ 철도사업자는 사업용철도노선별로 여객열차의 정차역의 10분의 2를 변경하는 경우 국토교통부장관에게 신고하여야 한다.
⑤ 철도사업자가 사업계획 중 인가사항을 변경하려는 경우에는 사업계획을 변경하려는 날 1개월 전까지 사업계획변경인가신청서를 제출하여야 한다.

08) 다음 중 철도사업의 약관 기재사항이 아닌 것은?

① 철도사업약관의 적용범위
② 여객 운임·요금의 수수 또는 환급에 관한 사항
③ 부가운임에 관한 사항
④ 운송책임 및 배상에 관한 사항
⑤ 철도의 구간별 운임변동에 관한 사항

09) 다음 중 철도사업 면허의 결격사유가 아닌 것은?

① 법인의 임원 중 피성년후견인에 해당하는 사람이 있는 법인
② 법인의 임원 중 미성년자에 해당하는 사람이 있는 법인
③ 법인의 임원 중 파산선고를 받고 복권되지 아니한 사람이 있는 법인
④ 법인의 임원 중 이 법 또는 대통령령으로 정하는 철도 관계 법령을 위반하여 금고 이상의 실형을 선고받고 그 집행이 끝나거나 면제된 날부터 2년이 지나지 아니한 사람
⑤ 철도사업의 면허가 취소된 후 그 취소일부터 2년이 지나지 아니한 법인

 05 ⑤   06 ③   07 ③   08 ⑤   09 ②

대표기출
1
2
3
4
5
물류관련법규

10 철도사업법령상 국토교통부장관이 철도사업자의 면허를 반드시 취소하여야 하는 경우는?

① 철도사업자가 면허받은 사항을 정당한 사유 없이 시행하지 아니한 경우
② 철도사업의 임원 중 파산선고를 받고 복권되지 아니한 자가 있는 경우로서, 3개월 이내에 그 임원을 바꾸지 아니한 경우
③ 철도사업자가 고의 또는 중대한 과실에 의한 1회 철도사고로 사망자 10명 이상이 발생하게 된 경우
④ 철도사업자가 사업경영의 불확실 또는 자산상태의 현저한 불량이나 그 밖의 사유로 사업을 계속하는 것이 적합하지 아니할 경우
⑤ 철도사업자가 국토교통부장관이 철도사업의 질서를 확립하기 위하여 면허에 붙인 부담을 위반한 경우

11 철도사업법령상 철도사업의 휴업 또는 폐업에 관한 설명으로 옳지 않은 것은?

① 철도사업자가 그 사업의 전부를 폐업하려는 경우에는 국토교통부장관의 허가를 받아야 한다.
② 철도사업자가 선로 또는 교량의 파괴, 철도시설의 개량, 그 밖의 정당한 사유로 휴업하는 경우에는 국토교통부장관에게 신고하여야 한다.
③ 철도사업자의 휴업기간은 선로 또는 교량의 파괴, 철도시설의 개량, 그 밖의 정당한 사유로 휴업하는 경우를 제외하고는 3개월을 넘을 수 없다.
④ 철도사업자는 그 사업의 일부를 휴업하려는 경우에는 휴업하는 사업의 내용과 그 기간 등을 인터넷 홈페이지, 관계 역·영업소 및 사업소 등 일반인이 잘 볼 수 있는 곳에 게시하여야 한다.
⑤ 철도사업자가 휴업에 대하여 허가를 받거나 신고한 휴업기간 중이라도 휴업사유가 소멸된 경우에는 국토교통부장관에게 신고하고 사업을 재개할 수 있다.

12 철도사업법령상 공동운수협정 및 양도·양수 또는 합병에 관한 설명으로 옳지 않은 것은?

① 철도사업자는 다른 철도사업자와 공동경영에 관한 계약이나 그 밖의 운수에 관한 협정을 체결하려는 경우에는 국토교통부령으로 정하는 바에 따라 국토교통부장관에게 신고하여야 한다.
② 철도사업자는 그 철도사업을 양도·양수하려는 경우에는 국토교통부장관의 인가를 받아야 한다.
③ 철도사업자는 다른 철도사업자 또는 철도사업 외의 사업을 경영하려는 자와 합병하려는 경우에는 국토교통부장관의 인가를 받아야 한다.
④ 전용철도의 운영을 양도·양수하려는 자는 국토교통부령으로 정하는 바에 따라 국토교통부장관에게 신고하여야 한다.
⑤ 전용철도의 등록을 한 법인이 합병하려는 경우에는 국토교통부령으로 정하는 바에 따라 국토교통부장관에게 신고하여야 한다.

13 철도사업법령상 국토교통부장관이 철도사업자에 대하여 사업의 일부정지를 명할 수 있는 경우는?

① 거짓이나 그 밖의 부정한 방법으로 철도사업의 면허를 받은 경우
② 중대한 과실에 의한 1회의 철도사고로 3명의 사망자가 발생한 경우
③ 사업 경영의 불확실로 인하여 사업을 계속하는 것이 적합하지 아니할 경우
④ 철도사업의 면허기준에 미달하게 되었으나 3개월 이내에 그 기준을 충족시킨 경우
⑤ 「철도안전법」 제21조에 따른 요건을 갖추지 아니한 사람을 1년 이내에 2회 운전업무에 종사하게 한 경우

 정답 **10** ② **11** ③ **12** ① **13** ③

14] 철도사업법령상 여객에 대한 운임·요금에 대한 사항과 부가운임의 징수에 대하여 철도사업자가 취할 수 있는 조치 중 옳은 것은?

① 원칙적으로 운임·요금을 감면하는 경우에는 그 시행 1주일 이전에 감면사항을 인터넷 홈페이지, 관계 역·영업소 및 사업소 등 공중이 보기 쉬운 곳에 게시하여야 한다.

② 열차의 이용객이 정당한 운임·요금을 지불하지 아니하고 열차를 이용한 경우에는 승차구간에 상당하는 운임 외에 그의 20배의 범위 안에서 부가운임을 징수할 수 있다.

③ 송하인이 운송장에 기재한 화물의 품명·중량·용적 또는 개수에 따라 계산한 운임이 정당한 사유 없이 정상운임보다 적은 경우에는 송하인에게 그 부족운임 외에 그 부족운임의 5배의 범위 안에서 부가운임을 징수할 수 있다.

④ 부가운임을 징수하고자 하는 경우에는 사전에 부가운임 산정기준을 정하고 철도사업약관에 포함하여 공정거래위원회 위원장에게 신고하여야 한다.

⑤ 운임·요금을 국토교통부장관에게 신고하여야 한다. 이를 변경하고자 하는 경우에는 그러하지 아니하다.

15] 철도사업법령상 철도사업의 관리에 관한 설명으로 옳지 않은 것은?

① 철도사업의 면허가 취소된 후 그 취소일부터 2년이 지나지 아니한 법인은 철도사업의 면허를 받을 수 없다.

② 철도사업자는 여객 유치를 위한 기념행사의 경우에는 여객 운임·요금을 감면할 수 없다.

③ 국토교통부장관은 여객 운임의 상한을 지정하려면 미리 기획재정부장관과 협의하여야 한다.

④ 철도사업자는 국토교통부장관이 지정하는 날 또는 기간에 운송을 시작하여야 하지만, 천재지변으로 운송을 시작할 수 없는 경우에는 국토교통부장관의 승인을 받아 날짜를 연기하거나 기간을 연장할 수 있다.

⑤ 국토교통부장관이 철도사업의 면허를 발급하는 경우에는 철도의 공공성과 안전을 강화하고 이용자 편의를 증진시키기 위하여 필요한 부담을 붙일 수 있다.

16] 철도사업법령상 공동운수협정에 관한 설명으로 옳은 것은?

① 철도사업자가 공동운수협정을 체결하고자 하는 경우에는 국토교통부장관의 인가를 받아야 한다.

② 철도사업자는 공동운수협정을 체결하려는 경우에는 미리 공정거래위원회와의 협의를 거쳐야 한다.

③ 공동운수협정을 체결하고자 하는 철도사업자들은 개별적으로 필요한 서류를 국토교통부장관에게 제출하여야 한다.

④ 공동운수협정에 따른 운행구간별 열차운행횟수의 10분의 1 이내에서의 변경은 국토교통부장관의 인가를 받아야 한다.

⑤ 철도사업자로부터 인가신청을 받은 국토교통부장관이 인가 여부를 결정하기 위해서 철도사업자 간 수입·비용의 배분이 적정한지를 검토할 필요는 없다.

17] 철도사업법령상 철도사업자에 대한 사업개선명령의 사항에 해당하지 않는 것은?

① 운임·요금의 인하
② 철도사업약관의 변경
③ 철도차량 및 철도사고에 관한 손해배상을 위한 보험에의 가입
④ 사업계획의 변경
⑤ 공동운수협정의 체결

14 ③ 15 ② 16 ① 17 ①

대표
기출

1
2
3
4
5
물류관련법규

18) 철도사업법령상 민자철도의 운영평가 방법 등에 관한 설명으로 옳지 않은 것은?

① 국토교통부장관이 민자철도사업자에게 필요한 조치를 명한 경우 해당 민자철도사업자는 15일 이내에 조치계획을 마련하여 국토교통부장관에게 제출해야 한다.

② 국토교통부장관은 운영평가를 실시하려면 매년 3월 31일까지 소관 민자철도에 대한 평가일정, 평가방법 등을 포함한 운영평가계획을 수립한 후 평가를 실시하기 2주 전까지 민자철도사업자에게 통보해야 한다.

③ 국토교통부장관은 운영평가 결과에 따라 민자철도에 관한 유지·관리 및 체계 개선 등 필요한 조치를 민자철도사업자에게 명할 수 있다.

④ 국토교통부장관은 운영평가를 위하여 필요한 경우에는 관계 공무원, 철도 관련 전문가 등으로 민자철도 운영 평가단을 구성·운영할 수 있다.

⑤ 국토교통부장관이 정하여 고시하는 민자철도 운영평가 기준에는 민자철도 운영의 효율성이 포함되어야 한다.

19) 철도사업법령상 철도서비스 향상 등에 관한 설명으로 옳지 않은 것은?

① 국토교통부장관은 공정거래위원회와 협의하여 철도사업자 간 경쟁을 제한하지 아니하는 범위에서 우수철도서비스에 대한 인증을 할 수 있다.

② 철도사업자의 신청에 의하여 우수철도서비스인증을 하는 경우에 그에 소요되는 비용은 예산의 범위 안에서 국토교통부가 부담한다.

③ 국토교통부장관은 철도서비스의 품질평가 결과에 따라 사업 개선명령 등 필요한 조치를 할 수 있다.

④ 철도사업자는 철도사업 외의 사업을 경영하는 경우에는 철도사업에 관한 회계와 철도사업 외의 사업에 관한 회계를 구분하여 경리하여야 한다.

⑤ 국토교통부장관은 철도사업자에 대하여 2년마다 철도서비스의 품질평가를 실시하여야 한다.

20) 철도사업법상 철도서비스 향상 등에 관한 설명으로 옳지 않은 것은?

① 국토교통부장관은 공정거래위원회와 협의하여 철도사업자 간 경쟁을 제한하지 아니하는 범위에서 철도서비스의 질적 향상을 촉진하기 위하여 우수철도서비스에 대한 인증을 할 수 있다.

② 철도사업자는 철도사업 외의 사업을 경영하는 경우에는 철도사업에 관한 회계와 철도사업 외의 사업에 관한 회계를 구분하여 경리하여야 한다.

③ 국토교통부장관으로부터 우수철도서비스에 대한 인증을 받은 자가 아니면 우수서비스마크 또는 이와 유사한 표지를 철도차량, 역 시설 또는 철도용품 등에 붙이거나 인증사실을 홍보하여서는 아니 된다.

④ 국토교통부장관은 「철도사업법」에 따른 철도서비스의 품질을 평가하였더라도 그 평가 결과를 신문 등 대중매체를 통하여 공표해야 하는 것은 아니다.

⑤ 국토교통부장관은 공공복리의 증진과 철도서비스 이용자의 권익보호를 위하여 철도사업자가 제공하는 철도서비스에 대하여 적정한 철도서비스 기준을 정하고, 그에 따라 철도사업자가 제공하는 철도서비스의 품질을 평가하여야 한다.

 정답 **18** ① **19** ② **20** ④

21 철도사업법령상 우수철도서비스 인증에 관한 설명으로 옳지 않은 것은?

① 공정거래위원회는 국토교통부장관과 협의하여 철도사업자 간 경쟁을 제한하지 아니하는 범위에서 철도서비스의 질적 향상을 촉진하기 위하여 우수철도서비스에 대한 인증을 할 수 있다.

② 인증을 받은 철도사업자는 우수서비스마크를 철도차량, 역 시설 또는 철도용품 등에 붙이거나 인증사실을 홍보할 수 있다.

③ 인증을 받은 자가 아니면 우수서비스마크 또는 이와 유사한 표지를 철도차량, 역 시설 또는 철도용품 등에 붙이거나 인증사실을 홍보하여서는 아니 된다.

④ 우수철도서비스 인증을 받은 철도사업자의 철도서비스의 제공 및 관리실태가 미흡한 경우 국토교통부장관은 이의 시정·보완을 요구할 수 있다.

⑤ 철도사업자의 신청에 의하여 우수철도서비스 인증을 하는 경우에는 그에 소요되는 비용은 당해 철도사업자가 부담한다.

22 철도사업법령상 전용철도에 관한 설명이다. (   )에 들어갈 내용을 바르게 나열한 것은?

- 전용철도를 운영하려는 자는 전용철도 건설기간을 1년 연장한 경우 국토교통부장관에게 (ㄱ)을(를) 하여야 한다.
- 전용철도운영자가 그 운영의 일부를 폐업한 경우에는 (ㄴ) 이내에 국토교통부장관에게 (ㄷ)하여야 한다.

① ㄱ : 신고, ㄴ : 15일, ㄷ : 등록
② ㄱ : 신고, ㄴ : 1개월, ㄷ : 등록
③ ㄱ : 등록, ㄴ : 15일, ㄷ : 신고
④ ㄱ : 등록, ㄴ : 1개월, ㄷ : 신고
⑤ ㄱ : 등록, ㄴ : 3개월, ㄷ : 신고

23 철도사업법령상 전용철도에 관한 설명으로 옳은 것은?

① 전용철도를 운영하려는 자는 전용철도의 건설·운전·보안 및 운송에 관한 사항이 포함된 운영계획서를 첨부하여 국토교통부장관의 면허를 받아야 한다.

② 전용철도의 운영을 양수하려는 자는 국토교통부령이 정하는 바에 따라 국토교통부장관의 인가를 받아야 한다.

③ 전용철도운영자가 그 운영의 전부 또는 일부를 휴업한 경우에는 1개월 이내에 국토교통부장관에게 신고하여야 한다.

④ 전용철도운영자가 사망한 경우 상속인이 그 전용철도의 운영을 계속하려는 경우에는 피상속인이 사망한 날부터 2개월 이내에 국토교통부장관에게 등록하여야 한다.

⑤ 이 법에 따라 전용철도 등록이 취소된 자는 취소일부터 6개월 이내에 전용철도를 등록할 수 있다.

24 철도사업법령상 전용철도에 대한 설명으로 틀린 것은?

① 전용철도를 운영하려는 자는 전용철도의 건설·운전·보안 및 운송에 관한 사항이 포함된 운영계획서를 첨부하여 국토교통부장관에게 등록을 하여야 한다.

② 이 법에 따라 전용철도의 등록이 취소된 후 그 취소일부터 1년이 지나지 아니한 자는 전용철도등록을 할 수 없다.

③ 전용철도의 운영을 양도·양수하려는 자는 국토교통부령으로 정하는 바에 따라 국토교통부장관에게 등록하여야 한다.

④ 전용철도운영자가 사망한 경우 상속인이 그 전용철도의 운영을 계속하려는 경우에는 피상속인이 사망한 날부터 3개월 이내에 국토교통부장관에게 신고하여야 한다.

⑤ 전용철도운영자가 그 운영의 전부 또는 일부를 휴업 또는 폐업한 경우에는 1개월 이내에 국토교통부장관에게 신고하여야 한다.

 21 ① **22** ④ **23** ③ **24** ③

25 다음 중 철도사업법령상 시설물 설치의 대행과 점용료에 대한 설명으로 틀린 것은?

① 점용료는 점용허가를 할 철도시설의 가액과 점용허가를 받아 행하는 사업의 매출액을 기준으로 하여 산출하되, 구체적인 점용료 산정기준에 대하여는 국토교통부장관이 정한다.

② 국가에 무상으로 양도하거나 제공하기 위한 시설물을 설치하기 위하여 점용허가를 받은 경우 점용료를 감면할 수 있다.

③ 국토교통부장관은 점용허가를 받은 자가 점용료를 내지 아니하면 국세 체납처분의 예에 따라 징수한다.

④ 국토교통부장관은 점용허가를 받지 아니하고 철도시설을 점용한 자에 대하여 점용료의 130/100에 해당하는 금액을 변상금으로 징수할 수 있다.

⑤ 국토교통부장관은 점용허가 목적과 다른 목적으로 철도시설을 점용한 경우 그 점용허가를 취소할 수 있다.

26 철도사업법령상 국유철도시설의 점용허가에 관한 설명으로 옳지 않은 것은?

① 국유철도시설의 점용허가는 철도사업자와 철도사업자가 출자·보조 또는 출연한 사업을 경영하는 자에게만 하여야 한다.

② 국유철도시설의 점용허가를 받은 자는 부득이한 사유가 없는 한 매년 1월 15일까지 당해연도의 점용료 해당분을 선납하여야 한다.

③ 국유철도시설의 점용허가로 인하여 발생한 권리와 의무를 이전하려는 경우에는 국토교통부장관의 인가를 받아야 한다.

④ 국토교통부장관은 점용허가를 받은 자가 「공공주택 특별법」에 따른 공공주택을 건설하기 위하여 점용허가를 받은 경우 점용료를 감면할 수 있다.

⑤ 국토교통부장관은 점용허가기간이 만료된 철도 재산의 원상회복의무를 면제하는 경우에 해당 철도재산에 설치된 시설물 등의 무상 국가귀속을 조건으로 할 수 있다.

27 철도사업법령상 과징금 처분에 관한 설명으로 옳지 않은 것은?

① 국토교통부장관은 철도사업자에게 사업정지처분을 하여야 하는 경우로서 그 사업정지처분이 해당 철도사업자가 제공하는 철도서비스의 이용자에게 심한 불편을 주거나 그 밖에 공익을 해할 우려가 있는 때에는 그 사업정지처분에 갈음하여 과징금을 부과·징수할 수 있다.

② 과징금의 총액은 1억원을 초과할 수 없다.

③ 국토교통부장관은 과징금 부과처분을 받은 자가 납부기한까지 과징금을 내지 아니하면 「지방행정제재·부과금의 징수 등에 관한 법률」에 따라 징수한다.

④ 국토교통부장관은 매년 10월 31일까지 다음 연도의 과징금 운용계획을 수립하여 시행하여야 한다.

⑤ 징수한 과징금은 철도사업의 경영개선 그 밖에 철도사업의 발전을 위하여 필요한 사업에 사용할 수 있다.

정답 25 ④ 26 ② 27 ③

01 항만운송사업법령상 항만운송에 해당되지 않는 것은?

① 항만 안에서 화물을 선박에 싣거나 선박으로부터 내리는 일

② 선박에서 사용하는 물품의 공급을 위해 운송하는 일

③ 선적화물을 싣거나 내리는 경우에 그 화물의 용적 또는 중량의 계산 또는 증명을 행하는 일

④ 항만에서 선박 또는 부선에 의하여 운송된 화물을 창고 또는 하역장에 들여놓는 행위

⑤ 항만이나 지정구간에서 목재를 뗏목으로 편성하여 운송하는 행위

02 항만운송사업법령상 항만운송사업에 관한 설명으로 옳지 않은 것은?

① 항만하역사업의 등록신청서에 첨부하여야 하는 사업계획에는 사업에 제공될 수면목재저장소의 수, 위치 및 면적이 포함되어야 한다.

② 항만운송사업의 등록을 신청하려는 자가 법인인 경우 등록신청서에 정관을 첨부하여야 한다.

③ 검수사 자격이 취소된 날부터 2년이 지나지 아니한 사람은 검수사의 자격을 취득할 수 없다.

④ 「민사집행법」에 따른 경매에 따라 항만운송사업의 시설·장비 전부를 인수한 자는 종전의 항만운송사업자의 권리·의무를 승계한다.

⑤ 항만하역사업의 등록을 한 자는 컨테이너 전용 부두에서 취급하는 컨테이너 화물에 대하여 그 운임과 요금을 정하여 관리청의 인가를 받아야 한다.

03 항만운송사업법령상 항만운송사업에 관한 설명으로 옳은 것은?

① 항만운송사업의 종류는 항만하역사업, 검수사업, 감정사업, 검량사업으로 구분된다.

② 항만운송사업의 등록신청인이 법인인 경우 그 법인의 정관은 등록신청시 제출하여야 하는 서류에 포함되지 않는다.

③ 검수사등의 자격이 취소된 날부터 3년이 지난 사람은 검수사등의 자격을 취득할 수 없다.

④ 항만운송사업을 하려는 자는 항만별로 관리청에 등록하여야 한다.

⑤ 항만운송사업자가 사업정지명령을 위반하여 그 정지기간에 사업을 계속한 경우는 항만운송사업의 정지사유에 해당한다.

04 항만운송사업법령상 항만용역업에 속하지 않는 것은?

① 본선을 경비하는 사업

② 선박을 소독하는 사업

③ 선박용 연료를 공급하는 사업

④ 선박에서 사용하는 맑은 물을 공급하는 사업

⑤ 통선으로 본선과 육지 간의 연락을 중계하는 사업

05 다음 중 항만운송사업과 관련된 내용 중 틀린 것은?

① 항만운송사업이란 영리를 목적으로 하는지 여부에 관계없이 항만운송을 하는 사업을 말한다.

② 항만하역사업과 검수사업은 항만별로 등록한다.

③ 항만하역사업의 등록은 이용자별·취급화물별 또는 「항만법」 제2조 제5호의 항만시설별로 등록하는 한정하역사업과 그 외의 일반하역사업으로 구분하여 행한다.

④ 항만운송사업을 하려는 자는 사업의 종류별로 지방해양수산청장에게 등록하여야 한다.

⑤ 등록을 하지 아니하고 항만운송사업을 한 자는 1년 이하의 징역 또는 1,000만원 이하의 벌금에 처한다.

 정답   **01** ②   **02** ⑤   **03** ①   **04** ③   **05** ④

06) 항만운송사업법령상 항만운송사업을 영위하고자 하는 자가 관리청에 등록함에 있어 항만별로 등록하는 사업내용으로 옳은 것은?

① 검수사업, 감정사업
② 감정사업, 검량사업
③ 항만하역사업, 검량사업
④ 항만하역사업, 검수사업
⑤ 항만하역사업, 감정사업

07) 다음 중 검수사등의 자격취득에 관한 결격사유가 있는 사람으로 옳지 않은 것은?

① 미성년자
② 「관세법」에 따른 죄를 범하여 금고 이상의 형의 선고를 받고 그 집행이 면제된 날부터 3년이 지나지 아니한 사람
③ 「항만운송사업법」에 따른 죄를 범하여 금고 이상의 형의 집행유예를 선고받고 그 유예기간 중에 있는 사람
④ 파산선고를 받은 사람
⑤ 검수사등의 자격이 취소된 날부터 2년이 지나지 아니한 사람

08) 항만운송사업법령상 운임 및 요금에 관한 설명으로 옳지 않은 것은?

① 항만하역사업의 등록을 한 자는 해양수산부령으로 정하는 바에 따라 운임과 요금을 정하여 관리청의 인가를 받아야 한다.
② 항만하역사업의 등록을 한 자가 인가를 받은 운임과 요금을 변경하고자 할 때에는 해양수산부령으로 정하는 바에 따라 운임과 요금을 정하여 관리청의 인가를 받아야 한다.
③ 컨테이너 전용 부두에서 취급하는 컨테이너 화물에 대하여는 해양수산부령으로 정하는 바에 따라 그 운임과 요금을 정하여 해양수산부장관의 인가를 받아야 한다.

④ 검수사업·감정사업 또는 검량사업의 등록을 한 자는 해양수산부령으로 정하는 바에 따라 요금을 정하여 관리청에 미리 신고하여야 한다.
⑤ 관리청은 위 ④에 따른 신고를 받은 경우 신고를 받은 날부터 14일 이내에 신고수리 여부를 신고인에게 통지하여야 한다.

09) 항만운송사업법령상 항만운송사업의 운임 및 요금에 관한 설명으로 옳지 않은 것은?

① 검량사업의 등록을 한 자는 해양수산부령으로 정하는 바에 따라 요금을 정하여 관리청에 미리 신고하여야 한다.
② 항만하역사업의 등록을 한 자는 해양수산부령으로 정하는 항만시설에서 하역하는 화물에 대하여 해양수산부령으로 정하는 바에 따라 그 운임과 요금을 정하여 신고하여야 한다.
③ 항만하역사업의 등록을 한 자는 해양수산부령으로 정하는 항만시설에서 해양수산부령으로 정하는 품목에 해당하는 화물에 대하여 신고한 운임과 요금을 변경할 때에는 변경신고를 하여야 한다.
④ 관리청으로부터 적법하게 권한을 위임받은 시·도지사는 해양수산부령으로 정하는 품목에 해당하는 화물에 대하여 항만하역사업을 등록한 자로부터 운임 및 요금의 설정 신고를 받은 경우 신고를 받은 날부터 30일 이내에 신고수리 여부를 신고인에게 통지하여야 한다.
⑤ 관리청이 운임 및 요금의 신고인에게 신고수리 여부 통지기간 내에 신고수리 여부를 통지하지 아니하면 그 기간이 끝난 날에 신고를 수리한 것으로 본다.

 정답
06 ④ 07 ④ 08 ③ 09 ⑤

10〕 항만운송사업법상 항만운송사업에 관한 설명으로 옳지 않은 것은?

① 항만하역사업과 검수사업은 항만별로 등록한다.
② 항만운송사업의 등록을 신청하려는 자는 해양수산부령으로 정하는 바에 따라 사업계획을 첨부한 등록신청서를 관리청에 제출하여야 한다.
③ 검수사업의 등록을 한 자는 해양수산부령으로 정하는 바에 따라 요금을 정하여 관리청의 인가를 받아야 한다.
④ 「민사집행법」에 따른 경매절차에 따라 항만운송사업의 시설·장비 전부를 인수한 자는 종전의 항만운송사업자의 권리·의무를 승계한다.
⑤ 관리청은 항만운송사업자가 사업정지명령을 위반하여 그 정지기간에 사업을 계속한 경우에는 그 등록을 취소하여야 한다.

11〕 항만운송사업법령상 항만운송관련사업의 등록 또는 신고를 한 자의 등록 또는 신고에 따른 권리·의무를 승계하는 자가 아닌 것은?

① 법인인 항만운송관련사업자가 합병한 경우 합병으로 설립되는 법인
② 법인인 항만운송관련사업자가 합병한 경우 합병 후 존속하는 법인
③ 항만운송관련사업자가 그 사업을 양도한 경우 그 양수인
④ 자연인인 항만운송관련사업자가 폐업한 후 그의 직계비속
⑤ 항만운송관련사업자가 사망한 경우 그 상속인

12〕 항만운송사업법령상 항만운송사업의 양도·양수에 대한 설명 중 옳지 않은 것은?

① 사업의 양도·양수, 법인의 합병 등이 있는 때에는 그 권리·의무를 승계한 자가 해당 사실을 지체 없이 해양수산부장관에게 신고하여야 한다.
② 항만운송사업자가 그 사업을 양도한 때에는 양수인은 등록에 따른 권리·의무를 승계한다.
③ 항만운송사업자가 사망한 때에는 상속인은 등록에 따른 권리·의무를 승계한다.
④ 법인의 합병이 있는 때에는 합병에 의하여 설립되는 법인은 등록에 따른 권리·의무를 승계한다.
⑤ 「민사집행법」에 의한 경매, 「채무자 회생 및 파산에 관한 법률」에 의한 환가, 「국세징수법」·「관세법」 또는 「지방세징수법」에 의한 압류재산의 매각 기타 이에 준하는 절차에 따라 해당 사업의 시설·장비의 전부를 인수한 자는 종전 사업자의 권리·의무를 승계한다.

13〕 항만운송사업법령상 사업의 정지 및 등록의 취소에 관한 설명으로 옳지 않은 것은?

① 사업정지명령을 위반하여 그 정지기간에 사업을 계속한 경우, 사업의 재정지를 명하여야 한다.
② 정당한 사유 없이 운임 및 요금을 인가·신고된 운임 및 요금과 다르게 받은 경우에는 사업의 정지 및 등록을 취소할 수 있다.
③ 항만운송사업의 등록을 취소할 수 있는 자는 관리청이다.
④ 사업의 정지 및 등록의 취소권자가 항만운송사업의 정지를 명할 수 있는 기간은 6개월 이내이다.
⑤ 사업수행실적이 1년 이상 없는 경우에는 사업의 정지 및 등록을 취소할 수 있다.

 10 ③ **11** ④ **12** ① **13** ①

14 항만운송사업법령상 항만운송사업 및 항만운송관련 사업에 관한 설명으로 옳지 않은 것은?

① 항만운송사업의 종류에는 항만하역사업, 검수사업, 감정사업, 검량사업이 있다.
② 선박에서 사용하는 맑은 물을 공급하는 행위를 하는 사업은 항만용역업에 해당한다.
③ 항만하역사업의 등록을 한 자는 해양수산부령으로 정하는 바에 따라 운임과 요금을 정하여 관리청의 인가를 받아야 한다.
④ 항만하역사업의 사업계획에는 연간 취급 건수 추정치가 포함되어야 한다.
⑤ 항만운송사업 중 검수사업은 항만별로 등록한다.

15 항만운송사업법상 등록 또는 신고에 관한 설명으로 옳지 않은 것은?

① 항만운송관련사업 중 선용품공급업은 신고대상이다.
② 항만하역사업과 검수사업의 등록은 항만별로 한다.
③ 한정하역사업에 대하여 관리청은 이용자·취급화물 또는 항만시설의 특성을 고려하여 그 등록기준을 완화할 수 있다.
④ 선박연료공급업을 등록한 자가 사용 장비를 추가하려는 경우에는 사업계획 변경신고를 하지 않아도 된다.
⑤ 등록한 항만운송사업자가 그 사업을 양도한 경우 양수인은 등록에 따른 권리·의무를 승계한다.

16 항만운송사업법령상 글상자의 (   ) 안에 알맞은 말로 나열된 것은?

항만운송관련사업 중 항만용역업, 선박연료공급업, 선박수리업, 컨테이너수리업을 하려는 자는 항만별, 업종별로 (ㄱ)에게 (ㄴ)하여야 하며, 선용품공급업을 하려는 자는 (ㄷ)에게 (ㄹ)하여야 한다.

	ㄱ	ㄴ	ㄷ	ㄹ
①	관리청	등록	해양수산부장관	신고
②	해양수산부장관	신고	해양수산부장관	등록
③	해양수산부장관	등록	관리청	신고
④	관리청	신고	관리청	등록
⑤	국토교통부장관	신고	해양수산부장관	등록

17 항만운송사업법령상 부두운영회사의 운영 등에 관한 설명으로 옳은 것은?

① 항만시설운영자 등은 항만시설 등의 효율적인 사용 및 운영 등을 위하여 필요하다고 인정하는 경우에는 부두운영회사 선정계획의 공고 없이 부두운영계약을 체결할 수 있다.
② 부두운영회사의 금지행위 위반시 책임에 관한 사항은 부두운영계약에 포함되지 않아도 된다.
③ 부두운영회사가 부두운영 계약기간을 연장하려는 경우에는 그 계약기간이 만료되기 3개월 전까지 부두운영계약의 갱신을 신청하여야 한다.
④ 화물유치 또는 투자 계획을 이행하지 못한 부두운영회사에 대하여 부과하는 위약금은 분기별로 산정하여 합산한다.
⑤ 항만운송사업법에서 정한 것 외에 부두운영회사의 항만시설 사용에 대해서는 「국유재산법」 또는 「지방재정법」에 따른다.

 정답 **14** ④ **15** ④ **16** ① **17** ①

18) 항만운송사업법령상 항만운송관련사업자의 미등록 항만에서의 일시적 영업에 관한 설명으로 옳은 것은?

① 항만운송관련사업자가 관련법령에서 정하는 부득이한 사유로 미등록 항만에서 일시적 영업행위의 신고를 할 때에는 영업기간 등을 서면 또는 구두로 밝혀야 한다.

② 미등록 항만에서 일시적으로 영업행위를 하기 위하여 신고한 항만운송관련사업자는 등록된 항만에서 기존 수행하는 영업행위 전부를 할 수 있다.

③ 항만운송관련사업자는 관련법령에서 정하는 부득이한 사유로 미등록 항만에서 일시적으로 영업행위를 하려는 경우에는 미리 관리청에 신고하여야 한다.

④ 관리청은 미등록 항만에서의 일시적 영업에 대한 신고를 받은 날부터 5일 이내에 신고수리 여부를 신고인에게 통지하여야 한다.

⑤ 항만운송관련사업자는 같은 사업을 하는 사업자가 해당 항만에 없는 경우 관리청의 허가를 받아 미등록 항만에서 일시적 영업을 할 수 있다.

19) 항만운송사업법령상 항만운송종사자 등에 대한 교육훈련기관에 관한 설명으로 옳지 않은 것은?

① 교육훈련기관은 매 사업연도의 세입・세출결산서를 다음 해 3월 31일까지 해양수산부장관에게 제출하여야 한다.

② 교육훈련기관은 법인으로 한다.

③ 교육훈련기관은 다음 해의 사업계획 및 예산안을 매년 11월 30일까지 해양수산부장관에게 제출하여야 한다.

④ 교육훈련기관의 운영에 필요한 경비는 대통령령으로 정하는 바에 따라 국가가 부담한다.

⑤ 교육훈련기관을 설립하려는 자는 해양수산부장관의 설립인가를 받아야 한다.

20) 항만운송사업법령상 항만운송 분쟁협의회에 관한 설명으로 옳은 것은?

① 항만운송 분쟁협의회는 사업의 종류별로 구성한다.

② 항만운송근로자 단체는 항만운송 분쟁협의회 구성에 참여할 수 있다.

③ 항만운송 분쟁협의회의 회의는 분쟁협의회의 위원장이 필요하다고 인정하거나 재적위원 3분의 1 이상의 요청이 있는 경우에 소집한다.

④ 항만운송 분쟁협의회의 회의는 재적위원 과반수의 출석으로 개의하고, 출석위원 과반수의 찬성으로 의결한다.

⑤ 항만운송과 관련된 노사 간 분쟁의 해소에 관한 사항은 항만운송 분쟁협의회의 심의・의결사항에 포함되지 않는다.

21) 항만운송사업법령상 항만인력 수급관리협의회와 항만운송 분쟁협의회에 관한 설명으로 옳지 않은 것은?

① 항만운송사업자 단체, 항만운송근로자 단체 및 그 밖에 대통령령으로 정하는 자는 항만별로 항만인력 수급관리협의회를 구성・운영할 수 있다.

② 항만인력 수급관리협의회는 위원장 1명을 포함하여 7명의 위원으로 구성하되, 수급관리협의회의 위원장은 위원 중에서 호선한다.

③ 항만인력 수급관리협의회의 회의는 재적위원 과반수 이상의 출석으로 개의하고, 출석위원 3분의 2 이상의 찬성으로 의결한다.

④ 항만인력 수급관리협의회는 항만운송사업에 필요한 적정한 근로자의 수 산정에 관한 사항을 심의・의결한다.

⑤ 항만운송사업자 단체, 항만운송근로자 단체 및 그 밖에 대통령령으로 정하는 자는 항만운송과 관련된 분쟁의 해소 등에 필요한 사항을 협의하기 위하여 항만별로 항만운송 분쟁협의회를 구성・운영할 수 있다.

 18 ③ **19** ④ **20** ② **21** ③

22) 항만운송사업법령상 청문을 하여야 하는 경우로 옳은 것은?

① 항만운송사업자가 사업정지명령을 위반하여 그 정지기간에 사업을 계속한 것을 이유로 해양수산부장관이 항만운송사업의 등록을 취소하는 경우

② 검수사등이 사망하여 그 등록을 말소하는 경우

③ 과태료를 부과하는 경우

④ 항만운송관련사업자가 대통령령으로 정하는 부득이한 사유로 등록을 하지 아니한 항만에서 일시적으로 영업행위를 하려고 신고한 것에 대하여 그 신고확인증을 발급하는 경우

⑤ 검수사등의 자격증을 발급하는 경우

정답 **22** ①

농수산물 유통 및 가격안정에 관한 법률
≫ 대표기출문제

정답 및 해설 p. 276

01 농수산물 유통 및 가격안정에 관한 법령상 유통산업 발전법의 규정이 적용되지 않는 시장 또는 사업장이 아닌 것은?

① 중앙도매시장
② 농수산물공판장
③ 민영농수산물도매시장
④ 총매출액 중 농수산물의 매출액 비중이 51퍼센트 이상인 임시시장
⑤ 농수산물종합유통센터

02 농수산물 유통 및 가격안정에 관한 법령상 농림축산식품부장관의 권한에 해당하는 것은?

① 양곡부류와 청과부류를 종합한 중앙도매시장의 개설
② 중앙도매시장 개설자의 업무규정 변경
③ 경매사의 임면
④ 수입이익금의 부과·징수
⑤ 시의 도매시장 폐쇄

03 농수산물 유통 및 가격안정에 관한 법령상 농수산물의 생산조정 및 출하조절에 관한 설명으로 옳지 않은 것은?

① 주산지의 지정은 시·도 단위로 한다.
② 시·도지사는 지정된 주산지가 지정요건에 적합하지 아니하게 되었을 때에는 그 지정을 변경하거나 해제할 수 있다.
③ 농림축산식품부장관 또는 해양수산부장관은 예시 가격(豫示價格)을 결정할 때에는 미리 기획재정부장관과 협의하여야 한다.
④ 농림축산식품부장관은 몰수농산물 등의 처분업무를 농업협동조합중앙회 또는 한국농수산식품유통공사 중에서 지정하여 대행하게 할 수 있다.

⑤ 농림축산식품부장관 또는 해양수산부장관은 유통명령이 이행될 수 있도록 유통명령의 내용에 관한 홍보, 유통명령 위반자에 대한 제재 등 필요한 조치를 하여야 한다.

04 농수산물 유통 및 가격안정에 관한 법령상 주산지의 지정 및 해제 등에 관한 설명으로 옳지 않은 것은?

① 주산지의 지정은 읍·면·동 또는 시·군·구 단위로 한다.
② 농림축산식품부장관이 주산지를 지정할 경우 시·도지사에게 이를 통지하여야 한다.
③ 시·도지사는 지정된 주산지가 지정요건에 적합하지 아니하게 되었을 때에는 그 지정을 변경하거나 해제할 수 있다.
④ 시·도지사는 지정된 주산지에서 주요 농수산물을 생산하는 자에 대하여 생산자금의 융자 및 기술지도 등 필요한 지원을 할 수 있다.
⑤ 주산지는 주요 농수산물 재배면적 또는 양식면적이 농림축산식품부장관 또는 해양수산부장관이 고시하는 면적 이상이어야 한다.

05 다음 중 유통조절명령에 포함되어야 하는 사항이 아닌 것은?

① 유통조절명령의 이유(수급·가격·소득의 분석자료를 포함한다)
② 대상 품목의 가격
③ 기간 및 지역
④ 생산조정 또는 출하조절의 방안
⑤ 명령이행 확인의 방법 및 명령 위반자에 대한 제재조치

정답 **01** ④ **02** ④ **03** ① **04** ② **05** ②

06] 농수산물 유통 및 가격안정에 관한 법령상 농수산물도매시장(이하 '도매시장')에 관한 설명으로 옳은 것은?

① 산지유통인으로 등록한 자는 등록된 도매시장에서 농수산물의 출하업무 외에 중개업무를 병행할 수 있다.

② 도매시장에서 도매시장법인이 하는 도매는 법령이 정한 특별한 사유가 없는 한 출하자로부터 매수하여 도매하여야 한다.

③ 중도매인은 도매시장법인이 상장한 농수산물은 거래할 수 없다.

④ 시장도매인은 도매시장에서 농수산물을 매수 또는 위탁받아 도매할 수 있으나, 매매를 중개하는 것은 금지된다.

⑤ 시장도매인은 해당 도매시장의 도매시장법인·중도매인에게 농수산물을 판매하지 못한다.

07] 농수산물 유통 및 가격 안정에 관한 법률상 농수산물 도매시장에 관한 설명으로 옳은 것은?

① 도매시장은 중앙도매시장의 경우에는 시·도가 개설하고, 지방도매시장의 경우에는 시·군·구가 개설한다.

② 중앙도매시장의 개설자가 업무규정을 변경하는 때에는 농림축산식품부장관 또는 산업통상자원부장관의 승인을 받아야 한다.

③ 도매시장법인은 도매시장 개설자가 부류별로 지정하되, 3년 이상 10년 이하의 범위에서 지정 유효기간을 설정할 수 있다.

④ 상품성 향상을 위한 규격화는 도매시장 개설자의 의무사항에 포함된다.

⑤ 도매시장법인이 다른 도매시장법인을 인수하거나 합병하는 경우에는 해당 도매시장 개설자에게 신고하여야 한다.

08] 농수산물 유통 및 가격안정에 관한 법령상 농수산물도매시장의 개설·폐쇄에 관한 설명으로 옳지 않은 것은?

① 시가 지방도매시장을 개설하려면 도지사에게 신고하여야 한다.

② 특별시·광역시·특별자치시 및 특별자치도가 도매시장을 폐쇄하는 경우 그 3개월 전에 이를 공고하여야 한다.

③ 특별시·광역시·특별자치시 또는 특별자치도가 도매시장을 개설하려면 미리 업무규정과 운영관리계획서를 작성하여야 한다.

④ 도매시장은 양곡부류·청과부류·축산부류·수산부류·화훼부류 및 약용작물부류별로 개설하거나 둘 이상의 부류를 종합하여 개설한다.

⑤ 도매시장의 명칭에는 그 도매시장을 개설한 지방자치단체의 명칭이 포함되어야 한다.

09] 다음 중 도매시장에 관한 설명으로 옳지 않은 것은?

① 시가 개설하는 지방도매시장의 개설구역에 인접한 구역으로서 그 지방도매시장이 속한 도의 일정 구역에 대하여는 해당 도지사가 그 지방도매시장의 개설구역으로 편입하게 할 수 있다.

② 도매시장 개설자는 관리사무소 또는 시장관리자로 하여금 시설물관리, 거래질서 유지, 유통 종사자에 대한 지도·감독 등에 관한 업무범위를 정하여 해당 도매시장 또는 그 개설구역에 있는 도매시장의 관리업무를 수행하게 할 수 있다.

③ 도매시장 개설자는 소속 공무원으로 구성된 도매시장 관리사무소를 두거나 농림수협중앙회를 시장관리자로 지정하여야 한다.

④ 도매시장법인은 도매시장 개설자가 부류(部類)별로 지정하되, 중앙도매시장에 두는 도매시장법인의 경우에는 농림축산식품부장관 또는 해양수산부장관과 협의하여 지정한다.

⑤ 도매시장법인이 다른 도매시장법인을 인수하거나 합병하는 경우에는 해당 도매시장 개설자의 승인을 받아야 한다.

정답 **06** ⑤ **07** ④ **08** ① **09** ③

10 농수산물 유통 및 가격안정에 관한 법령상 도매시장법인에 관한 설명이다. (　　)에 들어갈 내용은?

- 도매시장 개설자는 도매시장에 그 시설규모·거래액 등을 고려하여 적정 수의 도매시장법인·시장도매인 또는 중도매인을 두어 이를 운영하게 하여야 한다. 다만, 중앙도매시장의 개설자는 (ㄱ)와 수산부류에 대하여는 도매시장법인을 두어야 한다.
- 도매시장법인은 도매시장 개설자가 부류별로 지정하되, 중앙도매시장에 두는 도매시장법인의 경우에는 농림축산식품부장관 또는 해양수산부장관과 협의하여 지정한다. 이 경우 (ㄴ) 이상 10년 이하의 범위에서 지정 유효기간을 설정할 수 있다.

① ㄱ : 청과부류, ㄴ : 3년
② ㄱ : 양곡부류, ㄴ : 3년
③ ㄱ : 청과부류, ㄴ : 5년
④ ㄱ : 양곡부류, ㄴ : 5년
⑤ ㄱ : 축산부류, ㄴ : 5년

11 농수산물 유통 및 가격안정에 관한 법령상 도매시장법인 또는 시장도매인이 출하자와 소비자의 권익보호를 위하여 공시하여야 할 내용으로 옳지 않은 것은?

① 대금결제절차에 관한 사항
② 거래일자별·품목별 반입량 및 가격정보
③ 주주 및 임원의 현황과 그 변동사항
④ 겸영사업을 하는 경우 그 사업내용
⑤ 직전 회계연도의 재무제표

12 농수산물 유통 및 가격안정에 관한 법령상 중도매인(仲都賣人)에 관한 설명으로 옳지 않은 것은?

① 중도매인의 업무를 하려는 자는 부류별로 해당 도매시장 개설자의 허가를 받아야 한다.
② 도매시장 개설자는 법인이 아닌 중도매인에게 중도매업의 허가를 하는 경우 3년 이상 10년 이하의 범위에서 허가 유효기간을 설정할 수 있다.
③ 중도매업의 허가를 받은 중도매인은 도매시장에 설치된 공판장에서는 그 업무를 할 수 없다.
④ 해당 도매시장의 다른 중도매인과 농수산물을 거래한 중도매인은 농림축산식품부령 또는 해양수산부령으로 정하는 바에 따라 그 거래 내역을 도매시장 개설자에게 통보하여야 한다.
⑤ 부류를 기준으로 연간 반입물량 누적비율이 하위 3퍼센트 미만에 해당하는 소량 품목의 경우 중도매인은 도매시장 개설자의 허가를 받아 도매시장법인이 상장하지 아니한 농수산물을 거래할 수 있다.

13 농수산물 유통 및 가격안정에 관한 법령상 산지유통인에 대한 설명으로 틀린 것은?

① 도매시장법인, 중도매인 및 이들의 주주 또는 임직원은 해당 도매시장에서 산지유통인의 업무를 하여서는 아니 된다.
② 도매시장 개설자는 이 법 또는 다른 법령에 따른 제한에 위배되는 경우를 제외하고는 산지유통인의 등록을 하여 주어야 한다.
③ 산지유통인은 등록된 도매시장에서 농수산물의 출하업무 외의 판매·매수 또는 중개업무를 하여서는 아니 된다.
④ 상기 ③번 위반시에는 2년 이하의 징역 또는 2천만원 이하 벌금에 처한다.
⑤ 도매시장 개설자는 등록을 하여야 하는 자가 등록을 하지 아니하고 산지유통인의 업무를 하는 경우에는 도매시장에의 출입을 금지·제한하거나 그 밖에 필요한 조치를 할 수 있다.

 정답　**10** ③　**11** ①　**12** ③　**13** ④

14〕농수산물 유통 및 가격안정에 관한 법령상 농수산물 공판장에 관한 설명으로 옳지 않은 것은?

① 농림수협 등, 생산자단체 또는 공익법인이 공판장을 개설하려면 시·도지사의 승인을 받아야 한다.

② 공판장에는 중도매인, 매매참가인, 산지유통인 및 경매사를 둘 수 있다.

③ 공판장의 경매사는 공판장의 개설자가 임면한다.

④ 공판장의 중도매인은 공판장의 개설자가 지정한다.

⑤ 공익법인이 운영하는 공판장의 개설승인 신청서에는 해당 공판장의 소재지를 관할하는 시장 또는 자치구의 구청장의 의견서를 첨부하여야 한다.

15〕농수산물 유통 및 가격안정에 관한 법령상 농수산물 공판장(이하 '공판장'이라 함)에 관한 설명으로 옳지 않은 것은?

① 농림수협등, 생산자단체 또는 공익법인이 공판장의 개설승인을 받으려면 공판장 개설승인 신청서에 업무규정과 운영관리계획서 등 승인에 필요한 서류를 첨부하여 시·도지사에게 제출하여야 한다.

② 공판장 개설자가 업무규정을 변경한 경우에는 이를 시·도지사에게 보고하여야 한다.

③ 생산자단체가 구성원의 농수산물을 공판장에 출하하는 경우 공판장의 개설자에게 산지유통인으로 등록하여야 한다.

④ 공판장의 경매사는 공판장의 개설자가 임면한다.

⑤ 공판장의 중도매인은 공판장의 개설자가 지정한다.

16〕농수산물 유통 및 가격안정에 관한 법률상 민영도매시장에 관한 설명으로 옳은 것은?

① 민간인등이 광역시 지역에 민영도매시장을 개설하려면 농림축산식품부장관의 허가를 받아야 한다.

② 민영도매시장 개설허가 신청에 대하여 시·도지사가 허가처리 지연 사유를 통보하는 경우에는 허가 처리기간을 10일 범위에서 한 번만 연장할 수 있다.

③ 시·도지사가 민영도매시장 개설허가 처리기간에 허가 여부를 통보하지 아니하면 허가 처리기간의 마지막 날에 허가를 한 것으로 본다.

④ 민영도매시장의 개설자는 시장도매인을 두어 민영도매시장을 운영하게 할 수 없다.

⑤ 민영도매시장의 중도매인은 해당 민영도매시장을 관할하는 시·도지사가 지정한다.

17〕농수산물 유통 및 가격안정에 관한 법령상 농산물가격안정기금에 관한 설명으로 옳은 것은?

① 다른 기금으로부터의 출연금은 농산물가격안정기금의 재원으로 할 수 없다.

② 농산물의 수출 촉진사업을 위하여 농산물가격안정기금을 대출할 수 없다.

③ 농산물가격안정기금의 여유자금은 「자본시장과 금융투자업에 관한 법률」 제4조에 따른 증권의 매입의 방법으로 운용할 수 있다.

④ 농림축산식품부장관은 농산물가격안정기금의 여유자금의 운용에 관한 업무를 농업정책보험금융원의 장에게 위탁한다.

⑤ 농림축산식품부장관은 농산물가격안정기금의 수입과 지출을 명확히 하기 위하여 농협은행에 기금계정을 설치하여야 한다.

정답　14 ⑤　15 ③　16 ②　17 ③

18 농산물의 원활한 수급과 가격안정을 도모하고 유통구조의 개선을 촉진하기 위하여 설치한 농산물가격안정기금에서 지출할 수 있는 대상사업에 해당하지 않는 것은?

① 식량작물과 축산물의 유통구조 개선을 위한 생산자의 공동이용시설에 대한 지원
② 종자산업의 진흥과 관련된 우수 종자의 품종육성·개발, 우수 유전자원의 수집 및 조사
③ 농산물의 가공·포장 및 저장기술의 개발, 브랜드육성, 저온유통, 유통정보화 및 물류표준화의 촉진
④ 농산물의 유통구조 개선 및 가격안정사업과 관련된 조사·연구·홍보·지도·교육훈련 및 해외시장개척
⑤ 농산물 가격안정을 위한 안전성 강화와 관련된 조사·연구·홍보·지도·교육훈련 및 검사·분석시설 지원

19 농수산물 유통 및 가격안정에 관한 법령상 유통기구정비기본방침에 포함되어야 하는 사항이 아닌 것은?

① 도매시장·공판장 및 민영도매시장 시설의 바꿈 및 이전에 관한 사항
② 중도매인 및 경매사의 가격조작 방지에 관한 사항
③ 생산자와 소비자 보호를 위한 유통기구의 봉사 경쟁체제의 확립과 유통경로의 단축에 관한 사항
④ 운영실적이 부진하거나 휴업 중인 도매시장의 정비 및 도매시장법인이나 시장도매인의 교체에 관한 사항
⑤ 도매상의 시설 개선에 관한 사항

20 농수산물 유통 및 가격안정에 관한 법령상 농수산물 종합유통센터의 시설기준에서 필수시설에 해당되지 않는 것은?

① 농산물품질관리실
② 포장·가공시설
③ 직판장
④ 저온저장고
⑤ 농수산물의 처리를 위한 집하·배송시설

21 다음 중 농수산물 전자거래와 관련된 내용으로 틀린 것은?

① 분쟁조정위원회 위원이 해당 사건에 관하여 당사자의 대리인으로서 관여하거나 관여하였던 경우에는 위원 제척사항에 해당한다.
② 농수산물 전자거래와 관련한 분쟁의 조정을 받으려는 자는 분쟁조정위원회에 분쟁의 조정을 신청할 수 있다.
③ 분쟁조정위원회는 분쟁조정 신청을 받은 날부터 30일 이내에 조정안을 작성하여 분쟁 당사자에게 이를 권고하여야 한다. 다만, 부득이한 사정으로 그 기한을 연장하려는 경우에는 그 사유와 기한을 명시하고 분쟁 당사자에게 통보하여야 한다.
④ 분쟁조정위원회는 권고를 하기 전에 분쟁 당사자 간의 합의를 권고할 수 있다.
⑤ 분쟁 당사자가 조정안에 동의하면 분쟁조정위원회는 조정서를 작성하여야 하며, 분쟁 당사자로 하여금 이에 기명·날인하도록 한다.

22 다음 중 농수산물 유통 및 가격안정에 관한 법률상 과징금에 대한 내용으로 틀린 것은?

① 농림축산식품부장관, 해양수산부장관, 시·도지사 또는 도매시장 개설자는 도매시장법인등에는 1억원 이하, 중도매인에게는 2천만원 이하의 과징금을 부과할 수 있다.
② 과징금을 부과하는 경우에는 위반행위의 내용 및 정도, 기간 및 횟수 등을 고려해야 한다.
③ 과징금을 내야 할 자가 납부기한까지 내지 아니하면 납부기한이 지난 후 15일 이내에 10일 이상 15일 이내의 납부기한을 정하여 독촉장을 발부하여야 한다.
④ 독촉을 받은 자가 그 납부기한까지 과징금을 내지 아니하면 과징금 부과처분을 취소하고 업무정지 처분을 하거나 국세 체납처분의 예 또는 「지방행정제재·부과금의 징수 등에 관한 법률」에 따라 과징금을 징수한다.
⑤ 도매시장법인의 경우 연간 거래액이 100억원 미만인 경우 1일당 과징금액은 40,000원에 해당한다.

 18 ① **19** ⑤ **20** ③ **21** ③ **22** ①

제5과목

물류관련법규

· ·

대표기출문제
정답 & 해설

CHAPTER 01 물류정책기본법

01 정답 ①

① 제조는 물류의 범위에 속하지 않는다.

02 정답 ①

"물류사업"이란 화주(貨主)의 수요에 따라 유상(有償)으로 물류활동을 영위하는 것을 업(業)으로 하는 것으로 다음 각 목의 사업을 말한다(법 제2조 제2호).

가. 자동차・철도차량・선박・항공기 또는 파이프라인 등의 운송수단을 통하여 화물을 운송하는 화물운송업

나. 물류터미널이나 창고 등의 물류시설을 운영하는 물류시설운영업

다. 화물운송의 주선(周旋), 물류장비의 임대, 물류정보의 처리 또는 물류컨설팅 등의 업무를 하는 물류서비스업

라. 가목부터 다목까지의 물류사업을 종합적・복합적으로 영위하는 종합물류서비스업

03 정답 ⑤

물류현황조사지침(시행령 제4조 제1항)

1. 조사의 종류 및 항목
2. 조사의 대상・방법 및 절차
3. 조사의 체계
4. 조사의 시기 및 지역
5. 조사결과의 집계・분석 및 관리 등

04 정답 ②

① 물류현황조사는 국토교통부장관 또는 해양수산부장관이 수행하며, 「국가통합교통체계효율화법」 제12조에 따른 국가교통조사와 중복되지 아니하도록 하여야 한다.

③ 지역물류현황조사는 시・도지사가 수행한다.

④ 국토교통부장관 또는 해양수산부장관은 물류현황조사 등을 통하여 물류수요가 특정 물류시설이나 특정 운송수단에 치우쳐 효율적인 물류체계 운용을 해치거나 관계 중앙행정기관의 장 또는 시・도지사의 물류 관련 정책 또는 계획이 국가물류기본계획에 위배된다고 판단될 때에는 해당 중앙행정기관의 장이나 시・도지사에게 이를 개선하기 위한 조치를 하도록 요청할 수 있다.

⑤ 관계 중앙행정기관의 장이나 시・도지사는 개선조치의 요청에 이의가 있는 경우에는 국가물류정책위원회에 조정을 요청할 수 있다.

05 정답 ⑤

⑤ 국토교통부장관은 국가물류기본계획을 수립하거나 변경한 때에는 이를 관보에 고시하고, 관계 중앙행정기관의 장 및 시・도지사에게 통보하여야 한다(법 제11조 제5항).

06 정답 ④

④ 국가물류정책의 목표와 전략 및 단계별 추진계획 – 국가물류기본계획 사항

07 정답 ⑤

① 산업통상자원부장관 → 해양수산부장관
② 시・도지사 → 관계 중앙행정기관의 장
③ 수립할 수 있다. → 수립하여야 한다.
④ 국토교통부장관 → 국토교통부장관 및 해양수산부장관

08 정답 ①

① 표준화 → 효율화(법 제17조 제2항)

09 정답 ④

지역물류정책에 관한 주요 사항을 심의하기 위하여 시・도지사 소속으로 지역물류정책위원회를 둘 수 있다.

10 정답 ④

국토교통부장관 또는 해양수산부장관은 물류표준화에 관한 업무를 효과적으로 추진하기 위하여 필요하다고 인정하는 경우에는 산업통상자원부장관에게 「산업표준화법」에 따른 한국산업표준의 제정・개정 또는 폐지를 요청하여야 한다.

11 정답 ①

① 필요한 자금의 전부 또는 일부를 지원할 수 있다. → 예산의 범위에서 필요한 자금을 지원할 수 있다(법 제23조 제1항).
② 법 제23조 제2항
③ 법 제23조 제4항
④ 법 제23조 제5항
⑤ 법 제23조 제7항

12 정답 ①

② 국토교통부장관·해양수산부장관·산업통상자원부장관 또는 시·도지사는 화주기업이 물류공동화를 추진하는 경우에는 물류기업이나 물류 관련 단체와 공동으로 추진하도록 권고할 수 있으며, 권고를 이행하는 경우에 우선적으로 지원을 할 수 있다(법 제23조 제2항).
③ 국토교통부장관·해양수산부장관 또는 산업통상자원부장관은 물류기업이 물류자동화를 위하여 물류시설 및 장비를 확충하거나 교체하려는 경우에는 필요한 자금을 지원할 수 있다(법 제23조 제5항).
④ 국토교통부장관·해양수산부장관 또는 산업통상자원부장관은 해당 조치를 하려는 경우에는 중복을 방지하기 위하여 미리 협의하여야 한다(법 제23조 제6항).
⑤ 시·도지사는 미리 해당 조치와 관련하여 국토교통부장관·해양수산부장관 또는 산업통상자원부장관과 협의하고, 그 내용을 지역물류기본계획과 지역물류시행계획에 반영하여야 한다(법 제23조 제7항).

13 정답 ②

기업물류비 산정지침(시행령 제18조) : 기업물류비 산정지침에는 다음의 사항이 포함되어야 한다.

1. 물류비 관련 용어 및 개념에 대한 정의
2. 영역별·기능별 및 자가·위탁별 물류비의 분류
3. 물류비의 계산 기준 및 계산 방법
4. 물류비 계산서의 표준 서식

14 정답 ③

국가물류통합정보센터운영자 또는 단위물류정보망 전담기관은 전자문서 또는 물류정보를 공개하려는 때에는 신청 등이 있은 날부터 60일 이내에 서면(전자문서를 포함)으로 이해관계인의 동의를 받아야 한다(법 제34조, 시행령 제26조).

15 정답 ③

대통령령으로 정하는 공공기관(시행령 제20조 제5항)

1. 「인천국제공항공사법」에 따른 인천국제공항공사
2. 「한국공항공사법」에 따른 한국공항공사
3. 「한국도로공사법」에 따른 한국도로공사
4. 「한국철도공사법」에 따른 한국철도공사
5. 「한국토지주택공사법」에 따른 한국토지주택공사
6. 「항만공사법」에 따른 항만공사
7. 제1호부터 제6호까지에서 규정한 기관 외에 국토교통부장관이 지정하여 고시하는 공공기관

16 정답 ④

④ 자본금 1억원 이상 → 자본금 2억원 이상(법 제30조의2 제2항 제4호)

17 정답 ④

국토교통부장관·해양수산부장관·산업통상자원부장관 또는 관세청장은 물류정보화를 촉진하기 위하여 필요한 경우에는 예산의 범위에서 물류기업 또는 물류 관련 단체에 대하여 물류정보화에 관련된 설비 또는 프로그램의 개발·운용비용의 일부를 지원할 수 있다(법 제27조 제2항).

18 정답 ③

① 위작 또는 변작행위는 행정처분 대상에 해당한다.
② 3년 → 2년
④ **예외적인 공개사유**(시행령 제26조 제1항)

1. 관계 중앙행정기관 또는 지방자치단체가 행정목적상의 필요에 따라 신청하는 경우
2. 수사기관이 수사목적상의 필요에 따라 신청하는 경우
3. 법원의 제출명령에 따른 경우
4. 다른 법률에 따라 공개하도록 되어 있는 경우
5. 그 밖에 국가물류통합정보센터운영자 또는 단위물류정보망 전담기관의 요청에 따라 국토교통부장관이 공개할 필요가 있다고 인정하는 경우

⑤ 미리 대통령령으로 정하는 이해관계인의 동의를 받아야 한다(법 제34조 제2항).

19 정답 ④

① 국토교통부장관 또는 해양수산부장관은 산업통상자원부장관에게 한국산업표준의 제정·개정 또는 폐지를 요청할 수 있다(법 제24조 제1항).
②, ③ 산업통상자원부장관 → 국토교통부장관
⑤ 물류정보는 비공개가 원칙이고 예외적인 경우에 공개할 수 있다(법 제34조).

20 정답 ③

국토교통부장관은 관계 중앙행정기관의 장과 협의하여 물류기업 또는 화주기업이 다음의 어느 하나에 해당하는 활동을 하는 경우에는 행정적·재정적 지원을 할 수 있다(법 제35조의2 제2항).

1. 물류보안 관련 시설·장비의 개발·도입
2. 물류보안 관련 제도·표준 등 국가 물류보안 시책의 준수
3. 물류보안 관련 교육 및 프로그램의 운영

4. 물류보안 관련 시설·장비의 유지·관리
5. 물류보안 사고발생에 따른 사후복구조치

21 정답 ⑤

⑤ 3년 → 2년

더 「유통산업발전법」상 유통표준전자문서 및 물류정보의 보관기간은 3년이다.

22 정답 ⑤

① 종결 사실과 그 사유를 신고자에게 서면 등의 방법으로 통보해야 한다.
② 산업통상자원부장관 → 국토교통부장관 또는 해양수산부장관
③, ④ 없다. → 있다.

23 정답 ③

물류신고센터 신고대상 행위(법 제37조의 제2항)

> 1. 화물의 운송·보관·하역 등에 관하여 체결된 계약을 정당한 사유 없이 이행하지 아니하거나 일방적으로 계약을 변경하는 행위
> 2. 화물의 운송·보관·하역 등의 단가를 인하하기 위하여 고의적으로 재입찰하거나 계약단가 정보를 노출하는 행위
> 3. 화물의 운송·보관·하역 등에 관하여 체결된 계약의 범위를 벗어나 과적·금전 등을 제공하도록 강요하는 행위
> 4. 화물의 운송·보관·하역 등에 관하여 유류비의 급격한 상승 등 비용 증가분을 계약단가에 반영하는 것을 지속적으로 회피하는 행위

24 정답 ②

② 물류사업에서 물류서비스업 중 국제물류주선기업에 대한 우수물류기업 인증의 주체는 국토교통부장관이다(시행령 별표 1의2).

물류사업	인증대상 물류기업	인증주체
1. 화물운송업	화물자동차 운송기업	국토교통부장관
2. 물류시설 운영업	물류창고기업	국토교통부장관 또는 해양수산부장관(「항만법」 제2조 제4호에 따른 항만구역에 있는 창고를 운영하는 기업의 경우만 해당)

3. 물류서비스업	가. 국제물류주선기업	국토교통부장관
	나. 화물정보망 기업	국토교통부장관
4. 종합물류 서비스업	종합물류 서비스기업	국토교통부장관·해양수산부장관 공동

25 정답 ④

① 컨테이너장치장을 소유하고 있는 자는 국제물류주선업을 등록하려는 경우 1억원 이상의 보증보험 가입의무 대상자에 해당하지 않는다.
② 해양수산부장관 → 시·도지사
③ 5년 → 3년
⑤ 해양수산부장관 → 시·도지사, 국세청장 → 관할 세무관서의 장

26 정답 ②

국제물류주선업 등록의 결격사유(법 제44조)

> 1. 피성년후견인 또는 피한정후견인
> 2. 「물류정책기본법」, 「화물자동차 운수사업법」, 「항공사업법」, 「항공안전법」, 「공항시설법」 또는 「해운법」을 위반하여 금고 이상의 실형을 선고받고 그 집행이 종료(집행이 종료된 것으로 보는 경우 포함)되거나 집행이 면제된 날부터 2년이 지나지 아니한 자
> 3. 「물류정책기본법」, 「화물자동차 운수사업법」, 「항공사업법」, 「항공안전법」, 「공항시설법」 또는 「해운법」을 위반하여 금고 이상의 형의 집행유예를 선고받고 그 유예기간 중에 있는 자
> 4. 「물류정책기본법」, 「화물자동차 운수사업법」, 「항공사업법」, 「항공안전법」, 「공항시설법」 또는 「해운법」을 위반하여 벌금형을 선고받고 2년이 지나지 아니한 자
> 5. 국제물류주선업의 등록취소처분을 받은 후 2년이 지나지 아니한 자(거짓이나 그 밖의 부정한 방법으로 등록을 한 경우는 제외)
> 6. 법인으로서 대표자가 제1호부터 제5호까지의 어느 하나에 해당하는 경우
> 7. 법인으로서 대표자가 아닌 임원 중에 제2호부터 제5호까지의 어느 하나에 해당하는 자가 있는 경우

27 정답 ⑤

① 국제물류주선업의 경우 사업의 휴·폐업 관련 신고 규정은 없음.
② 국토교통부장관 → 시·도지사
③ 피상속인 → 상속인

④ 「민법」규정을 적용하지 아니하고 법 제44조(등록의 결격
　사유) 규정을 준용한다.

28 정답 ③
③ 사업정지를 명할 수 있다. → 등록을 취소하여야 한다.

29 정답 ⑤
국토교통부장관은 물류관리사가 다음 각 호의 어느 하나에
해당하는 때에는 <u>그 자격을 취소하여야 한다</u>(법 제53조).

> 1. 물류관리사 자격을 부정한 방법으로 취득한 때
> 2. 물류관리사가 다른 사람에게 자기의 성명을 사용하여
> 　영업을 하게 하거나 자격증을 대여한 때
> 3. 물류관리사의 성명의 사용이나 물류관리사 자격증 대
> 　여를 알선한 때

30 정답 ⑤
① 물류관련협회를 설립하려는 경우 해당 협회의 회원이 될 자
　격이 있는 기업 100개 이상이 발기인으로 정관을 작성하여
　해당 협회의 회원이 될 자격이 있는 기업 200개 이상이 참여
　한 창립총회의 의결을 거친 후 국토교통부장관 또는 해양수
　산부장관의 설립인가를 받아야 한다(법 제55조 제2항).
② 물류관련협회는 설립인가를 받아 <u>설립등기</u>를 함으로써
　성립한다(법 제55조 제3항).
③ 정관, 발기인의 명부 및 이력서, 회원의 명부, 사업계획서
　및 예산의 수입지출계획서, 창립총회 회의록을 첨부하여
　야 한다(시행령 제42조).
④ <u>국토교통부장관 및 해양수산부장관</u>은 물류관련협회의 발
　전을 위해 필요한 경우 행정적·재정적으로 지원할 수 있
　다(법 제55조 제6항).

31 정답 ⑤
⑤ 서비스의 전문성, 국제업무 역량 등의 평가는 우수 국제물
　류주선업체의 인증에 관련되는 사항이지 환경친화적 물류
　활동을 위한 행정적·재정적 지원사항에 속하지 않는다
　(법 제59조 관련).

32 정답 ⑤
⑤ 국토교통부장관은 우수녹색물류실천기업에 지정증을 발
　급하고, 지정을 나타내는 표시를 정하여 우수녹색물류실
　천기업이 사용하게 할 수 있다(법 제60조의4).

33 정답 ④
④ 우수녹색물류실천기업 심사대행기관의 지정은 행정적·
　재정적 지원사항이 아님.
① 법 제59조 제2항 제1호

② 법 제61조 제4항
③ 법 제56조 제4항
⑤ 법 제57조 제2항

34 정답 ③
법 제39조 제1항에 따른 인증우수물류기업에 대한 인증의 취
소는 청문사항이다. 한편, 인증우수물류기업은 인증의 대상이
지 등록 대상은 아니므로 등록의 취소는 청문대상이 아니다.

35 정답 ⑤
① 2천만원 → 1천만원
② 국세 체납처분의 예 → 「지방행정제재·부과금의 징수 등
　에 관한 법률」
③ 1/3 → 1/2
④ 10일 → 20일

36 정답 ②
ㄱ. 3년 이하의 징역 또는 3,000만원 이하의 벌금
ㄴ. 200만원 이하의 과태료
ㄷ. 1,000만원 이하의 벌금형
ㄹ. 1년 이하의 징역 또는 1,000만원 이하의 벌금

CHAPTER 02 물류시설의 개발 및 운영에 관한 법률

01 정답 ①

① 「철도사업법」 제2조 제8호에 따른 철도사업자가 그 사업에 사용하는 화물운송·하역 및 보관 시설은 일반물류단지시설에 해당한다.

02 정답 ⑤

관계 중앙행정기관의 장은 필요한 경우 국토교통부장관에게 물류시설개발종합계획을 변경하도록 요청할 수 있다(법 제5조 제3항).

03 정답 ②

변경인가의 기준(시행령 제5조 제2항)

1. 공사의 기간을 변경하는 경우
2. 물류터미널의 부지 면적을 변경하는 경우(부지 면적의 10분의 1 이상을 변경하는 경우만 해당)
3. 물류터미널 안의 건축물의 연면적(하나의 건축물의 각 층의 바닥면적의 합계를 말한다. 이하 같다)을 변경하는 경우(연면적의 10분의 1 이상을 변경하는 경우만 해당)
4. 물류터미널 안의 공공시설 중 도로·철도·광장·녹지나 그 밖에 국토교통부령으로 정하는 시설을 변경하는 경우

04 정답 ③

③ 100만제곱미터 → 3만3천제곱미터(법 제7조)

05 정답 ②

복합물류터미널사업 등록의 결격사유(법 제8조) : 다음의 어느 하나에 해당하는 자는 복합물류터미널사업의 등록을 할 수 없다.

1. 이 법을 위반하여 벌금형 이상을 선고받은 후 2년이 지나지 아니한 자
2. 복합물류터미널사업 등록이 취소(제3호 가목에 해당하여 제17조 제1항 제4호에 따라 등록이 취소된 경우는 제외한다)된 후 2년이 지나지 아니한 자
3. 법인으로서 그 임원 중에 제1호 또는 다음의 어느 하나에 해당하는 자가 있는 경우
   가. 피성년후견인 또는 파산선고를 받고 복권되지 아니한 자

   나. 이 법을 위반하여 금고 이상의 실형을 선고받고 그 집행이 종료(집행이 종료된 것으로 보는 경우를 포함한다)되거나 집행이 면제된 날부터 2년이 지나지 아니한 자
   다. 이 법을 위반하여 금고 이상의 형의 집행유예를 선고받고 그 유예기간 중에 있는 자

06 정답 ④

④ 국토교통부장관은 복합물류터미널사업의 등록을 할 수 있는 자가 등록신청을 하는 경우에는 등록기준을 갖추지 못한 경우 또는 결격사유에 해당하는 경우를 제외하고는 등록을 해주어야 한다(법 제7조 제5항). 따라서 '지체 없이'라는 문구는 법규정에 없으므로 틀린 문장에 해당한다.

07 정답 ⑤

등록의 취소 등(법 제17조) : 국토교통부장관은 복합물류터미널사업자가 다음의 어느 하나에 해당하는 때에는 등록을 취소하거나 6개월 이내의 기간을 정하여 사업의 정지를 명할 수 있다. 다만, 제1호·제4호·제7호 또는 제8호에 해당하는 때에는 등록을 취소하여야 한다(절대적 등록취소).

1. 거짓이나 그 밖의 부정한 방법으로 등록을 한 때
2. 변경등록을 하지 아니하고 등록사항을 변경한 때
3. 등록기준에 맞지 아니하게 된 때. 다만, 3개월 이내에 그 기준을 충족시킨 때에는 그러하지 아니하다.
4. 등록의 결격사유의 어느 하나에 해당하게 된 때. 다만, 같은 조 제3호에 해당하는 경우로서 그 사유가 발생한 날부터 3개월 이내에 해당 임원을 개임한 경우에는 그러하지 아니하다.
5. 제9조 제1항에 따른 인가 또는 변경인가를 받지 아니하고 공사를 시행하거나 변경한 때
6. 사업의 전부 또는 일부를 휴업한 후 정당한 사유 없이 제15조 제1항에 따라 신고한 휴업기간이 지난 후에도 사업을 재개하지 아니한 때
7. 다른 사람에게 자기의 성명 또는 상호를 사용하여 사업을 하게 하거나 등록증을 대여한 때
8. 사업정지명령을 위반하여 그 사업정지기간 중에 영업을 한 때

08 정답 ①

② 대통령령으로 정하는 복합물류터미널사업의 등록을 할 수 있는 공공기관 : 한국철도공사, 한국토지주택공사, 한국도로공사, 한국수자원공사, 한국농어촌공사 및 항만공사
③ 1년 → 2년
④ 3만제곱미터 → 3만3천제곱미터

⑤ 복합물류터미널의 부지 면적의 변경(변경 횟수에 불구하고 통산하여 부지 면적의 1/10 미만의 변경), 복합물류터미널의 구조 또는 설비의 변경, <u>영업소의 명칭 또는 위치의 변경</u> 등은 변경등록 외의 사항에 해당한다.

09 정답 ③

"물류터미널사업"이란 물류터미널을 경영하는 사업으로서 복합물류터미널사업과 일반물류터미널사업을 말한다. 다만, 다음의 시설물을 경영하는 사업은 제외한다(법 제2조 제3호).

1. 「항만법」의 항만시설 중 항만구역 안에 있는 화물하역시설 및 화물보관·처리 시설
2. 「공항시설법」의 공항시설 중 공항구역 안에 있는 화물운송을 위한 시설과 그 부대시설 및 지원시설
3. 「철도사업법」에 따른 철도사업자가 그 사업에 사용하는 화물운송·하역 및 보관 시설
4. 「유통산업발전법」의 집배송시설 및 공동집배송센터

10 정답 ②

② 국토교통부장관의 ~ 받아야 한다. → 시·도지사의 ~ 받을 수 있다(법 제9조 제1항).

11 정답 ⑤

공사계획의 변경에 관한 인가를 받아야 하는 경우(시행령 제5조 제2항)

1. 공사의 기간을 변경하는 경우
2. 물류터미널의 부지 면적을 변경하는 경우(부지 면적의 1/10 이상을 변경하는 경우만 해당)
3. 물류터미널 안의 건축물의 연면적(하나의 건축물의 각 층의 바닥면적의 합계)을 변경하는 경우(연면적의 1/10분 이상을 변경하는 경우만 해당)
4. 물류터미널 안의 공공시설 중 도로·철도·광장·녹지나 그 밖에 국토교통부령으로 정하는 시설을 변경하는 경우

12 정답 ③

③ 농수산물산지유통센터는 물류단지 지원시설에 해당한다(법 제2조 제7호).

13 정답 ①

① 물류단지를 지정하는 국토교통부장관 또는 시·도지사는 무분별한 물류단지 개발을 방지하고 국토의 효율적 이용을 위하여 물류단지 지정 전에 물류단지 실수요 검증을 실시하여야 한다(법 제22조의7 제1항 전단).

14 정답 ①

일반물류단지의 지정권자(법 제22조 제1항)

1. 국가정책사업으로 물류단지를 개발하거나 물류단지 개발사업의 대상지역이 2개 이상의 시·도에 걸쳐 있는 경우 : 국토교통부장관
2. 제1호 외의 경우 : 시·도지사

15 정답 ①

① 3개 → 2개, 시·도지사 → 국토교통부장관

16 정답 ④

물류단지개발지침에는 다음의 사항이 포함되어야 한다(시행령 제15조 제1항).

1. 물류단지의 계획적·체계적 개발에 관한 사항
2. 물류단지의 지정·개발·지원에 관한 사항
3. 「환경영향평가법」에 따른 전략환경영향평가, 소규모 환경영향평가 및 환경영향평가 등 환경보전에 관한 사항
4. 지역 간의 균형발전을 위하여 고려할 사항
5. 국가유산의 보존을 위하여 고려할 사항
6. 토지가격의 안정을 위하여 필요한 사항
7. 분양가격의 결정에 관한 사항
8. 토지·시설 등의 공급에 관한 사항

17 정답 ④

시장·군수·구청장의 허가를 받아야 하는 행위(시행령 제18조 제1항)

1. 건축물의 건축 등 : 「건축법」에 따른 건축물(가설건축물을 포함한다)의 건축, 대수선 또는 용도변경
2. 공작물의 설치 : 인공을 가하여 제작한 시설물(「건축법」 제2조 제1항 제2호에 따른 건축물은 제외)의 설치
3. 토지의 형질변경 : 절토(땅깎기)·성토(흙쌓기)·정지(흙고르기)·포장 등의 방법으로 토지의 형상을 변경하는 행위, 토지의 굴착 또는 공유수면의 매립
4. 토석의 채취 : 흙·모래·자갈·바위 등의 토석을 채취하는 행위. 다만, 토지의 형질변경을 목적으로 하는 것은 제3호에 따른다.
5. 토지분할
6. 물건을 쌓아놓는 행위 : 이동이 쉽지 아니한 물건을 1개월 이상 쌓아놓는 행위
7. 죽목의 벌채 및 식재(植栽)

18 정답 ③

　③ 산업통상자원부장관 → 시장·군수·구청장

19 정답 ①

　① 시장가격 → 분양가격(시행령 제25조 제4항)

20 정답 ④

　시행자가 물류단지개발사업의 시행으로 새로 공공시설을 설치하거나 기존의 공공시설에 대체되는 공공시설을 설치한 경우에는 「국유재산법」 및 「공유재산 및 물품관리법」에도 불구하고 종래의 공공시설은 시행자에게 무상으로 귀속되고 새로 설치된 공공시설은 그 시설을 관리할 국가 또는 지방자치단체에 무상으로 귀속된다(법 제36조 제1항).

21 정답 ⑤

　① 비용의 전부를 부담 → 전기간선시설을 땅속에 설치하는 경우에는 전기를 공급하는 자와 땅속에 설치할 것을 요청하는 자가 각각 100분의 50의 비율로 그 설치비용을 부담한다.
　② 수의계약으로 매각가능
　③ 이주대책사업비도 보조 및 융자의 대상
　④ 제거할 수 없다. → 제거할 수 있다.

22 정답 ①

　공공시설의 범위(시행령 제26조) : 도로, 공원, 광장, 주차장(국가 또는 지방자치단체가 설치한 것만 해당), 철도, 하천, 녹지, 운동장(국가 또는 지방자치단체가 설치한 것만 해당), 공공공지, 수도(한국수자원공사가 설치하는 수도의 경우에는 관로만 해당), 하수도, 공동구, 유수지시설, 구거

23 정답 ⑤

　법 제39조 제2항에 따라 국가나 지방자치단체가 지원하는 기반시설은 다음과 같다(시행령 제29조).

> 1. 도로·철도 및 항만시설
> 2. 용수공급시설 및 통신시설
> 3. 하수도시설 및 폐기물처리시설
> 4. 물류단지 안의 공동구
> 5. 집단에너지공급시설
> 6. 유수지 및 광장

24 정답 ②

　㉠ 법 제40조 제2항 제6호, 영 제30조(10퍼센트를 말한다. 다만, 해당 지방자치단체의 조례가 10퍼센트 이상으로 정하는 경우에는 그 비율을 말한다.)

㉡ 물류단지개발사업과 관련된 해당 지방자치단체의 장이 시행하는 「국토의 계획 및 이용에 관한 법률」 제2조 제10호에 따른 도시·군계획시설사업의 공사비의 2분의 1 이하(영 제32조 제2항 제1호)

25 정답 ⑤

　⑤ 「물류정책기본법」상 징수된 이행강제금은 특별회계의 재원조성부분이 아니다(법 제40조).

26 정답 ①

　① 시행자가 국가 또는 지방자치단체, 대통령령으로 정하는 공공기관, 「지방공기업법」에 따른 지방공사인 경우 : 시행자는 실시계획 승인을 받을 것(시행령 제33조 제1항 제1호)
　②~⑤ 시행자가 특별법에 따라 설립된 법인 또는 「민법」 또는 「상법」에 따라 설립된 법인인 경우의 선수금 요건에 해당한다.

27 정답 ⑤

　시행령 제41조 제4항 및 시행규칙 제26조(별표 4)
　⑤ 330제곱미터 초과 660제곱미터 이하 → 165제곱미터 이상 330제곱미터 이하

28 정답 ⑤

　물류단지지정권자는 재정비시행계획을 승인하려면 미리 입주업체 및 관계 지방자치단체의 장의 의견을 듣고 관계 행정기관의 장과 협의하여야 한다(법 제52조의2).

29 정답 ⑤

　입주기업체협의회는 매 사업연도 개시일부터 2개월 이내에 정기총회를 개최하여야 하며, 필요한 경우에는 임시총회를 개최할 수 있다.

30 정답 ④

　법 제53조 및 시행령 제43조 제1항
　①, ② 물류단지지정권자는 효율적인 관리를 위하여 대통령령으로 정하는 관리기구 또는 입주기업체가 자율적으로 구성한 협의회에게 물류단지를 관리하도록 하여야 한다.
　③ 2/3 → 75%
　⑤ 1/3 → 과반수

31 정답 ①

　① 시·도지사 → 시장·군수·구청장(법 제59조의4 제1항)
　　국토교통부장관 → 시·도지사

32〉 **정답** ④

국가 또는 지방자치단체는 물류창고업자 또는 그 사업자단체가 다음의 어느 하나에 해당하는 사업을 수행하는 경우로서 재정적 지원이 필요하다고 인정하면 자금의 일부를 보조 또는 융자할 수 있다(법 제21조의7).

> 1. 물류창고의 건설
> 2. 물류창고의 보수·개조 또는 개량
> 3. 물류장비의 투자
> 4. 물류창고 관련 기술의 개발
> 5. 물류창고업의 경영구조 개선에 관한 사항
> 6. 물류창고 시설·장비의 효율적 개선에 관한 사항
> 7. 물류창고업자 및 관련 종사자에 대한 교육·훈련
> 8. 물류창고업의 국제동향에 대한 조사·연구

33〉 **정답** ③

다음의 어느 하나에 해당하는 물류창고를 소유 또는 임차하여 물류창고업을 경영하려는 자는 국토교통부와 해양수산부의 공동부령으로 정하는 바에 따라 국토교통부장관(「항만법」에 따른 항만구역은 제외), 해양수산부장관(「항만법」에 따른 항만구역 중 국가관리무역항 및 국가관리연안항 구역만 해당) 또는 시·도지사(「항만법」에 따른 항만구역 중 지방관리무역항 및 지방관리연안항 구역만 해당)에게 등록하여야 한다(법 제21조의2).

> 1. 전체 바닥면적의 합계가 1천제곱미터 이상인 보관시설(하나의 필지를 기준으로 해당 물류창고업을 등록하고자 하는 자가 직접 사용하는 바닥면적만을 산정하되, 필지가 서로 연접한 경우에는 연접한 필지를 합산하여 산정한다)
> 2. 전체 면적의 합계가 4천500제곱미터 이상인 보관장소(보관시설이 차지하는 토지면적을 포함하고 하나의 필지를 기준으로 물류창고업을 등록하고자 하는 자가 직접 사용하는 면적만을 산정하되, 필지가 서로 연접한 경우에는 연접한 필지를 합산하여 산정한다)

34〉 **정답** ④

물류창고업의 등록을 한 자가 그 등록한 사항 중 <u>대통령령으로 정하는 사항</u>을 변경하려는 경우에는 국토교통부와 해양수산부의 공동부령으로 정하는 바에 따라 변경등록의 사유가 발생한 날부터 30일 이내에 변경등록을 하여야 한다(법 제21조의2 제2항).

※ **대통령령으로 정하는 사항** : 물류창고업의 등록을 한 자의 성명(법인인 경우 그 대표자의 성명) 및 상호, 물류창고의 소재지, 물류창고 면적의 100분의 10 이상의 증감

35〉 **정답** ③

③ 취소해야만 한다. → 취소할 수 있다.(법 제21조의5)

36〉 **정답** ①

국토교통부장관은 복합물류터미널사업자가 법 제17조 제1항 각 호(제1호·제4호·제7호 및 제8호는 제외한다)의 어느 하나에 해당하여 사업의 정지를 명하여야 하는 경우로서 그 사업의 정지가 그 사업의 이용자 등에게 심한 불편을 주는 경우에는 그 사업정지처분을 갈음하여 5천만원 이하의 과징금을 부과할 수 있다.

cf **법 제17조 제1호·제4호·제7호·제8호 규정**
1. 거짓이나 그 밖의 부정한 방법으로 등록을 한 때
4. 등록의 결격사유 중 하나에 해당하게 된 때. 다만, 법인의 임원 중 하나가 결격사유에 해당하는 경우로서 그 사유가 발생한 날부터 3개월 이내에 해당 임원을 개임한 경우에는 그러하지 아니하다.
7. 다른 사람에게 자기의 성명 또는 상호를 사용하여 사업을 하게 하거나 등록증을 대여한 때
8. 사업정지명령을 위반하여 그 사업정지기간 중에 영업을 한 때

37〉 **정답** ⑤

ㄱ. 공사시행인가를 받지 아니하고 공사를 시행한 복합물류터미널사업자(1년 이하의 징역 또는 1천만원 이하의 벌금형)
ㄴ. 인증을 받지 않고 스마트물류센터임을 사칭한 자(3천만원 이하의 벌금형)
ㄷ. 등록을 하지 아니하고 복합물류터미널사업을 경영한 자(1년 이하의 징역 또는 1천만원 이하의 벌금형)
ㄹ. 다른 사람에게 등록증을 대여한 복합물류터미널사업자(1년 이하의 징역 또는 1천만원 이하의 벌금형)

01 정답 ④

④ 공동집배송센터의 지정 – 시·도지사의 추천을 받아 산업통상자원부장관이 지정한다(법 제29조 제1항).

02 정답 ②

다음의 시장·사업장 및 매장에 대하여는 이 법을 적용하지 아니한다(법 제4조).

1. 「농수산물 유통 및 가격안정에 관한 법률」 제2조 제2호·제5호·제6호 및 제12호에 따른 농수산물도매시장·농수산물공판장·민영농수산물도매시장 및 농수산물종합유통센터
2. 「축산법」 제34조에 따른 가축시장

03 정답 ④

용어의 정의(법 제2조)
• "임시시장"이란 다수의 수요자와 공급자가 일정한 기간 동안 상품을 매매하거나 용역을 제공하는 일정한 장소를 말한다.
• 임의가맹점형 체인사업 : 체인본부의 계속적인 경영지도 및 체인본부와 가맹점 간의 협업에 의하여 가맹점의 취급품목·영업방식 등의 표준화사업과 공동구매·공동판매·공동시설활용 등 공동사업을 수행하는 형태의 체인사업

04 정답 ⑤

① 10년 → 5년(법 제5조 제1항)
② 5년 → 매년(법 제6조 제1항)
③ 국토교통부장관 → 시·도지사
④ 2월 → 3월(시행령 제6조 제2항)

05 정답 ⑤

기본계획에는 다음의 사항이 포함되어야 한다(법 제5조 제2항).

1. 유통산업 발전의 기본방향
2. 유통산업의 국내외 여건 변화 전망
3. 유통산업의 현황 및 평가
4. 유통산업의 지역별·종류별 발전 방안
5. 산업별·지역별 유통기능의 효율화·고도화 방안
6. 유통전문인력·부지 및 시설 등의 수급(需給) 변화에 대한 전망
7. 중소유통기업의 구조개선 및 경쟁력 강화 방안
8. 대규모점포와 중소유통기업 및 중소제조업체 사이의 건전한 상거래질서의 유지 방안

9. 그 밖에 유통산업의 규제완화 및 제도개선 등 유통산업의 발전을 촉진하기 위하여 필요한 사항

06 정답 ②

협의회의 회의는 재적위원 3분의 2 이상의 출석으로 개의하고, 출석위원 3분의 2 이상의 찬성으로 의결한다.

07 정답 ③

① 지방자치단체의 조례 → 산업통상자원부령
② 회장은 부시장(특별자치시의 경우 행정부시장)·부군수·부구청장이 된다.
④ 1/2 → 2/3
⑤ 해촉하여야 한다. → 해촉할 수 있다.

08 정답 ③

③ 특별자치시장·시장·군수·구청장 → 산업통상자원부장관, 2년 → 3년

09 정답 ①

② 용역의 제공장소를 포함 → 용역의 제공장소를 제외
③ 「형법」을 위반하여 → 이 법(「유통산업발전법」)을 위반하여
④ 2년 → 1년
⑤ 전문상가단지 → 전통상업보존구역

10 정답 ③

특별자치시장·시장·군수·구청장은 대규모점포등개설자가 다음의 어느 하나에 해당하는 경우에는 그 등록을 취소하여야 한다(법 제11조 제1항).

1. 대규모점포등개설자가 정당한 사유 없이 1년 이내에 영업을 개시하지 아니한 경우. 이 경우 대규모점포등의 건축에 정상적으로 소요되는 기간은 산입하지 아니한다.
2. 대규모점포등의 영업을 정당한 사유 없이 1년 이상 계속하여 휴업한 경우

11 정답 ④

① 대규모점포를 개설하려는 자는 영업을 개시하기 60일 전까지 개설 지역 및 시기 등을 포함한 개설계획을 예고하여야 한다.
② 「유통산업발전법」을 위반하여 징역의 실형을 선고받고 그 집행이 면제된 날부터 1년이 지난 사람은 대규모점포등의 등록을 할 수 있다.

③ 대형마트의 영업시간을 제한하는 경우 조례로 달리 정하지 않는 한 오전 0시부터 오전 10시까지의 범위에서 영업시간을 제한할 수 있다.

⑤ 대규모점포등개설자가 대규모점포등을 폐업하려는 경우에는 특별자치시장·시장·군수·구청장에게 신고하여야 한다.

12 정답 ⑤

⑤ 51퍼센트 → 55퍼센트(법 제12조의2 제1항)

13 정답 ⑤

⑤ 등록이 취소된 후 1년이 지나지 아니한 자, 이밖에 대표자가 결격사유에 해당하는 법인의 경우에도 등록의 결격사유에 해당한다.

14 정답 ②

대규모점포등관리자는 감사인의 회계감사를 매년 1회 이상 받아야 한다. 다만, 입점상인의 3분의 2 이상이 서면으로 회계감사를 받지 아니하는 데 동의한 연도에는 회계감사를 받지 아니할 수 있다(법 제12조의5 제1항).

15 정답 ③

① 정부는 재래시장의 활성화에 필요한 시책을 수립·시행하여야 하고, 정부 또는 지방자치단체의 장은 이에 필요한 행정적·재정적 지원을 할 수 있다(법 제15조 제3항).

② 산업통상자원부장관, 관계 중앙행정기관의 장 또는 지방자치단체의 장은 다음 각 호의 어느 하나에 해당하는 자가 전문상가단지를 세우려는 경우에는 필요한 행정적·재정적 지원을 할 수 있다(법 제20조 제1항).

④ 산업통상자원부장관, 중소벤처기업부장관 또는 지방자치단체의 장은 「중소기업기본법」 제2조에 따른 중소기업자 중 대통령령으로 정하는 소매업자 50인 또는 도매업자 10인 이상의 자가 공동으로 중소유통기업의 경쟁력 향상을 위하여 중소유통공동도매물류센터를 건립하거나 운영하는 경우에는 필요한 행정적·재정적 지원을 할 수 있다(법 제17조의2 제1항).

⑤ 정부 또는 지방자치단체의 장은 다음 각 호의 사항이 포함된 중소유통기업의 구조개선 및 경쟁력 강화에 필요한 시책을 수립·시행할 수 있고, 이에 필요한 행정적·재정적 지원을 할 수 있다(법 제15조 제4항).

16 정답 ①

② 지방자치단체의 장은 자신이 건립한 중소유통공동도매물류센터의 운영을 중소유통기업자단체에 위탁할 수 있다(법 제17조의2 제2항).

③ 상점가진흥조합은 협동조합 또는 사업조합으로 설립한다(법 제18조 제4항).

④ 지방자치단체의 장은 상점가진흥조합이 조합원의 판매촉진을 위한 공동사업을 하는 경우에는 예산의 범위에서 필요한 자금을 지원할 수 있다(법 제19조 제4호).

⑤ 상점가진흥조합의 구역은 다른 상점가진흥조합의 구역과 중복되어서는 아니 된다(법 제18조 제5항).

17 정답 ③

산업통상자원부장관, 중소벤처기업부장관 또는 지방자치단체의 장은 「중소기업기본법」 제2조에 따른 중소기업자 중 대통령령으로 정하는 소매업자 50인 또는 도매업자 10인 이상의 자가 공동으로 중소유통기업의 경쟁력 향상을 위하여 "중소유통공동도매물류센터"를 건립하거나 운영하는 경우에는 필요한 행정적·재정적 지원을 할 수 있다(법 제17조의2 제1항).

18 정답 ④

시행규칙 제8조

① "산업통상자원부령으로 정하는 기준에 해당하는 자"란 다음의 요건을 갖춘 자를 말한다.
  1. 5천제곱미터 이상의 부지를 확보하고 있을 것
  2. 단지 내에 입주하는 조합원이 50인 이상일 것
② 산업통상자원부령으로 정하는 금액 : 위에 해당하는 자와 신탁계약을 체결한 「자본시장과 금융투자업에 관한 법률」에 따른 신탁업자로서 자본금 또는 연간 매출액 100억원 이상

19 정답 ⑤

지방자치단체의 장은 상점가진흥조합이 다음의 사업을 하는 경우에는 예산의 범위에서 필요한 자금을 지원할 수 있다(법 제19조).

1. 점포시설의 표준화 및 현대화
2. 상품의 매매·보관·수송·검사 등을 위한 공동시설의 설치
3. 주차장·휴게소 등 공공시설의 설치
4. 조합원의 판매촉진을 위한 공동사업
5. 가격표시 등 상거래질서의 확립
6. 조합원과 그 종사자의 자질향상을 위한 연수사업 및 정보제공
7. 그 밖에 지방자치단체의 장이 상점가 진흥을 위하여 필요하다고 인정하는 사업

20 정답 ⑤

유통정보화시책(법 제21조)

1. 유통표준코드의 보급
2. 유통표준전자문서의 보급
3. 판매시점 정보관리시스템의 보급
4. 점포관리의 효율화를 위한 재고관리시스템·매장관리시스템 등의 보급
5. 상품의 전자적 거래를 위한 전자장터 등의 시스템의 구축 및 보급
6. 다수의 유통·물류기업 간 기업정보시스템의 연동을 위한 시스템의 구축 및 보급
7. 유통·물류의 효율적 관리를 위한 무선주파수 인식시스템의 적용 및 실용화 촉진
8. 유통정보 또는 유통정보시스템의 표준화 촉진
9. 그 밖에 유통정보화를 촉진하기 위하여 필요하다고 인정되는 사항

21 정답 ⑤

① 시·도지사 → 산업통상자원부장관, 시장·군수·구청장 → 시·도지사(법 제29조 제1항)
② 시·도지사 → 산업통상자원부장관
공동집배송센터사업자는 지정받은 사항 중 산업통상자원부령으로 정하는 중요 사항을 변경하려면 산업통상자원부장관의 변경지정을 받아야 한다.
③ 2년 → 3년
④ 거짓이나 그 밖의 부정한 방법으로 공동집배송센터의 지정을 받은 경우에는 그 지정을 취소하여야 한다(강제 규정).

22 정답 ③

① 산업통상자원부장관 → 시·도지사
② 산업통상자원부장관에게 신고하여야 한다. → 산업통상자원부장관에게 변경지정을 받아야 한다.
④ 취소하여야 한다. → 취소할 수 있다.
⑤ 국토교통부장관 → 관계 중앙행정기관의 장

23 정답 ⑤

산업통상자원부장관은 다음의 어느 하나에 해당하는 경우에는 공동집배송센터의 지정을 취소할 수 있다. 다만, 제1호에 해당하는 경우에는 그 지정을 취소하여야 한다.
1. 거짓이나 그 밖의 부정한 방법으로 공동집배송센터의 지정을 받은 경우
2. 공동집배송센터의 지정을 받은 날부터 정당한 사유 없이 3년 이내에 시공을 하지 아니하는 경우
3. 시정명령을 이행하지 아니하는 경우
4. 공동집배송센터사업자가 파산한 경우

5. 공동집배송센터사업자인 법인, 조합 등이 해산된 경우
6. 공동집배송센터의 시공 후 공사가 6개월 이상 중단된 경우
7. 공동집배송센터의 지정을 받은 날부터 5년 이내에 준공되지 아니한 경우

24 정답 ③

산업통상자원부장관은 다음의 어느 하나에 해당하는 경우에는 공동집배송센터의 지정을 취소할 수 있다. 다만, 제1호에 해당하는 경우에는 그 지정을 취소하여야 한다(법 제33조 제2항).

1. 거짓 그 밖의 부정한 방법으로 공동집배송센터의 지정을 받은 경우
2. 공동집배송센터의 지정을 받은 날부터 정당한 사유 없이 3년 이내에 시공을 하지 아니하는 경우
3. 시정명령을 이행하지 아니하는 경우
4. 공동집배송센터사업자의 파산 등 대통령령으로 정하는 사유로 정상적인 사업추진이 곤란하다고 인정되는 경우

25 정답 ②

② 당사자 및 이해관계인 → 당사자
30일 → 15일

26 정답 ⑤

⑤ 7일 이내 → 3일 이내

27 정답 ②

② 전통상업보존구역의 지정 취소는 청문대상에 규정이 없다.

CHAPTER 04 화물자동차 운수사업법

01 정답 ①

화물의 기준 – 대상차량 : 밴형 화물자동차

1. 화주(貨主) 1명당 화물의 중량이 20킬로그램 이상일 것
2. 화주 1명당 화물의 용적이 4만 세제곱센티미터 이상일 것(40×40×25)
3. 화물이 다음의 어느 하나에 해당하는 물품일 것
   가. 불결하거나 악취가 나는 농산물·수산물 또는 축산물
   나. 혐오감을 주는 동물 또는 식물
   다. 기계·기구류 등 공산품
   라. 합판·각목 등 건축기자재
   마. 폭발성·인화성 또는 부식성 물품

02 정답 ③

화물자동차 운송사업의 허가를 받은 자가 허가사항을 변경하려면 국토교통부령으로 정하는 바에 따라 국토교통부장관의 변경허가를 받아야 한다. 다만, 대통령령으로 정하는 경미한 사항을 변경하려면 국토교통부령으로 정하는 바에 따라 국토교통부장관에게 신고하여야 한다(법 제3조 제3항 및 시행령 제3조). 법 제3조 제3항 단서에서 "대통령령으로 정하는 경미한 사항"이란 다음의 어느 하나에 해당하는 사항을 말한다.

1. 상호의 변경
2. 대표자의 변경(법인인 경우만 해당한다)
3. 화물취급소의 설치 또는 폐지
4. 화물자동차의 대폐차(代廢車)
5. 주사무소·영업소 및 화물취급소의 이전. 다만, 주사무소의 경우 관할 관청의 행정구역 내에서의 이전만 해당한다.

03 정답 ②

① 인가 → 신고
③ 변경허가 → 변경신고
④ 양도인 → 양수인
⑤ 일부 → 전부

04 정답 ①

화물자동차 운송사업의 허가사항 변경신고의 대상(시행령 제3조)

1. 상호의 변경
2. 대표자의 변경(법인인 경우만 해당)

3. 화물취급소의 설치 또는 폐지
4. 화물자동차의 대폐차(代廢車)
5. 주사무소·영업소 및 화물취급소의 이전. 다만, 주사무소 이전의 경우에 관할관청의 행정구역 내에서의 이전만 해당

05 정답 ②

① 주사무소의 관할관청의 행정구역 내에서의 이전은 변경신고 대상이다.
③ 국토교통부장관은 운송사업자가 사업정지처분을 받은 경우에는 주사무소를 이전하는 변경허가를 하여서는 아니 된다.
④ 운송주선사업자가 허가사항을 변경하려면 국토교통부장관에게 신고하여야 한다.
⑤ 주사무소·영업소 및 화물취급소의 이전은 변경신고 대상에 해당한다.

06 정답 ⑤

법 제19조 제1항 규정에 따라 다음의 규정만 절대적 취소에 해당한다.

1. 부정한 방법으로 제3조 제1항에 따른 허가를 받은 경우
2. 제4조 각 호의 어느 하나에 해당하게 된 경우. 다만, 법인의 임원 중 제4조 각 호의 어느 하나에 해당하는 자가 있는 경우에 3개월 이내에 그 임원을 개임(改任)하면 허가를 취소하지 아니한다.
3. 화물자동차 교통사고와 관련하여 거짓이나 그 밖의 부정한 방법으로 보험금을 청구하여 금고 이상의 형을 선고받고 그 형이 확정된 경우

07 정답 ③

③ 60일 → 90일
① 법 제16조 제1항
② 법 제16조 제2항
④ 법 제17조 제4항
⑤ 시행규칙 제23조 제4항

08 정답 ④

① 시·도지사 → 국토교통부장관
② 30일 → 90일, 시·도지사 → 국토교통부장관
③ 시·도지사 → 국토교통부장관
⑤ 합병으로 설립되거나 존속되는 법인은 합병으로 소멸되는 법인의 운송사업자로서의 지위를 승계한다.

09 정답 ④

법 제5조 제1항에 따라 운임과 요금을 신고하여야 하는 사업자는 다음과 같다.

> 1. 구난형 특수자동차를 사용하여 고장차량·사고차량 등을 운송하는 운송사업자 또는 운송가맹사업자
> 2. 밴형 화물자동차를 사용하여 화주와 화물을 함께 운송하는 운송사업자 및 운송가맹사업자

10 정답 ④

운송약관의 기재사항

> 1. 사업의 종류
> 2. 운임 및 요금의 수수 또는 환급에 관한 사항
> 3. 화물의 인도·인수·보관 및 취급에 관한 사항
> 4. 운송책임의 시작되는 시기 및 끝나는 시기
> 5. 손해배상 및 면책에 관한 사항
> 6. 그 밖에 화물자동차 운송사업을 경영하는 데에 필요한 사항

11 정답 ⑤

① 운송약관 신고서에는 운송약관, 운송약관의 신·구대비표(변경신고인 경우)를 첨부하여야 한다.
② 대리하게 할 수 없다. → 대리하게 할 수 있다.
③ 국토교통부장관이 정한 기간 내에 신고수리 여부 또는 민원처리 관련 법령에 따른 처리기간의 연장 여부를 신고인에게 통지하지 아니하면 그 기간이 끝난 날의 다음 날에 신고를 수리한 것으로 본다(법 제6조 제3항).
④ 국토교통부장관은 협회 또는 연합회가 작성한 것으로서 「약관의 규제에 관한 법률」에 따라 공정거래위원회의 심사를 거친 화물운송에 관한 표준이 되는 약관(표준약관)이 있으면 운송사업자에게 그 사용을 권장할 수 있다(법 제6조 제4항).

12 정답 ①

• 국토교통부장관은 신고 또는 변경신고를 받은 날부터 14일 이내에 신고수리 여부를 신고인에게 통지하여야 한다(법 제5조 제3항).
• 국토교통부장관은 운송약관의 신고 또는 변경신고를 받은 날부터 3일 이내에 신고수리 여부를 신고인에게 통지하여야 한다(법 제6조 제2항).
• 운송약관의 신고를 하지 아니한 자는 500만원 이하의 과태료를 부과한다(법 제70조 제2항 제3호).

13 정답 ②

② 1개월 → 3개월(법 제7조)

14 정답 ④

④ 국토교통부장관은 화주가 분쟁조정을 요청하면 지체 없이 그 사실을 확인하고 손해내용을 조사한 후 조정안을 작성하여야 한다(법 제7조 제4항).
① 법 제7조 제2항, ② 법 제7조 제3항, ③ 법 제7조 제6항, ⑤ 법 제7조 제5항

15 정답 ②

운송사업자의 준수사항(시행규칙 제21조)

> 3. 밤샘주차(0시부터 4시까지 사이에 하는 1시간 이상의 주차를 말한다)하는 경우에는 다음의 어느 하나에 해당하는 시설 및 장소에서만 할 것
> 가. 해당 운송사업자의 차고지
> 나. 다른 운송사업자의 차고지
> 다. 공영차고지
> 라. 화물자동차 휴게소
> 마. 화물터미널
> 바. 그 밖에 지방자치단체의 조례로 정하는 시설 또는 장소

16 정답 ③

③ 최대 적재량 1.5톤 이하의 화물자동차의 경우에는 주차장, 차고지 또는 지방자치단체의 조례로 정하는 시설 및 장소에서만 밤샘주차할 것(시행규칙 제21조 제4호)

17 정답 ②

② 100분의 20 → 100분의 30

18 정답 ⑤

⑤ 운송사업자 또는 운수종사자가 정당한 사유 없이 업무개시명령을 거부하면 3년 이하의 징역 또는 3천만원 이하의 벌금에 처한다(법 제66조의2 제1호).

19 정답 ⑤

징수한 과징금은 다음의 용도 이외에는 사용(보조 또는 융자를 포함한다)할 수 없다(법 제21조 제4항).

> 1. 화물터미널의 건설과 확충
> 2. 공동차고지(사업자단체, 운송사업자 또는 운송가맹사업자가 운송사업자 또는 운송가맹사업자에게 공동으로 제공하기 위하여 설치하거나 임차한 차고지를 말한다)의 건설과 확충
> 3. 경영개선이나 그 밖에 화물에 대한 정보제공사업 등 화물자동차 운수사업의 발전을 위하여 필요한 사업
> 4. 신고포상금의 지급

20 정답 ⑤

① 운전경력이 2년 이상일 것. 다만, 여객자동차 운수사업용 자동차 또는 화물자동차 운수사업용 자동차를 운전한 경력이 있는 경우에는 그 운전경력이 1년 이상이어야 한다(시행규칙 제18조 제3호).

② 파산선고를 받고 복권되지 아니한 자는 화물운송 종사자격을 취득할 수 있다(법 제9조).

③ 자격을 취소하여야 하는 사항에 해당하지 않는다.

④ 자격을 취소하여야 한다. → 그 자격을 취소하거나 6개월 이내의 기간을 정하여 그 자격의 효력을 정지시킬 수 있다(법 제23조 제1항 제4호).

21 정답 ②

운송사업자는 운임과 요금을 정하여 미리 국토교통부장관에게 신고하여야 한다(법 제5조 제1항). 따라서 요금을 미리 신고하는 자는 운송주선사업자가 아니라 운송사업자이다.

※ **운임 및 요금의 신고**(시행령 제4조) : 운임 및 요금을 신고하여야 하는 화물자동차 운송사업의 허가를 받은 자 또는 화물자동차 운송가맹사업의 허가를 받은 자는 다음의 어느 하나에 해당하는 운송사업자 또는 운송가맹사업자를 말한다.

   1. 구난형 특수자동차를 사용하여 고장차량·사고차량 등을 운송하는 운송사업자 또는 운송가맹사업자
   2. 밴형 화물자동차를 사용하여 화주와 화물을 함께 운송하는 운송사업자 및 운송가맹사업자

22 정답 ②

② 2년마다 → 5년마다(법 제24조 제7항)

23 정답 ④

국토교통부장관은 운송주선사업자가 다음의 어느 하나에 해당하면 그 허가를 취소하거나 6개월 이내의 기간을 정하여 그 사업의 정지를 명할 수 있다. 다만, 제1호·제2호 및 제9호의 경우에는 그 허가를 취소하여야 한다(법 제27조 제1항).

   1. 제28조에서 준용하는 제4조 각 호의 어느 하나에 해당하게 된 경우. 다만, 법인의 임원 중 제4조 각 호의 어느 하나에 해당하는 자가 있는 경우 3개월 이내에 그 임원을 개임한 경우에는 취소하지 아니한다.
   2. 거짓이나 그 밖의 부정한 방법으로 제24조 제1항에 따른 허가를 받은 경우
   9. 이 조에 따른 사업정지명령을 위반하여 그 사업정지 기간 중에 사업을 한 경우

24 정답 ②

"화물자동차 운송가맹사업"이란 다른 사람의 요구에 응하여 자기 화물자동차를 사용하여 유상으로 화물을 운송하거나 화물정보망을 통하여 소속 화물자동차 운송가맹점에 의뢰하여 화물을 운송하게 하는 사업을 말한다(법 제2조 제5호).

25 정답 ①

화물자동차 운송가맹사업의 허가를 받은 자는 화물자동차 운송사업에 따른 허가를 받지 아니한다(법 제3조 제2항).

26 정답 ③

운송가맹사업자의 허가사항 변경신고의 대상(시행령 제9조의2) : 법 제29조 제2항 단서에 따라 변경신고를 하여야 하는 사항은 다음과 같다.

   1. 대표자의 변경(법인인 경우만 해당한다)
   2. 화물취급소의 설치 및 폐지
   3. 화물자동차의 대폐차(화물자동차를 직접 소유한 운송가맹사업자만 해당한다)
   4. 주사무소·영업소 및 화물취급소의 이전
   5. 화물자동차 운송가맹계약의 체결 또는 해제·해지

27 정답 ①

국토교통부장관은 안전운행의 확보, 운송질서의 확립 및 화주의 편의를 도모하기 위하여 필요하다고 인정하면 운송가맹사업자에게 다음의 사항을 명할 수 있다(법 제31조).

   1. 운송약관의 변경
   2. 화물자동차의 구조변경 및 운송시설의 개선
   3. 화물의 안전운송을 위한 조치
   4. 「가맹사업거래의 공정화에 관한 법률」에 따른 정보공개서의 제공의무 등, 가맹금의 반환, 가맹계약서의 기재사항 등, 가맹계약의 갱신 등의 통지
   5. 적재물배상보험 등과 「자동차손해배상 보장법」에 따라 운송가맹사업자가 의무적으로 가입하여야 하는 보험·공제의 가입

28 정답 ⑤

⑤ 각 사업자별로 3천만원 → 각 화물자동차별로 사고 건당 2천만원

29 정답 ⑤

책임보험계약 등의 해제(법 제37조)

   1. 화물자동차 운송사업의 허가사항이 변경(감차만을 말한다)된 경우

2. 화물자동차 운송사업을 휴업하거나 폐업한 경우
3. 화물자동차 운송사업의 허가가 취소되거나 감차 조치 명령을 받은 경우
4. 화물자동차 운송주선사업의 허가가 취소된 경우
5. 화물자동차 운송가맹사업의 허가사항이 변경(감차만을 말한다)된 경우
6. 화물자동차 운송가맹사업의 허가가 취소되거나 감차 조치 명령을 받은 경우
7. 적재물배상보험 등에 이중으로 가입되어 하나의 책임보험계약 등을 해제하거나 해지하려는 경우
8. 보험회사 등이 파산 등의 사유로 영업을 계속할 수 없는 경우
9. 「상법」에 따른 계약해제 또는 계약해지의 사유가 발생하는 경우

어느 하나에 해당하는 사업을 수행하는 경우로서 재정적 지원이 필요하다고 인정되면 대통령령으로 정하는 바에 따라 소요자금의 일부를 보조하거나 융자할 수 있다(법 제43조).

1. 공동차고지 및 공영차고지 건설
2. 화물자동차 운수사업의 정보화
3. 낡은 차량의 대체
4. 연료비가 절감되거나 환경친화적인 화물자동차 등으로의 전환 및 이를 위한 시설·장비의 투자
5. 화물자동차 휴게소의 건설
6. 화물자동차 운수사업의 서비스 향상을 위한 시설·장비의 확충과 개선
7. 그 밖에 화물자동차 운수사업의 경영합리화를 위한 사항으로서 국토교통부령으로 정하는 사항

30 ┤ 정답 ⑤

적재물배상보험 가입제외 대상(시행규칙 제41조의13)
• 건축폐기물·쓰레기 등 경제적 가치가 없는 화물을 운송하는 차량으로서 국토교통부장관이 정하여 고시하는 화물자동차
•「대기환경보전법」제2조 제17호에 따른 배출가스저감장치를 차체에 부착함에 따라 총중량이 10톤 이상이 된 화물자동차 중 최대 적재량이 5톤 미만인 화물자동차

31 ┤ 정답 ②

• 운수사업자가 설립한 연합회는 국토교통부장관의 허가를 받아 손해배상책임의 보장사업 및 적재물배상 공제사업 등을 할 수 있다(법 제51조 제1항).
• 운수사업자는 공제사업 등을 하기 위하여 국토교통부장관의 인가를 받아 공제조합을 설립할 수 있다(법 제51조의2).

32 ┤ 정답 ⑤

법 제39조 내지 제41조 규정 참조
⑤ 규정 없음.

33 ┤ 정답 ④

ⓒ 경영의 위탁을 제한할 수 있다.
ⓒ 위·수탁계약의 기간은 2년 이상이어야 한다.
ⓔ 위·수탁계약 해지시 서면으로 2회 이상 통지해야 한다.
ⓗ 그 부분에 한정하여 무효(無效)로 한다.

34 ┤ 정답 ⑤

국가는 지방자치단체, 「공공기관의 운영에 관한 법률」에 따른 공공기관 중 대통령령으로 정하는 공공기관, 「지방공기업법」에 따른 지방공사, 사업자단체 또는 운수사업자가 다음 의

35 ┤ 정답 ⑤

"공영차고지"란 화물자동차 운수사업에 제공되는 차고지로서 다음의 어느 하나에 해당하는 자가 설치한 것을 말한다(법 제2조 제9항).

가. 시·도지사
나. 시장·군수·구청장(자치구의 구청장)
다. 「공공기관의 운영에 관한 법률」에 따른 공공기관 중 대통령령으로 정하는 공공기관(「인천국제공항공사법」에 따른 인천국제공항공사, 「한국공항공사법」에 따른 한국공항공사, 「한국도로공사법」에 따른 한국도로공사, 「한국철도공사법」에 따른 한국철도공사, 「한국토지주택공사법」에 따른 한국토지주택공사, 「항만공사법」에 따른 항만공사)
라. 「지방공기업법」에 따른 지방공사

36 ┤ 정답 ⑤

운수사업자는 국토교통부장관이 정하여 고시하는 기준과 절차에 따라 다음의 형태에 따른 실적을 관리하고 이를 화물운송실적관리시스템을 통해 국토교통부장관에게 신고하여야 한다(시행규칙 제44조의2 제1항).

1. 운수사업자가 화주와 계약한 실적
2. 운수사업자가 다른 운수사업자와 계약한 실적
3. 운수사업자가 다른 운송사업자 소속의 위·수탁 차주와 계약한 실적
4. 운송가맹사업자가 소속 운송가맹점과 계약한 실적
5. 운수사업자가 직접 운송한 실적

37 ┤ 정답 ②

① 10년 → 5년

③ 화물자동차 휴게소 건설사업을 할 수 있는 공공기관 : 한국철도공사, 한국토지주택공사, 한국도로공사, 한국수자원공사, 한국농어촌공사, 항만공사, 인천국제공항공사, 한국공항공사, 한국교통안전공단, 국가철도공단

④ 10일 → 20일

⑤ 화물자동차 휴게소의 건설 대상지역(시행규칙 제43조의3)

> 1. 「항만법」 제2조 제1호에 따른 항만 또는 「산업입지 및 개발에 관한 법률」 제2조 제8호에 따른 산업단지 등이 위치한 지역으로서 화물자동차의 일일 평균 왕복 교통량이 1만5천대 이상인 지역
> 2. 「항만법」 제3조 제2항 제1호에 따른 국가관리항이 위치한 지역
> 3. 「물류시설의 개발 및 운영에 관한 법률」 제2조 제6호에 따른 물류단지 중 면적이 50만제곱미터 이상인 물류단지가 위치한 지역
> 4. 「도로법」 제10조에 따른 고속국도, 일반국도, 지방도 또는 같은 법 제15조 제2항에 따른 국가지원지방도에 인접한 지역으로서 화물자동차의 일일 평균 편도 교통량이 3천5백대 이상인 지역

38 〉 정답 ⑤

운수사업자는 국토교통부장관이 정하여 고시하는 기준과 절차에 따라 다음의 형태에 따른 실적을 관리하고 이를 화물운송실적관리시스템을 통해 국토교통부장관에게 신고하여야 한다(법 제47조의2 제1항, 시행규칙 제44조의2 제1항).

> 1. 운수사업자가 화주와 계약한 실적
> 2. 운수사업자가 다른 운수사업자와 계약한 실적
> 3. 운수사업자가 다른 운송사업자 소속의 위·수탁차주와 계약한 실적
> 4. 운송가맹사업자가 소속 운송가맹점과 계약한 실적
> 5. 운수사업자가 직접 운송한 실적(법 제11조의2 제1항 단서에 따른 차량으로 운송한 실적 및 정보망을 이용한 위탁운송실적을 포함)

39 〉 정답 ②

다음의 어느 하나에 해당하는 사람은 공제조합의 운영위원회의 위원이 될 수 없다(법 제51조의5 제1항).

> 1. 미성년자, 피성년후견인 또는 피한정후견인
> 2. <u>파산선고를 받고 복권되지 아니한 사람</u> → 복권된 경우 위원 가능함
> 3. 이 법 또는 「보험업법」 등 대통령령으로 정하는 금융 관련 법률을 위반하여 금고 이상의 형의 집행유예를 선고받고 그 유예기간 중에 있는 사람

40 〉 정답 ③

③ 법 제51조의2 : 국토교통부장관의 인가사항

① 법 제3조 제9항

② 법 제16조 제2항

④ 법 제6조 제1항

⑤ 법 제33조

41 〉 정답 ⑤

① 허가 → 신고

② 허가 → 신고수리

③ 허가를 받지 아니하고 → 허가가 필요

④ 12개월, 제한하여야 한다. → 6개월, 제한할 수 있다.

42 〉 정답 ③

③ 영농조합법인이 소유하는 자가용 화물자동차에 대한 유상 운송 허가기간은 3년 이내로 하여야 한다(시행규칙 제51조 제2항).

① 법 제56조, 시행규칙 제49조

②, ⑤ 시행규칙 제51조 제1항 제1호, 제2호

④ 시행규칙 제51조 제3항

43 〉 정답 ①

② 국토교통부장관 → 시·도지사

③ 영농조합법인이 소유하는 자가용 화물자동차에 대한 유상 운송 허가기간은 3년 이내로 하여야 한다(시행규칙 제51조 제2항).

④ 1년 → 6개월(법 제56조의2 제1항)

⑤ 7일 → 10일

CHAPTER 05 철도사업법

01 정답 ⑤

⑤ 철도사업자는 철도사업약관을 정하여 국토교통부장관에게 신고하여야 한다. 이를 변경하려는 경우에도 같다(법 제11조).

02 정답 ③

철도사업의 면허를 받을 수 있는 자는 법인으로 한다(법 제5조 제3항).

03 정답 ④

④ 철도사업자는 여객에 대한 운임·요금을 국토교통부장관에게 신고하여야 한다. 이를 변경하려는 경우에도 같다(법 제9조 제1항).

04 정답 ③

철도사업자는 열차를 이용하는 여객이 정당한 운임·요금을 지급하지 아니하고 열차를 이용한 경우에는 승차구간에 해당하는 운임 외에 그의 30배의 범위에서 부가운임을 징수할 수 있다(법 제10조 제1항).

05 정답 ⑤

⑤ 사업용철도노선별로 10분의 1 이상의 운행횟수의 변경(여객열차의 경우에 한한다). 다만, 공휴일·방학기간 등 수송수요와 열차운행계획상의 수송력과 현저한 차이가 있는 경우로서 3월 이내의 기간 동안 운행횟수를 변경하는 경우를 제외한다.

06 정답 ③

철도사업약관의 변경(법 제11조 제1항), 공동운수협정의 경미한 사항의 변경(법 제13조 제1항) → 신고

07 정답 ③

① 허가 → 신고
② 10일 → 3일
④ 신고 → 인가
⑤ 1개월 → 2개월

08 정답 ⑤

철도사업약관의 기재사항

1. 철도사업약관의 적용범위
2. 여객 운임·요금의 수수 또는 환급에 관한 사항

3. 부가운임에 관한 사항
4. 운송책임 및 배상에 관한 사항
5. 면책에 관한 사항
6. 여객의 금지행위에 관한 사항
7. 화물의 인도·인수·보관 및 취급에 관한 사항
8. 그 밖에 이용자의 보호 등을 위하여 필요한 사항

09 정답 ②

철도사업 면허의 결격사유(법 제7조)

1. 법인의 임원 중 다음의 어느 하나에 해당하는 사람이 있는 법인

> 가. 피성년후견인 또는 피한정후견인
> 나. 파산선고를 받고 복권되지 아니한 사람
> 다. 이 법 또는 대통령령으로 정하는 철도 관계 법령을 위반하여 금고 이상의 실형을 선고받고 그 집행이 끝나거나 면제된 날부터 2년이 지나지 아니한 사람
> 라. 이 법 또는 대통령령으로 정하는 철도 관계 법령을 위반하여 금고 이상의 형의 집행유예를 선고받고 그 유예기간 중에 있는 사람

2. 철도사업의 면허가 취소된 후 그 취소일부터 2년이 지나지 아니한 법인

10 정답 ②

면허의 절대적 취소사항(법 제16조 제1항)

> 4. 거짓이나 그 밖의 부정한 방법으로 철도사업의 면허를 받은 경우
> 7. 철도사업자의 임원 중 제7조 제1호 각 목의 어느 하나의 결격사유에 해당하게 된 사람이 있는 경우. 다만, 3개월 이내에 그 임원을 바꾸어 임명한 경우에는 예외로 한다.

11 정답 ③

사업의 휴업·폐업(법 제15조)

> ① 철도사업자가 그 사업의 전부 또는 일부를 휴업 또는 폐업하려는 경우에는 국토교통부령으로 정하는 바에 따라 국토교통부장관의 허가를 받아야 한다. 다만, 선로 또는 교량의 파괴, 철도시설의 개량, 그 밖의 정당한 사유로 휴업하는 경우에는 국토교통부령으로 정하는 바에 따라 국토교통부장관에게 신고하여야 한다.
> ② 제1항에 따른 휴업기간은 6개월을 넘을 수 없다. 다만, 제1항 단서에 따른 휴업의 경우에는 예외로 한다.

12 정답 ①

① 신고 → 인가(법 제13조)

13 정답 ③

① 절대적 취소사항
② 3명 → 5명 이상
④ 예외규정으로 취소 등의 사유에서 제외
⑤ 2회 → 3회

14 정답 ③

① 1주일 이전 → 3일 이전
② 20배 → 30배
④ 공정거래위원회 위원장 → 국토교통부장관
⑤ 철도사업자는 운임·요금을 국토교통부장관에게 신고하여야 한다. 이를 변경하려는 경우에도 같다.

15 정답 ②

철도사업자는 재해복구를 위한 긴급지원, 여객 유치를 위한 기념행사, 그 밖에 철도사업의 경영상 필요하다고 인정되는 경우에는 일정한 기간과 대상을 정하여 신고한 여객 운임·요금을 감면할 수 있다(법 제9조의2 제1항).

16 정답 ①

② 국토교통부장관은 공동운수협정을 인가하려면 미리 공정거래위원회와의 협의를 거쳐야 한다.
③ 개별적으로 → 공동으로
④ 인가 → 신고
⑤ 철도사업자 간 수입·비용의 배분 적정성 여부는 검토사항에 해당한다.

17 정답 ①

철도사업자에 대한 사업개선명령(법 제21조)

1. 사업계획의 변경
2. 철도차량 및 운송 관련 장비·시설의 개선
3. 운임·요금 징수 방식의 개선
4. 철도사업약관의 변경
5. 공동운수협정의 체결
6. 철도차량 및 철도사고에 관한 손해배상을 위한 보험에의 가입
7. 안전운송의 확보 및 서비스의 향상을 위하여 필요한 조치
8. 철도운수종사자의 양성 및 자질향상을 위한 교육

18 정답 ①

국토교통부장관이 민자철도사업자에게 필요한 조치를 명한 경우 해당 민자철도사업자는 30일 이내에 조치계획을 마련하여 국토교통부장관에게 제출해야 한다(시행규칙 제17조 제4항).

19 정답 ②

② 철도사업자의 신청에 의해 우수철도서비스 인증을 하는 경우에는 그에 소요되는 비용은 당해 철도사업자가 부담한다(시행규칙 제20조 제3항).

20 정답 ④

국토교통부장관은 철도서비스의 품질을 평가한 경우에는 그 평가 결과를 대통령령으로 정하는 바에 따라 신문 등 대중매체를 통하여 공표하여야 한다(법 제27조 제1항).

21 정답 ①

① 공정거래위원회는 국토교통부장관과 협의 → 국토교통부장관은 공정거래위원회와 협의

22 정답 ④

• 전용철도를 운영하려는 자는 국토교통부령으로 정하는 바에 따라 전용철도의 건설·운전·보안 및 운송에 관한 사항이 포함된 운영계획서를 첨부하여 국토교통부장관에게 등록을 하여야 한다. 등록사항을 변경하려는 경우에도 같다(법 제34조 제1항).
• 전용철도운영자가 그 운영의 전부 또는 일부를 휴업 또는 폐업한 경우에는 1개월 이내에 국토교통부장관에게 신고하여야 한다(법 제38조).

23 정답 ③

① 면허 → 등록(법 제34조 제1항)
② 인가 → 신고(법 제36조 제1항)
④ 2개월 → 3개월(법 제37조 제1항)
⑤ 결격사유 : 6개월 이내 → 1년이 지나야 함(법 제35조 제2호)

24 정답 ③

③ 등록 → 신고

25 정답 ④

변상금 징수비율 : 점용료의 120/100

26 정답 ②

점용료는 매년 1월 말까지 당해연도 해당분을 선납하여야 한다. 다만, 국토교통부장관은 부득이한 사유로 선납이 곤란하다고 인정하는 경우에는 그 납부기한을 따로 정할 수 있다(시행령 제14조 제4항).

27 정답 ③

③ 「지방행정제재·부과금의 징수 등에 관한 법률」
→ 국세 체납처분의 예

01 정답 ②

항만운송에서 제외되는 운송(시행규칙 제2조)

「항만운송사업법」제2조 제1항 제5호 다목에서 "해양수산부령으로 정하는 운송"이란 다음 각 호의 운송을 말한다.
1. 선박에서 사용하는 물품을 공급하기 위한 운송
2. 선박에서 발생하는 분뇨 및 폐기물의 운송
3. 탱커선 또는 어획물운반선[어업장에서부터 양륙지(揚陸地)까지 어획물 또는 그 제품을 운반하는 선박을 말한다]에 의한 운송

02 정답 ⑤

컨테이너 전용 부두에서 취급하는 컨테이너 화물에 대해서는 그 운임과 요금을 정하여 관리청에 신고하여야 한다(법 제10조 제2항).

03 정답 ①

② 항만운송사업의 등록을 신청하려는 법인은 항만운송사업 등록신청서에 사업계획서와 정관과 직전 사업연도의 재무제표를 첨부하여 지방해양수산청장 또는 시·도지사에게 제출하여야 한다(법 제5조 및 시행규칙 제4조).
③ 3년 → 2년
④ 항만별로 → 사업의 종류별로
⑤ 항만운송사업자가 사업정지명령을 위반하여 그 정지기간에 사업을 계속한 경우는 항만운송사업의 등록을 취소하여야 한다.

04 정답 ③

항만용역업(시행령 제2조 제1호)

가. 통선으로 본선과 육지 사이에서 사람이나 문서 등을 운송하는 행위
나. 본선을 경비하는 행위나 본선의 이안 및 접안을 보조하기 위하여 줄잡이 역무를 제공하는 행위
다. 선박의 청소(유창 청소는 제외), 오물 제거, 소독, 폐기물의 수집·운반, 화물 고정, 칠 등을 하는 행위
라. 선박에서 사용하는 맑은 물을 공급하는 행위

05 정답 ④

④ 지방해양수산청장 → 관리청

06 정답 ④

사업의 등록(법 제4조)

> ① 항만운송사업을 하려는 자는 사업의 종류별로 관리청에 등록하여야 한다.
> ② 항만하역사업과 검수사업은 항만별로 등록한다.
> ③ 항만하역사업의 등록은 이용자별·취급화물별 또는 「항만법」 제2조 제5호의 항만시설별로 등록하는 한정하역사업과 그 외의 일반하역사업으로 구분하여 행한다.

07 정답 ④

결격사유(법 제8조)
1. 미성년자
2. 피성년후견인 또는 피한정후견인
3. 이 법 또는 「관세법」에 따른 죄를 범하여 금고 이상의 형의 선고를 받고 그 집행이 끝나거나(집행이 끝난 것으로 보는 경우를 포함) 집행이 면제된 날부터 3년이 지나지 아니한 사람
4. 이 법 또는 「관세법」에 따른 죄를 범하여 금고 이상의 형의 집행유예를 선고받고 그 유예기간 중에 있는 사람
5. 검수사등의 자격이 취소된 날부터 2년이 지나지 아니한 사람

08 정답 ③

법 제10조 제2항 및 시행규칙 제15조의2 제2항 관련
③ 해양수산부장관의 인가 → 관리청에 신고하여야 한다.

09 정답 ⑤

⑤ 관리청이 정한 기간 내에 신고수리 여부 또는 민원 처리 관련 법령에 따른 처리기간의 연장을 신고인에게 통지하지 아니하면 그 기간(민원 처리 관련 법령에 따라 처리기간이 연장 또는 재연장된 경우에는 해당 처리기간을 말한다)이 끝난 날의 다음 날에 신고를 수리한 것으로 본다(법 제10조 제5항).

10 정답 ③

③ 검수사업·감정사업 또는 검량사업의 등록을 한 자는 해양수산부령으로 정하는 바에 따라 요금을 정하여 관리청에 미리 신고하여야 한다. 이를 변경할 때에도 또한 같다(법 제10조 제3항).

11 정답 ④

다음 각 호의 어느 하나에 해당하는 자는 항만운송관련사업의 등록 또는 신고한 자의 등록 또는 신고에 따른 권리·의무를 승계한다(법 제26조의 4).

> 1. 항만운송관련사업자가 사망한 경우 그 상속인
> 2. 항만운송관련사업자가 그 사업을 양도한 경우 그 양수인
> 3. 법인인 항만운송관련사업자가 합병한 경우 합병 후 존속하는 법인이나 합병으로 설립되는 법인

12 정답 ①

① 권리·의무를 승계한 자의 신고의무는 법률상 규정되어 있지 않다.

13 정답 ①

① 사업정지명령을 위반하여 그 정지기간에 사업을 계속한 경우 → 취소해야만 한다.
③ 항만운송사업의 취소권자는 관리청이며, 항만운송관련사업의 취소권자도 관리청이다.

14 정답 ④

④ 연간 취급 건수 추정치 → 연간 취급화물량의 추정치(시행규칙 제5조)

15 정답 ④

④ 항만운송관련사업 중 선박연료공급업을 등록한 자는 사용하려는 장비를 추가하거나 그 밖에 사업계획 중 해양수산부령으로 정하는 사항을 변경하려는 경우 해양수산부령으로 정하는 바에 따라 관리청에 사업계획 변경신고를 하여야 한다(법 제26조의3 제3항).

16 정답 ①

항만운송관련사업을 하려는 자는 항만별·업종별로 해양수산부령으로 정하는 바에 따라 관리청에 등록하여야 한다. 다만, 선용품공급업을 하려는 자는 해양수산부령으로 정하는 바에 따라 해양수산부장관에게 신고하여야 한다(법 제26조의3).

17 정답 ①

② 부두운영회사의 금지행위 위반시 책임에 관한 사항은 부두운영계약에 포함되어야 한다(시행규칙 제29조 제2호).
③ 부두운영회사가 계약기간을 연장하려는 경우에는 그 계약기간이 만료되기 6개월 전까지 항만시설운영자 등에게 부두운영계약의 갱신을 신청하여야 한다(시행규칙 제29조의3 제1항).
④ 부두운영계약 기간 동안의 총 화물유치 또는 투자 계획을 이행하지 못한 경우에 부과하는 위약금은 연도별로 산정하여 합산한다(시행규칙 제29조의4 제1항).

⑤ 이 법에서 정한 것 외에 부두운영회사의 항만시설 사용에 대해서는 「항만법」 또는 「항만공사법」에 따른다(법 제26 조의10).

18┤ 정답 ③

① 구두로는 안 되고 서면으로 제출해야 한다.
② 그 신고한 내용에 맞게 영업행위를 하여야 한다.
④ 5일 → 3일
⑤ 허가 → 신고

19┤ 정답 ④

교육훈련기관의 운영에 필요한 경비는 대통령령으로 정하는 바에 따라 항만운송사업자, 항만운송관련사업자 및 해당 교육 훈련을 받는 자가 부담한다(법 제27조의4 제4항).

20┤ 정답 ②

① 사업의 종류별로 → 항만별로
③ 재적위원 3분의 1 이상의 요청 → 재적위원 과반수의 요청
④ 분쟁협의회의 회의는 재적위원 2/3 이상의 출석으로 개의 하고, 출석위원 2/3 이상의 찬성으로 의결한다.
⑤ 분쟁협의회는 항만운송과 관련된 노사 간 분쟁의 해소에 관한 사항, 그 밖에 분쟁협의회의 위원장이 항만운송과 관 련된 분쟁의 예방 등에 필요하다고 인정하여 회의에 부치 는 사항을 심의·의결한다.

21┤ 정답 ③

③ 항만인력 수급관리협의회의 회의는 재적위원 3분의 2 이 상의 출석으로 개의하고, 출석위원 3분의 2 이상의 찬성으 로 의결한다(법 제27조의7).

22┤ 정답 ①

청문 사유(법 제29조의3)
1. 제8조의3 제1항에 따른 검수사등의 자격의 취소
2. 제26조에 따른 항만운송사업자에 대한 등록의 취소
3. 제26조의5 제1항에 따른 항만운송관련사업자에 대한 등록 의 취소

CHAPTER 07 농수산물 유통 및 가격안정에 관한 법률

01┤ 정답 ④

다른 법률의 적용 배제(법 제3조)
이 법에 따른 농수산물도매시장, 농수산물공판장, 민영농수산물 도매시장 및 농수산물종합유통센터에 대하여는 「유통산업발전 법」의 규정을 적용하지 아니한다.

02┤ 정답 ④

농림축산식품부장관은 제15조 제1항에 따른 추천을 받아 농 산물을 수입하는 자 중 농림축산식품부령으로 정하는 품목의 농산물을 수입하는 자에 대하여 농림축산식품부령으로 정하 는 바에 따라 국내가격과 수입가격 간의 차액의 범위에서 수 입이익금을 부과·징수할 수 있다(법 제16조 제1항).
① 특별시·광역시·특별자치시 또는 특별자치도가 개설
② 중앙도매시장의 개설자가 업무규정을 변경하는 때에는 농 림축산식품부장관 또는 해양수산부장관의 승인을 받아야 하며, 지방도매시장의 개설자(시가 개설자인 경우만 해당 한다)가 업무규정을 변경하는 때에는 도지사의 승인을 받 아야 한다.
③ 경매사는 도매시장법인이 임면함.
⑤ 도지사의 허가

03┤ 정답 ①

① 주산지의 지정은 읍·면·동 또는 시·군·구 단위로 한 다(시행령 제4조 제1항).

04┤ 정답 ②

② 주산지는 농림축산식품부장관이 아니라 시·도지사가 지 정한다(법 제4조 제1항).

05┤ 정답 ②

유통조절명령에는 다음의 사항이 포함되어야 한다(시행령 제 11조).

1. 유통조절명령의 이유(수급·가격·소득의 분석자료 를 포함한다)
2. 대상 품목
3. 기간
4. 지역
5. 대상자
6. 생산조정 또는 출하조절의 방안
7. 명령이행 확인의 방법 및 명령 위반자에 대한 제재조치
8. 사후관리와 그 밖에 농림축산식품부장관 또는 해양수산 부장관이 유통조절에 관하여 필요하다고 인정하는 사항

06 정답 ⑤

① 산지유통인은 등록된 도매시장에서 농수산물의 출하업무 외의 판매·매수 또는 중개업무를 하여서는 아니 된다(법 제29조 제4항).

② 도매시장에서 도매시장법인이 하는 도매는 출하자로부터 위탁을 받아 하여야 한다. 다만, 농림축산식품부령 또는 해양수산부령으로 정하는 특별한 사유가 있는 경우에는 매수하여 도매할 수 있다(법 제31조 제1항).

③ 중도매인은 도매시장법인이 상장한 농수산물 외의 농수산물은 거래할 수 없다(법 제31조 제2항).

④ 시장도매인은 도매시장에서 농수산물을 매수 또는 위탁받아 도매하거나 매매를 중개할 수 있다(법 제37조 제1항).

07 정답 ④

① 도매시장은 중앙도매시장의 경우에는 특별시·광역시·특별자치시 또는 특별자치도가 개설하고, 지방도매시장의 경우에는 특별시·광역시·특별자치시·특별자치도 또는 시가 개설한다(법 제17조 제1항).

② 중앙도매시장의 개설자가 업무규정을 변경하는 때에는 농림축산식품부장관 또는 해양수산부장관의 승인을 받아야 하며, 지방도매시장의 개설자(시가 개설자인 경우)가 업무규정을 변경하는 때에는 도지사의 승인을 받아야 한다(법 제17조 제5항).

③ 3년 이상 10년 이하 → 5년 이상 10년 이하(법 제23조 제1항)

⑤ 신고하여야 한다. → 승인을 받아야 한다(법 제23조의2 제1항).

08 정답 ①

① 도지사에게 신고 → 도지사의 허가

09 정답 ③

③ 도매시장 개설자는 소속 공무원으로 구성된 도매시장 관리사무소를 두거나 「지방공기업법」에 따른 지방공사, 제24조의 공공출자법인 또는 한국농수산식품유통공사 중에서 시장관리자를 지정할 수 있다(법 제21조 제1항).

① 법 제18조 제2항 단서, ② 법 제21조 제2항, ④ 법 제23조 제1항, ⑤ 법 제23조의2 제1항

10 정답 ③

• 도매시장 개설자는 도매시장에 그 시설규모·거래액 등을 고려하여 적정 수의 도매시장법인·시장도매인 또는 중도매인을 두어 이를 운영하게 하여야 한다. 다만, 중앙도매시장의 개설자는 청과부류와 수산부류에 대하여는 도매시장법인을 두어야 한다(법 제22조).

• 도매시장법인은 도매시장 개설자가 부류별로 지정하되, 중앙도매시장에 두는 도매시장법인의 경우에는 농림축산식품부장관 또는 해양수산부장관과 협의하여 지정한다. 이 경우 5년 이상 10년 이하의 범위에서 지정 유효기간을 설정할 수 있다(법 제23조 제1항).

11 정답 ①

도매시장법인 또는 시장도매인이 공시하여야 할 내용은 다음과 같다(시행규칙 제34조의2 제1항).

> 1. 거래일자별·품목별 반입량 및 가격정보
> 2. 주주 및 임원의 현황과 그 변동사항
> 3. 겸영사업을 하는 경우 그 사업내용
> 4. 직전 회계연도의 재무제표

12 정답 ③

③ 중도매입의 허가를 받은 중도매인은 도매시장에 설치된 공판장에서도 그 업무를 할 수 있다(법 제26조).

13 정답 ④

④ 1년 이하의 징역 또는 1천만원 이하 벌금(법 제88조 제6호)

14 정답 ⑤

공판장 개설승인 신청서에는 다음 각 호의 서류를 첨부하여야 한다(시행규칙 제40조 제1항).

> 1. 공판장의 업무규정. 다만, 도매시장의 업무규정에서 이를 정하는 도매시장공판장의 경우는 제외한다.
> 2. 운영관리계획서

15 정답 ③

③ 농수산물을 수집하여 공판장에 출하하려는 자는 공판장의 개설자에게 산지유통인으로 등록하여야 한다(법 제44조 제3항).

16 정답 ②

① 민간인등이 특별시·광역시·특별자치시·특별자치도 또는 시 지역에 민영도매시장을 개설하려면 시·도지사의 허가를 받아야 한다.

③ 시·도지사가 민영도매시장 개설허가 처리기간에 허가 여부를 통보하지 아니하면 허가 처리기간의 마지막 날의 다음 날에 허가를 한 것으로 본다.

④ 민영도매시장의 개설자는 중도매인, 매매참가인, 산지유통인 및 경매사를 두어 직접 운영하거나 시장도매인을 두어 이를 운영하게 할 수 있다.

⑤ 민영도매시장의 중도매인은 민영도매시장의 개설자가 지정한다.

17 정답 ③

① **기금의 재원** : 정부의 출연금, 기금 운용에 따른 수익금, 몰수농산물 등의 처분으로 발생하는 비용 또는 매각·공매 대금, 수입이익금의 징수액 및 다른 법률의 규정에 따라 납입되는 금액, <u>다른 기금으로부터의 출연금</u>

② 농산물의 수출 촉진사업을 위하여 기금을 대출할 수 있다.

④ 농업정책보험금융원의 장 → 한국농수산식품유통공사의 장

⑤ 농협은행 → 한국은행(시행령 제21조)

18 정답 ①

농산물가격안정기금의 지출 대상사업(시행령 제23조)

법 제57조 제2항 제5호에 따라 기금에서 지출할 수 있는 사업은 다음 각 호와 같다.

1. 농산물의 가공·포장 및 저장기술의 개발, 브랜드 육성, 저온유통, 유통정보화 및 물류표준화의 촉진
2. 농산물의 유통구조 개선 및 가격안정사업과 관련된 조사·연구·홍보·지도·교육훈련 및 해외시장개척
3. 종자산업의 진흥과 관련된 우수 종자의 품종육성·개발, 우수 유전자원의 수집 및 조사·연구
4. 식량작물과 축산물을 제외한 농산물의 유통구조 개선을 위한 생산자의 공동이용시설에 대한 지원
5. 농산물 가격안정을 위한 안전성 강화와 관련된 조사·연구·홍보·지도·교육훈련 및 검사·분석시설 지원

19 정답 ⑤

⑤ 도매상 → 소매상의 시설 개선에 관한 사항(법 제62조 제6호)

20 정답 ③

농수산물종합유통센터의 시설기준(시행규칙 별표3)

필수시설	편의시설
가. 농수산물 처리를 위한 집하·배송시설	가. 직판장
나. 포장·가공시설	나. 수출지원실
다. 저온저장고	다. 휴게실
라. 사무실·전산실	라. 식 당
마. 농산물품질관리실	마. 금융회사 등의 점포
바. 거래처주재원실 및 출하주대기실	바. 그 밖에 이용자의 편의를 위하여 필요한 시설
사. 오수·폐수시설	
아. 주차시설	

21 정답 ③

분쟁조정위원회의 조정안 작성일은 신청받은 날부터 20일 이내에 작성하여 권고하여야 한다(시행령 제35조의6 제2항).

22 정답 ①

① 중도매인에게는 1,000만원 이하의 과징금을 부과할 수 있다(법 제83조 제1항).